渝金课 上

重庆市高校线上、虚拟仿真一流本科课程示范案例集

姚友明　郑州　主编

西南大学出版社
国家一级出版社　全国百佳图书出版单位

图书在版编目(CIP)数据

渝金课.上,重庆市高校线上、虚拟仿真一流本科课程示范案例集/姚友明,郑州主编.—重庆:西南大学出版社,2023.10

ISBN 978-7-5697-1945-1

Ⅰ.①渝… Ⅱ.①姚… ②郑… Ⅲ.①高等学校－本科－课程建设－研究－重庆 Ⅳ.①G642.3

中国国家版本馆CIP数据核字(2023)第186926号

渝金课(上)

重庆市高校线上、虚拟仿真一流本科课程示范案例集

YU JINKE(SHANG)

CHONGQING SHI GAOXIAO XIANSHANG,XUNI FANGZHEN YILIU BENKE KECHENG SHIFAN ANLI JI

姚友明　郑州　主编

| 责任编辑:徐庆兰　邓慧
| 责任校对:曹园妹
| 装帧设计:爻十堂_未氓
| 排　　版:黄金红
| 出版发行:西南大学出版社
|　　　　　地址:重庆市北碚区天生路2号
|　　　　　邮编:400715
| 印　　刷:重庆新金雅迪艺术印刷有限公司
| 成品尺寸:185 mm×260 mm
| 印　　张:28.5
| 字　　数:592千字
| 版　　次:2024年5月第1版
| 印　　次:2024年5月第1次印刷
| 书　　号:ISBN 978-7-5697-1945-1
| 定　　价:398.00元(上、中、下三册)

编委会

主　任　陈　瑜　姚友明

副主任　郑　州　刘革平

成　员　李　翔　张　琦　曹　星

主　编　姚友明　郑　州

副主编　张　琦　蒋　凯　曹　星

编　者　赵永兰　余　鑫　谭培亮　杨　霞
　　　　　罗　超　石利翔　肖焕菊

（说明：本书各案例署名作者也在编者之列，限于篇幅，不一一罗列）

重庆市高等教育教学改革研究重点项目"高校一流课程'建、用、学、管'创新实践与策略研究"(项目编号:212174)阶段性成果

重庆市2023年度教育综合改革研究课题"数字课程公共服务体系建设赋能高等教育高质量发展研究"(项目编号:23JGZ13)阶段性成果

重庆市高等教育教学改革研究数字化转型专项项目"在线课程公共服务体系支撑高等教育数字资源共建与应用研究"(项目编号:234150)阶段性成果

序　言

◎ 杨宗凯[①]

当今世界，教育处于百年未有之大变局，"教育何为、教育应该往何处去"成为世界各国共同思考的命题。教育是国之大计、党之大计。党的二十大报告将"建成教育强国、科技强国、人才强国"纳入2035年国家发展的总体目标，吹响了教育高质量发展的号角。

"致天下之治者在人才，成天下之才者在教化。"本书稿之"重"，其"重"有三。一是重高度。高质量教育是高质量发展整体布局下的应有之义，也是满足人民群众对美好生活之盼的应有之责。"百年大计，教育为本"，教育高质量发展就体现了教育为了人民、依靠人民，成果由人民共享，始终将追求质量作为核心主线，是落实"以民为本"的务实举措。二是重深度。习近平总书记指出，"办好中国的世界一流大学，必须有中国特色"。这就是说，要办好人民满意的世界一流大学，必须扎根中国大地，体现中国特色。此次上百个优秀课程示范案例从做好"金课"出发，既立足当今社会，又放眼未来，聚焦新兴科技与产业发展，服务"国之大者"，响应"强国建设、教育何为"这一时代之问。三是重温度。时代是思想之母，实践是理论之源。这种"拉练式"磨课，老师们肯定付出了非常多的心血和精力，能让人感受到老师们所特有的"行远自迩，笃行不怠"的教育情怀，以及躬身实干的职业素养，这是老师生涯中难得的精神财富。

[①] 杨宗凯，教授，博士生导师，现任武汉理工大学校长，曾任华中师范大学、西安电子科技大学校长，教育部高等学校教学信息化与教学方法创新指导委员会主任委员，教育部虚拟教研室专家组组长，国家数字化学习工程技术研究中心和教育大数据应用技术国家工程实验室主任。

"文章合为时而著,歌诗合为事而作。"今天中国发展进入新时代,恰逢世界教育再一次面临百年未有之大变局,这是中国教育的重要发展机遇。当代中国教育必须以高度的使命感和责任感把握机遇,用好机遇。《中共中央关于制定国民经济和社会发展第十四个五年规划和二〇三五年远景目标的建议》中,明确了"建设高质量教育体系"的任务要求,教育部在2019年启动一流课程建设"双万计划",也就是"金课建设"计划。"金课"目标提出以来,"因发展谋改革",在促进教育转型升级、更新教育理念、变革教育实践方面打造了很多标杆。优秀课程示范案例所呈现的新元素,集中地反映了这种变革趋势。

本书收集了重庆市本科高校210篇优秀课程示范案例,深入总结和立体地呈现了重庆市一流本科课程的建设经验与成效,紧密围绕建设高质量课堂和提高课堂育人效果等任务,既有实践内容,又有理论剖析;既从方法上启发思路,又从模式上提供借鉴;还从实践上引导创新,达到了怀进鹏部长提出的"让优质资源可复制、可传播、可分享"的目标。希望本书能够为后续一流本科课程建设提供参照样本,并以此为契机,吸引更多高校优秀教师更加关注和进一步参与课程建设,为我国教育高质量发展、推动高校"双一流"建设奠定更加坚实的基础。

杨宗凯

前　言

发展高等教育,核心是提高教学质量,基础是一流课程建设。2019年《教育部关于一流本科课程建设的实施意见》(教高〔2019〕8号)发布以来,我国一流本科课程坚持高阶性、创新性、挑战度的标准,取得了快速发展,课程质量逐步提升,课程类型更为丰富,参与范围不断扩大,示范作用逐步彰显。我国高质量"双一流"建设体系初步形成,为全面建设社会主义现代化强国提供了有力支撑。按照重庆市高等教育教学改革研究重点项目"高校一流课程'建、用、学、管'创新实践与策略研究"、重庆市2023年度教育综合改革研究课题"数字课程公共服务体系建设赋能高等教育高质量发展研究"、重庆市高等教育教学改革研究数字化转型专项项目"在线课程公共服务体系支撑高等教育数字资源共建与应用研究"等3个研究的计划安排,本书是这些研究项目的阶段性成果之一。

为加快推动重庆市高校"双一流"建设,在重庆市委、市政府的坚强领导和重庆市教委的精心指导下,重庆市高校在线课程资源中心(重庆市教育信息技术与装备中心)近年来共推出1600余门市级一流本科课程,重庆市一流本科课程建设跃上新台阶。此次一流本科课程案例评选,我们精选出210篇具有代表性的案例汇编成册,并组织相关课程团队对案例进行修改完善,得到各单位的高度重视和大力支持,并按照出版要求修改定稿。从内容上来看,本次精选出的210篇一流本科课程示范案例,深刻展现了重庆市各高校先进的课堂教学理念与方法、优秀的教学成果,既有特色,又有亮点;既有鲜活的实践做法,又有经验的提炼升华;既能体现重庆市高校一流课程的发展特点,又能突出教学改革创新举措;既能从教学模式上提供借鉴,又能从发展实践上引导创新,为重庆市各高校加快探索一流课程"建、用、学、管"应用模式、助推"双一流"建设提供了丰富的实践样本,不断实现以"学习革命"推动高等教育人才培养的"质量革命"。

本次一流课程优秀示范案例的汇编出版是在区域高校内涵式发展要求下,"金课"建设实现"变轨超车"的一次有益尝试。在今后的工作中,我们将会继续遴选不断涌现出的一流课程优秀示范案例,供各教育部门及高校一线教师参考、借鉴,并期望通过这项工作为地方高校继续开展和改进"双一流"建设工作提供重要参考。

全书共分上、中、下三册:上册为重庆市高校线上、虚拟仿真一流本科课程示范案例集,中册为重庆市高校线上线下混合式一流本科课程示范案例集,下册为重庆市高校线下、社会实践一流本科课程示范案例集。

本书案例共210篇,囿于涉及篇目多,内容涵盖丰富,各篇目完稿时间不一,书稿中"截至目前""最近五年""最近三年"等说法均以各篇目完稿时间为基点,无法逐一修改注明,特此说明,请读者谅解。

目 录

001 | 第一章 线上一流本科课程示范案例

003 | 以情动人 以理服人 成风化人
　　　——通识教育课程"生活与生态"课程思政建设实践

010 | 连续情景剧式主题案例实践工程经济学教学

017 | 培养解决复杂工程问题的新工科人才
　　　——"核反应堆热工分析"线上课程示范案例

023 | "工程地质"课程建设创新应用

029 | 模块化教学：线上+直播"织辫式"探究学习

035 | 聚焦大概念 融合新技术
　　　——"地理教育"智慧教学

045 | 从实景三维，到数字孪生

052 | 课程思政视域下的"世界地理"线上教学案例

058 | "房地产法学"云端教学共同体的建设与创新

065 | 集成教学模式在"儿科学"的创新与实践

073 | 云端聚合力，天涯若咫尺
　　　——留学生解剖学线上教学实践

079 | 理论与技能并重
　　　——构建钢琴即兴伴奏线上课程教学新理念

084 | 互联网环境下在线课程的设计策略与整合创新
　　　——以"多媒体课件设计与制作"在线课程为例

| 094 | "五维一体"的数学建模在线课程建设与实践

| 100 | 国家线上一流本科课程"大数据分析与处理"建设案例

| 107 | 基于"互联网+CDIO"理念的"建筑后期表现"课程创新与实践
　　　——重庆交通大学在线课程建设与应用案例

| 112 | 着力本色打造特色　建设一流"纲要"课
　　　——重庆交通大学在线课程建设与案例应用

| 118 | 基于一流资源的"形势与政策"常态混合式深度学习案例

| 124 | 沉浸式体验+全周期支持
　　　——信息技术助力下的"交通景观概论"金课建设

| 130 | "管理学""三重赋知"教学设计与应用实践

| 138 | "四位一体"学好用好中国特色社会主义政治经济学
　　　——"政治经济学Ⅰ"课程教学创新实践路径

| 144 | 新文科背景下"人力资源管理概论"线上课程案例

| 150 | 增强高校思政课亲和力和获得感：
　　　"马克思主义基本原理"线上课程案例

| 156 | 视觉规律赋能艺术创作
　　　——"视觉魔术——格式塔心理学原理"课程案例

| 163 | 分层分类递进式"大学物理学"线上课程的建设

| 171 | "三位一体"的学术英语线上教学案例

| 178 | 线上资源放异彩，云端教学育英才
　　　——"信息技术与人工智能"课程线上教学之路

| 186 | 企业质量文化"3633"课程思政育人模式构建与实践

| 191 | 基于应用型人才培养的工程测量在线课程建设

| 198 | 基于理工衔接、学研结合的"大学物理"在线课程建设与实践

| 205 | "语言+文化+素质"三维一体的大学英语教学案例

| 213 | 建设地域文化类外语慕课，助推中国文化"走出去"

| 219 | 云礼课、礼思政、云评礼
　　　——重庆市一流本科课程"旅游礼仪"的线上教学实践创新

| 227 | 公安院校"行政法与行政诉讼法"教学案例

232 | 云游知天下　研学增自信

238 | "世界经济地理之一带一路"课程专题式教学示范案例

245 | 以学生为中心,推进教学改革创新
　　　——"大学生的经济学思维"一流课程建设案例

252 | 基于OBE理念的课程思政在本科"新闻评论"课程建设中的实践探索

257 | 基于在线平台的自动控制原理课程教学实践

265 | 打造"课、训、赛"一体化的移动通信课程

271 | 在线课程公共服务体系支撑高等教育数字资源共建与应用研究创新案例

279 | 第二章 虚拟仿真一流本科课程示范案例

280 | 低重力环境四足机器人运动特性虚拟仿真实验

287 | 灾难报道虚仿实验拓展专业实践

294 | 真空断路器预防性试验虚拟仿真教学项目示范案例

300 | 工程建造模架构造与设计分析虚拟仿真实验

307 | "基于VR技术的强心苷药理作用虚拟仿真实验"应用与示范案例
　　　——通识教育课程"生活与生态"课程思政建设实践

313 | "涉及高危综合实验——二维纳米材料的制备和表征"课程案例

319 | "虚实"结合、"思政"融入助力一流虚拟仿真实验课程建设
　　　——西南大学"水电/火电/风光互补发电系统认知虚拟仿真"示范课程典型案例

323 | 基于AR技术的缺血性脑损伤虚拟仿真创新实验

331 | 原发性肝癌选择性肝动脉化疗栓塞术(TACE)
　　　——介入放射学虚拟仿真实验教学课程案例

337 | 初心如炬·追梦人
　　　——习近平新时代中国特色社会主义思想虚拟仿真实验课程案例

344 | "空天地多尺度三峡库区土地覆被遥感监测"虚拟仿真实验建设

353 | "分布式光纤传感器在大型工程设施中的健康监测虚拟仿真系统"教学案例分析

360 | 流量波动下邮政弹性网络优化设计虚拟仿真实验

| 367 | 基于"自治、自愈"的馈线自动化虚拟仿真实验

| 373 | 虚拟技术增强实践教学活力
　　　　——桥梁结构动力性能测试虚拟仿真实训系统

| 379 | "多态协同、三学三导"学教模式设计及应用

| 386 | 小微企业运营仿真决策实训
　　　　——新儒商之道虚拟仿真实验项目

| 391 | 虚拟仿真技术赋能新商科实验教学的创新与实践

| 397 | 数字广告伦理法规虚仿实验教学课程建设案例

| 405 | 装饰材料介入环境设计与空间体验虚拟仿真实验教学

| 411 | 地下水水质分析与健康风险评价虚拟仿真实验教学示范案例

| 417 | 中欧班列
　　　　——疫情下的中国担当

| 424 | 中华民族的抗日战争虚拟仿真实验教学案例

| 431 | 金属材料透射电子显微镜成像及衍射分析

| 438 | 迈克耳孙干涉仪虚拟仿真实验

第一章

线上一流本科课程示范案例

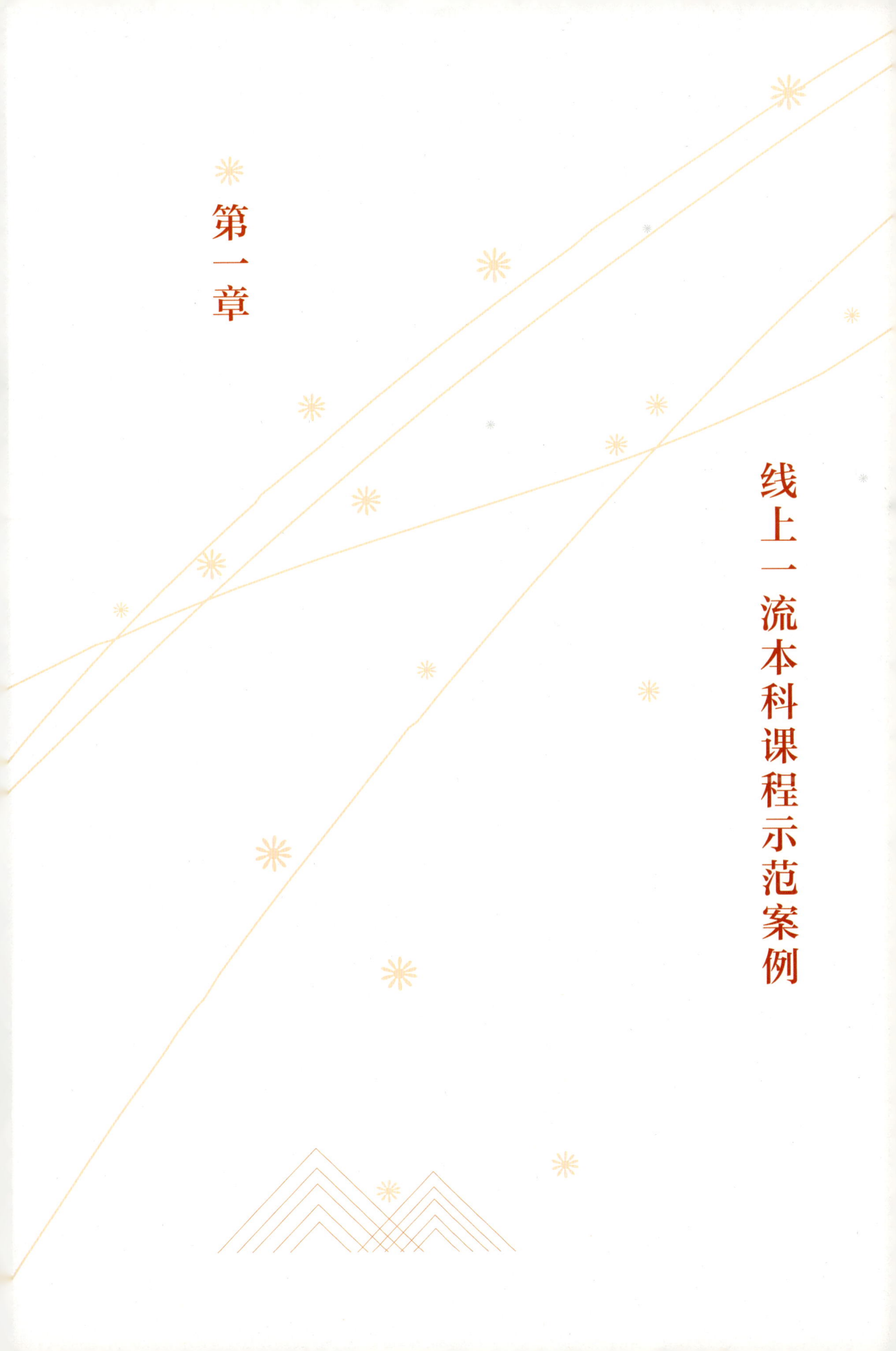

以情动人　以理服人　成风化人
——通识教育课程"生活与生态"课程思政建设实践[①]

杨永川　赵亮　林敦梅　庞明月　刘熠怡

重庆大学

一、案例介绍

"生活与生态"课程是重庆大学通识与素质教育选修课,在学堂在线、爱课程网等平台开设,课程和课程团队分别入选重庆市高校一流课程和重庆市高校课程思政示范团队。

本课程采用全案例教学,在教学准备、教学过程和教学效果评估全过程,重视以情动人、以理服人、成风化人。在案例选择上,重视绿色、环保、生态、和谐、共享、发展等生态环境核心要素与政治认同、家国情怀、科学精神、文化自信、公民品格、国际视野等思政元素的紧密融入;在教学过程中,重视沿形象思维、逻辑思维、批判思维和创新思维的进阶训练;在教学效果评估上,重视OBE教育理念(以成果为导向的教育理念),全程避免课程思政离、旧、僵、硬、浮、滥的大忌。

本课程以悟好生态文明内涵为目标,多方协同构建起生态文明思想传播体系;以生活中的案例为抓手,打造出科学与人文有机融合的知识体系;以热点问题和科学前沿研究为基础,形成了高阶性、创新性思维认知体系。

二、案例详述

(一)课程团队建设

为了充分挖掘课程的育人功能,实现思政课程与课程思政同向同行,课程团队形成了

[①] 本案例为重庆市高等教育教学改革研究重点项目"生态文明思想引领环境类专业学院课程思政体系建设与实践"(项目编号:212020)和重庆大学研究生重点课程"生态学研究进展"阶段性成果。

专业教师和思政教师互补的教学组合,入选重庆市高校课程思政示范团队。团队负责人杨永川教授为国家一流本科专业建设点和重庆市重点学科负责人,兼任中国生态学学会理事、中国高等教育学会生态文明教育研究分会理事、《应用生态学报》和 Conservation Biology 等期刊编委,深耕学科、专业、课程和科普教育10余年,在保护生物学、城市生物多样性等领域具有显著的学术影响力。近年来,团队成员主持重庆市和重庆大学教改项目10余项,获得重庆市教学成果奖、重庆市高校思想政治理论课教师教学能力大赛特等奖、重庆市本科高校微课教学比赛二等奖等奖项,以及全国高校黄大年式教师团队、"重庆最美女教师"等称号。

(二)课程设计

OBE教育理念要求教学设计和教学实施的目标必须以学生为中心,强调学生获得的学习成果,这些成果必须是内化的,也必须是可检验的。"生活与生态"课程团队采用全案例教学,将OBE教育理念落实到课程思政设计中(图1)。教师首先是积极的学习者和引导者,提出了"尊重自然、顺应自然、保护自然,'生活与生态'与您同行"的意愿,重视绿色、环保、生态、和谐、共享、发展等生态环境核心要素与政治认同、家国情怀、科学精神、文化自信、公民品格、国际视野等思政元素的紧密融入,以学生为中心构建学习共同体,与学生建立情感连接,以情动人。在教学过程中,重视沿形象思维、逻辑思维、批判思维和创新思维进阶的思维层次训练,以理服人。在案例的编排上,沿人类文明的发展,重视农业文明、工业文明和生态文明的转换及其驱动力分析,从正反两面性辩证看待人与自然关系的演变及调控,全程避免课程思政离、旧、僵、硬、浮、滥的大忌,成风化人。

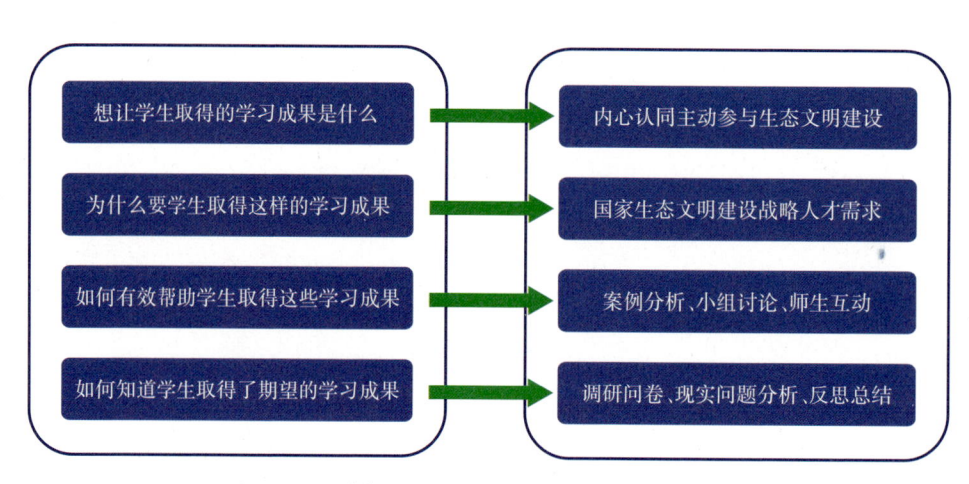

OBE教育理念要求	"生活与生态"课程思政设计
想让学生取得的学习成果是什么	内心认同主动参与生态文明建设
为什么要学生取得这样的学习成果	国家生态文明建设战略人才需求
如何有效帮助学生取得这些学习成果	案例分析、小组讨论、师生互动
如何知道学生取得了期望的学习成果	调研问卷、现实问题分析、反思总结

图1 OBE教育理念与课程思政设计的对应关系

(三)在线教学及推广应用

本课程自2019年开始,在学堂在线、中国大学MOOC和重庆高校在线开放课程平台开设,前11期累计选课人数超过2万人。包括西南政法大学、重庆理工大学、四川外国语大学等30余所学校的学生选修了本课程,覆盖面广,教学效果显著。中煤科工重庆设计研究院(集团)有限公司环境工程一院、重庆地质矿产研究院、重庆市风景园林科学研究院等单位将课程作为科普教育和职业培训素材。本课程还被重庆大学、山西工程技术学院等高校选为学分课程。重庆市南开中学和西南大学附属中学也将本课程作为生物学课程教学及学生课后拓展辅助素材。

本课程已上线重庆大学SPOC平台,开展线上线下混合式教学实践,覆盖了全校三分之二的专业。在教学过程中,将知识传授、能力培养、素质塑造统一,将教学的知识性、思想性、趣味性统一,引发了学生兴趣,形成了良好的师生互动关系。

在线课程受到了东北师范大学盛连喜教授、华东师范大学达良俊教授、云南大学段昌群教授、江南大学张光生教授等教指委委员和学科评议组成员,国家一流课程负责人吉林大学包国章教授、华东师范大学张勇副教授,高等教育出版社陈正雄编审等专家的高度评价与持续支持。

(四)课程的特点与优势

"生活与生态"形成了生产、生活、生态"三生"融合的教学定位,系统性、学理性、代入感强。课程强调从生态学视角认识和阐释生态文明建设的理论意义与社会经济实践价值,旨在推进生态文明思想在包括大学生在内的社会各界人士中入脑入心,共享范围广。在课程思政的实施过程中,采用"基因植入式"的隐性思政教学实践,使学生自然接受,产生情感共鸣,并激发学生内在的学习动力。课程思政取得了很好的效果,示范性强。课程与现有生态文明类国家级一流本科课程"人文视野中的生态学""环境问题观察"等互为补充,形成习近平生态文明思想教育课程矩阵,多层次、多途径、多维度提升了传播效果。

(五)课程资源建设

"生活与生态"课程团队将课程目标聚焦于生态文明思想传播,沿袭了生态学"推测过去、把握现在、预测未来"的基本方法论,系统梳理了人类文明的演变及这一过程中人与自然关系的演变和生态环境演变在其中的关键驱动作用,反思历史的经验教训,正确面对现状,努力推动可持续发展的未来。努力引导学生成为中国社会从"环境保护"走向"生态保护"的见证者,激励学生成为未来生态保护的参与者和实践者,将消极面对"环境污染""生态破坏"等社会负面因素,顺势转变为努力参与社会主义生态文明建设伟大征程的动力。

课程团队弱化以教师讲解为主的知识传授,强化现实案例分析讨论。课程内容不断加强对国内外热点问题、最新研究前沿和优质视频的收集和解读,保持内容新鲜度,目前已累计有约500 G的线下视频资源和大量的在线视频资源,满足了课程服务学习者个性化发展的需求,激发了学生参与的兴趣。针对重庆大学地处长江上游重要区位,以及担任建设长江上游重要生态屏障的历史重任,课程团队查阅了大量资料,充分挖掘学生身边的现实案例,系统梳理了自20世纪80年代以来长江上游地区重大生态环境保护和生态建设项目,构建了重庆市生态环境保护和生态建设数据库,丰富了教学内容,提升了教学效果(图2)。

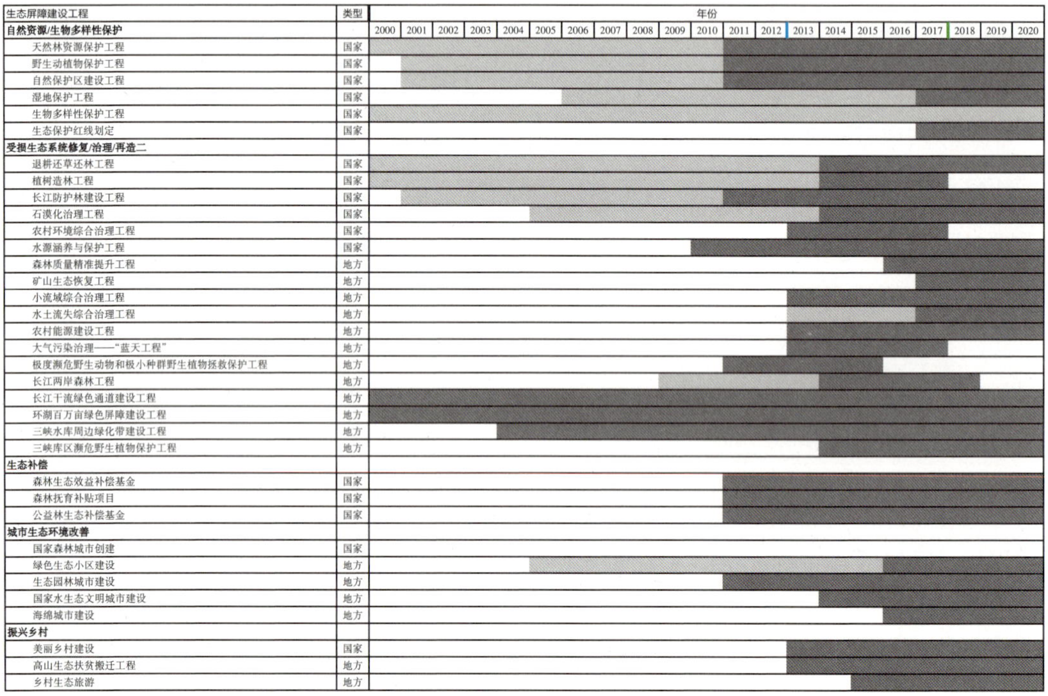

图2 长江上游重要生态屏障建设工程

(六)考试考核

课程总成绩采用形成性考核模式,以素质型题型为主、知识型题型为辅。形成性考核由视频单元、讨论单元、作业单元和期末考试四个部分的成绩组合而成。

1.视频单元占25%

视频考核部分要求学生每个视频至少观看90%的内容,拖拽视频进度条视为无效学习,不计入成绩。课程视频共有38个,累计时间474分钟。

2.讨论单元占20%

课程讨论区发言活跃,按发帖内容、数量和质量进行综合评分。可以谈论家乡的生态环境;可以探讨人与自然如何和谐相处;也可以提出自己困惑的问题。后台根据发言次数、被点赞次数进行打分。

3.作业单元占25%

每一章之后有单元测验和作业。单元测验总计有3次,全部为选择题,每次题目为10道,多次提交后(3次以内)以最高值为最后得分。试题以本单元内视频讲课内容为主,选择题分单选题和多选题,以单选题为主。作业部分总计4次,全部为开放性主观题。要求学习者就具体问题发表自己的观点和看法,鼓励原创性观点。作业要求语言通顺,有理有据,逻辑正确。

4.期末考试占30%

随机抽取客观选择题,总计30道,包括单选题和多选题,内容涵盖课程全部章节。

三、案例成效

(一)以悟好生态文明内涵为目标,多方协同构建起生态文明思想传播体系

以传播习近平生态文明思想为目标,突出"生态兴则文明兴"的唯物历史观,强调"绿水青山就是金山银山"的价值观,深入把握生态学"推测过去、把握现在、预测未来"的认识论,阐释生态环境演变中人的关键驱动作用,起到端正学生"三观"和提高学生爱国主义情怀的教育效果,是生态文明思想传播的优秀载体。首届全国高校思想政治理论课教学获奖教师、"重庆最美女教师"刘倩博士加盟教学团队,创新性地构建了专业教师和思政教师互补的持续改进的课程思政模式。

(二)以生活中的案例为抓手,打造出科学与人文有机融合的知识体系

以生活视角为切入点,率先将生态文明思想与学习者生活建立无缝连接,具有鲜活的生命力。课程内容丰富,突出知行合一,充分利用生态学的尺度效应,从大尺度、长时序的人类文明发展史中的生态环境变迁,到小尺度的现实中宠物遗弃、放生等贴近生活的案例,既能使学生从人类历史进程中的生存艺术与教训中汲取生态智慧,也能引导其在日常生活中养成绿色行为,从而在推进知行合一中达成通识课的教学目标。

(三)以热点问题和科学前沿研究为基础,构建出高阶性、创新性认知体系

课程在内容上不断加强对国内外热点问题、最新研究前沿和优质视频的收集和解读,保持内容新鲜度。课程引入大量的科学研究前沿文献资料,并将晦涩的专业术语转化为易于理解和传播的科普语言,推动学习者构建高阶性思维认知。课程中还包括了授课教师研究领域前沿问题,如古树保护、城市近自然生态建设、珍稀濒危生物保护等研究热点,引导学习者将生态文明思想和自己的知识结构相交叉,提出创新性解决现实问题的方案。

(四)适时反思、持续改进,提升生态文明思想传播成效

教学团队设计了课后调查问卷,对学生学习效果进行了评估,收集了学生对课程内容和设计的意见及建议,形成了持续改进的课程提升机制。结果显示,96.34%的学生对教学效果表示满意或比较满意;通过课程学习,93.9%的学生明确了建设生态文明的必要性;86.59%的学生提高了责任心和担当意识(图3)。学生们给出了"保护青山绿水,建设美好家园,使人受益匪浅""为生态系统学习打开了新视角,让理科生感受到了多学科思维的乐趣""学完之后觉得自己要更努力保护生态了"等好评。

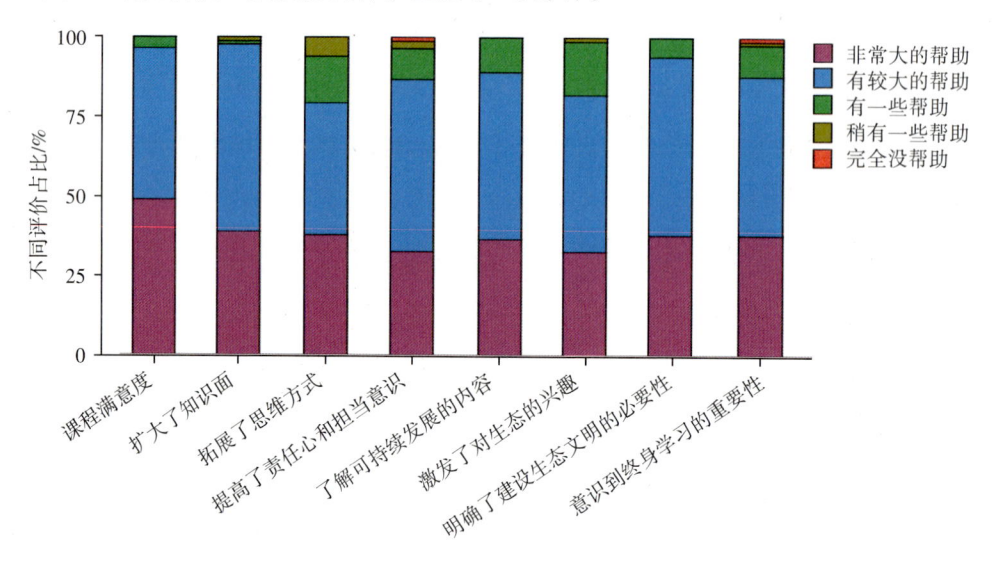

图3 学习效果调查与评估

基于对课程建设和评价的思考,确立了"以情动人、以理服人、成风化人"的新目标,优化了课程思政建设流程和结构(图4)。团队撰写的《科研与科普融合的通识教育课程思政实践——以"生活与生态"为例》入选重庆市2021年思政课程与课程思政(学科德育)优秀案例,论文《科研与科普融合的通识课程"课程思政"实践与反思》入选《环境科学与工程类专业课程思政教育实践》一书,即将由高等教育出版社出版。

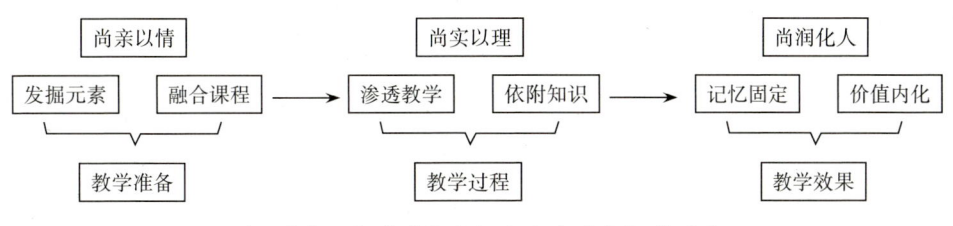

图 4 "生活与生态"课程思政建设和评价流程

四、未来计划

(一)增加课程上线平台数量,拓展影响范围

课程计划在学堂在线、中国大学MOOC等平台开设的基础上,逐步在智慧树、超星等平台上线运行,扩大生态文明思想的传播范围。积极与课程平台紧密合作,将本课程作为学分课推广至更多学校,进一步探索和实践线上线下混合式教学模式。

(二)深入融合思政元素,持续更新课程内容

课程团队将定期进行教学研讨活动,学科教师和思政教师深度合作,继续挖掘和补充课程思政元素,坚持以立德树人原则指导课程建设。每年新增视频和测试题目,补充和完善高阶性课程资料。

(三)建立优秀助教团队,推动生态文明思想入脑入心

完善助教团队培训机制,筛选和培养优秀研究生和本科生担任助教,着力提升课程互动形式和内容。发掘和吸收优秀的线上学习者加入教学团队担任助教,与学习者保持良好的互动,推动互助学习,切实将习近平生态文明思想融入学习者的价值观。与同类国家一流课程团队保持密切互动,共享教学资源,共建生态文明思想传播课程群。

连续情景剧式主题案例实践工程经济学教学

尹小庆　杨育

重庆大学

一、案例介绍

由于学生对复杂工程项目没有实践经历,设计"学生创业开办网店"案例,作为贯穿全课程的主题案例,通过解决网店投资经营过程中遇到的问题来推动知识点的学习。课程共83个知识点,除"价值工程"一章单设案例之外,其余内容全部融入该网店案例之中。课程采用启发式教学方法:课内由投资顾问带着学生共同寻找解决投资经营问题的办法,课外利用思考题让学生自主探究。课程还有机融入了思政元素,促进学生个人价值与社会价值的统一。近5年,本课程在本校开课5次,2019年起也在智慧树网、中国大学MOOC上开课,累计选课10710人,选课高校29所,是重庆市高校精品在线开放课程、智慧树网双一流高校精品课程。

二、案例详述

(一)课程教学目标

"工程经济学"是工程科学与经济科学相结合的交叉学科课程。课程教学目标包括三个方面:知识与技能,过程与方法,情感、态度与价值观。通过课程学习,学生能对现金流量、直接投资、成本、利润、税收等基本经济概念有所了解;会使用与资金时间价值计算、项目可行性分析和风险分析相关的工具;可获得寻找投资机会、撰写工程项目可行性报告的能力,最终能灵活应对各种实际问题。课程还有机融入了家国情怀、价值取向、社会责任等11个思政元素,帮助学生实现个人价值与社会价值的统一。

课程围绕建设一流学科实现先进制造新工科的目标进行改革。课程知识体系科学完整,主要面向工学专业,培养具有领军人才发展潜质及创新能力的高层次应用型专门人才。

(二)案例设计

课程设计了一个主题案例,每集一个独立知识单元,采用连续情景剧形式,演绎工程项目的投资经营过程。

课程以3位学生拟在某平台开一家网店为开篇,教师以投资经营顾问身份出现,展开知识点的讲解。图1是投资顾问在分析解答,提出建议。

图1 投资顾问(教师)

首先,股东们对行业和市场进行了调研,确定了投资平台、产品、特色定位和经济寿命等。网店投资规划如表1所示。

表1 网店投资规划表

投资平台	天猫
产品	重庆名小吃
特色定位	品种多、价格低、质量好、服务好
经济寿命	5年

然后,结合重庆大学的地域特点,选择了重庆名小吃。产品品种如表2所示。

表2 产品品种表

编号	品种	编号	品种
1	麻辣牛肉干	12	板鸭

续表

编号	品种	编号	品种
2	泡椒凤爪	13	城口腊肉
3	米花糖	14	火锅底料
4	麻花	15	豆腐乳
5	芝麻杆	16	干辣椒
6	手工麻糖	17	重庆小面
7	张鸭子	18	干辣椒面
8	花生牛皮糖	19	花椒
9	桃片	20	香脆椒
10	怪味胡豆	21	万州烤鱼
11	辣子鸡		

接着,为网店取名并设计LOGO。如图2所示。

图2 候选店名和LOGO

之后,确定项目投资估算表、现金流量表、预计利润表、初期投资方案等,这些有助于后续知识的展开。

最后,形成项目可行性报告。图3是网店扩大经营规模的多方案选优及路径规划。图4是成本费用构成知识点与案例的结合。

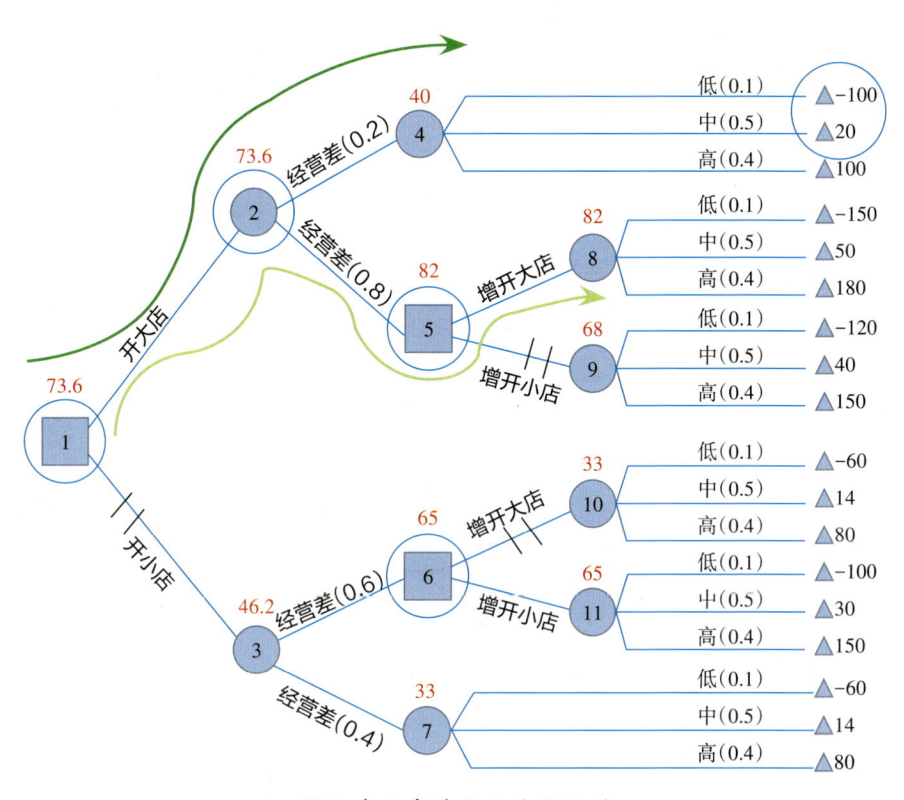

图3 多方案选优及路径规划

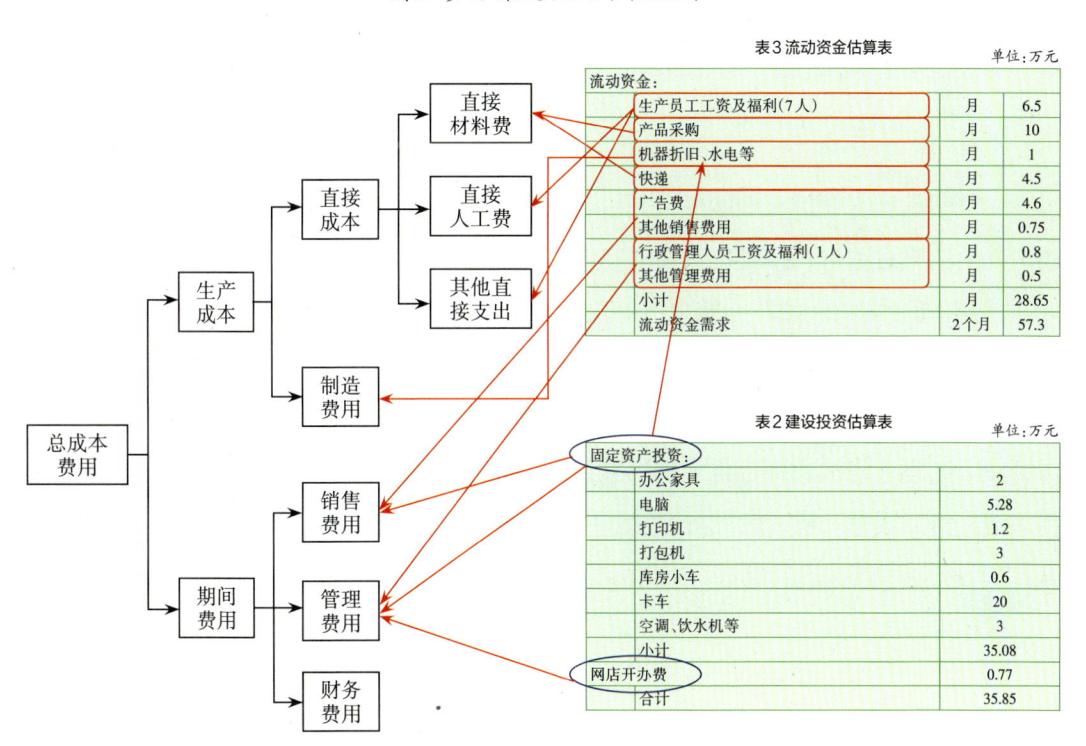

图4 成本费用构成知识点与案例的结合

表3 流动资金估算表 单位：万元

流动资金：		
生产员工工资及福利(7人)	月	6.5
产品采购	月	10
机器折旧、水电等	月	1
快递	月	4.5
广告费	月	4.6
其他销售费用	月	0.75
行政管理人员工资及福利(1人)	月	0.8
其他管理费用	月	0.5
小计	月	28.65
流动资金需求	2个月	57.3

表2 建设投资估算表 单位：万元

固定资产投资：	
办公家具	2
电脑	5.28
打印机	1.2
打包机	3
库房小车	0.6
卡车	20
空调、饮水机等	3
小计	35.08
网店开办费	0.77
合计	35.85

（三）课程考核

课程考核内容包括四个方面：学生对工程经济的基本概念、原理和方法等理论知识的掌握情况；资金时间价值、效益分析、风险分析等方法的运用能力；项目规划、评价等工程项目可行性综合分析的能力；社会责任和创新意识的提升水平。

课程通过学生在线学习进度、章测试、见面课和期末考试情况进行综合考核，兼顾过程考核和结果考核。课程成绩为百分制：平时成绩占30分，章测试成绩占10分，见面课成绩占20分，期末考试成绩占40分。期末试卷根据《命题细目表》从题库中随机抽取72个小题自动形成，分为识记、领会、简单应用和综合应用4种认知层次，包括单选题、判断题、多选题和阅读理解题4种题型。

（四）本校应用情况

课程在重庆大学面向本科学生开设，每年开课一次，人数在50—80人，是工业工程专业学生的专业基础必修课，其他学生为选修课。课程采用线上、线下及课夹实验相结合的形式进行，学时分别为16、26、12。同时，配套开设1学分的"工程经济学课程设计"，学生4—5人一组，每组自定或教师指定一个课题，完成项目可行性分析报告。通过学习，学生的基本知识更加扎实，能更熟练地设计工程方案、编制可行性分析报告，学生还基于本课程参加了工业工程教指委举办的课程设计大赛，并连续两届获优秀奖。

（五）课程思政

为贯彻落实立德树人根本任务，扎实推动习近平新时代中国特色社会主义思想和党的十九大精神进教材、进课堂、进头脑工作，课程团队根据课程的SPOC和MOOC的教学形式，将家国情怀、价值取向、社会责任、科学精神、工程伦理、职业素养、历史文化、理想塑造、意志品格、创新意识、耐挫能力、逻辑思辨和饱满人格等思政元素融入课程教学，同时运用心理学知识让案例和课堂充满活力，通过专题思政课、知识点思政小节等，采用分组讨论、辩论、角色扮演和课后作业等形式，结合视频、实物、案例设计与讲解等方法展开课程思政。例如在第一章，通过讲述改革开放发展市场经济的过程，我国实现的伟大经济成就，再到宏大的工程项目，融入"家国情怀""社会责任"等元素。

课程思政改革后在线下的校内课堂和智慧树网的线上课堂进行了实践，效果良好。

三、案例成效

(一)课程特色与亮点

课程在教学设计、内容、方法、评价等方面大胆改革,全面重构,在同类课程中具有鲜明特色,具体表现为:

第一,突出创新性,全课程采用一个主题案例以连续剧方式引导学生探究式推进。课程除"价值工程"一章外,一个案例贯穿其他全部章节。学生扮演股东、员工,教师扮演投资经营顾问,连续剧式推动知识展开。

第二,知识内容重构,合理拆分、组织知识点;章节名称有趣、有探究意义,更具有启发效果。课程通过贯穿全程的案例,将各章节分散的83个知识点重新组织,有机连贯起来,前后呼应,环环相扣。同时,从学习者的角度为每节取名,如"解密成本的奥秘""评估风险消除恐惧——风险分析""产品受欢迎的秘籍"等。

第三,考虑非经济类学生特点,有机补充相关知识,增加挑战度,提升高阶性。课程增加财务、经济和管理等相关知识,要求学生具备规划项目、编制预计财务报表、财务分析等能力。同时设置附录供学生自学。学分从2分增加到3分。

第四,隐性融入思政元素,开展课程思政教育。通过教学资金时间价值知识,引导学生树立正确的价值取向;通过创业案例培养学生的立业观;通过工程项目经济环境分析,培养学生的家国情怀;通过工程项目的风险分析,激发学生的责任担当意识。

(二)课程取得的教学成效与成果

课程自从上线以来,累计选课10710人,选课学校29所,成果大致如下:

2019年,"工程经济学"被评为重庆市高校精品在线开放课程。

2022年,"工程经济学"被评为智慧树网双一流高校精品课程。

全面承担"双带头人"教师党支部书记工作室建设工作,并顺利通过验收。其中,"工程经济学"是"双带头人"建设中推动"三进"工作、探索"三全育人"新局面的主要实践内容。

2021年,参加在成都举办的高等学校工科基础课程教学及思政建设专题研讨会,课程负责人进行了分会场宣讲。

形成两篇论文成果,分别为《面向新工科的机械工程大类课程体系思政研究》(收录于《高等学科工程基础课程思政教学论文和优秀案例汇编》,2021年出版)、《面向机械大类专业课程体系思政研究》（收录于《重庆市教育科学研究院思政课程与课程思政（学科德育）优秀案例及论文汇编论文集》，2022年出版）。其中一篇荣获重庆市教育科学研究院思政课程与课程思政（学科德育）优秀案例及论文特等奖。

四、未来计划

为更好地利用在线教育平台提供优质、开放、共享课程，服务社会，今后五年的发展计划是：

（一）深化课程思政（2022年）

本课程是重庆大学"三进"工作专题课程建设项目，是"双带头人"教师党支部书记工作室建设的主要实践内容，课程将适时更新。

（二）融入新的智能分析决策方法（2023—2026年）

在新技术不断革新的背景下，探索利用大数据技术进行数据挖掘，以及利用人工智能技术进行风险评估和方案选优等方法。

（三）深化案例继续扩充题库（2023—2025年）

为促进学生更好地理解知识要点，将更新、增加产学研合作项目案例，同时紧密跟踪国家最新发展，增加与我国新建的重大工程项目相关的案例，将"价值工程"一章的案例并入主题案例。另外，为巩固知识，增加考试的多样性，需要扩充题库数量和类型，特别是案例分析题。

（四）建设课程团队（2022—2026年）

本课程面向工学学生和全国自考学生，选课学生越来越多，同时，课程将引入大数据、人工智能等先进技术，因此，课程将适时增加多位年轻教师，形成合理配置的新老教师搭配的教学团队。

（五）申请国家精品课程（2021—2023年）

已于2021年申请了第二批国家级一流本科在线课程，目前正在评审中。

培养解决复杂工程问题的新工科人才
——"核反应堆热工分析"线上课程示范案例[①]

潘良明　陈德奇　马在勇　张卢腾

重庆大学

一、案例介绍

"核反应堆热工分析"是核工程与核技术专业最重要的本科专业课程之一，重庆大学"核反应堆热工分析"课程团队经过十多年的教学研讨，已经成功建立了以"在线自主学习"+"过程考核"+"能力考核"为主线的线上教学模式。本课程遵循"价值引领—知识探究—能力建设—人格养成"的"四步走"教学理念，坚持以学生为中心，强调"认知"+"实践"+"讨论交流"+"理性认识"的循序渐进。通过导入性教学，提高学生主动学习的意识，以及提出问题、获取新知识、分析问题的能力。同时结合课题研究和工程案例，开阔学生视野和提升学生能力，让学生掌握基础理论更透彻，对工程实际理解更深入。采用多元化的考核方式，保证了对学生的合理评价和考核全面性，也保证了整个学习过程的持续性、多样性。本课程通过各个环节的紧密联系，将学生从简单获得知识变为多学科验证知识，获得体验、经验和能力，实现知识、能力和素质水平的全面提高，支撑核工程类相关专业富有社会责任感、具有核安全文化和国际竞争力的创新型人才的培养目标。

二、案例详述

（一）课程改革发展

十多年来，教学团队在教学内容、实验、教学资源等方面进行了不断改革：

[①] 本案例为中央高校建设世界一流大学（学科）和特色发展引导专项项目"核工程与核技术一流核心课程群"、重庆市高等教育教学改革研究项目"构建'多元综合实验'专业平台，促进'新工科'创新人才培养"（项目编号：223029）阶段性成果。

2006—2008年:内容体系改革,构建反应堆热工总体结构、传热与流动基本理论、热工水力分析方法等基本框架。

2009—2015年:SPOC及MOOC全面建设,开展实验教学改革、问题导向型教学改革。

2016—2022年:探索研究式及讨论式教学法。

(二)课程资源建设

课程团队紧跟现代教学发展的步伐,2017年建成校内SPOC课程,2020年建成MOOC课程,并在学堂在线网站上线面向全国开放。作为一个小众课程,在短短的一年时间内,全国范围内累计有近400人参加本课程学习。融合数字资源的慕课版一体化教材《核反应堆热工水力学基础》于2020年由重庆大学出版社出版。(图1)

在实验教学方面,自主设计并研制了核反应堆热工综合实验台架,获教育部实验室条件改善经费支持,热工问题基础实验台架获学校实验设备改善计划支持。

课程建设成果以慕课版教材《核反应堆热工水力学基础》、重庆市高校一流课程"核反应堆热工分析"、学堂在线MOOC课程的形式得以凝练和推广。(图2—图4)

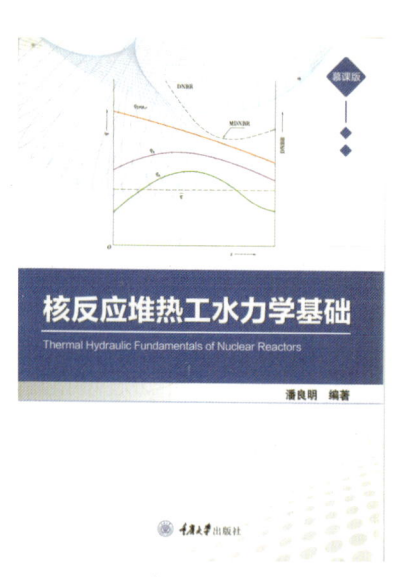

图1 慕课版教材出版

(三)线上教学设计创新

结合所提供的条件,通过问题导入式教学和研究型学习,结合MOOC内容及网上平台的作业提交和答疑讨论,让学生成为主动的学习者。

课堂之外,以内容全覆盖的MOOC课程自学、

图2 线上教学视频画面

图3 获批重庆市高校一流课程　　　　图4 获评重庆大学教学成果奖二等奖

QQ群讨论、小课题研究等形式，将课堂延伸到课外。通过结合小课题研究等环节，将学生从被动的知识接受者变成问题的讨论者和研究者从而获得亲身经历的复杂工程问题体验。

(四)教学内容及组织实施

在教学设计中以解决核反应堆热工水力的复杂工程实际问题为引导，以知识和能力培养逐步深入为主线，以学生能力达成度为中心，通过问题导入式教学和研究型学习，以及通过课程小论文的研究和答辩，结合MOOC内容及网上平台设置的作业提交和答疑讨论要求，让学生成为主动的学习者。同时，以中国核动力事业发展为脉络，融入中国元素，讲述科学家和先辈的奋斗故事，分析国家重大工程，培养学生的家国情怀和奉献精神。课堂之外，开展多层次实验研究，包括课程基础实验和综合热工实验的挑战性实验。学生在调研、思考、讨论、实践中，培养了动手能力和自学能力，激发了探索欲望和创新精神。

核反应堆热工分析课程教学逐步形成六步教学法：(1)基础问题提出；(2)物理机制的思考；(3)讨论学习和课题研究；(4)针对性讲解和引导；(5)归纳总结；(6)复杂工程问题综合解决。

具体学习内容包括：

(1)讲授与讨论：基于基本教学要求，着重讲解各章的重点和难点内容，密切联系工程实际。结合MOOC，通过课堂测试和实例讨论分析，引导学生灵活掌握知识点，并融会贯通。

(2)课外自学与作业：适当结合课外专著与文献，布置思考题并进行讨论；布置课程报告，通过资料调研、研究分析和答辩，培养学生团队合作、交流和终身学习的能力。

(3)MOOC学习及作业提交：针对具体理论和现象，开展MOOC学习和讨论。通过

SPOC提交作业,并通过讨论平台讨论。结合课程负责人所建设的科研平台,让学生参与较多的科研活动,大幅提高学生对基本理论概念的认识,并通过小课题研究予以强化。在学期末针对课程进行答辩和讨论,提高学生深度解决复杂工程问题的能力。

(五)成绩评定考核

多元化的考核方式。成绩由五部分构成,保证了对学生评价的合理性和考核的全面性,也保证了整个学习过程的持续性、多样性,拥有更好的弹性和更高的学习强度,避免了期末突击现象。具体包括:平时作业(10%)、小论文(20%)、实验报告(5%)、半期考试(25%)、期末考试(40%)。

三、案例成效

(一)案例特色与创新点

响应现代工程教育的特点,依据核工程与核技术专业毕业要求,本课程形成了如下特色与创新点:

(1)强调"认知"+"实践"+"讨论交流"+"理性认识"的循序渐进。在掌握具体知识点的基础上,强调从系统角度思考热工水力问题。在文献阅读、课题研究、交流讨论等基础上,结合线上课程,强化系统层次的理论知识;通过实验的实际操作和结果分析,从实践角度强化了系统层次的应用能力。

(2)将学生从简单获得知识,变为多学科验证知识,获得体验、经验和能力。通过导入性教学,提高学生主动学习的意识,以及提出问题、获取新知识、分析问题的能力;通过为期一个学期的大作业,建立学生对科研的初步体验,也培养了团队精神;通过课程答辩,强化学生的竞争意识,提高以观众为对象的表达能力和交流能力。

(3)采用以"在线自主学习"+"过程考核"+"能力考核"为主线的核反应堆热工分析的线上教学模式。通过MOOC学习,并结合课题研究,开阔学生视野和提升学生能力。让学生掌握基础理论更透彻,对工程问题的理解更深入。

(4)多元化的考核方式。成绩由五部分构成,保证了对学生评价的合理性和考核的全面性,也保证了整个学习过程的持续性、多样性,拥有更好的弹性和更高的学习强度,避免了期末突击现象。

（二）教学改革的重难点问题

解决复杂的核工程热工水力学问题要求：

(1)学生深入理解基础理论，掌握基本的分析方法和模型，锻炼深邃的科学视野。

(2)提高涉及流动、传热、材料、力学等多个学科的动手能力。

(3)提供充足的网上资源，给予研究和动手条件。

(4)围绕解决复杂核工程问题来激发学生学习探索的内生动力，达到课程对学生在基础理论、应用能力、创新能力及解决复杂工程问题能力等方面的全方位要求。

（三）取得的主要成果

结合专业认证的相关要求，不断改进课程，课程的建设和实施已经有了一些比较显著的成绩：

(1)出版了教材，前期经过两个年级的使用，针对本课程应该完成的目标内容已经比较好地反映了目前专业认证的要求，特别是很好地满足了非技术能力方面的培养要求。

(2)所培养的学生不管是进入研究生阶段深造，还是直接进入社会工作，深造单位的导师或用人单位的相关人员都反映我们的本科学生对于反应堆热工问题的掌握有深度，知识和能力很全面。

(3)通过市级重点在线课程、重庆大学重点在线课程、市级教改项目、市级一流专业等的建设，课程在国内已经有较好的知名度，教指委委员上海交通大学顾汉洋教授、哈尔滨工程大学夏虹教授、东南大学周涛教授及教指委前副主任委员阎昌琪教授等对课程都有非常高的评价。

四、未来计划或启示

今后五年，拟从如下几点推进课程建设：

(1)深入总结专业认证的各项指标点达成情况，对弱项进行重点分析和改进，并与专业认证的持续改进同步。教学团队开展课程总结年会，对课程教学过程进行追忆和还原，识别有效的教学方法和无效的教学方法，以明确改进策略。

(2)应进一步强化实践和应用层次，特别是需要建立起一种"激励性学习"的良好机制。通过恰当的和及时的实践与应用设计，让学生建立起自己可将所学知识正确和合理应用的自信心与获得感，提高学生学习的积极性和学习效率。还需建设不同阶段"题库"，并形成标准的实践和应用学习的基本流程。

(3)实现对不同级次学生甚至不同学生个体,在教学方法和教学目标实现方式上的灵活性。这就要求教学团队积极总结教学经验,针对不同学生进行合理分类,同时增进对学生的了解,以建立更有针对性的教学手段,持续改进教学方法。

(4)进一步梳理线上课程和线下课程的关系,并完善线上的诸如日常作业、常规小测验、考试等环节,使线上课程发挥最大作用。特别是要与科研训练和课程设计等环节相结合,让学生真正做到学以致用。

"工程地质"课程建设创新应用

王桂林　文海家　杨海清　杨忠平　罗云菊

重庆大学

一、案例介绍

"工程地质"课程为土木类专业的专业基础必修课程,本课程以提升工程素养为目标开展了一系列创新建设。教学团队在网络教学环境建设上已持续二十余年,先后建成重庆市精品课程和国家级精品课程,于2020年入选重庆市一流课程(线上)。"工程地质"线上课程围绕影响场地工程能力的地质条件及地质问题而展开,主要讲述场地外貌(地形地貌)、内在物质(岩、土、地下水)、组织构造(地质构造)、不利于场地稳定性的自然演化过程(不良地质作用)和工程勘察等内容,共7章60讲。本课程始终坚持"以学生为中心"的理念,在教学内容和资源设计上充分考虑与知识能力素质、课程思政的有机融合。本课程通过完整的系统性教学设计,以线上网络课程为平台,融合了多元信息的教学资源。通过设置扩充资源、特色栏目及主题讨论区,反映内容的前沿性和时代性。教学模式上,通过与现代教育技术的结合,实现了线上学习、线下学习、研讨式学习、自主学习、实践项目式学习等多元化学习的教学模式。

二、案例详述

(一)课程团队建设

本课程长期重视课程团队建设,形成了教授4人、副教授1人,以中青年为主以及具有博士学位教师组成的高水平教学团队。课程负责人王桂林教授为博士生导师、重庆市普通本科高等学校地矿与环境安全类专业教学指导委员会委员,课程团队骨干文海家教授为博士生导师、教育部高等学校地质类专业教学指导委员会委员,主要成员为岩土工程系列课程重庆市级教学团队骨干教师。团队成员已建成国家级一流课程与精品课程3门,省级本科一流课程、精品课程与研究生优质课程6门;长期承担本科生、研究生课程10余门。团队成员多人次获校优秀教师、先进工作者、优秀共产党员等荣誉。

(二)课程设计

我们生活生存的任何工程建筑物都是建在一定的工程场地上的,工程场地具有人工/工程和自然/地质属性。忽视工程地质工作,会给工程带来不同程度的影响,轻则需要修改方案、增加投资、延误工期,重则酿成祸事,甚至在使用期间被毁于一旦。由此可见本课程在土木类专业中占有重要的地位。

1. 总体设计思路

本课程的教学设计以提升学习者工程素养为目标,详细的教学内容围绕与工程有关的地质条件及地质问题而展开,注重学习过程考核,培养学生对地质与工程相互作用规律的探究,增强学生在合理利用和保护工程地质环境上的责任与担当意识。

2. 课程结构与内容设计

课程团队探索以学生为中心的课程建设和教学改革,实践信息技术与教育教学的深度融合,促进传统的课程教学向以学生为中心转变,实现学生自主学习、个性化学习和深度学习,从而提升课程教学效果。

课程在结构上分为线上和线下两部分,其中线上包括工程地质导学图、教学视频、随堂测验、单元测验、期末考试、扩充资源、讨论交流等;线下包括课堂讲授、课堂研讨、课后综合大作业等。

课程在内容上按绪论、岩土类型及其工程地质性质、地质构造及其对工程的影响、地貌及第四纪地质、地下水及其对工程的影响、不良地质作用及其防治、工程地质勘察划分7个教学单元,教学单元中体现了地质与工程结合的教育价值与作用,形成了系统的、地球科学与工程技术科学融合的、突显特色的教学内容。

3. 考核方法设计

注重学习过程的考核,设置多模块多环节的积分式考核模式,包括线上模块(随堂测验、单元测验、资源学习进度、线上与线下的讨论交流情况、线上期末考试等)、线下课堂模块(课堂研讨表现、慕课堂随堂测试、线下期末考试)和课堂外模块(以地基工程、边坡工程、地下工程等三类典型工程地质实际工程案例为素材的三次作业和一次工程地质现场小组调查）。

（三）在线教学情况

课程团队以中国大学MOOC作为在线教学平台，利用该平台的线上课程资源、APP及慕课堂微信小程序展开教学，自从2019年起，到2022年已在重庆大学完成4轮1500余人的工程地质学分课程的教学，本校采用线上线下相结合的教学模式，效果良好。

（四）课程的特点与优势

本课程的特点与优势体现在以下三个方面：

其一，基础积淀厚实。课程历史悠久、积淀深厚，课程建设、实践教学建设等卓有成效。已建成国家精品课程、市一流课程，团队编写的配套教材入选住建部土建类学科规划教材。

其二，体系设计完整。设计了以提升工程素养为目标的资源构建，并以学生学习为中心、学习过程考核为抓手，设置多模块多环节的积分式考核模式，充分调动学生积极参与活动和提升课程教学效果的各项教学活动。

其三，教学模式多元。通过与时俱进地采用现代教育技术，目前课堂教学与网络辅助教学综合应用成熟，信息化教学资源完备，构建了以研讨式教学为基底的信息多元立体化教学体系，并实现线上线下课堂混合式教学模式。

（五）资源建设

教学团队历来重视课程资源的建设，从教材的编写，多媒体电子课件的制作，到网上资源及网上课程的建设，已形成丰富的多元化课程教学资源。其中网上资源包括教学视频（视频59个，时长537分钟）、随堂测验、单元测验、期末考试、PPT、扩充资源、工程地质导学图、讨论交流区等。扩充资源主要是典型案例视频、相关规范标准、工程地质工具、好文推荐、学习小技巧

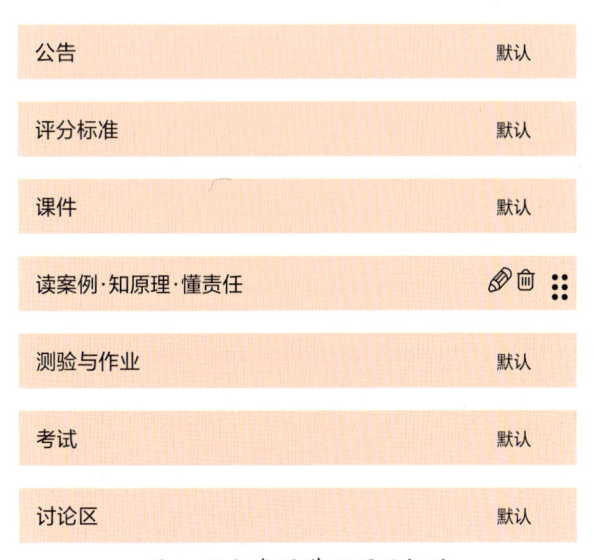

公告	默认
评分标准	默认
课件	默认
读案例·知原理·懂责任	
测验与作业	默认
考试	默认
讨论区	默认

图1 网上资源学习页面板块

等。网上资源学习页面板块如图1所示,表1为教学视频清单。

表1 教学视频清单

1.1 人类工程活动与地质环境的关系	5.5 地下水埋藏类型——承压水
2.1 岩土材料工程性质的因素影响	5.6 不同含水介质中的地下水
2.2 地壳及地质作用	5.7 水文地质图读图分析
2.3 地质年代的确定方法	5.8 地下水的不良工程地质作用——地面及地基沉降
2.4 矿物	
2.5 岩石成因及其工程地质性质	5.9 地下水的不良工程地质作用——流砂与潜蚀
2.6 岩石的工程分类	5.10 地下水的不良工程地质作用——基坑突涌
2.7 风化岩	6.1 不良地质作用——地震
2.8 土的工程分类	6.2 地震区建筑场地的选择
2.9 特殊土	6.3 岩溶与土洞的形成
3.1 岩层产状	6.4 岩溶地基的工程地质问题及防治
3.2 褶皱	6.5 斜坡灾害——滑坡
3.3 裂隙	6.6 产生滑坡的因素及发育过程
3.4 断层	6.7 滑坡形态要素及识别
3.5 地质构造对工程的影响	6.8 滑坡防治
3.6 地质图及阅读	6.9 斜坡灾害——崩塌
3.7 岩体的工程特性	6.10 崩塌防治
3.8 岩体的工程分类	6.11 泥石流
3.9 结构岩体稳定性的赤平投影分析法原理	6.12 泥石流防治
3.10 结构岩体稳定性的赤平投影分析法应用	6.13 不同斜坡地质灾害的关系
4.1 工程场地的地貌类型	7.1 工程地质勘察概述
4.2 山地及平原地貌对工程的影响	7.2 工程地质勘察方法
4.3 河流地貌	7.3 工程地质勘察资料的整理及报告剖析
4.4 河流对工程的影响	7.4 典型岩土体稳定性问题及勘察要点——边坡工程
4.5 地貌与第四纪地质的关系	
4.6 第四纪沉积物的工程特征	7.5 典型岩土体稳定性问题及勘察要点——地基工程
5.1 工程地下水的概述	
5.2 地下水埋藏类型——上层滞水	7.6 典型岩土体稳定性问题及勘察要点——地下工程
5.3 地下水埋藏类型——潜水	
5.4 地下水的运动规律	

为进一步加强工程伦理教育,增强学生的工程责任与担当意识,专门设置了"读案例·知原理·懂责任"板块,分别在边坡工程、地基工程、地下工程三类典型工程地质案例中各选取2个实际工程案例报告进行阅读分析,比如边坡工程类选取了2015年的广东深圳光明新区渣土受纳场"12·20"特别重大滑坡事故调查报告。

(六)应用及共建共享情况

2018年以来,课程在中国大学MOOC平台和智慧树两个平台开展应用及共享。截至2022年,已在中国大学MOOC平台线上开课8次,累计选课人数2万余人,部分高校将此课程作为SPOC课程资源(如哈尔滨理工大学等);从智慧树网可查明的统计情况看,除了本校外,选课学校包括同济大学浙江学院、昆明理工大学等高校;此外,配套建设的教材(课件)被国内10多所高校选用。整体上,"工程地质"课程在国内兄弟高校中形成了非常广泛的多网络平台优质资源与规划教材交叉的课程共建共享效应。图2为中国大学MOOC平台上选课参加人数情况的部分截屏。

图2 选课参加人数情况的部分截屏(来源于中国大学MOOC)

三、案例成效

本课程始终坚持"以学生为中心"的理念,在教学内容和资源设计上充分考虑知识能力素质的有机融合,培养学生解决复杂问题的综合能力和高级思维。本课程通过完整的系统性教学设计,以线上网络课程为平台,解决了多元信息教学资源融合的难点问题;设置扩充资源、特色栏目及主题讨论区,解决了资源陈旧性和学习互动性问题,及时反映内容的前沿性和时代性。

课程及团队在持续课程建设与教学改革中取得如下成绩:

(1)课程建设成果:"工程地质"(网络)被评为国家级精品课程;"工程地质"(本科)被评为重庆市精品课程;"工程地质"被评为重庆市高校精品在线开放课程;"工程地质"(线上)和"边坡工程综合虚拟仿真实验"(虚拟仿真)被评为重庆市一流课程;"工程地质"入选2020秋冬学期智慧树网"双一流高校专业课程TOP100",入选2022春夏学期智慧树网"一流高校精品课程(专业课)";配套教材入选普通高等教育土建学科规划教材。

(2)教改与教学成果及获奖:完成重庆市重点、一般教改项目和教指委教改项目2项、学校教改项目3项;获中国建设教育协会优秀教育教学科研成果二等奖1项,获重庆大学教学成果一、二等奖3项。

四、未来计划或启示

在信息爆炸时代,如何利用信息化技术提高教学质量是课程建设必须解决的问题。"工程地质"课程建设取得的一系列成果,得益于本课程教学团队在学校和学院的支持下,坚持不懈地持续建设。本课程始终坚持"以学生为中心"的理念,在教学内容和资源设计上充分考虑与知识能力素质、课程思政的有机融合。本课程通过完整的系统性教学设计,以线上网络课程为平台,融合了多元信息教学资源。通过设置扩充资源、特色栏目及主题讨论区,反映内容的前沿性和时代性。在教学模式上,通过与现代教育技术的结合,实现了线上学习、线下学习、研讨式学习、自主学习、实践项目式学习等多元化学习的教学模式。通过主流网络教育资源平台和高水平教材,可在更大范围推进工程地质优质课程资源的应用与共建共享。

模块化教学：
线上+直播"织辫式"探究学习

叶泽川

重庆大学

一、案例介绍

基于行为主义逐步前进、持续反馈和及时强化的学习原理，运用"编辫子"的逻辑程序，强化师生互动和生生互动，在多年的教学实践中，逐步形成了"模块化教学：线上+直播'织辫式'探究学习"教学模式。其学习流程如下：

(1)学生进行本章教学视频学习和教材阅读，完成视频附属弹题；

(2)线上"课程论坛"中设置本章学习内容讨论区，学生完成本章教学视频学习后，转入本章讨论区参与讨论；

(3)基于本章讨论区学习讨论情况，提炼本章互动讨论直播课主题；

(4)本章互动讨论课直播；

(5)根据互动讨论网上直播课教学互动情况，发布"百家号"短视频，布置学生访问学习；

(6)发布本章"智慧树"互动讨论课和"百家号"教学短视频测验题；

(7)设置本章课后讨论区；

(8)转入下一章教学，重复以上(1)—(7)步骤；

(9)期末网上结课考试。

二、案例详述

(一)"织辫式"教学体系

1. 课程基本教学模式

课程基本教学模式为"模块化教学:线上+直播'织辫式'探究学习",其可灵活转换为纯线上教学模式、MOOC教学模式或SPOC教学模式。

2. 课程教学资源建设

视频教程内容、时事评论短视频内容、互动讨论课内容和各种测试题目均以不同的周期进行定期升级。

3. 课程学习成绩考核

在各教学环节中融入成绩考核设计,设置了"过程性学习习惯"和"过程性学习互动"学生成绩考核,采用过程可回溯的多元化考核评价,严格学生学习成绩管理。

(1)平时成绩(30分)=学习进度成绩(5分)+学习习惯成绩(25分)。

学习进度:教程学习进度+测试进度。

学习习惯:学习习惯分与规律学习天数相关(规律学习的天数越多,学习习惯分越高。一天有效时长达到或超过25分钟,记为一次规律学习)。

(2)章测试成绩(10分)=第一章测试成绩(2.5分)+第二章测试成绩(2.5分)+第三章测试成绩(2.5分)+第四章测试成绩(2.5分)。

(3)讨论课成绩(20分)=讨论课实际得分/讨论课总分×权值。

讨论课包括"每章视频学习论坛""直播课互动"。

学习互动计分项包括:我的有效提问、我的有效回答、我最热的提问、我最热的回答。

(4)期末考试得分(40分)=期末考试实际得分/期末考试总分×权值。

由标准化测试题组成期末测试题库(355道题)。每一位学生的期末考试题(50道题)由电脑随机自动抽题生成,由学生在网上限时(1小时)完成。选课学校也可以从题库中随机抽取出一套试题,组织本校的线下期末考试。

网上教学平台设置课程补考功能。补考与正考的要求一致,选课学校可自行使用或关闭该功能。

4. 后台学习支撑设计

除了课程主讲教师外,设置以下后台支撑:

教辅人员配置:(1)智慧树课程运行专员;(2)开课学校课程总助教;(3)选课学校课程助教;

技术支持平台:(1)智慧树在线客服系统;(2)学生QQ群;(3)助教QQ群。助教开通检测异常权限,及时处理学习异常情况。

(二)"织辫式"教学过程

第一辫:网上自主学习。学生自主收看每章视频教程和阅读课程教材;网上学习平台大数据自动记录学生学习情况,对学生进行学习习惯考核。

第二辫:视频弹题测试。每一个视频片段均设置视频附属弹题;以人机互动的方式检验学生的视频自主学习情况。

第三辫:每章学习测试。每一章网上视频学习结束后,设置每章测试题(5道题)。网络学习平台自动评分,检验、核实学生对每章学习内容的掌握情况。

第四辫:每章讨论专区。预先设置与每章学习内容相关的网络互动讨论区(每章5个讨论题)。学生完成每章学习任务后,参与教师预先设置的话题讨论,也可以主动发起新的本章学习讨论议题。

第五辫:讨论课前设计。在每章见面讨论课直播前,重新调整讨论课主题设置,融入当前时事新闻中的思政元素内容。

将直播见面讨论课相关教学材料预先上传到课程网站的学习资料区;设置每章见面讨论直播课专属讨论区;要求学生自行查找相关材料,提前开展每章见面直播课前的线上热身讨论。

任课教师针对性备课,设计每章见面直播讨论课对应内容的互动教学。

第六辫:讨论课中互动。扫码完成学生出勤考核;教师首先讲授本章见面讨论课直播的基本教学内容;然后针对本章见面讨论课直播的教学内容,要求学生基于自己的理解和思考,用自己理解后的思考通过网络直播,同教师进行远程面对面交流;课程助教负责考核学生参与度。

第七辫:讨论课后强化。结合时事新闻热点,发布主讲教师百家号教学短视频,要求学生访问学习;布置本章智慧树互动讨论课和百家号教学短视频内容测验题(5道题)。

第八辫:讨论课后讨论。将讨论延伸到线上课程学习论坛讨论,启动线上课后讨论。任课教师和课程助教参与学生网络学习论坛讨论,对学生发言进行评论和点赞。

结辫子:期末全面测试。学生自主对整个课程教学内容进行全面系统的回顾和总结,参加期末课程结课测试。

三、案例成效

"世界舞台上的中华文明"已开课9学期,截至2022年9月,全国已有320所高校学生选课。

"世界舞台上的中华文明"获评"重庆市2019年高校精品在线开放课程";《体系性思政内容创新:世界舞台上的中华文明》获评"2021年重庆市高校教师教学创新大赛三等奖";"世界舞台上的中华文明"获评智慧树网2020春夏学期、2020秋冬学期、2021春夏学期、2021秋冬学期、2022春夏学期"混合式精品课程TOP100"。

(一)MOOC模式推广

1. 基本情况

全国120所兄弟高校在"世界舞台上的中华文明"课程教学中采用了MOOC教学模式。

这些高校配备或不配备课程助教,采纳或修订开课学校教学要求,组织学生或让学生自行观看开课学校线下课直播,采纳或修订智慧树网课程核算成绩。其中,出现了典型的"运城学院MOOC模式"。

2. 运城学院MOOC模式

由运城学院辅导员担任课程助教,采纳开课学校课程标准,全部参加与开课学校师生的线下直播课互动,学生学习成绩以智慧树网课程核算成绩为准。

(二)SPOC模式推广

1. 基本情况

全国200所兄弟高校将"世界舞台上的中华文明"纳入本校SPOC课程。

这些高校对"模块化教学:线上+直播'织辫式'探究学习"模式的教学过程进行了或多或少的本校化修改。其中,出现了典型的"沈阳工学院SPOC模式"。

2. 沈阳工学院SPOC模式

由沈阳工学院教务处老师担任"世界舞台上的中华文明"课程助教,组织本校自己的线下课、辅导答疑和纸质版作业。学生学习成绩由沈阳工学院自行核算。

(三)外校教学交流

1. 基本情况

许多高校对课程的"模块化教学:线上+直播'织辫式'探究学习"模式表现出兴趣,纷纷纷邀请本课程主讲教师进行教学交流：

2020年11月12日，赴西华师范大学做现场示范教学；

2020年9月18日，智慧树网网络直播"基于智慧树平台共享课程的见面课教学设计"；

2019年11月28日，赴兰州大学参加"教学改革与创新论坛"，做大会分享；

2019年10月25日，赴同济大学参加"E9联盟、东西部高校课程共享联盟'线上线下混合式金课'研讨会"，做大会分享；

2019年7月25日，赴东北电力大学参加"吉林省高校课程共享联盟第四届在线开放课程建设与应用研讨会"；

2018年11月28日，赴山东大学参加"山东省高等学校精品在线开放课程建设与使用研讨会"；

2018年10月20日，赴国际关系学院做现场示范教学；

2018年4月12日，赴云南大学做现场示范教学；

2017年11月15日，赴吉林财经大学做翻转教学经验分享。

2. 慕课西部行

作为教育部"慕课西部行"计划的一部分，2018年10月25日，石河子大学邀请课程主讲教师赴石河子大学做现场示范教学。

四、未来计划

（一）深化混合式教学设计

"世界舞台上的中华文明"可以满足纯在线教学方式，计划下一步强化在线课程与线下面授的结合度设计。通过开展翻转课堂、混合式教学，打造在线课程与本校课堂教学相融合的混合式优质教学课程。

（二）增设社会性实践教学

2019年春夏学期，"世界舞台上的中华文明"曾与印度尼西亚泗水大学合作，为课程增加了印尼夏令营实践教学项目。但是，这次教学交流是一次性的，没有形成常态化的机制。

"世界舞台上的中华文明"计划下一步增加社会实践内容，以强化学生认识社会、研究社会、理解社会、服务社会的意识和能力。

(三)设置历史性景点课堂

"世界舞台上的中华文明"涉及大量的历史性教学内容。课程计划加强实践式学习,在相关历史景点建立校外实践教学基地,通过直播互动课教学,将鲜活的历史场景引入课堂教学。

聚焦大概念　融合新技术
——"地理教育"智慧教学[①]

胡蓉　杨庆媛　王勇　李惠莲

西南大学

为落实"高阶性、创新性、挑战度"金课标准和《新时代基础教育强师计划》要求，推进课程思政，培养卓越地理教师，西南大学"地理教育"课程团队聚焦大概念、融合新技术，开展了线上课程"地理教育"的智慧教学改革。

一、案例介绍

本课程聚焦大概念，借力新技术，融入课程思政，课前—课中—课后实施智慧教学。（图1）实践表明，改革后的课程充分激发了学生的学习兴趣，提升了学生的地理教师素养，促进了师生间的互动，取得了良好的改革效果。

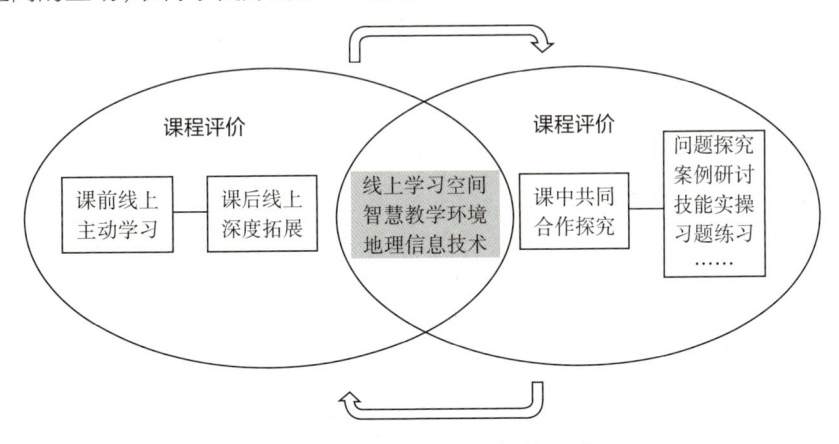

图1 "地理教育"线上ACD智慧教学

[①] 本案例为重庆市高等教育教学改革研究重点项目"课程思政高质量建设体系：逻辑框架与推进策略"（项目编号：232020）阶段性成果。

二、案例详述

(一)课程团队建设与能力提升

"地理教育"课程历经近70年的改革探索和实践检验,团队汇集了西南大学、东北师范大学、西南大学附属中学等校内外精干师资。团队有教授2人,副教授3人,讲师2人,中学正高级教师1人,高级教师3人。教师团队发表论文100余篇,形成本课程教改论文10余篇,承担项目23项。

(二)课程设计

1.课前主动学习开先路

教师在课程开始前进入线上学习平台整合相关学习资源,为学生创造主动学习空间。通过"话题引入—资源收集—课前展示"三步,鼓励学生坚持主动学习,潜移默化地养成地理思维和逻辑,实现地理教师教育课程知识内化。(图2)

图2 在线课程"话题引入"举例

2.课中共同学习探多路

建立学习共同体,探寻共同的学习目标,创设真实情境,鼓励学生合作交流。如根据2021年重庆乡村振兴大赛选题,教师设计黄瓜山校本地理研学课程任务,以小组合作的形式开展。(图3)

图3 小组研讨式学习任务

3. 课后深度学习创新路

以"问题检测—拓展阅读—思辨提升"的路径进行课后深度学习。首先通过线上平台设置课后测试(图4),检验学生课堂所学知识的掌握程度,提出个性化学习建议。同时,广泛开展专业阅读,培养师范生敏锐的地理专业眼光。

图4 课后作业"问题检测"举隅

(三)在线教学情况

"地理教育"课程通过学银在线运行,自2019年建成以来,已在线运行4期,单期课程开设周数17周。第3期和第4期学生线上学习数据见表1。

表1　第3期和第4期学生线上学习数据

内容		第3期	第4期
课程公告	数量/次	16	271
测验和作业	总次数/次	22	34
	习题总数/道	206	327
	参与人数/人	187	247
互动交流情况	发帖总数/个	495	3572
	教师发帖数/个	169	118
	参与互动人数/人	133	155

(四)课程特点与优势

1. 指向大概念的智慧教学逆向实施

在"准备—建构—应用"三个阶段，基于地理教育大概念生成大问题，创设教学情境，开展逆向教学。在教学设计及导入环节，考虑预期学习结果，确定评估证据和设计教学体验，依托在线平台开展线上教学。

2. 指向大概念的智慧教学思政内容融入

结合地理学习心理等"地理教育"大概念，提取师德师风、职业理想、学科素养及创新发展四个课程思政大概念以及政治立场、品德修养、地理情怀、宇宙观念等13个课程思政次级概念融入地理教育教学，践行新时代教育发展下教师职业行为和道德品质的基本要求，促进学生地理教育情怀的养成。

3. 指向大概念的智慧教学空间打造

基于GIS(地理信息系统)、RS(遥感)、VR(虚拟现实)技术，动态演示地理要素，扩展教学的容量，帮助学生在地理教学中发现问题，运用GIS、RS、VR技术展示教学信息，运用GIS、RS、VR技术分析原因及规律，分析信息，最终达成教学目标。

(五)资源建设

"地理教育"围绕"地理教师必备理论知识及实践技能"，基于本课程大概念构建知识内容框架和兼具"生长性"与"生存性"的线上课程资源库，包括视频群、活动、资料库、学习任务库、习题库、作业库等。其中，视频群包括视频102个，由授课视频和优质课视频组成,动态增加学生的片段课录制视频,时长1263分钟。资料库主要包括地理名师进课堂讲座14个,重庆及全国优质课大赛优秀教学案例1000余个,地理教育课程思政教学案例集一本(共24个案例),师范生教学实习案例246个。表2为最近一期"地理教育"线上资源及学生学习情况。

表2 最近一期"地理教育"线上资源及学生学习情况

授课视频	总数量/个	64
	总时长/分钟	763
非视频资源	数量/个	249
课程公告	数量/次	271
测验和作业	总次数/次	34
	习题总数/道	327
	参与人数/人	247
互动交流情况	发帖总数/个	3572
	教师发帖数/个	118
	参与互动人数/人	155

(六)本校应用与推广应用

本课程作为西南大学地理科学师范生和教育硕士的教师教育课程资源,对本校学生采用线上线下混合式教学法,每年惠及学生1000多人。线上课程通过学银在线运行,目前已在上海政法学院、四川大学等51所高校推广应用。

(七)考试考核

建立由任课教师、学生、辅导员等在内的评价共同体,利用超星学习通平台开展过程性评价(图5)与终结性评价。

在过程性评价方面,学生完成章节任务点和章节测试,并将与课程教学有关的资料都上传到线上的档案袋,教师根据在线课程提供的大数据分析和积分模式对学生学习效果进行分析。

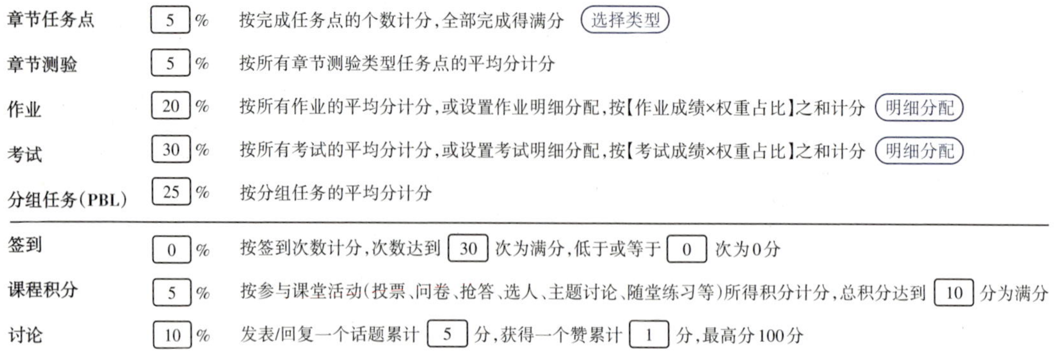

章节任务点	5 %	按完成任务点的个数计分，全部完成得满分	选择类型
章节测验	5 %	按所有章节测验类型任务点的平均分计分	
作业	20 %	按所有作业的平均分计分，或设置作业明细分配，按【作业成绩×权重占比】之和计分	明细分配
考试	30 %	按所有考试的平均分计分，或设置考试明细分配，按【考试成绩×权重占比】之和计分	明细分配
分组任务（PBL）	25 %	按分组任务的平均分计分	
签到	0 %	按签到次数计分，次数达到 30 次为满分，低于或等于 0 次为0分	
课程积分	5 %	按参与课堂活动（投票、问卷、抢答、选人、主题讨论、随堂练习等）所得积分计分，总积分达到 10 分为满分	
讨论	10 %	发表/回复一个话题累计 5 分，获得一个赞累计 1 分，最高分100分	

图5 过程性评价权重分布图

在终结性评价方面，设置线上考试，注重理论性和实践性相结合，根据课程大概念设置考题，做到考点全覆盖，深度广度适中。同时，在课前、课中、课后对学生开展问卷调查、访谈，收集学生反馈。

（八）共建共享

建立"地理教育"学习共同体，师生组合共商学习方案、合力建设课程资源、开展地理教学实践及反思，师生互助中收获知识、能力和经验，获得成长和进步。同时，联合东北师范大学、华东师范大学等高校地理教育名家，西南大学附属中学、重庆南开中学等一线地理教学名师加入课程建设团队，共同开发课程资源及应用课程。

三、案例成效

（一）案例特色与创新点

1.场景融合：无边界的学习环境

通过论坛、公告、邮件、微信、QQ等方式融通线上与线下、虚拟与现实，开展联动线上线下的学习活动，避免因环境变化学习不前。在线上教学情景中融入课程思政内容，坚定学生的职业规范和教育情怀的教育。

2.协同创新：校内外专家共参与

本课程依托协同创新中心，由校内外专家组成研发团队共同参与建设，专家群体提供智力支持，为课程的开发提供建设性意见，进行线上课堂直播，在课程实施推进过程中不断优化，切实形成教研协同的创新合力。（图6）

图 6 "名师进课堂"校内外专家部分讲座海报

3.任务指向:课程任务化、学习竞赛化

本课程变革传统教学方式,突出教学的高阶性、探究性、自主性,开拓"课程任务化+学习竞赛化"学习方法创新路径。将高校地理师范生教学技能大赛、研学旅行课程设计大赛等与本课程相关的大学生赛事纳入课程体系,及时在课程平台公告,学生以课程作业或考试形式完成。

(二)教学改革成效

1.课程建设成果丰,影响大

本课程被评定为重庆市高校教学创新大赛推荐课程、课程思政示范项目。主讲教师依托本课程获重庆市高校微课教学比赛二等奖、西南大学课堂教学技能大赛一等奖。围绕本课程,已出版教材4部,发表教研论文19篇。以本课程为重要内容的改革成果获重庆市教学成果二等奖、西南大学教学成果一等奖。

2.学生教学能力强,成果多

课程落实金课"两性一度"原则,充分激发了学生的创新意识和学习能力。学生以课程作业成功获得中国教育学会、中国地理学会、重庆市教委等举办的各级各类赛事荣誉60余项,发表论文19篇,市级、校级大学生创新创业项目15项。(图7)

图7 学生竞赛部分获奖

3.育人模式获认可,辐射广

线上课程融合思政元素,直播、录播、慕课+研讨等多样的教学方法得到学生认可。线上课程点击量327820次,人均讨论发帖27个。2020年在全国地理教育年会上主讲教师分享"地理教育"教学改革成果,陕西师范大学、重庆师范大学等高校到学院考察学习。

(三)解决的重难点问题

1.实现课程思政评价落地,落实立德树人

研制大学生课程思政获得感评价标准(表3)。基于学生视角评价本课程思政元素挖掘与提炼的科学程度,课程思政内容供给的合理性,课程思政教学组织形式的适切性,课程思政实施方法与模式的科学性等。

表3 "地理教育"课程思政获得感测评表

一级指标	二级指标	评价内容	获得感等级
知识素养	理论知识	1.通过本课程的学习,我收获了很多本教材上的理论知识	
	技能知识	2.通过本课程的学习,我掌握了很多专业技能知识(如书写教学目标、分析课程标准等)	
	专业素养	3.通过本课程的学习,我对地理教师应具备的专业精神、专业知识、专业能力和专业实践有了更深入的理解	

续表

一级指标	二级指标	评价内容	获得感等级
知识素养	道德认知	4.通过本课程的学习,我更加认识到学无止境,需要养成终身学习的习惯	
价值认同	必要性认知	5.我认为在这门课程中融入思政元素是有必要的	
	价值判断力	6.通过本课程的学习,我更加认识到学无止境,需要养成终身学习的习惯	
	意义认知	7.我认为本课程学到的知识对我将来的学习、工作、生活是有用的	
	情感认同	8.专业知识与思政知识融合巧妙,对我很有吸引力	
能力提升	理论思维能力	9.通过本课程的学习,我学会了运用辩证思维去分析社会热点和国际问题	
	学习能力	10.通过本课程的学习,提升了自己终身学习与发展的能力	
	表达能力	11.本课程的学习对我未来职业素养和教育教学能力的提升很有帮助	
	批判能力	12.通过本课程的学习,提升了自己在信息爆炸时代的筛选、辨识、获取知识的能力	
行为取向	匹配性行为	13.在课堂中所学到的知识,能够经受自身行为实践的检验	
	生成性行为	14.我能够很好地将课上所学的知识运用在实践中,在"学懂""弄懂"的基础上"会用"	
	反思性行为	15.在实践过程中,我能够自觉地反思自己的行为,并加以调整	
	发展性行为	16.通过本课程学到的知识及思维方式对我产生了持久的影响	

注:获得感等级(非常同意:a;同意:b;一般:c;不同意:d;非常不同意:e)

2.构建ACD智慧教学模式,助力金课建设

通过ACD智慧教学模式,实现了线上教学,以培养符合教育现代化发展的地理教育人才为目标,融合现代新技术,结合课程的特征,整合网络学习空间与课堂教学空间,运用主动学习、学习共同体、深度学习等理论构建"地理教育"ACD智慧教学模式,助推学生"参与、学习、提升"。

四、未来计划

（一）推进金课建设，持续优化课程资源

秉持金课的建设目标，持续整理中学教学经典案例、各类师范生技能竞赛、中学教师优质课视频，优化教学大纲、教案、教材配套资料等内容。

（二）加强"校企"合作，技术推进智慧教学

与中国教具龙头企业中教启星公司开展校企合作，充分利用企业的地理教学新技术，基于GIS、RS、VR技术，动态演示地理要素，扩充课程内容的容量，拓展课堂教学的场域，运用技术推进课程智慧教学，深化ACD线上教学模式。

（三）落实"优师"要求，聚合课程思政研究

落实《新时代基础教育强师计划》要求，把握教师教育课程思政性，集课程组全力探究线上教学、线上线下融合、课程思政等高质量发展路径，促进金课建设与课程思政深度融合，培养卓越地理教师。

从实景三维,到数字孪生

吴文戬　田永中　盛耀彬

西南大学

一、案例介绍

随着数字化技术的出现,互联网的蓬勃发展,电脑、手机等终端设备以及信息媒介之间的连接升级,我们的日常生活已经进入数字化时代。近年来,我国提出了数字中国、数字城市、数字校园等一系列现实社会环境与数字化技术相结合的全新应用发展方向。本案例以实景三维校园的建立为起点,响应国家"十四五"规划中实景中国战略;虚实结合,构建真实与虚拟校园的数字孪生;多学科融合,提升学生综合素质;以数字校园为基础,探讨智慧城市建设。

本案例基于地理信息科学的WebGIS(网络地理信息系统)技术,涵盖地理信息采集、处理、分析、共享全过程,结合了无人机技术、倾斜摄影技术、三维模型建模、平台开发、服务器搭建、地理信息网络发布等多方面的技术,属于地理信息科学综合性教学案例。

二、案例详述

(一)课程内容与资源建设

随着信息时代的不断发展和完善,以及计算机技术的不断革新,城市场景也在不断由二维转向三维。越来越多的生活、生产等都需要三维场景的支持,这也导致城市对地理信息技术服务、三维可视化等技术的要求越来越高,尤其对空间数据的真实性、信息查询的动态性、三维场景的多维性和决策的高效性要求越来越苛刻。由于城市信息具有动态变化快、多维性突出等特点,传统的平面GIS系统对此类信息的展示显得较为单一,导致传统的平面GIS技术不能满足第三维方向上的空间漫游、空间查询、空间分析、建筑渲染以及部分语义信息的要求，从而无法表达"真实世界"，导致大量的多维空间信息无法得到利用。

在本案例中，结合当前"实景中国""数字孪生"等前沿技术，以西南大学为试验区，构建缩小版的孪生实景校园，将GIS数据从二维过渡到三维，从本地化浏览进化到基于Web的应用。从功能上来说，对高校学生而言，其可以获得对校园三维场景的整体认知，从各个角度加强对校园内建筑、道路、水域、绿化等的理解；对学校管理者来说，其可以通过实景三维校园平台从查询、决策、管理、分析等方面进行对学校的管理，实现管理的数字化与可视化；对学校的后勤保障与保卫部门来说，其可以通过校园监控、缓冲区查询、楼栋查询、应急逃生规划等方面实现对校园的整体保障和保卫工作。

（二）课程教学内容

1.数据获取与处理

利用无人机倾斜摄影技术，获取校园范围内一个垂直、四个倾斜方向的影像数据。将无人机获取的JPG图片使用三维建模软件生成实景三维模型（图1），利用三维模型，对建筑物进行单体化建模，实现对地理要素的读取和再现，为后期开发奠定基础。

图1 三维校园建模成果

2.功能开发与实现

使用Cesium以及JavaScript实现三维实景与街景互动功能、空间分析、统计分析、查询分析、路径规划、实时视频监控等一系列功能。（图2）

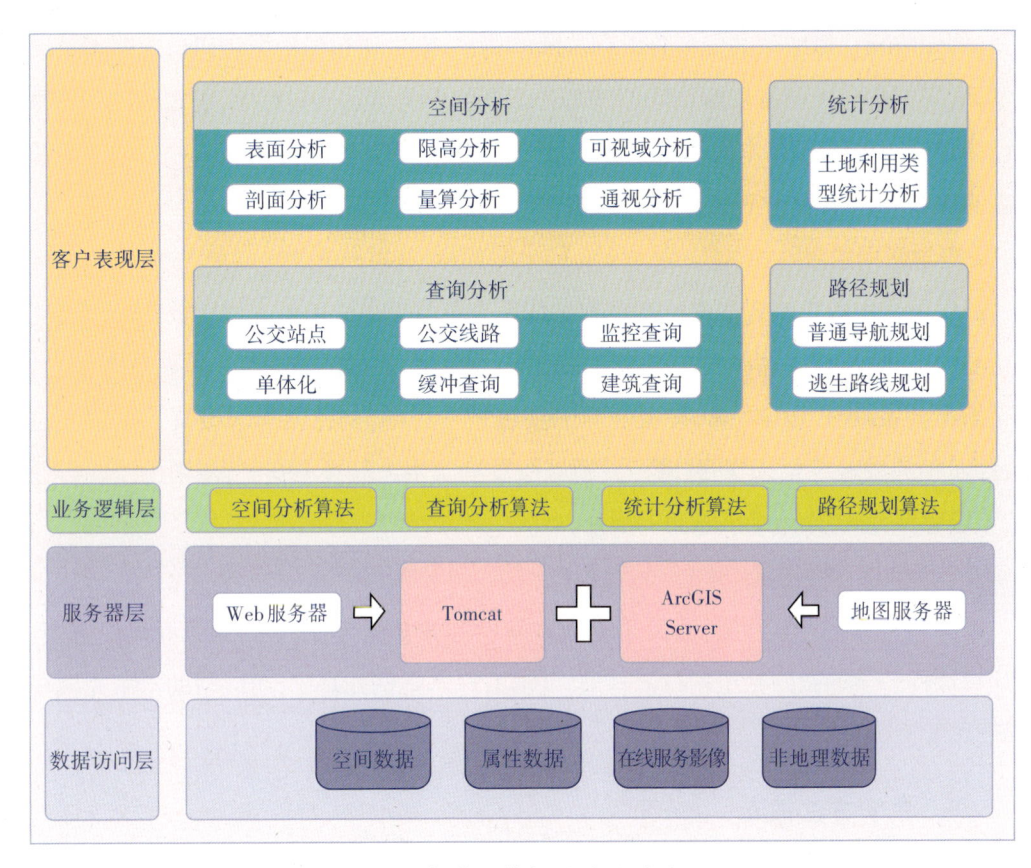

```
┌─────────────────────────────────────────────────────────────────┐
│              ┌─────────────────────────────┐  ┌──────────────┐  │
│              │        空间分析              │  │   统计分析    │  │
│              │  ┌─────┐ ┌─────┐ ┌──────┐   │  │ ┌──────────┐ │  │
│              │  │表面分析│ │限高分析│ │可视域分析││  │ │土地利用类 │ │  │
│              │  └─────┘ └─────┘ └──────┘   │  │ │型统计分析 │ │  │
│  客户表现层   │  ┌─────┐ ┌─────┐ ┌──────┐   │  │ └──────────┘ │  │
│              │  │剖面分析│ │量算分析│ │通视分析│ │  │              │  │
│              │  └─────┘ └─────┘ └──────┘   │  │              │  │
│              └─────────────────────────────┘  └──────────────┘  │
│              ┌─────────────────────────────┐  ┌──────────────┐  │
│              │        查询分析              │  │   路径规划    │  │
│              │  ┌─────┐ ┌─────┐ ┌──────┐   │  │ ┌──────────┐ │  │
│              │  │公交站点│ │公交线路│ │监控查询│ │  │ │普通导航规划│ │  │
│              │  └─────┘ └─────┘ └──────┘   │  │ └──────────┘ │  │
│              │  ┌─────┐ ┌─────┐ ┌──────┐   │  │ ┌──────────┐ │  │
│              │  │单体化 │ │缓冲查询│ │建筑查询│ │  │ │逃生路线规划│ │  │
│              │  └─────┘ └─────┘ └──────┘   │  │ └──────────┘ │  │
│              └─────────────────────────────┘  └──────────────┘  │
├─────────┬───────────────────────────────────────────────────────┤
│ 业务逻辑层│ [空间分析算法] [查询分析算法] [统计分析算法] [路径规划算法]│
├─────────┼───────────────────────────────────────────────────────┤
│ 服务器层 │ [Web服务器]→[Tomcat] + [ArcGIS Server]←[地图服务器]    │
├─────────┼───────────────────────────────────────────────────────┤
│数据访问层│ (空间数据) (属性数据) (在线服务影像) (非地理数据)       │
└─────────┴───────────────────────────────────────────────────────┘
```

图2 实景三维校园系统设计

3.服务器搭建与网络发布

基于ArcGIS Server发布土地利用数据的WFS服务,为查询服务等提供数据服务基础;利用Tomcat轻量化服务器搭建实景三维地图平台的本地服务器,完成对项目的部署。

(三)教学团队建设

团队教师长期从事一线教学工作,主讲西南大学地理信息系统(田永中)、空间分析(吴文戬)、测量学(盛耀彬)三门在线课程。其中,地理信息系统获批重庆市高校精品在线课程。出版教材4本(《地理信息系统基础与实验教程》《地理信息系统实验教程》《GIS空间分析基础教程》《GIS空间分析实验教程》)。主持西南大学课程思政1项(地理信息系统基本原理),主研市级教改项目1项、校级教改项目2项。

(四)教学设计创新

1.以案例教学为主

案例教学是一种开放且注重互动的教学方式,通过模拟或者重现现实生活中的一些场景(例如校园),形成可供思考分析和决断的例子,学生通过讨论或者研讨这些例子来进行学习,可提高分析问题和解决问题的能力。在案例教学实施过程中,需要通过若干个案例设计,将基本概念及基本操作进行融合,形成一个连贯的、多样的案例群,组建一个完整性较高的教学过程,并突出案例的针对性、趣味性、完整性和实用性。

2. 产学研相结合

产学研合作教育模式下进行实践教学体系改革是目前应用型本科院校转型发展的一项重要内容,也是解决高校人才培养目标和社会需求之矛盾的重要举措。在教学之前,充分了解行业发展现状与需求,设置合理的实践教学目标,与社会需求接轨。在教学过程中,展示相关领域成果,定期邀请相关领域校友与学生进行线上交流,使学生了解行业需求,积极思考,促进学生动手能力的提升。

3. 与后续课程做衔接

本案例为综合性实践案例,除了完成本案例的教学任务外,与其他课程实现链接,可为后续课程的学习做好铺垫和打下基础。例如,以本案例为基础,可以帮助学生完成毕业实习、毕业设计及毕业论文等。

(五)教学方法改革

1. 递进式项目教学法

递进式项目教学法是将项目教学法和递进教学法相结合,以一个完整的项目过程为支撑,将各个环节细化为不同案例,依据学生的能力差异,分层次递进,使各个层次的学生能向更高层次发展的教学方法。从简单的数据采集建模到模型美化,从简单场景搭建到定制功能开发,教学内容难度逐级递进,直至完成项目全流程。

2. 团队式教学

以不超过4人为一组,进行团队合作,团队基于学生能力高低配置,有意识地培养学生的团队合作意识,通过引导学生不断发现问题并参考优秀实例等方式帮助学生理解教学内容。

3. 虚实结合

为满足线上教学需要,引入了无人机虚拟仿真教学软件,让学生在线上即可体验无人机组装、飞行、航线规划、数据整理、构建模型等一系列操作。(图3)

图 3　无人机虚拟仿真教学

三、案例成效

(一)特色与创新点

1. 以前沿技术为切入点,拓宽学生视野

本案例围绕"实景中国""数字孪生""物联网"等前沿技术,在学生已有的专业知识基础上,将创新教育融入课程教学之中。将学科前沿与传统知识相结合,激发学生研究兴趣的同时,培养其创新意识,形成勤联想、勤动手、勤思考的学习模式。讲授时,重视前沿科学技术与实验教学相结合,从科普到学术,从交叉到专业,将科研、项目与教学相结合,增强师生互动和探讨,鼓励学生参与创新活动,掌握创新必需的基本技能,最终把前沿技术运用到学生培养中去。

2. 以学科融合为基础,提升学生综合素质

在本案例中,深入结合了无人机技术、倾斜摄影技术、三维建模及修模、数据库开发、WebGIS开发、网页设计、JavaScript/HTML/CSS等开发语言、服务器搭建及网络发布等学科知识,涉及数据采集与处理、数据分析、数据共享全流程作业,是对学生综合能力的一次巨大考验和提升。

3. 以翻转课堂为支点,提升学生主动学习的积极性

教师在翻转课堂的教学过程中,对教学内容的难易程度进行综合评判,对教学目标的选择进行合理性评价,敦促学生进行自主探究学习。首先,协助学生对课堂知识进行深入理解;其次,设置合理的问题,锻炼学生发现问题、分析问题的能力;最后,学生根据教师设计的问题进行探讨创新,促使学生自主学习、自主创新能力的提高。

(二)教学改革成效

1. 形成了完备的教学素材库

通过不断积累,完成了校园区域无人机数据(可见光、激光雷达)的采集和整理、全校范围内的三维模型构建、部分区域的精模重建、展示平台网站建设、扩展功能源代码的编

写等工作,三维展示平台上线运行。

2.知识体系不断得到完善

本案例涉及多个学科的知识应用,教师团队已经完成整个案例教学的知识体系梳理。

3.课程拓展进一步完善

本案例已经在其他课程中得到应用,如无人机测量与应用、测量学、地理信息系统概论、空间分析、走进美丽乡村、城市规划、风景园林绿地规划、园林植物景观规划设计等。

(三)主要成效及成果

1.实景三维校园已上线运行

西南大学三维可视化平台已在校内上线运行,部分数字孪生功能正在进一步调试,即将上线。(图4、图5)

图4 三维可视化平台截图

图5 平台部分功能展示

2.获媒体关注与报道

本案例已经指导多名本科生完成毕业设计,其成果得到重庆广电《第1眼》新闻栏目报道,并被央视新闻客户端、人民新闻客户端及学习强国重庆学习平台转发。(图6)

图6 媒体报道截图

四、未来计划

(一)继续深化课程教育教学改革

以立德树人根本任务为引领,以广泛调研为建设基础,以教学团队建设为重要抓手,优化教学内容,完善课程评价与实时跟踪机制,促进教学质量全面提升。

(二)加强课程团队教学能力建设

通过"七有"(有指导、有交流、有借鉴、有培训、有研究、有激励、有国际视野)的建设,提升团队整体教学能力。

(三)加强课程教学质量保障体系建设

在以提高教学质量为目标的前提下,以制度建设为遵循,以组织建设为依托,以经费支持为核心,以教学过程监控为督查,形成完善的教学质量保障体系。

(四)抓好教学资源与服务的持续改进

不断挖掘新的教学素材、实验素材,持续改进资源库的内容。

(五)深入挖掘应用场景,服务更多课程建设

以数字校园为基础,探讨接入服务更多相关课程的可能性,丰富场景应用范围。

课程思政视域下的"世界地理"线上教学案例

王勇　胡蓉　白莹　郭锐

西南大学

一、案例介绍

地理学的学科特色鲜明,有独特的进行思政教育的优势,专业学习和课程思政结合自然,因此成为课程思政建设的优选科目。"世界地理"课程凝聚求真务实、严谨细致的科学精神,勇于探索、坚持不懈的科学态度,特色鲜明、因地制宜的人地协调观念,大格局、综合性之下的全球视野,远近结合的家国天下情怀,这些都是本课程可以也已经完成的建设目标。

"世界地理"课程思政建设梳理了课程当中蕴含的思政元素,结合自然和人文内容的专业知识学习,采用多种教学方式,将专业知识、专业能力与素养、价值塑造和形成紧密结合,形成融"学—究—悟—做"为一体的多环节、多层次课程思政教育模式,为地理学类课程思政的教育提供了新的思路和途径。

二、案例详述

(一)课程团队建设与能力提升

1. 以课程建设促团队建设,增强课程思政资源的开发能力

课程团队定期开展研讨活动,挖掘课程资源中的思政元素,不断补充"世界地理"课程中的思政内容和思政元素,并丰富支撑思政教育内容的案例和素材,逐步建立起"世界地理"课程的思政元素案例库。在讨论素材和案例的过程中,团队进一步凝练思政教育的理念和内容,在收集资料的过程中深化课程团队对于思政元素的认知和认同,从而进一步增强课程思政的资源开发能力。

2. 以交流共享促资源丰富,提升线上课程团队的建设能力

利用"世界地理"在线课程平台的支持,完成在线课程资源建设。通过共享和学习国内著名高校优秀团队的经验,任课教师主动提升思政课程教学能力,主动思考思政元素与专业课程融合教育的新形式,促进线上课程向优质课、金课方向发展。

团队教师参加课程思政专业研讨会2次(昆明、上海),邀请华东师范大学郑祥民教授来学院开展课程思政专题讲座1次(图1),团队成员开展课程思政建设研讨会2次,参加学校组织课程思政专题学习培训1次。

图1 华东师范大学郑祥民教授讲座

3. 强化激励导向,激发团队教师建设课程思政的积极主动性

紧紧抓住本科教育教学改革的良好时机,以金课建设为目标,将学校支持的在线课程项目、一流专业建设点培育项目、思政示范课项目等统筹考虑,整合资源,确保团队教师能有充足的资源和动力进行思政课程示范课建设。项目实施采用"经费、分工、质量"全方位团队合作制度,集中体现团队建设的力量,避免单打独斗,承认所有团队教师的工作和成果,激发团队教师建设线上课程的积极主动性。

(二)课程内容与资源建设及应用

"世界地理"课程内容紧紧围绕课程目标优选线上课程内容(表1),丰富资源库建设,形成包含视频、图片的线上资源库。综合多样化的教学方法,其中案例教学法主要依托线上平台展开,巧妙设计教学案例,落实线上高效教学。

表1 世界地理课程内容(节选)

课程内容	教学方法	支撑的课程目标
绪论	讲授法	课程目标1、2、3
第一章 表面形态及其演化	讲授法、案例教学法	课程目标2、3

续表

课程内容	教学方法	支撑的课程目标
第二章 世界气候的分布规律	讲授法、案例教学法	课程目标2、3
第三章 地理环境结构和地域分布规律	讲授法、案例教学法	课程目标3、4
第四章 亚洲	讲授法、案例教学法	课程目标2、3
第五章 欧洲	讲授法、案例教学法	课程目标2、3

(三)线上教学设计创新

1.依托线上作业,促进课程研究学习

在课堂研究性学习中,以作业的持续改进为依托,要求小组合作完成世界范围内某一地理要素如山地的研究性自主学习,搜集相关证据,形成对区域问题的科学认知,撰写研究报告并通过PBL模块提交。第一次作业多数为从各网络媒体搜索形成的内容,教师对此提出改进建议,要求以专业刊物和有影响力的论文作为支撑改进作业,之后教师发布第二轮任务。改进后作业仍存在图件粗糙、内容大量复制专业论文、对学科知识及其内涵理解不深刻等问题,教师要求进行专业制图,查找参考文献,改进专业表达,形成最终线上PBL成果。基于此,逐步培养学生建立起合作探究、求真务实、科学严谨的精神。

2.借助线上案例,落实人地协调观念

线上课程进行案例讲授,如对里海形成和演变的讲解,凸显地理学的时间、空间尺度概念,建立基于自然地理过程和特定区域地理事物的地理学理解和认知思维,培养学生紧密结合区域自然环境与人类活动探究人与自然和谐在不同尺度和不同时间上的内涵认知,促进其形成正确的地理观、人地观等。

3.基于线上任务,助推卓越教师培养

结合卓越地理教师培养的需求,针对每节课的内容布置与课堂内容和职后发展紧密关联的试题解读和资料收集作业,形成高考世界地理相关内容线上案例库,全班共同完成世界地图范围内的主要地理学问题,在专业基础上共同构建全球视野。

在线上课堂中,结合世界地图投影方式的演变、中华民族命运共同体的形成、亚欧大陆复杂地缘关系等内容的讲解让学生深刻理解百年未有之大变局的学科内涵;结合阿富汗变局、中美博弈等话题,树立学生的制度自信、道路自信,寓思政内容于学科教育的显性教育当中。

(四)课程教学内容及组织实施

课前,建立预习内容题库并发送给所有选课学生,通过慕课堂实时监控学生学习状态和学习效果,学生可以带着问题来听教师的线上授课视频精讲。

线上授课视频为教师精讲部分。将录制的模块化短视频呈现给世界各地的学习者,提供了一种在线网络化教育和学习模式。同时,教师结合慕课平台发布教学活动,记录和监管教学过程;在课中设置随堂测试,即时掌握学生学习动态,促进学生对知识点的内化吸收。

课后,教师可以通过慕课堂发送章节测验试题给学生,了解学生学习掌握的情况,及时查漏补缺;另外,可以给学生推送名师讲解、真实案例等拓展课堂教学内容。

(五)成绩评定考核

1.总成绩评定

总成绩=过程成绩(线上平时学习成绩)+课终成绩(期末成绩)

2.过程成绩(线上平时学习成绩)评定(图2)

线上学习过程情况(10分):通过学生在课堂上的学习情况、发言与提问情况,来评价学生相关的能力。

线上作业完成情况(15分):围绕课程的学习目标进行作业的设计。如让学生简述对知识的认识,考核学生对概念的理解情况,帮助学生将定义转化为自己的理解。

线上课程实践任务(15分):学生收集资料能力,研究设计能力,解决实际问题能力和合作研究能力。

图2 过程成绩线上部分记录

3.课终成绩(期末成绩)评定

课终考核主要考查学生对基本概念、操作程序和具体方法的理解与运用等。方式为线上考试。

三、案例成效

(一)案例特色与创新点

结合多年的课程思政建设实践,摸索形成了“学—究—悟—做”的“世界地理”线上教学模式。以亚欧大陆的自然地理特征讲解为例,“学”是基于专业课程内容学习具备理解课程思政的专业基础,如欧洲大陆面积是非洲大陆的1/3,但从墨卡托投影看,两洲面积接近,这是拉大欧洲图形,以欧洲中心论为代表,从世界中心的变化来理解“百年未有之大变局的学科内涵”;“究”是研究专业,在以欧洲为例的基础上,广泛搜集资料,形成美洲、非洲行政边界划分,我国与邻国争议边界变化的相关材料和科学研究证据,来形成我国大一统、多民族国家地理源起,树立民族共同体和道路自信;“悟”是结合当前世界形势变化和专业学习,理解专业学习与情怀涵养的耦合,通过小组探讨、师生互动等环节实现“悟深、悟透、悟全”;“做”是指在“学—究—悟”的基础上形成物化成果,以精美的图件、科学严谨的证据、正确的价值观呈现出前期学习和思考的内容,并在线上课程模块中提交存档备案,便于反思和提升。

(二)教学改革主要成效

“世界地理”课程建设成为西南大学课程思政示范课。

完成“世界地理”在线课程建设,形成线上教学模式。

作为主要参与单位,完成教材《世界地理》(高等教育出版社)的出版。

在华东师范大学人文地理类课程思政建设研讨会做主题报告1次。(图3)

在核心期刊发表论文1篇,建成“世界地理”课程思政课程资源库。

2020—2021级地理科学专业的课程教学中大量引入和实施思政内容,并与专业有机融合,引导学生形成共同体意识、人地协调发展理念,厚植家国情怀,取得了良好课堂效果。

主题发言与课程思政的一体化推进	
主持人:刘承良(华东师范大学城市与区域科学学院教授)	
15:15-15:30	高师院校世界地理课程思政的实施探究 王勇副教授(西南大学)
15:30-15:45	世界地理课程思政的实践探索与建设思路 王昱副教授(东北师范大学)
15:45-16:00	世界地理教学中德育教学要求的构建 曹嵘(上海市普陀区教育学院)
16:00-17:00	互动与交流
17:00-	晚餐(沪华大酒店,上海市闵行区剑川路368号)

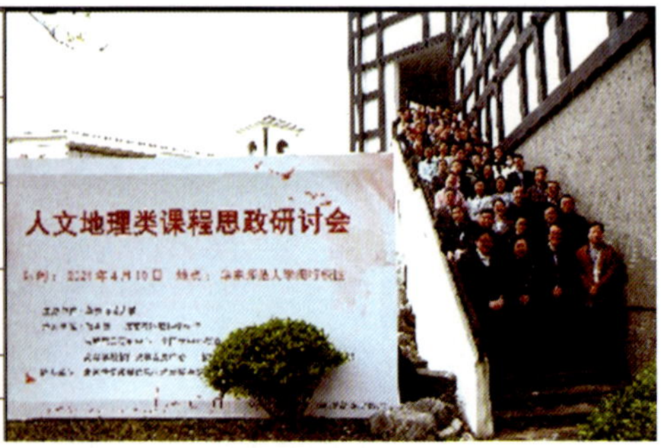

图3 “世界地理”课程负责人参加人文地理类课程思政研讨会

四、未来计划或启示

(一)需要解决的问题

第一,课程资源库整合,尤其是自然地理与人文地理融会贯通的有效途径。

第二,与地理学其他课程相比较,世界地理课程资源的独特性提炼。

第三,建成开放的国内世界地理课程思政资源库网络。

(二)改进措施

重新梳理和融合"世界地理"课程内容,融入全球发展的最新时事,进一步凝练核心与独特的思政元素,发掘课程特有的思政建设资源,提供最适宜"世界地理"课程融汇的内容。

依托《世界地理》教材编撰和后续工作的开展,组建国内"世界地理"教学的线上资源库共享平台,形成国内地理专业类线上教学的新模式。

"房地产法学"云端教学共同体的建设与创新[①]

马勇　赵忠奎　沈萍　郜永昌　谭贵华

西南政法大学

一、案例介绍

法律对于房地产的产权确认、交易规范和行业管理,既是每个人追求美好生活的制度保障,也是社会安定、经济繁荣的定海神针。"房地产法学"在线开放课程通过对房地产开发、房地产征收、商品房买卖、房屋租赁

图1 "房地产法学"慕课主页

和物业管理等板块进行专题讲解的线上教学,旨在唤起学生积极向上的学习态度,树立坚定的社会主义法治信念和"安得广厦千万间"的济世情怀,让学生系统地掌握房地产法基本理论,并能够在实际案例中运用房地产法基础知识解决相关法律问题。课程依托已建成的重庆市线上一流课程平台,在充分的互动中构建师生合作、协同共进的"云端教学共同体",从而打破学科樊篱,推动同伴互助,优化考评体系,创新"新法科"育人模式。(图1)

[①] 本案例为重庆市高等教育教学改革研究一般项目"慕课资源对课堂教学的支持服务研究"(项目编号:203278)阶段性成果。

二、案例详述

（一）"房地产法学"课程团队简介

课程教学团队由来自"全国高校黄大年式教师团队"（2018年）、"全国党建工作标杆院系"（2019年）的骨干教师组成，长期从事房地产法的教学和研究工作，并于2021年入选西南政法大学课程思政示范教学团队。团队成员近5年编撰教材3部，主持省级以上教改项目5项，公开发表教改论文6篇，主持国家社科基金项目2项。课程负责人马勇曾获得重庆五一劳动奖章、第三届全国高校青年教师教学竞赛三等奖、第三届重庆市高校青年教师教学竞赛一等奖、西南政法122人才工程教学新秀等荣誉。

（二）"房地产法学"的课程设计

课程关注改革前沿，聚焦我国房地产市场发展和住房制度改革中的法治热点问题，建立了集房地产法基础知识、理论前沿、实务经验于一体的立体化教学内容。课程持续优化，灵活采用多种教学方式，解读最新法律，分析典型案例，探究学术难点。

（三）"房地产法学"在线教学情况

课程依托中国大学MOOC平台，面向兄弟院校及社会学习者开放教学，前四期选课人数共计7974人，已有4758条互动交流发帖。课程专门组建助教团队支持自主学习，通过课前导学、慕课预热、专题教学、拓展学习、考核评估等服务环节，优化自学路径，给予情感支持，强化"教"与"学"的深层互动，实现了有问必答、有感必解的在线互动式教学。（图2）

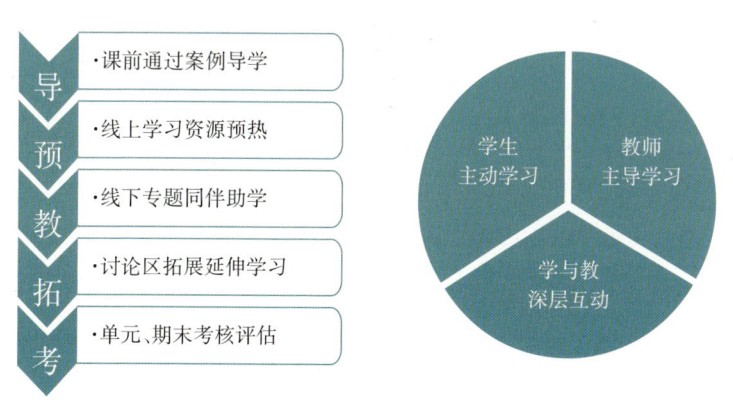

导
- 课前通过案例导学

预
- 线上学习资源预热

教
- 线下专题同伴助学

拓
- 讨论区拓展延伸学习

考
- 单元、期末考核评估

- 学生主动学习
- 教师主导学习
- 学与教深层互动

图2 课程在线教学示意图

(四)"房地产法学"课程的特点与优势

1. 关注房地产改革前沿,深耕有高度的专业课程

课程教学围绕立德树人根本任务,创新房地产法课程思政,由教学经验丰富的房地产法老、中、青三代教师主讲,传承全国高校黄大年式教师团队精神风貌,积极宣传"房住不炒""租购并举"等房地产行业的政策导向,培养既具备房地产法基础知识和应用能力,又有经世济民理想和家国情怀的高素质法治人才。(图3)

图3 "房地产法学"教学视频截图

2. 多部门法、多学科交融,落实新文科建设

一方面,课程跨越了公法和私法,存在多部门法的交叉领域,既培养房地产法的专业技能,同时对于民商法、行政法及其他部门法基础知识的学习具有重要的拓展和巩固作用。另一方面,课程以房地产法制度体系为基础,将政治学、管理学、经济学、社会学等知识融为一体,可以为土木工程、城乡规划、土地管理等专业的学习者提供法学知识,助推校际间课程群互补。

(五)在线课程的建设与应用

课程融通理论实务,紧扣房地产制度改革中的重要法治问题,建立了集基础知识、理论前沿、实务疑难于一体的,涵盖教学大纲、视频精讲、课件资源、参考文献、经典案例、拓展阅读和考核试题七大部分在内的立体化资源模块。

课程已在中国大学MOOC平台上线,凭借优质的内容以及教务处、学院、学生自媒体的广泛宣传,前四期选课人数共计7974人。西南大学、华东政法大学等兄弟院校也在部分课程教学中将本课程遴选为线上教辅资料,并给予了良好的评价。课程团队在本校的"房地产实务与案例分析"通识选修课和"房地产法学"专业选修课中,借助本在线课程开通了异步SPOC教学平台以开展混合式教学,辅助线下课程教学的资源和模式创新。

(六)考试考核

本课程构建了以课程目标为导向的全程化考核体系。课程基于科学合理的教学环节,将六次单元检测、一次单元作业、一次期末检测与覆盖全部课程内容的五次论述与讨论有机结合,建立了覆盖学习阶段全过程的成绩评定方式。在考核内容上,试题设计将学科交叉、学术前沿、实务讨论等纳入试题板块,实现对高阶目标的考核,并注重激发学生在线学习的内驱力和学习潜力。

(七)课程的亮点及特色

1. 促进多学科知识交叉和思维融合

本课程通过多样态资源模块的灵活组合,可适用于不同专业背景和学习阶段的需要,兼顾大规模开放教学中的多元化学习目标,助力新文科教育。本课程不仅对民商法、行政法等传统部门法的学习具有重要的辅助和拓展作用,也可为土木工程、经济管理等多个专业提供跨学科的在线学习资源。

2. 营造有温度的互动活跃的开放课程

本课程高度关注学习者的心理建设,通过有趣的课前导学、唯美的课程公告、深入浅出的讲解、凝练的课后小结,让学生在自主协作的学习环境中探求知识。同时,根据学生不同的学习阶段、不同的学习偏好,在讨论区先后设置了社会观察、小试牛刀、教导有"房"、来挑战吧等不同难度的板块,循序渐进地增强学习的挑战度。教师定期参与答疑,并在回复中深化问题,以此不断提升学生的深度思考能力和创新能力。(图4)

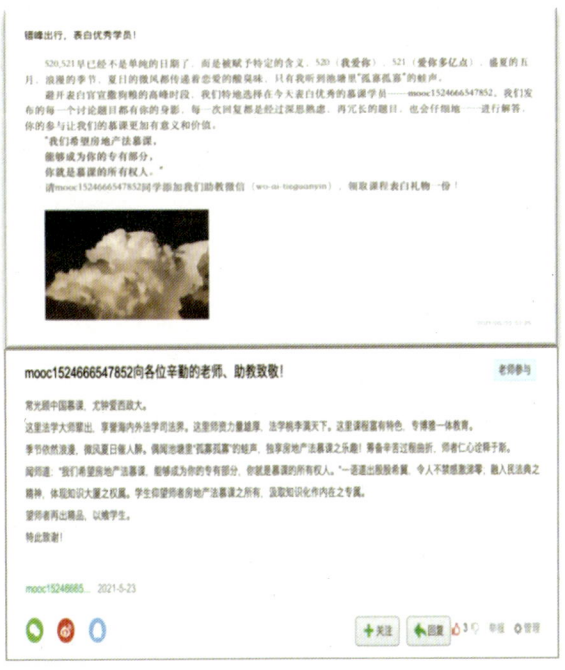

图4 师生互道感谢

三、案例成效

(一)案例特色与创新点

1. 打破专业壁垒,培育多学科背景的新文科人才

课程着眼于房地产法律风险防控和法律纠纷解决,以问题为导向,有机融合法、政、管、经、社等知识,既培育专业技能,又熏陶博雅教育。课程通过精选一房多卖、长租公寓纠纷等重大现实法律问题,以专题式的内容设计,使学生熟练掌握房地产法的原理与规范,并能够处理常见的房地产法律纠纷,从而培育从事房地产法学研究的基本功底。

2. 阐释中国方案,深化具有专业特色的思政育人课程

本课程以习近平新时代中国特色社会主义思想为指引,活学笃用中央的房地产政策,以房地产法治建设为切口,深入阐释"全体人民住有所居"的中国方案,打造特色课程思政,从而培养既具备房地产法基础知识和应用能力,又具有经世济民理想和家国情怀的高素质法治人才。

3. 营造多向互动协作式学习环境

课程通过公告督学—章前导学—视频学习—章后总结—拓展学习—主题讨论—考核评估等多个教学环节,提供贯穿全程的学习支持服务,重构在线自主学习路径,营造协作式学习环境。课程团队每周发布两次公告进行导学和督学,运用讨论区积极开展师生互动和生生互动,实现了课前有导学、课后有总结、有问必答、有惑必解。(图5)

图5 多向互动协作式学习环境的营造

(二)解决的重难点问题

"房地产法学"传统的教学方式面临着教学内容缺乏时代性和启发性、教学模式忽视学生的主体地位、教学环境缺乏对自主学习的支持等问题,以致课程的育人功能、教学质

量和学习深度都受到不同程度的制约。针对上述问题,本课程基于OBE理念,创设在线自学支持环境,架构起以学生为中心的多路径教学方式,以回应多元化学习目标和个性化学习需要。

(三)教学改革主要成效

1.课程具有了一定社会辐射效应

本课程在中国大学MOOC获得了4.9的课程评价分(满分5.0),部分学生留言称赞:"超级用心,答疑及时""从生活中的案例和社会新闻引入,再结合最专业的法学知识予以讲授,受益匪浅"。华东政法大学高富平教授认为:"课程体系结构完整,教学组织方式新颖,教学内容与时俱进,适应了社会发展对房地产法人才的需求。"

2.课程教学效果获得认可

"房地产法学"慕课被授予重庆市线上一流课程,本课程相关视频作品获2020年校级微课比赛三等奖,课程团队2021年入选西南政法大学课程思政示范教学团队,课程负责人马勇荣获2021年重庆市高校教师教学创新大赛中级及以下组一等奖。(图6)

图6 课程教学的获奖成果

四、未来计划或启示

(一)迭代更新教学资源

本课程将根据立法变动适时更新部分授课视频,增加讲座资料文件,补充适当的实践类教学资源,推荐学术研讨会信息和学术前沿文献资料等科研类教学资源,并且每学年定期更新试题资源库。

(二)强化课程示范效应

课程团队将采取多种措施推广宣传课程,努力满足更多高校土木工程、经济管理等相关专业教育的慕课学习需要,同时对标全国一流课程,持续优化课程思政建设,争取在学习强国、新华网课程思政等权威平台上线本课程资源。

(三)继续优化支持服务

课程团队已组建了一支由本专业研究生构成的助教团队,对师生提供支持服务,实现了有问必答、有惑必解。未来将通过专题培训、编制指南等方式完善助教的技能培训,并进一步强化教师团队的"传帮带"机制。

集成教学模式在"儿科学"的创新与实践

唐雪梅　李秋　翟瑄　陈立　张祯祯

重庆医科大学

一、案例介绍

后疫情时期教学改革与信息技术实现了深度融合,学生更加适应和习惯线上学习模式,同时,他们获取知识渠道多样,有主见、敢表达,所以他们更加主动地搜寻自己感兴趣的问题。因此利用多平台融合的线上教学设计可激发学生的学习热情。"儿科学"作为临床医学主干课程之一,课程内容涵盖了小儿内科8个亚专业、儿童保健学、儿童传染病学和小儿外科学的丰富知识内涵,整合学院多学科资源并结合主讲教师丰富的临床、教学经验和较高学术造诣,培养和造就了大量儿科医师,其中不乏高级儿科医学人才,为我国儿童医疗卫生、保健工作做出了重要贡献。

二、案例详述

（一）课程团队建设

课程负责人从事儿科临床教学工作30余年,主讲临床医学5+3一体化"儿科学"理论大课,2016年获重庆市大渝网医者仁心"重庆名医奖",2017年获九三学社先进个人和宋庆龄儿科医学奖,2018年获白求恩式好医生提名奖。此外,多次获得进一步改善医疗服务行动计划优质服务示范个人、规范化培训优秀导师等荣誉。

教学团队具有良好的合作精神和梯队结构,于2008年获评国家级优秀教学团队。"儿科学"课程于2007年获批国家级精品课程,2011年获批重庆市级双语示范课程,2013年获批国家级精品资源共享课,2021年获批重庆市线上一流本科课程,2016年获批重庆市本科高校"三特行动计划"特色专业建设项目,2018年获批重庆市首批本科一流专业建设点,2019年获批国家级一流本科专业建设点。(表1)

表1 教学获奖、课题及教学成果奖一览表

类别	姓名	时间	内容	级别
获奖	翟瑄	2020年9月	重庆市高校中青年骨干教师	市级
获奖	陈立	2019年5月	钱悳骨干教师	校级
课题	李秋	2019年6月	"全人教育"理念下儿科专业课程设计实践研究	市级
课题	翟瑄	2019年6月	阶梯式临床能力培养在儿科特色教学模式建设中的探索与实践	市级
课题	翟瑄	2019年3月	以临床实践能力为核心构建儿外科专业培养新模式	校级
课题	陈立	2015年12月	"角色扮演"教学法应用于临床医学教育的研究与实践	市级
教学成果奖	李秋	2021年12月	"全人教育"导向下的集成教学模式在儿科医学教育的探索与实践	市级
教学成果奖	李秋	2017年12月	国家需求导向的儿科特色系统教学模式探索与实践	市级
教学成果奖	陈立	2019年3月	基于"角色扮演"教学方法的儿童发育行为障碍性疾病教学模式的探索与实践	校级
教学成果奖	翟瑄	2016年9月	"胜任力导向"引导下的《小儿外科学》数字化教学平台的建设和应用	校级

(二)课程设计

"儿科学"授课对象为临床医学系大四学生,前期学情分析发现这些学生学习兴趣浓厚、求知欲较强,但临床思维能力和创新能力有待提升,从理论知识到临床实践的转换能力有待提升。因此我们通过重构课程内容,确立立体式教学目标。

1. 挖掘"挑战度",推进教学过程和教学活动融合的网络教学单元

利用在线网络教学平台,重构课堂教学,利于学生回顾学习、自主学习。将"儿科学"课程按照教学单元在网络教学平台重构完整教学过程和教学活动。以肺炎为例,我们将课前、课中和课后教学内容全部重现在线上教学单元中,学生可以根据自己的学习薄弱环节进行教学内容复习。线上教学单元还将教学难点——肺炎的病理生理改变通过分组讨论、思考分析、作业练习、内容提要及复习答疑等环节实现知识要点的融会贯通,从而实现课程教学目标。

2. 瞄准"创新性",持续开展"以学生为中心"的个性化教学

教学活动由知识传授向知识构建和能力培养转变。秉持人才培养目标,"以学生为中

心"的"需求思维"实施个性化教学。例如,肺炎章节的线上课程体系增加了师生互动交流机会,能激发学生学习热情;分组讨论环节培养学生协作能力和探索精神,并培养学生化零为整充分利用课后碎片化时间学习以提高教学效率。

3.聚焦"高阶性",统筹优化内容体系

利用互联网实现教学时间和空间的拓展,结合人工智能、大数据等新理念将线上线下内容整合创新,确立了全新的体系结构和概念框架(图1)。例如肺炎的线上教学课程增加了儿童医院大数据平台搜索肺炎病例的操作实例,让教学时空不再局限于课堂,大幅度提升学生的参与感。以此重构课程教学考评,优化教学管理并提高教学质量。

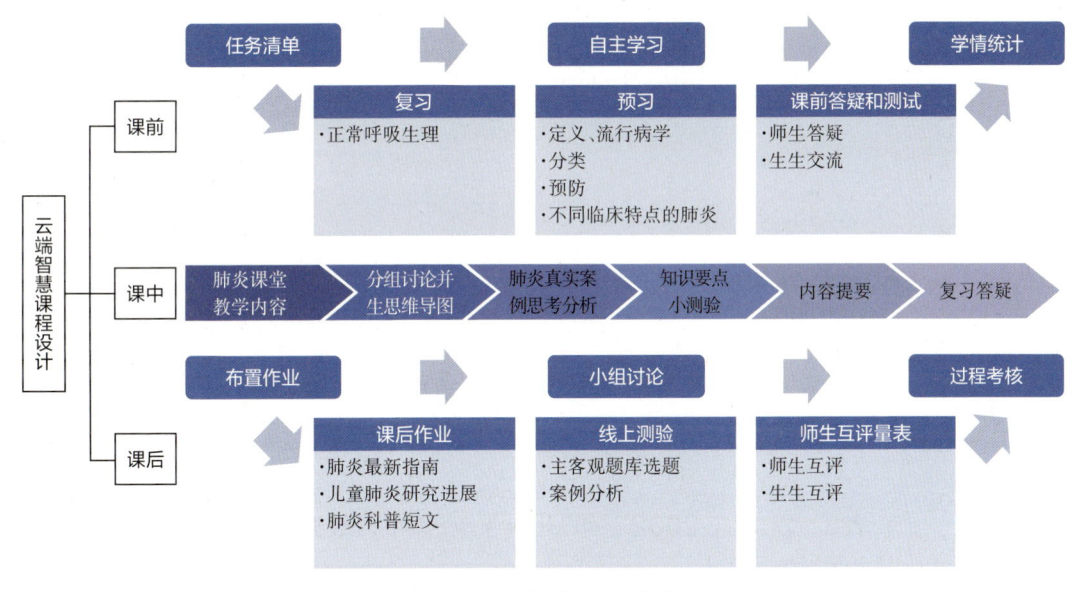

图1 云端智慧课程设计

(三)在线教学情况

课程充分利用在线课程教学平台(图2、图3),进行在线测试和师生互动,实现了实时评价和监测,及时反馈学习信息,有利于教师及时掌握学生的学习情况,适时调整、改进教学方案及措施等,发挥教学相长的作用。在线平台的统计功能,大大减少了教师批改作业、手动统计问卷结果的工作量,节约人力成本,提高教学资源的利用率(表2)。

图2 2021—2022学年第一学期"儿科学"超星平台

图3 2021—2022学年第二学期"儿科学"超星平台

表2 2021—2022学年"儿科学"在线学习数据一览表

累计页面浏览量	累计选课人数	累计互动次数	授课视频/个	视频总时长/分	非视频资源/个	课程公告/次
431843	689	4845	99	2685	50	8
课堂活动发放次数	课堂活动参与人次	测验和作业次数	习题总数/道	测验作业参与人数	教师发帖数/个	参与互动人数
6	476	27	78	92	1679	476

(四)课程的特点与优势

"儿科学"传统教学模式是按照教学大纲和教学日历的安排,以系统疾病为主线,结合床旁见习示教进行课堂教学,使学生对"儿科学"内容有较全面、系统的了解和认识。学生接受知识以教师讲授为主,结合课堂笔记及教材进行学习。以肺炎为例,课堂教学3学时,床旁见习示教1—2学时,学生在有限的课程时间和空间里难以达到理论联系实际的教学目标。通过开发在线网络教学平台,将"儿科学"课程按照教学单元在网络教学平台上重构教学过程和教学活动,并通过在线讨论、播放视频、课堂练习、答疑、讲授等过程调动学生学习课程的积极性。建立了一个课后拓展回顾学习、师生互动沟通的平台,学生可以根据导学内容进行课前预习,学习PPT、知识点微视频回顾课堂教学,通过课后测验既巩固知识,又延伸了课堂,同时也培养了学生利用碎片化时间进行自主学习的习惯和能力,学习效率亦明显提高。线上教学平台可以充分利用网络优势实现多元化、差异化和过程考核的教学特点。

1. 多元化作业

根据学习内容和学情设计多元化的作业内容,例如案例分析、情景再现、实训练习、团队作业、综合实践等,以此来巩固知识点,强化记忆,并针对学生对知识点掌握的不足之处,有的放矢地进行解决。

2. 差异化辅导

借助学习、授课平台的各种智能化数据统计对学生进行差异化辅导,这是课后教学环节的又一重要内容,由于学生自学能力、理解能力各不相同,课前导学、课中讲授之后,学生对知识点理解和掌握的程度也各不相同,注重把握每位学生的学习情况,针对不同的学生,给出不同的学习建议,进行有差异化的课后辅导,让每一个学生都能达到符合要求的学习目标。

3. 过程性考核

通过网络技术可以实现对学生课前、课中、课后全方位立体化的测评,形成翔实的过程性学习数据,使学生的成绩构成更加多元化,包含了课前(自主学习情况、小测验成绩、完成任务清单情况)、课中(出勤、笔记、随堂测试、课堂互动、随机提问表现、小组讨论)、课后(章节测试、团队作业、小组成绩、综合实践作业)等内容。

(五)应用情况

"儿科学"课程自2017年9月面向重庆医科大学临床五年制、临床七年制、儿科七年制、临床留学生、影像本科、麻醉本科、临床成本等专业学生开设在线网络课程以来,为2014—2019级各医学专业学生提供线上教学服务,累计选课人数达6777人,课程总访问量达462968次,选课学生在线学习人数较多,每年均通过学校合格网络在线课程评估。2020年疫情期间,在重庆市教委"停课不停学"的指导方针下,儿科学院针对重庆医科大学各医学专业的"儿科学"课程全面转向线上学习和考核,保障了疫情期间教学的顺利开展。

优秀的教学传统和儿科医学人才培养成效,吸引了上海交通大学医学院儿科学院、温州医科大学附属第二医院育英儿童医院、武汉儿童医院、湖北医药学院第三临床学院、海南医学院第二临床学院、昆明医科大学、昆明市儿童医院、右江民族学院、新疆医科大学儿科学院、郑州大学附属儿童医院、河北省儿童医院、哈尔滨儿童医院等一批医学院校及专科医院来院进行课程及临床教学交流,"儿科学"课程受到一致好评。

(六)考试考核

1.考核方式

根据线上学习情况(包括PPT、微视频、课后作业、在线测试、在线讨论等完成情况),进行综合性形成性评价考核。

2.成绩评定方式

自主学习占5分,课堂表现占10分,病历书写占10分,示教课占10分,期末考试占65分。(图4)

图4 "儿科学"成绩评定方式

三、案例成效

本课程结合重庆医科大学儿科学院儿科特色,重构教学内容,采用线上线下混合模式,借助现代互联网强大的智慧功能,将"音频+视频+文档"的线上教学和线下课堂教学紧密结合,拓展了教和学的时间和空间,发挥了学生主体地位。线上教学方式既方便又灵活,对大多数学生来说是较为新颖且较具吸引力的一种模式,线上课程坚持"以学生为中心"的教学理念,明确知识传授、能力培养和价值塑造"三位一体",提高了教学效率和学习效果。

同时紧跟时代变化和热点,增加人工智能、大数据等前沿性内容,选择实践性强的案例,融入课程思政元素,以"少年强,则国强""弱势群体,需要关爱""传承和继承西迁精神"为主要的课程思政内容供给,结合不同章节,融入课程教学,适当提高了课程的高阶性和挑战度。

本课程也是重庆医科大学首批在线开放课程,面向全校各专业开课,累计学习人数8404人,增强了学生的参与度和学习兴趣,师生反响良好。实现了实体课堂与在线教育的混合教学,解决了传统课程内容多、课时少、枯燥难懂的问题。经过多轮运行,不断充实教学内容,动态更新教学案例,得到了高校学生和社会学习者的广泛认可。团队教师积极开展混合式教学改革,提升了教学效果,使得众多学生受益,为教学改革提供了新思路。

  本课程的运行也需要教师不断地学习和适应,教学内容充实,教学过程完整,教学效果反馈良好(图5、图6);要求教师在课前、课中、课后付出更多的时间和精力,随时解答和处理学生遇到的问题与困惑;要求教师学习更多的知识和技能,给予学生更多的辅导和关心,加强线上教学课堂监管力度,引导学生主动培养自律精神,学有所获。用"有内涵"的课程、"有新意"的方式和"有温度"的关爱落实立德树人的根本任务。

图5 教学效果调查表

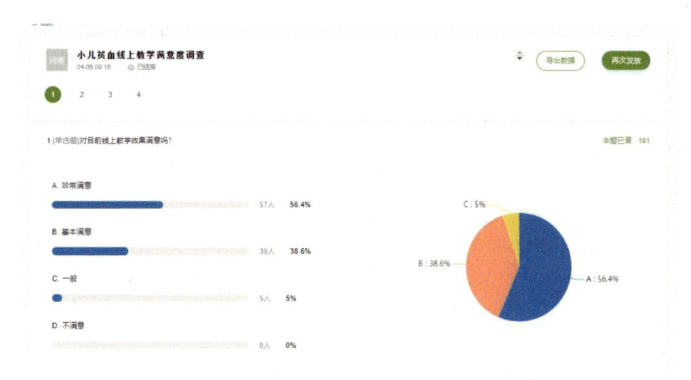

图6 线上教学满意度调查

四、未来计划或启示

(一)面向高校的教学应用计划和面向社会开设期次

今后5年将以学期为开设期次,每学期按照重庆医科大学各医学专业"儿科学"课程学习计划,根据需要,面向全国高校开展共享应用,面向社会提供在线教学服务,为培养我国儿科学医学人才服务。并根据服务反馈,围绕知识点和技能点,逐渐增加类型更加丰富的高级别数字化资源。同时,主讲教师通过凝练多年的教学实践编写慕课版教材,融入经典案例,补充新动态、新指南。教材中融入思政板块,为学生拓宽视野,增强行业敏感度,构建课程新体系。

(二)持续更新和提供教学服务设想

今后5年将持续建设与完善"儿科学"在线课程平台,更新教学PPT,布置课程作业,进行在线测试,及时与学生互动,进行答疑讨论等;积极推行集成教学模式,修改、补充微视频及示教片,补充典型病例图片,补充典型案例和模拟教学案例等;持续优化教学内容,创新教学模式,探索多样化的教学方法,进一步改革考核方式。

(三)构建多学科联动的集成教学模式

加强顶层设计,整合多个教研室和多学科教育资源;将TBL-CBL-PBL、微课、读书报告、情景教学、翻转课堂、临床教学单元模式(CTU)等教学模式有机整合;大力推进现代信息技术与教学深度融合,使有限的教学空间和教学资源科学合理地整合以达到高效利用。

云端聚合力，天涯若咫尺
——留学生解剖学线上教学实践

贺桂琼　徐进　陆蔚天　余维华　刘辉

重庆医科大学

一、案例介绍

重庆医科大学是国内医学院校中最早招收本科留学生的高校之一。"人体解剖学"是本校最早开设的留学生全英文课程，2019年成为市级来华留学生全英文授课品牌课程。2020年，新冠肺炎疫情在全球暴发，留学生无法返校上课。在此情形下，基于教育部引领的"互联网+"教育新模式，结合解剖学学科特点，我校留学生解剖学教学团队凝心聚力、精诚合作，建立起"网络课程资源+在线教学平台+微信/钉钉群"的云端授课方式。经过2019—2021级三届留学生线上教学实践证明，本团队创建的在线教学模式，让身处万里之外的留学生犹如置身解剖实验室学习。解剖学线上教学不仅达到"同质等效"的教学效果，还在我校中英合作办学全英文教学中推广应用，为后疫情时代留学生解剖学线上、线下混合式教学模式的开展奠定了基础。

二、案例详述

（一）课程团队建设

重庆医科大学人体解剖学教研室经过21年的留学生教学实践，打造了一支拥有海外留学背景和具有良好合作精神的教学团队，常年从事解剖学教学和科研工作，近10年来获国家级项目15项，省部级项目31项。教师中有教育部新世纪优秀人才1名，重庆市中青年骨干教师2名，校级优秀教师、优秀研究生导师5名。教学效果优良率达100%。团队教师分工合作，充分研讨在线教学内容，确定教学重难点，有效掌握教学进度，采用合理的考核方式,极大发挥团队的力量。这些教师也成为我校中英合作办学整合课程全英文授课的主力军。

(二)课程设计

课程设计是留学生解剖学线上教学的重要环节,教学团队以学生发展为中心进行了如下的设计。

1. 多平台辅助在线教学的设计

留学生的母语各不相同,在线授课使用英语作为通用语言。大部分留学生网络基础条件较差,不少留学生在线课程的接收端为手机,且师生之间存在时差,因此,在线教学首选录播形式。关于网络教学平台,供中国学生使用的线上教学软件有智慧树、腾讯、中国大学MOOC等,但这些教学软件的注册、使用需要学生具有中文基础能力,并不太适合留学生。因此,教学团队依托本校网络平台资源,选择优慕课/超星平台,并结合操作简便的微信或钉钉平台,建立多平台辅助在线教学模式。

2. 多元化在线教学方式的设计

系统解剖学是按人体器官系统来阐述各器官形态、位置和毗邻关系的一门实践性很强的形态学科,学科特点是内容繁杂、名词多,难记易忘,但与临床联系紧密。留学生的特点是思维活跃、爱好提问,但自律性较差,因此不宜照搬传统教学方式,应融合先进的国外教育理念。基于学科和学生的特点,在线教学的录播视频和课件中,采用导入式、启发式和案例式等多元化授课方式,以激发留学生的学习动机和兴趣。

3. "五环"在线教学实施的设计

解剖学传统课堂教学是小班理论实验课(Experimental Class),在线教学沿用该方式进行。课堂教学采用理论讲解、观察标本、课堂小结"三步曲",其中观察辨认实物标本是必不可少的环节,但这个重要的教学环节对在线教学来说是一个挑战。为此,课程团队精心设计理论和实物标本图片相结合的全英文讲解(Teaching Video、Teaching PPT),然后将每一张图片要掌握的解剖学名词用箭头标出,成为学生的课堂填图作业(Classwork),每一堂课设计在线测试(Online test),考查学生对标本辨认及重难点知识的掌握情况。最后对本章节临床联系实际的病例以课后作业(Homework)形式让学生查资料完成。课程团队把以Experimental Class为核心,辐射四个模块(Teaching PPT、Teaching Video、Classwork+Online test、Homework),归纳为"五环"教学模式。

(三)在线教学情况

1.课前任务推送及签到

开课前通过微信或钉钉群发布通知,推送学习任务。课前10分钟开放手机端签到,并将签到情况纳入过程评价考核。在线授课期间无故缺席直接记为"旷课",旷课次数超过总次数的1/3,不允许参加期末考试。这些制约手段有助于教师顺利完成教学任务,也能让留学生养成按规矩办事的习惯。

2.课中多元化教学方法的实施

上课期间学生在优慕课或超星平台观看Teaching Video。视频中教师采用启发式、导入式等方法展开教学,如讲解"肌学"(Myology)一节,通过"运动员竞技比赛"的短视频,提出问题"运动系统的动力装置是什么?"然后讲解骨骼肌的数量、组成、名称等;讲解某部位关键骨骼肌时,引导学生在自己身上找到该肌、在图谱或标本上辨认,再提及该肌作用及受损后的表现。视频观看完毕,要求学生在规定时间内完成Classwork,课堂最后15分钟进行Online test。最后,教师将本堂课与临床联系紧密的问题以病例形式发布在网上,让学生课后查找答案并提交平台批改。(图1)

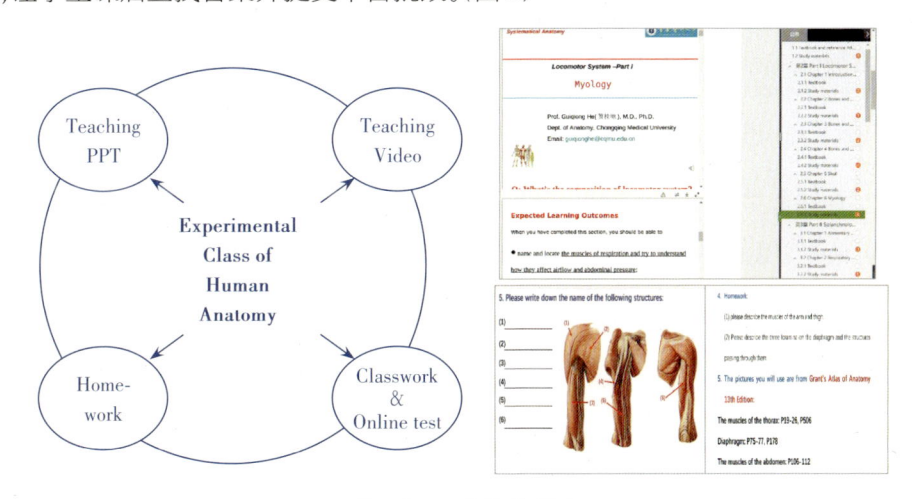

图1 "五环"教学模式

3.课后答疑及对作业完成情况的评估

每次课后指定教师在平台批改作业、答疑互动,对错误率高的题进行集中讲解。这些课堂活动成为过程评价的核心要素。

(四)课程的特点与优势

重庆医科大学留学生解剖学全英文在线教学具有如下特点和优势:一是多平台辅助

在线教学为留学生提供便利,提高了留学生自学的高效性,促进留学生变成学习的主角;二是多元化教学方法不仅能激发留学生的内驱力,更能培养留学生的逻辑思维能力及观察、分析和解决问题的能力;三是"五环"教学模式整合了解剖学课件、视频、动画、图片和案例等,使相对难学的解剖知识变得相对简单,通过反复回放强化理解和记忆;四是在线教学打破地域、时间等限制,使无边界的教与学变成了现实。

(五)资源建设

1. 全英文解剖学在线教学体系的建立

本课程在线教学资源包括课程基本信息、单元学习资料、课程活动等,按系统建立了课内和课外学习资料。课内资料包括本章节学习资源的使用详情、教案、讲义、电子教材、PPT课件和配套录播视频、解剖操作视频、课堂和课后作业等,课外资料包括团队录制的微课、国内外共享的教学视频、临床病例等,供学生自学使用。

2. 网上题库的建立

目前在我国高校的留学生考试管理中,教考合一,由任课教师命题,主观随意性较大,命题不够客观,往往不能真实反映留学生学习的薄弱环节以及教学过程中的不足。为此,团队依托我校网络考试平台,构建了留学生全英文系统解剖学考试题库。

(六)本校应用情况及推广应用情况

解剖学在线教学在本校留学生中已实践三届;教学资源也向我校中英合作办学和5+3临床医学专业学生开放。本课程是我校第一门获得市级来华留学生全英文授课的品牌课程,率先建立的在线教学模式为我校其他全英文授课课程提供了借鉴。

(七)考试考核

本课程在线教学建立了过程评价和期末考试相结合的新考核体系,各占50%。过程评价包括对出勤、平台任务点、在线测试、课堂和课后作业的考核评估。由于留学生学习基础和网络条件等原因,学生无法在指定时间进行统一线上考试,且每堂课已有在线测试,因此,期末考试设置为开放性的临床病例分析题,考查学生应用解剖知识的能力。通过对期末成绩分析发现,与课堂教学相比(以2018级留学生成绩为对照),近3年留学生的考试成绩有明显提升,尤其不及格人数明显减少,80—90分数段学生数明显增多(图2)。但课程团队发现学生的标本图片考试正确率不理想,提示今后应加强实物标本的辨认学习。

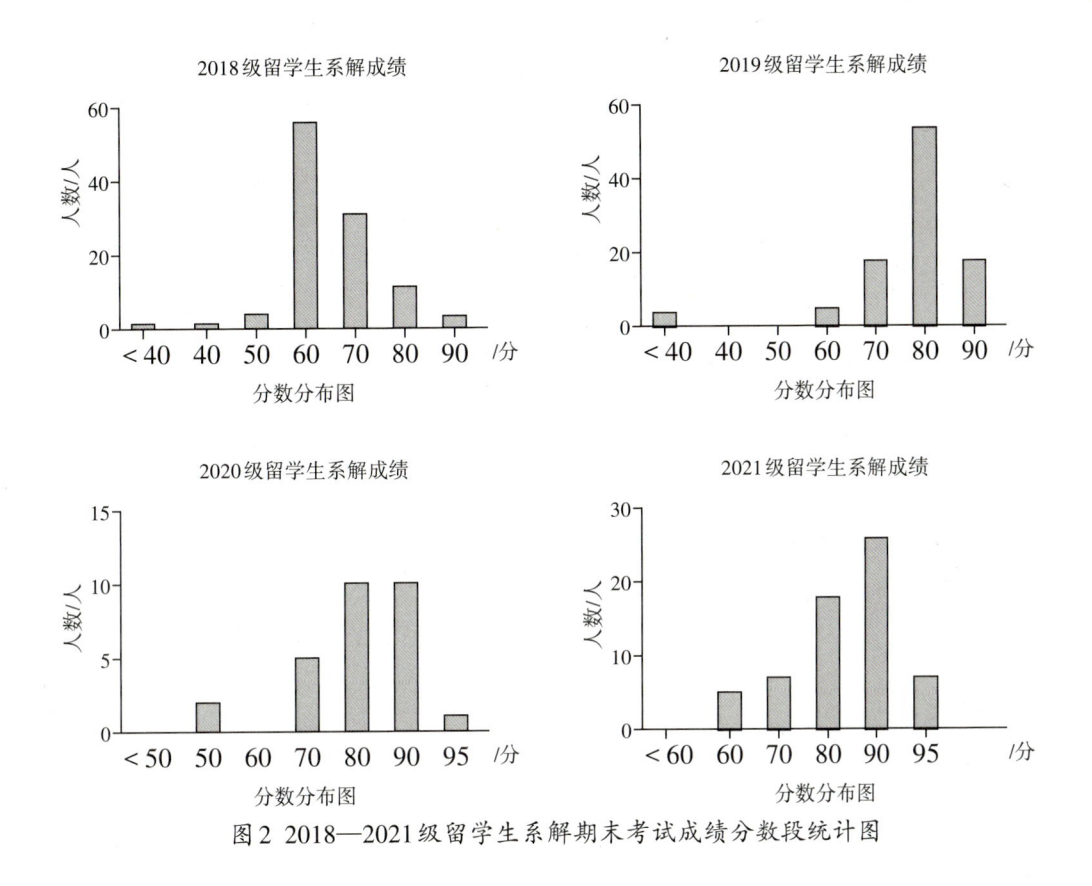

图2 2018—2021级留学生系解期末考试成绩分数段统计图

(八)共建共享、线上应用

留学生解剖学在线课堂是一种新型教学模式,不仅为留学生学习解剖学提供了远程互动式教学、课程答疑等多种应用模式,也促进我校中英合作办学方向的学生以及长学制学生的整合课程推广应用,还吸引了学校其他教学工作者加入在线课程的云平台建设中,满足了全校师生对丰富多样的教育教学资源的需求。

三、案例成效

我校留学生解剖学教学团队将"互联网+智能"技术、解剖学学科特点及留学生的特点相结合,创建了留学生解剖学全英文在线课程,其特色是多平台辅助教学、多元化教学方法以及"五环"教学模式,使远在"天涯"的留学生通过登录云端教学平台,就能听课、完成课程学习任务,并随时随地与教师交流互动。

这种新型教学模式比传统实验室教学模式更生动活泼,不受时空限制,能实现身临其境、直观真实的效果;更注重学生的过程学习以及解剖知识的应用,将过程评价和以病例分析为主的开放性考试结合起来,大大提高了学生学习的主动性和学习效果,也显著提高了学生的考试成绩;新型教学模式赋予了团队教师更多的新技能,在提高自身教学能力的基础上显著促进了整体教学水平的提高。

收集三届学生对在线教学的满意度分析发现,非常满意和比较满意的学生比例高于90%,极少数学生(4.3%)不太满意,主要问题是神经系统内容太复杂,或多个平台使用注册麻烦等。课程组教师积极总结经验教训,进行教育教学改革。近年来,在本方向获省部级教改课题2项,撰写教学论文6篇,在校级双语讲课比赛中获二等奖1项,为今后申报各级教学成果奖奠定了基础。

四、未来计划或启示

留学生解剖学在线教学还有诸多不足,主要表现为三个方面:第一,部分学生的课堂参与度不高;第二,仅靠观看实物标本照片和插图来学习人体结构远远不够;第三,教师很难及时了解学生的学习动态。

针对以上问题,课程需要从多个方面进行改进:首先,进一步提高教师授课的质量及趣味性;其次,充分利用互联网和智能技术,制作更生动有趣的解剖实验短视频;再次,与国内外高校建立虚拟教研室共享教学资源;最后,结合课程及留学生特点,鼓励留学生以边画边学、参加解剖绘图大赛等方式学习,以激发学习兴趣。

积极开展线上与线下相结合的混合式教学模式,优势互补,推动留学生解剖学全英文授课教学质量稳步提高,更好地在我校中英合作办学及长学制专业课程以及与国内外医学院校建立的虚拟教研室中推广应用。

理论与技能并重
——构建钢琴即兴伴奏线上课程教学新理念

孙伟[1]　周冰颖[1]　郑华[1]　张来宝[2]　杨灵志[3]

1.重庆师范大学　2.重庆艺术工程职业学院
3.重庆对外经贸学院

一、案例介绍

重庆市级一流课程、重庆市精品在线开放课程钢琴即兴伴奏是音乐学、音乐表演专业本科学生的一门主修核心课程。本课程通过线上超星学习通平台教学，促进学生钢琴即兴伴奏技能的全面提升，为学生日后独立从事教学、表演工作奠定基础。

钢琴即兴伴奏线上课程强调理论学习与专业技能学习并重。在理论学习方面，通过超星平台在钢琴即兴伴奏课程中实现各类现代化教学手段，将多媒体技术（声、光、像结合）与互联网技术等现代化教学手段充分融合，在丰富学生知识体系、拓宽学生课外学习路径上具有重要作用。在技能学习方面，通过设置专题讲解与练习课程，集中解决学生在学习中容易出错的难点问题，分板块对技能点开展分析和强化，开辟学生优秀习作与教师点评特色模块，有针对性地分析和解决钢琴即兴伴奏过程中的实际问题。通过创新教学手段引导学生对课程重难点进行针对性训练，使学生达到即兴伴奏的高阶水平。

二、案例详述

本案例基于线上课程钢琴即兴伴奏在建设及教学过程中涉及的相关问题进行探讨，针对有关课程团队建设、课程设计、在线教学情况、课程的特点与优势、资源建设、共建共享、线上应用等方面的内容进行分析。

（一）打造具有梯度和区位优势的课程团队

注重课程团队建设，打造具有梯度和区位优势的团队。课程团队成员采用"3+2"模式

(即3位教授、2位副教授)构成。团队采用"1+2"(即本校和2所市级本科兄弟院校)的组合,经过长期的摸索,遴选组成了一支理论素养高、实务能力强的教师团队,为课程的建设提供了有力的帮助与支持。

在教学团队具体建设方面,着重发挥专业优势和区位优势,打造"教学+教研+党政"的综合性团队。孙伟教授作为本课程的主讲教师之一,具有36年的教龄,教学经验丰富,负责本课程的整体布局与安排。肖罡教授(长江师范学院音乐学院教师)、张红霞教授(重庆文理学院音乐学院教师)拥有丰富的知识储备与较强的业务能力,在建设本课程时提供了良好的智力支撑。郑华副教授任重庆师范大学音乐学院副院长(主持工作),在本课程建设中重点对相关政策性问题进行把控与协调,助力本课程的顺利建设。周冰颖副教授为重庆师范大学音乐学院教师,为本课程的理论创新与指导提供了有力的帮助。

(二)强调理论与技能并重的课程设计

基于国内外先进教学理念和优秀教学案例,课程团队重点对课程体系进行打磨与完善,逐渐形成了一门强调理论与技能并重的专业核心课程。在课程建设过程中,课程团队重点对课程定位、课程架构、课程内容、课程评价四个方面进行了探究和实践。具体来看,课程团队在进行课程设计时进行了如下思考。

1.结合课程特点,找准课程定位

钢琴即兴伴奏是音乐学院学生和师范类院校音乐专业学生必须掌握的一门实用技能。而钢琴即兴伴奏课程是音乐学、音乐表演专业本科学生的一门主修核心课程。基于课程目标,钢琴即兴伴奏课程更偏向于学生实践训练(即伴奏实践),以满足学生就业后的教学或演奏需要。

2.课程架构合理,组织形式规范

钢琴即兴伴奏课程与本专业其他核心课程、选修课程之间联系紧密。重视与基本乐理、和声曲式等课程的联系,有助于完善课程架构,规范教学。

3.课程内容丰富,理论实践并重

本课程形成了以钢琴即兴伴奏知识讲解与学生作业展台相结合的内容设计。理论部分共分为八个板块,包括和声、节奏、织体、低音、音型、前奏间奏尾奏、即兴演奏等知识内容的分类讲解。实践部分共分为两个板块,分别为学生习作与教师点评、学生优秀作业展台。学生通过学习理论知识,完成章节实践作业,课程团队成员搜集优秀钢琴即兴伴奏作品,并将其作为优秀范例上传共享平台,激励学生重视实践技能的锻炼。

4.评价方式合理,课程收效良好

通过多样的课程评价方式,强化过程性考核的具体要求,重视过程性考核和实践考核。学生参与实践活动等过程性学习成绩在总成绩中所占比重大。过程性成绩一是由学生实践作业(演奏视频)成绩构成,二是超星学习通经验值加权换算。超星学习通主要从出勤、资源学习、测试活动、课堂表现、作业活动等方面进行考查。考核重点放在乐曲完整度、流畅度以及音乐感觉上。

(三)注重在线教学中各环节的把控

钢琴即兴伴奏课程自2020年上线运行以来,已顺利完成6期教学任务。为了让学生拥有更好的学习体验,课程团队在课程运行过程中时刻关注各教学环节的动态,及时收集意见并进行调整。课程团队重点对以下内容进行了调整。

1.时间把控恰当,注重教学效率

宏观上,重点把控教学周期内的总体教学时间安排。微观上,重点把控各板块、各章节的教学时长。视频学习时间要根据知识点的重要程度和难易程度灵活掌握与调整,避免使学生产生繁杂冗长的学习印象。

2.优化学习过程,提高学习效率

线上学习具有极强的即时性,需要满足学生能够快速找到并学习某一个或某几个知识点的学习要求。因此,在课程内容架构中必须明确各部分的知识要点,浓缩重点内容,形成"一目了然"式的工具视频课程,缩短学生检索及浏览时间,提高学习效率。

3.提高实践能力,促进学生成长

技能型课程离不开实践,广泛、大量的钢琴即兴伴奏练习有助于学生更好地掌握理论知识。本课程不仅要让学生"听得懂",还要让学生"能够弹""愿意弹",因此,课程团队配备了完善的助教团队(音乐学硕士研究生、艺术硕士钢琴方向研究生),指导参与本课程的学生完成钢琴伴奏实践,给予学生针对性的弹奏指导,完善了线上课程的实践环节,基本解决了线上课程在学生实践环节把控不足的问题。

(四)课程的特点与优势

与同类课程相比,本课程在建设过程中逐渐形成了以下特点与优势:①教、学、练结合——实践性;②收录大量视频资源和曲谱实践素材——丰富性;③广泛遴选优秀经典作品参与教学活动——精品化;④教学有效果,实践有反馈——全程化。

（五）资源建设

本课程资源建设分为线上教学资源和配套教材两大板块。

1. 线上资源建设

本课程共计13章，视频、音频、文字内容均已建设完毕，并在教学过程中逐渐优化、更替，已形成一套具有系统性的线上课程。同时，课程团队还将历年教学沉淀下来的经典作品曲谱、各版本中小学音乐教材、优秀演奏案例等材料上传至课程资料库，为学生提供了丰富的课内外学习资源。

2. 新形态教材建设

近年来，以孙伟教授为首的课程团队结合重庆市精品在线开放课程钢琴即兴伴奏课程的需要，经多年打磨，于2022年在重庆大学出版社出版了新形态教材《钢琴即兴伴奏》。该教材高度匹配线上教学资源，声光像结合，可扫码学习相关音视频资源，是本课程的有力支撑。为了满足师范类院校音乐学专业学生课堂乐器伴奏需求，编写并出版了"中小学课堂乐器丛书"共计12册，配有精美钢琴伴奏，供学生参考与练习。

三、教学创新

通过音乐对话感知音乐的魅力，体现音乐学科特点，讲授过程中由主讲教师示范，用优美的琴声与学生进行对话，用琴声表达音乐的美。

通过教法创新体现教学直观性，用手势及时传递音乐的专业术语，具有及时性、准确性。例如，和弦结构手势表述、和声级数手势表述、和声连接手势表述、和声设置手势表述等训练法。

通过丰富内容提升学生音乐素养，感受和声魅力，收集和声经典的片段——"珍珠"。在授课课程中倾听各种类型的经典作品。通过听觉训练学生的和声感（和声的功能、力度、色彩、节奏）、织体感（和弦的开放与密集排列，音域的高、中、低音的布局，以及低音的设计）。

重点运用以下创新教学方法进行教学，提高学生学习效率。

创新一：和声连接法的手势化。通过对和声级数、和弦结构的手势化，用手势表示出要连接的和弦，要求学生口头迅速回答，督促学生及时准确地弹奏出相关的和声进行（学生形象地称为"和声连接猜拳法"）。

创新二：和声设置的即兴化。通过学生一边唱旋律，一边思考和声进行，同时通过手势展示和声的进行来进一步提高学生的和声语言感。

创新三:训练方法形象化。通过相关技术手段把歌谱及时动态显示在屏幕上,强调学生训练即兴化、准确化,迫使学生在规定的时间内完成所需伴奏"格式"(伴奏织体、速度、调式调性,前奏、尾奏等)。

通过以上创新手段,提高了教学效果,使教学形成了良性循环,从而真正实现了通过线上线下混合式教学模式提高教学质量的目的。据超星反馈情况及学校评教系统显示,教学团队所授课班级中90%以上学生认为教师教授方法恰当,互动性强,收获多,反馈较好。

互联网环境下在线课程的设计策略与整合创新
——以"多媒体课件设计与制作"在线课程为例

陈林　申仁洪　李金臻　梁兴连　王泽钰

重庆师范大学

一、案例介绍

在"互联网+教育"的今天,高校的教育正发生着前所未有的变化,新媒体正呈现一种新的学习态势,如何将互联网和新媒体融合进在线课程的建设中,充分发挥信息技术的优越性,将是在线课程建设面临的挑战和机遇。

"多媒体课件设计与制作"这门在线课程,以学习者画像为出发点,深入在线课程建设过程中的课程结构设计、课程数字资源开发、课程资源整合、课程互联网运用、课程新媒体融合,突出在线教育的根本是以学生为中心,重在设计策略,用在环境整合与创新。

二、案例详述

（一）课程团队建设

"多媒体课件设计与制作"在线课程的团队主要由教育技术学专业教研室教师构成,其中申仁洪负责整体课程的设计,特别是课程目标与课程方向的把握;李金臻负责课程结构设计,确定本课程的目录框架结构;陈林负责课程的开发设计、拍摄与制作、互联网运用以及新媒体整合;梁兴连负责课程数字资源开发与整合、新媒体运行;王泽钰负责课程线上运营和维护、公告通知、讨论答疑、作业评定。

整个团队按照前期设计、中期开发、后期运行进行人员配备,在前期设计、中期开发与后期运行过程中,团队都以"互联网+教育"的模式思考课程,注重将互联网及新媒体融合到课程中,充分发挥线上课程的优势。

(二)课程设计

"多媒体课件设计与制作"的课程设计有四大准备(图1):

第一,课程教学经验。课程团队承担了全校师范生"现代教育技术应用"公共课教学,为课程设计打下了经验基础。

第二,广泛涉猎相关书籍。课程团队通看关于课件制作的相关教材,特别是互联网上关于PPT制作的书籍。博采众长,结合团队已有的教学经验,为课程设计打下理论基础。

第三,新媒体辅助课程设计。利用新媒体公众号了解目前PPT课件制作的新方法、新动态、新趋势,为课程设计打下创新基础。

第四,在线资源拓展课程设计。利用互联网,搜索学习PPT课件制作在线课程,除了学习内容,更重要的是学习"互联网+教育"的在线教育模式,为课程设计打下实践基础。

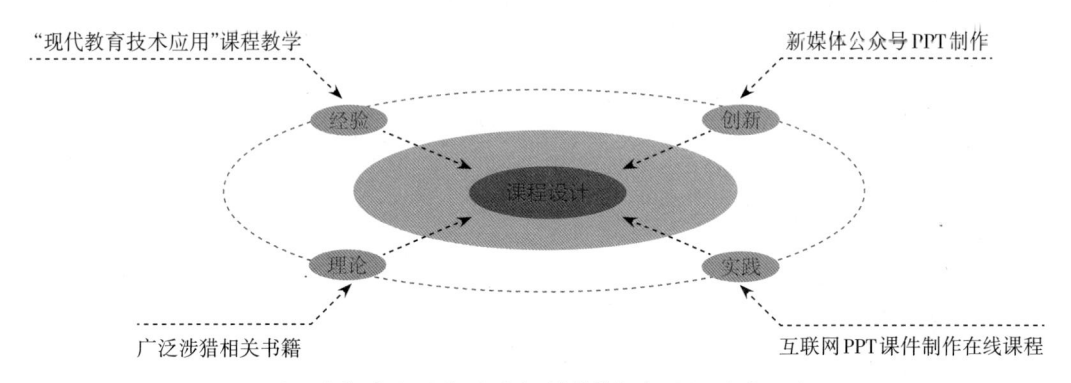

图1 "多媒体课件设计与制作"在线课程设计理念

有了四大基础,课程设计就有了很好的蓄力,这一蓄力包含了资源的整合,也突出了团队的创新。如何将课程的建设与互联网和新媒体相融合,能让学习者在新媒体短视频的环境中,安于学习,获得知识,是团队在建设课程时的一个指导思想。课程的设计冠以互联网思维,突破原有书本教材的编制模式,用"互联网+教育"与新媒体的运营模式去构思和设计整个课程体系。(图2)

1. 别说你懂PPT
2. 你真的会搜索吗？
3. 说出你的观点来
4. 别小看文字
5. 拯救你的强迫症
6. 嘿！请用图说话
7. PPT也是P图高手

多媒体课件设计与制作

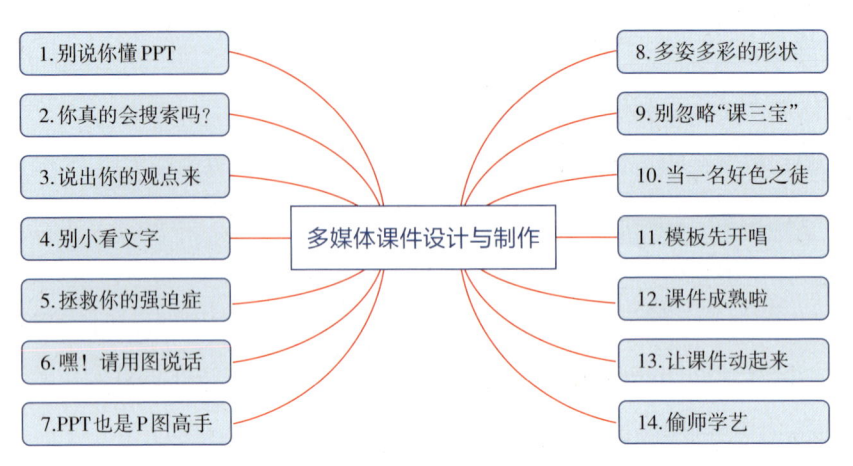

8. 多姿多彩的形状
9. 别忽略"课三宝"
10. 当一名好色之徒
11. 模板先开唱
12. 课件成熟啦
13. 让课件动起来
14. 偷师学艺

图2 "多媒体课件设计与制作"在线课程框架结构

（三）在线教学情况

"多媒体课件设计与制作"课程从设计之初就有一个理念：这门课一定要走出去，课程除了满足本校的教学外，更要走向互联网和新媒体，让课程接收"互联网+教育"时代的挑战，帮助更多有学习需求的人。

"多媒体课件设计与制作"在线课程于2017年制作完成，并于同年上线重庆高校在线开放课程平台，至2021年底已经完成了9个学期的课程周期。每个学期选课学生人数都在1000人左右，完成课程人数约970人，9个学期累计有8700余学生完成了课程，获得了课件制作技能和相应的学分认证。（图3、图4）

图3 "多媒体课件设计与制作"平台第十次开课

图4 "多媒体课件设计与制作"平台第十次开课选课人数

（四）课程的特点与优势

1. 课程设计注重整合互联网资源

通过对网络上其他同类型课程的学习及研究，找到自身课程的学习需求及定位方向，从而形成互补优势。充分引入优秀的免费互补课程、网络协同教学设计，取长补短，课程融合，形成"金课"。

2. 课程设计注重学生画像

通过互联网大数据分析，特别是团队开创的微信公众号"筷子学堂"提供了很好的关注用户的数据分析，能掌握学生真正的课程需求，了解学生学习的痛点，有针对性地去打磨设计课程。（图5）

3. 课程融合"互联网+教育"

课程利用新媒体创办服务课程的公众号"筷子学堂"，并且将课程积极投入互联网的各大主流平台中，包括网易

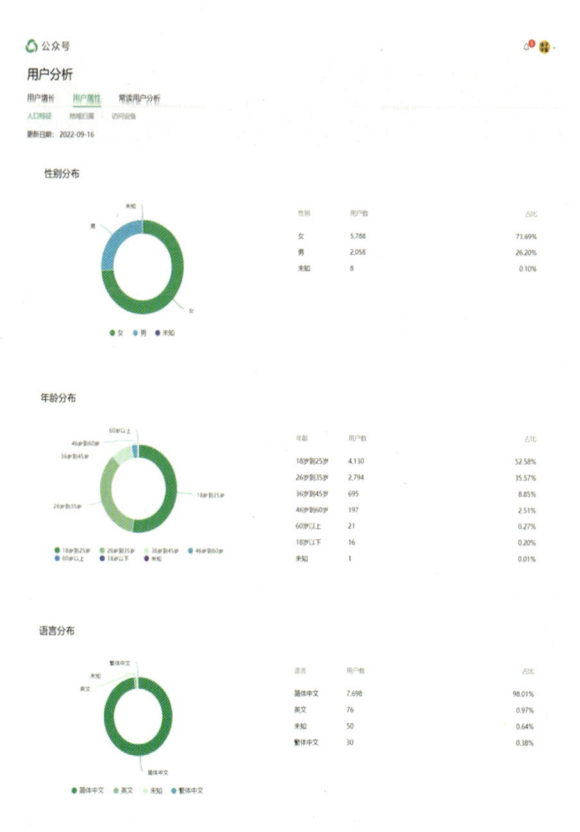

图5 服务课程的微信公众号"筷子学堂"用户分析

云课堂、腾讯课堂等，结合平台优势进行直播教学，真正将课程融入"互联网+教育"，让更

多的学习者参与到学习中来,使课程变得更有价值。(图6)

图6 课程的"互联网+教育"运行模式

(五)课程资源建设

"多媒体课件设计与制作"课程的资源建设可以用一建、二帖、三库、多资源、多形态来概括。(图7)

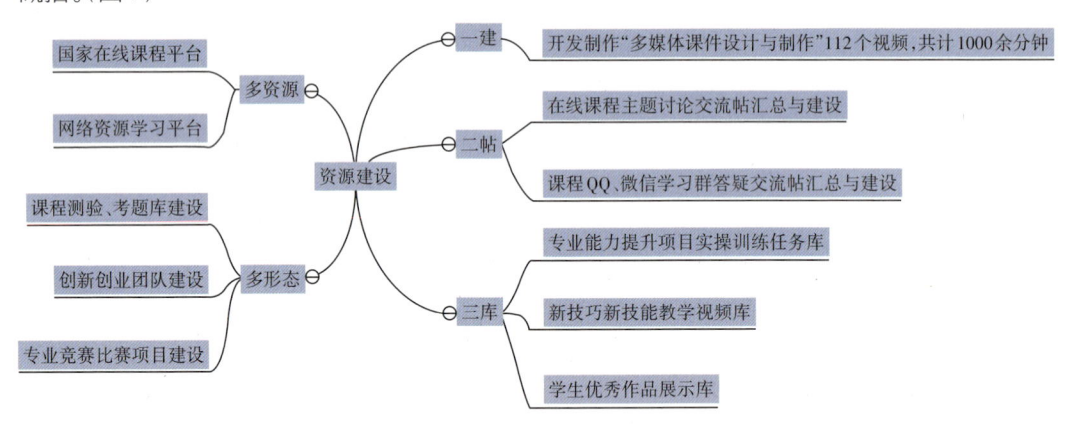

图7 课程资源建设方案

一建,课程微课视频开发与制作。"多媒体课件设计与制作"一共开发制作了112个视频,共计1000多分钟。

二帖,课程有线上平台的主题讨论帖和学习社群的答疑交流帖。团队充分利用这两帖,了解学生学习情况,跟踪学生学习动态。

三库,课程注重实操环节、案例展示以及新技能新方法的教学,建设了三大资源库(专业能力提升项目实操训练任务库、新技巧新技能教学视频库、学生优秀作品展示库),并不断地更新与丰富资源库内容,让课程常用常新。(图8)

图8 专业能力提升项目实操训练任务库及学生优秀作品展示库

多资源,引入中国大学MOOC、超星学习通等国家精品慕课平台的相关课程拓展学习,并且引导学生利用bilibili、网易云课堂等网络平台进行自我提升与发展。

多形态,课程注重团队建设及项目化训练,培养学生创新创业能力,鼓励学生参加专业比赛,促成学生高质量的学习。

(六)课程推广应用情况

1. 创办第二课堂

在2017年初"多媒体课件设计与制作"课程的文案创设阶段,团队就利用新媒体公众号开创了第二课堂"筷子学堂",并将PPT课件制作的技巧、技能、方法等以图文的形式推送至公众号平台。课程除了平台系统学习外,还营造了一种新媒体互联网学习环境,让学生更自主、更积极地参与到学习中。第二课堂扩大了学习需求者范围,让他们更方便地加入到学习中。团队以日更或周更的方式,将课程的新内容、新技巧、新方法更快地传递给学习者,保证课程的时效性与前沿性,突出课程的互联网价值。(图9)

图9 "筷子学堂"微信公众号原创内容和总用户数

2. 创办互联网网校

"多媒体课件设计与制作"课程除了在重庆高校在线开放课程平台上线,还积极推进"互联网+教育"的服务,将课程上线至网易云课堂,并且在网易云课堂创办了筷子学堂网校,主推与PPT制作相关的课程,包括超实用100个PPT小技巧、超实用PPT课件制作宝典、PPT核心认识四点通、课件那么美等。与互联网教育平台合作,创办网校,目的是让更多有学习需求的学习者加入课程中,践行"互联网+教育",让课程发挥最大的价值,凸显大教育观的意义。(图10)

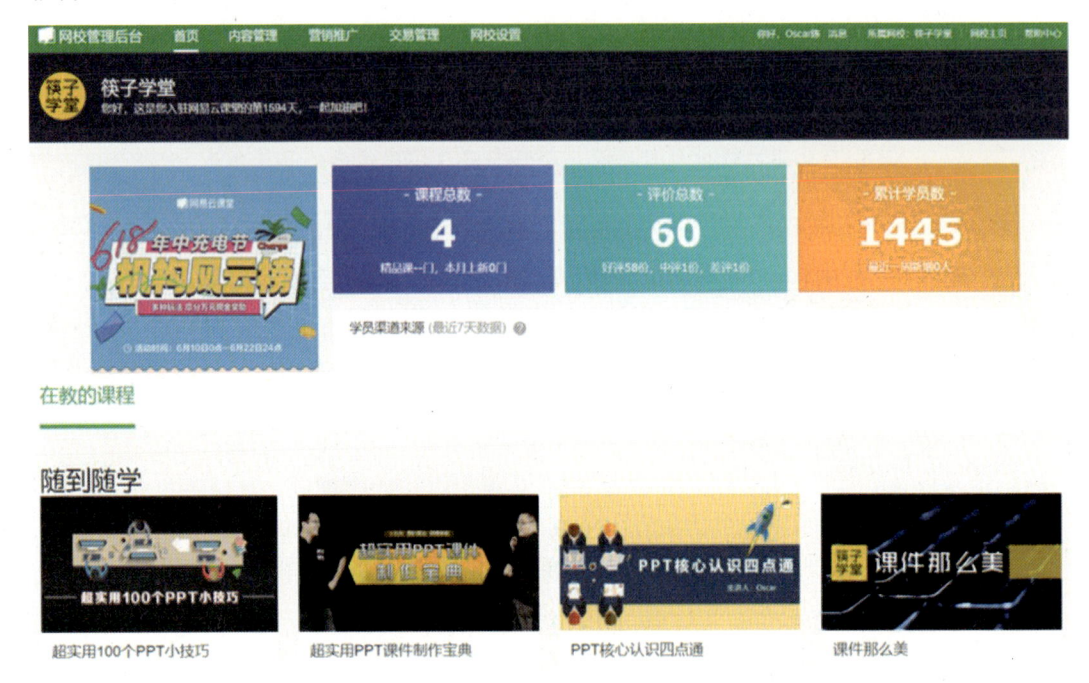

图10 筷子学堂网校及课程

(七)课程应用特色

"线上教学、线下任务实操"是本课程的应用特色。

一是线上教学,系统学习与个性化学习相结合。利用重庆高校在线开放课程平台进行课程系统学习和理论学习,这是本课程应用的核心;利用第二课堂(筷子学堂)进行新媒体方式教学,不断更新课程内容,让学生随时随地进行碎片化学习;利用网易网校进行课程教学的拓展与延伸,让学生自主选择课程进行个性化学习。

二是线上理论学习与线下任务实操的有机结合。创建学习社群,发布每周教学实操任务。在社群中,学生相互交流完成任务,讨论作品问题;教师分解任务,提供示范案例,指导学生完成任务;任务结束后进行社群汇报展示,师生共同欣赏学生优秀作品,相互交流,一起成长。

三是知识、能力与价值的有机结合。课程在注重理论知识的讲授和专业能力的培养的同时,通过对项目任务的精心设计,将思政案例融入其中,让学生开发一些优秀并富有创意的作品,从而实现学生成长。

"多媒体课件设计与制作"课程的教学模式如图11:

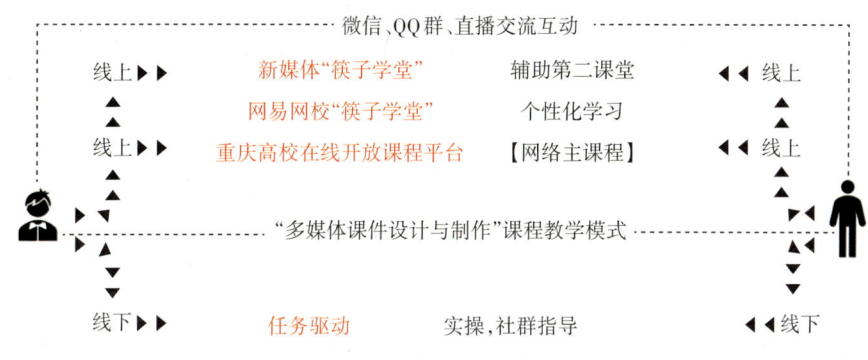

```
          微信、QQ群、直播交流互动
线上 ▶▶   新媒体"筷子学堂"      辅助第二课堂   ◀◀ 线上
          网易网校"筷子学堂"    个性化学习
线上 ▶▶   重庆高校在线开放课程平台  【网络主课程】  ◀◀ 线上

          "多媒体课件设计与制作"课程教学模式

线下 ▶▶   任务驱动       实操,社群指导   ◀◀ 线下
```

图11 课程应用教学模式

通过这样的课程教学模式,线上学习理论,线下实际操作,充分发挥了"线上+线下"融合教学的优势,同时增加了教师对学生的指导和交流,这对于技术操作类在线课程尤为适用。

三、案例成效

(一)提升教师授课能力,增强教师教学动力

课程建设的与时俱进,也对教师教学能力提出了进一步的要求。团队分享与总结课堂创新经验,并持续更新教学内容及课程项目任务,做到与时代同步、与环境相融、与技术同频。

(二)以教促学生创新创业

充分利用"多媒体课件设计与制作"课程,鼓励学生创新创业。团队在任务实操项目设计中,注重项目的可操作性,引导学生大胆创新,将项目落地孵化成创新创业训练项目,并不断指导和推进学生实施完成。团队还鼓励学生参与社会服务,深入中小学,为一线教师开发数字化教学资源。

通过课程教学,学生实施并结题了国家级创新创业项目2项,市级创新创业项目2项。(图12)

图12 学生创新创业能力训练成果展示

(三)以赛促学生作品开发

在课程的学习过程中,学生积极参与全国各大专业比赛,并取得了良好的成绩。学生的多媒体课件作品《青编集》获得全国大学生数字化教育应用创新大赛一等奖;在第三届全国师范生微课大赛中,学生取得了3个特等奖、4个一等奖、1个二等奖、2个三等奖的好成绩。这正是本课程教学成绩的体现。(图13)

图13 部分学生的课程作品参赛获奖展示

(四)紧跟社会需求,社会满意度得到提升

从用人单位的反馈来看,系统学习本课程的学生,在实习过程中表现优异,"上手快、动手能力强",深受中小学校的青睐,就业率有较大提升,赢得了不错的学校美誉度和社会满意度。

四、课程未来规划

(一)教学应用

系统开发与更新PPT课程教学资源,丰富本课程产出的数字化教育资源(多媒体课件资源),为基础教育服务,展现专业特色及课程成效。

(二)任务更新

随着课程内容的更新以及技术的发展,就目前的课程任务体系来说,应该是一个动态发展的过程,应该不断地更新和迭代。

(三)持续改革

加强线上与线下的深度融合,优化教学目标、内容、策略和评价,提升课程的创新性、高阶性和挑战度,挖掘网校平台功能和社交新媒体价值,培育学习者在线学习、移动学习和泛在学习的良好习惯。

"五维一体"的数学建模在线课程建设与实践①

鲜思东　朱伟　沈世云　虞继敏　刘勇杉

重庆邮电大学

一、案例介绍

"五维一体"的数学建模在线课程案例源于新工科背景下重庆邮电大学以大学生创新能力提升为目标的在线课程资源建设与混合式教学应用实践。重庆邮电大学"数学建模"课程可追溯到1992年大学生数学建模竞赛讲座。本课程于2009年建成为重庆市精品课程,2012年建成为重庆市精品视频公开课。2018年重庆邮电大学全面开启建设精品在线课程与课程思政有机融合的混合式教学实践工作。通过市级"双带头人"教师党支部书记工作室和市级重点实验室等人才培养平台,采用课、赛、研、践、用"五维一体"课程建设新范式,创建"理念+体系、方法+路径、考核+评价"的新工科背景下的"五维一体"的数学建模混合式教育模式并持续实践,激发了学生"学数学、爱建模、秀创新"的积极性,提升了学生建模报国的责任意识与担当能力,在培养"追求卓越、面向未来"的创新人才等方面成效显著。

二、案例详述

(一)"五维一体"推进数学建模精品在线课程建设

1.强化思政引领,构建三个融合

依托"教师党支部书记工作室"示范树人,"重点实验室"科创引人、研究慧人,采用混

---

① 本案例为重庆市高等教育教学改革研究重大项目"新工科背景下'五维一体'大学数学教学体系的综合研究与实践"(项目编号:201021)、重庆市研究生教育教学改革重点研究项目"新工科背景下'五维一体'研究生数学课程思政体系的综合研究与实践"(项目编号:yjg212022)及2022—2024重庆邮电大学思想政治工作精品项目(项目编号:SZJP2201)阶段性成果。

合式教学实践"传道—悟道、授业—求业、解惑—生感"的师生良性互动,实现了课程思政与"数学理论、实践应用、创新研究"有机融合,立德树人与"传道、授业、解惑"有机融合,价值塑造与"知识、能力、素质"有机融合。

2. 优化课程体系,更新教学内容

结合我校信息学科的特色和优势,总结教学和竞赛经验,建立了数学建模"专业课+选修课+微型课"三层次课程体系,对应设置为"数学建模A"、"数学建模B"和"数学建模与数学实验"等课程。依托市级一流课程平台,在选用国家级规划教材(赵静等,《数学建模与数学实验》)的基础上,构建"一理两用"(建模理论·建模实践·建模应用)的课程体系,主编出版了《数学建模理论与方法》、《数学建模的认识与实践》和《数学建模导论》3部教材。

3. 构建教学平台,丰富教学资源

构建了"数模大讲堂+建模实战训练+数学建模竞赛+建模研究成果"实践教学平台。依托重庆邮电大学课程中心、学银在线等平台,通过精品在线视频课程的建设,不断丰富课程资源,采用"专业制作+随堂录播"方式录制微视频26个、专题随堂课程录像25个,通过"个人设计+团队教研"方式构建专题电子教案50个、赛题案例15个,运用"腾讯会议+混合翻转"方式制作数模小组研讨视频20个、优秀建模成果与研究论文30余项,等等。(图1)

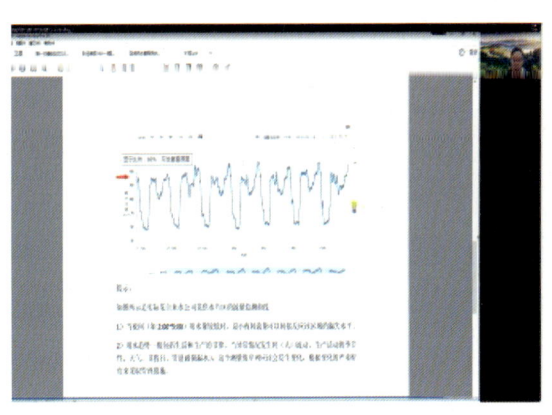

图1 主持数模小组在线研讨

4. 加强队伍建设,改革教学方法

加强课程教学队伍建设和竞赛指导教师培养,采用"课程试讲,建模训练,团队考核"相结合的方式,吸收年轻博士加入指导队伍,构建知识结构合理、学缘梯队相融的教师队伍。坚持以问题为前导,以学生为中心,以模型和案例为载体,构建了"三问驱动"的双线融通数学建模教学方法,注重重现数学理论在解决实际问题中的全过程。

5. 加强过程考核,改革评价模式

课程采用模块化教学,强化过程考核,注重增值评价,期末采取开卷等开放形式考核学习效果。提高平时考核成绩比例,降低期末考核成绩比例,其中过程考核主要分为学风与研讨成绩,MOOC视频学习+建模讲解探究+知识(双线)互动+建模实践研讨,将情感

态度与价值观等纳入过程考核,将传统过程考核成绩占综合成绩的比例从30%提升至50%,提升了学生主动学习、学以致用、学以报国的积极性与热情。(图2)

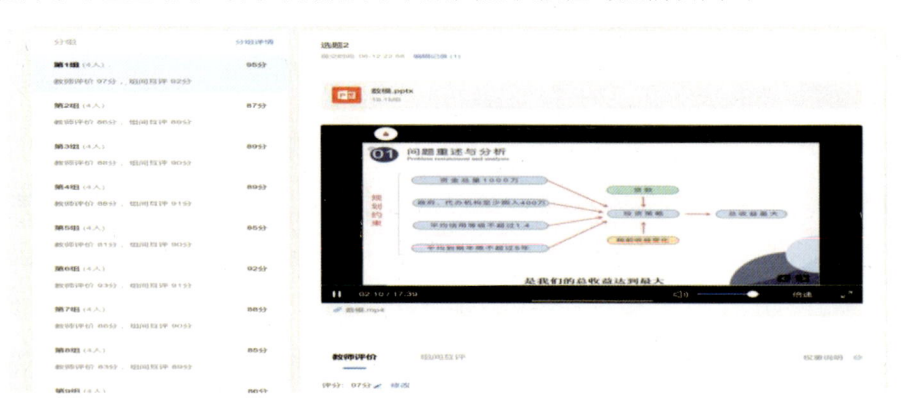

图2 小组研讨成绩评定

(二)"五个融合"提升大学生原始创新能力

1.思政引领,创建"五化"课程知识谱系,夯实创新基石

瞄准创新能力培养的奠基性工程,通过思政引领,形成了"思政元素微元化、建模知识前沿化、在线课程精品化、教学资源多样化、建模竞赛常态化"的高阶性的数学建模课程知识谱系。利用专业学科之间的相关性、相融性、互补性等对数学建模课程从科学精神、道德诚信、工匠精神和家国情怀等进行思政融合,建构纵向贯通、横向关联的数学建模课程思政新体系。按照前沿性、先进性、交叉性的原则将教师研究成果中的新原理、新模型、新方法和新技术融入课程建设,实施交叉融合。构建双主体交融的数学建模教学新范式,强调"以教师为中心"的"传道、授业、解惑"与"以学生为中心"的"悟道、求业、生惑"有机结合,引导学生主动学习、主动实践,鼓励学生悟道、问道、寻道,启发学生求是、求真、求业,让学生感受数学建模在追求真知与报效祖国中的突出地位和作用,激发学生"学数学、用数学、秀创新"的热情,让学生更好地成为自己,从而培养创新创业人才,助推中华民族伟大复兴。

2.双线融合,拓展课堂"内外"教学空间,优化创新环境

学生学习及教师辅导答疑环节采取线上线下相结合的方式进行,教学团队和学生线上互动交流,线下团队教师开展面向学生的学业辅导。通过MOOC视频和测验题,学生可以自主学习,弥补课堂内未弄懂的问题,拓展建模课程教学空间,优化创新环境。

3.课赛结合,构建"三五"课程教学模式,提升创新能力

创新性地构建数学建模专业课、数学建模选修课和数学建模微型课三种层次,和数模

讲堂、数模实战训练、数模竞赛、科创研究、社会实践实训五个阶段的"三五"数学建模教学模式,"课+赛+研+践+用"结合,持续迭代,提升大学生运用数学解决实际问题的原始创新能力,服务重庆乃至全国的数智经济建设。

4. 研教融合,凝练市级优秀课程教学团队,激发创新思维

坚持以学科建设为引领,以资源建设为举措,以基地建设为保障,以立德树人为目标,建成了"数学建模与实验"重庆市优秀教学团队。搭建了"以科研为引领、以建模为主线、以项目为拓展、以竞赛为载体"的挑战度高的实践创新平台,通过数学建模在线课程建设,注册学生已超过6000人,学校超过190所,有7所学校将其作为在线教学课程,30余所学校使用其进行翻转课堂教学。对于数学建模与实验课程,采用混合式教学模式,课程设计采用线上分组、线下完成、线上线下互评、教师点评等方式进行,激发学生"学建模、秀创新"的积极性。

三、案例成效

(一)用于校内共享,学生受益面大、程度深,深受师生欢迎

本课程率先在校内的信息与计算科学、数学与应用数学等理科专业中开设,继而开设为全校性公共选修课,近两年,在线选课学生人数超过1400人/学年。在实践应用中通过线上线下互联教学回路,学生在教师的导学、督学、促学中提升了自主学习能力和创新思维。同时,学生在全国大学生数学建模竞赛等科创活动中展现的数学素养和建模技能有了显著提升,近十年已获全国大学生数学建模竞赛一等奖32项、二等奖80项,排名重庆第一、全国第十。(图3、图4)

图3 部分获奖证书

图4 获奖代表合影

数学建模课程也极大地激发了学生的创新思维,毕业生在面试和具体工作中都表现出较高的数学素养与创新能力,IT学生进入世界500强企业比例超过60%,许多单位提出优先录用参与过建模竞赛并获奖的学生,深得用人单位的好评。

(二)用于校外共享,课程示范引领性强,广受社会赞誉

团队成员先后有4人被表彰为全国大学生数学建模竞赛优秀指导教师,多次应邀到兄弟高校或学会进行经验交流与示范讲授(图5),课程成效曾得到重庆日报2021年11月24日专题报道(图6),引起强烈社会反响。案例还推广到西南大学、桂林电子科技大学、重庆交通大学、重庆文理学院等兄弟院校,得到了广泛的认可和好评,有较强的示范性和可复制性。

图5 全国优秀指导教师在大学生数学建模竞赛(重庆赛区)颁奖典礼作示范讲授

图6《重庆日报》专题报道

(三)用于社会实践,行业企业关注度高,提升社会服务能力

通过"教师党支部书记工作室+重点实验室"平台,指导引领学生参与新冠肺炎疫情预测与决策、乡村振兴等"四个面向"的建模研究,完成新冠肺炎疫情预测决策、乡村振兴决策等研究成果10余项,发表SCI论文7篇、EI论文10余篇。指导学生参与产学研项目,将研究成果进行转化,为政府部门与企事业单位提供各种技术服务与决策咨询超过35场次,主持技术与决策咨询服务项目9项,受到社会各界的广泛好评。开启了课程改革从学校到社会的建设之路,开创了社会服务工作的新局面,持续提升了教师的社会服务能力。(图7、图8)

图7 做客重庆市质监大讲坛进行示范宣讲

图8 指导学生发表高水平建模研究成果

国家线上一流本科课程"大数据分析与处理"建设案例[①]

刘群　王国胤　卢星宇　王烨　刘波

重庆邮电大学

一、案例介绍

2016年初，重庆邮电大学计算智能重庆市重点实验室依托团队雄厚的大数据分析研究背景，倾心打造了"大数据分析与处理"在线微视频课程。伴随人工智能技术的广泛应用，数据分析处理中的关键理论知识也在不断变化，课程内容和资源随之不断更新、优化和调整。在2016—2022年共6年的建设过程中，课程组以优化线上课程为目标，服务于混合式教学为主导，开展了一系列围绕课程建设的实践探索。（图1）

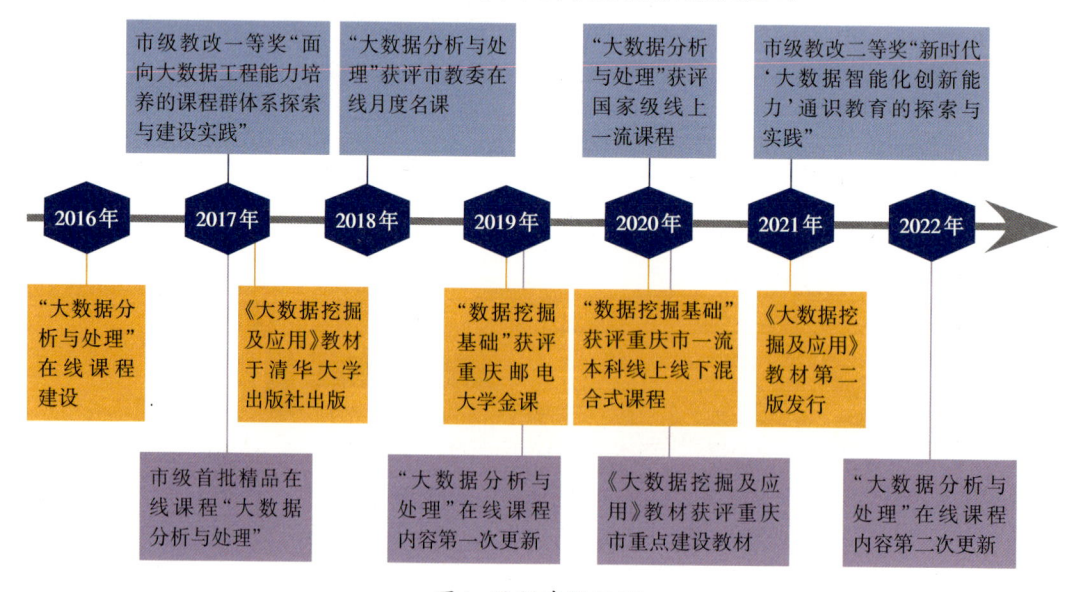

图1 课程建设历程

时间轴（2016年—2022年）：

- **2016年**：
  - "大数据分析与处理"在线课程建设
- **2017年**：
  - 市级教改一等奖"面向大数据工程能力培养的课程群体系探索与建设实践"
  - 《大数据挖掘及应用》教材于清华大学出版社出版
  - 市级首批精品在线课程"大数据分析与处理"
- **2018年**：
  - "大数据分析与处理"获评市教委在线月度名课
- **2019年**：
  - "数据挖掘基础"获评重庆邮电大学金课
  - "大数据分析与处理"在线课程内容第一次更新
- **2020年**：
  - "大数据分析与处理"获评国家级线上一流课程
  - "数据挖掘基础"获评重庆市一流本科线上线下混合式课程
  - 《大数据挖掘及应用》教材获评重庆市重点建设教材
- **2021年**：
  - 《大数据挖掘及应用》教材第二版发行
- **2022年**：
  - 市级教改二等奖"新时代'大数据智能化创新能力'通识教育的探索与实践"
  - "大数据分析与处理"在线课程内容第二次更新

[①] 本案例为重庆市高等教育教学改革研究重大项目"素描课程的人机混合增强智能教学模式改革与探索"（项目编号：221020）阶段性成果。

二、案例详述

多年来,课程团队主要成员一直围绕数据分析技术开展科学研究,不仅积累了本领域深厚的学术和理论基础,而且使本课程的建设具备了独特优势。团队制定的建设思路为:以承接科学研究项目为支撑,从社会企业实际应用需求出发,以全校性的MOOC教学和辅助线下课程的混合式教学反馈为引导,主动吸纳科研教学和实践一线的青年教师,持续优化课程教学大纲和教学内容、更新课程配套教材及线上教学资源。(图2)

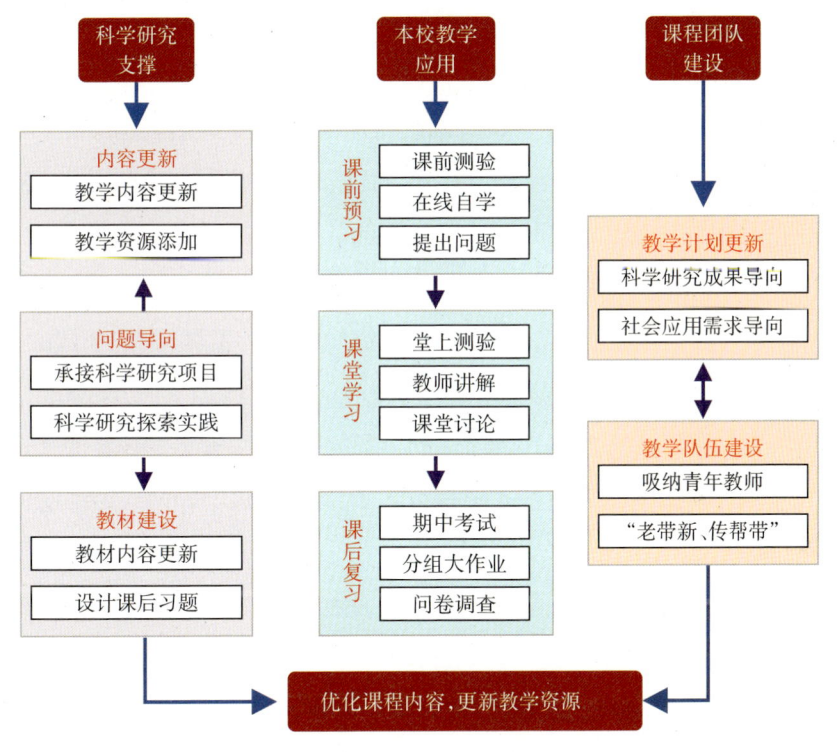

图2 课程建设总体思路

(一)吸纳青年教师,以课程建设推动团队建设

青年教师是课程和团队可持续发展的重要保证。要想让课程走得更远,每一步都离不开青年教师的贡献。新引进的青年教师朝气蓬勃,具备扎实的人工智能理论技术基础,充分发挥他们的聪明才智更有利于课程的持续建设。团队充分发挥优秀教师和骨干教师的作用,采用培养、引进相结合的"传帮带"建设方式,组成了一支由资深教师领衔的科研、教学和实践一线长期从事数据分析科研和工程应用的中青年教师团队。

(二)坚持"建"以致用,以教学反馈反哺线上课程

坚持"建"以致用,将线上课程积极应用于校内教学改革,才能保证教学和课程建设二者相辅相成,使线上课程的质量得以持续改进和优化。依托本门国家级线上一流课程,从2018年开始,课程组开设了全校性选修课"大数据分析与处理MOOC",2019年开始将其应用于校内"数据挖掘基础"课程的教学改革,既拓展了线下课堂的教学时空,又增进了线上课程的活跃度。下面以"大数据分析与处理MOOC"为案例,介绍其课程设计、在线教学情况、课程考核评定方式、资源建设情况等。

1. 课程设计

首先明确本课程是一门通识性课程,因此在课程内容选取上注重选取实际工程应用中最经典、最常用的数据分析算法,进而增加广度和厚度。课程内容被分为三个层次,第一个层次是"基础知识",包括数据分析的基本概念、经典的关联规则算法、线性回归方法、决策树算法和k-means聚类算法;第二个层次是"实践平台",包括Hadoop平台基础、流式大数据处理框架、数据可视化以及SPSS的数据统计分析工具;第三个层次是"前沿知识",包括人工神经网络、深度学习以及数据分析并行算法设计。

及时将科研成果引入课程,既开阔学生的学习视野,又引导学生开展探究式学习。为此,课程组不仅将团队的科研成果引入课程教学中,而且在每个知识点后都增加与之相关的实际案例分析内容。

增加创新性和综合性内容,让学生体验到学习挑战,增加学习的投入。为此课程组以实际问题为背景,开发了三个完整的数据分析案例,并制作了三讲视频,帮助学生体会数据分析全流程。

2. 在线教学情况

由于本课程是全校性选修MOOC,教学主要是以学生网上自学为主,辅以3次线下课程。为了能够较好地帮助学生掌握学习内容,课前,教师会定期提供精心设计的学习任务单,帮助学生有针对性地观看MOOC微视频或者教材,阅读线上文献资源,完成线上自测;课中,教师挑选出重难点问题,进行针对性精讲,同时补充实操案例的讲解,帮助学生了解算法的实现方式;课后,通过布置线上的启发式讨论题,培养学生学思结合的习惯;期末,通过线上课程平台设计调查问卷,收集学生对线上课程的意见和建议,为线上课程的改版提供参照和依据。

3. 课程考核评定方式

课程评价体系强调多元化,重点关注过程考核。首先利用在线课程平台的统计数据

评价线上学习过程和学习动态；其次采用线上题库进行章节测试和线上期末考试；最后引入期末课程报告，综合评价学生的能力。由此形成全面的学生评价方式，具体如下：

（1）平时成绩（50%）。

在线开放课程学习（50%）=线上自测（20%）+线上视频学习（20%）+线上讨论（10%）

（2）期末成绩（50%）。

期末成绩（50%）=线上期末考试（30%）+期末课程报告（20%）

4. 资源建设情况

一流本科线上课程的教学内容必须体现前沿性与时代性，能够及时将学术研究、科技发展成果引入课程中。但是教学视频的迭代更新具有较长的周期性，而且教学内容的设置也有其特点，需要保持一贯性和完整性，不可能面面俱到。因此，在课程建设过程中，课程组及时补充人工智能科学研究领域的新知识作为线上课程资源，不仅丰富了课程内容，而且可以使教学内容保持趣味性、前沿性和时代性。例如针对并行计算教学内容，适时将我国超级计算机神威·太湖之光的视频作为课程资源上传，激发学生的民族自豪感。（图3）

5. 课程的特点和优势

本课程的特点和优势是依托计算智能重庆市重点实验室，形成了在大数据分析与处理领域深厚的理论和技术积淀。在课程的建设过程中，团队教师分别承担和参与了多项横向和纵向与大数据分析相关的科研课题，包括国家自然科学基金创新研究群体、国家自然科学基金重点项目、科技部国家重点研发计划专项、重庆市科委和教委的重点项目等。不仅保障了团队教师对本领域研究前沿的了解，也充分保障了对社会需求动向的把握，因此团队能够较快地聚焦于课程内容的更新方向。

2019年初，将课程的"Excel平台数据统计和挖掘应用"更新为"SPSS平台的数据统计和挖掘应用"，增加了人工神经网络、深度学习等新的数据分析技术。2022年暑假，更新了课程的前言和展望，以及数据可视化、深度学习、有标签学习的内容，增加了Python平台下典型数据分析方法的应用案例，同时将团队的科研成果制作成一讲视频。（图4）

图3 课程教学资源建设	图4 团队科研成果视频

（三）坚持共建共享，以多种方式推广课程应用

提升线上课程的活跃度可以增加课程的知名度，因此课程组充分利用了本门线上课程，对本校国家一流专业"智能科学与技术""计算机科学与技术"的相关专业课进行了线上线下混合式教学方式改革。在教学过程中采取了多种多样的穿插式、间隔性练习，比如课前预习、课堂小测、课后自测、期中考试以及小组项目大作业等，不仅调动了学生学习的主动性，也提高了线上课程的参与度、点击率和活跃度。团队教师也积极参与清华科技大讲堂、各种教学会议和讲座等，对课程进行推广和宣传。（图5）

a.清华科技大讲堂直播	b.2020大数据智能化发展暨人工智能创新发展高峰论坛

图5 应用推广宣传方式

由于线上课程内容注重各类数据分析知识点的经典浓缩，为满足理论课堂教学的需要，2017年课程组编写了教材《大数据挖掘及应用》。2021年为适应技术发展，对教材进行了更新。很多使用了教材的高校也使用了本门线上课程进行SPOC教学。这些学校在使用线上平台的同时，添加了包括题库在内的不少资源，做到了共建共享。如图6中的d所示。

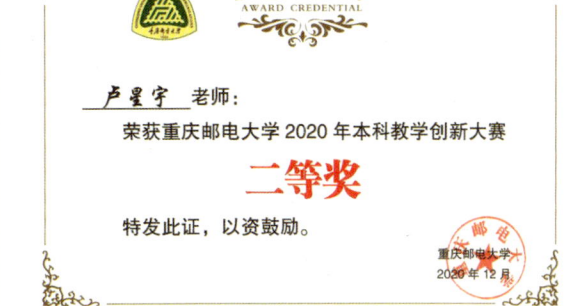

a. 重庆市高校线上线下混合式一流课程

b. 重庆邮电大学2020年本科教学创新大赛二等奖

c. 2021年重庆市教学成果二等奖

d. 其他高校上传的自建资料

图6 部分建设成果展示

三、案例成效

  课程组认为一流课程应当以"立德树人"为基本要素,以"学生能力培养"为根本,才能满足"两性一度",回归课程本质。因此,课程的创新主要体现在三个方面:第一,以培养实际工程能力为导向的课程教学内容重构——提升高阶性;第二,以融入前沿科学研究成果的课程教学内容设计——突出创新性;第三,以强调实践能力培养的课程教学内容调整——增加挑战度。针对本门线上MOOC课程教学过程中,学生计算机基础参差不齐现象,教师精心设计3次线下课程的内容,补充网上课程实操知识的短板,同时紧扣教学内容上传课程资源,引入课程思政。从2018年开始,本课程的学评教得分一直都在90分以上。

  从2016年9月起,本课程在学银在线、高校邦和重庆高校在线开放课程平台共运行了13期。2020年获评了国家一流本科线上课程。截止到2022年9月1日,使用本课程作为大数据分析类课程SPOC教学的学校有20多所,包括国防科技大学、南昌大学、重庆师范大学、重庆邮电大学、陕西科技大学、海南师范大学等高校,总共参与学习的学生人数达2万余人。

依托课程的建设,团队教师,尤其是青年教师,得到了历练成长,获得了多项教学奖励。其中包括获评重庆市线上线下混合式一流课程、重庆邮电大学本科教学创新大赛二等奖以及重庆邮电大学金课等;培养的学生获得全国挑战杯二等奖和重庆市挑战杯特等奖、国际会议数据分析竞赛银奖等多项竞赛奖;2020年所编写的教材获评重庆市重点建设教材,目前教材使用量已经超过了1万本;课程组骨干成员获得2017年重庆市高等教育教学成果一等奖和2021年重庆市高等教育教学成果二等奖。图6展示了部分建设成果。

四、未来计划

经过几年的课程建设,课程组不断积累经验和创新教学方法,探索出了一条"以科学研究为支撑,以'建'致用的教学反馈提高课程活跃度,以老带新培养稳定合理的教师梯队"的线上课程持续改进和建设的有效途径。随着教育部对一流本科线上课程建设的深入开展,课程组将不断完善和丰富"大数据分析与处理"一流本科线上课程的内容和资源。未来计划如下:

第一,跟踪大数据技术的发展新趋势,持续更新课程视频,同步更新课程教案、课件、习题及试题;第二,继续完善配套教材的修订;第三,增加具有趣味性的应用案例,构建学生优秀案例库;第四,打造体现前沿性的课程内容和资源,努力将本课程建设成为一门通识性的大数据分析类课程。

与此同时,抓住人工智能大数据技术爆炸式发展的机遇,结合社会企业对大数据人才的需求,为支撑地方高校的高等教育改革做出实验和探索,为西部地区的大数据分析人才培养做出贡献。

基于"互联网+CDIO"理念的"建筑后期表现"课程创新与实践
——重庆交通大学在线课程建设与应用案例[①]

郭园　姚阳　余俏　张灵艺　任鹏宇

重庆交通大学

一、案例介绍

基于"互联网+CDIO"理念的"建筑后期表现"课程案例,源于重庆交通大学在线课程资源建设教学应用实践,面向在线学习应用,突出"两性一度",落实OBE理念,以建筑表现评价与设计能力为导向,以CDIO项目为载体,实施"团队探究式"学习模式,贯彻思辨思维训练的同时注重学生美学素养的培养。课程案例对接联动多个数字艺术设计平台,共建共享优质资源的同时,进一步激发学生的学习激情与创新潜力。课程案例涵盖古建保护、城市更新等不同方面的工程案例,融入"天人合一"、弘扬"传统文化价值"、挖掘"中国智造",将文化自信、美学素养、工匠精神、团队精神等浸入教学,实现"以美育德"渐进式"六阶"课程思政目标,以培养"懂设计、善表达、能实施、立德行、有大爱"的新时代建筑设计人才为己任,从而达成"培家国情怀、育美学素养、遵行业规范、悟工匠精神、立劳动行为"的人才培养目标。

二、案例详述

(一)课程团队建设

课程团队承担市级一流课程5门、市级课程思政示范课程2门,建设市级研究生优质课程1门,指导实践环节1000余人次。联合行业企业建设课程资源库、项目案例库,打造

[①] 本案例为重庆市高等教育教学改革研究项目"工科院校美育教学质量提升路径与方法研究"(项目编号:203316)阶段性成果。

高校教师、企业设计师、行业专家联合授课团队。

教学团队持续更新教学理念，并不断提升业务能力，围绕课程展开教学研究，积累了丰硕成果，获国家级课程思政教学名师和团队、省级"设计下乡"专家、第二届全国高校教师教学创新大赛三等奖、第三届全国高校混合式教学设计创新大赛一等奖等荣誉数十项。

（二）课程设计

课程以团队编写的《建筑综合表现技法——计算机》为教材，将课程目标分解到8个教学模块单元，涵盖表现构思、表现设计、表现实现和表现应用。所有模块单元采用递进形式，确定基础模块和应用模块各自所承担的功能、应培养的知识和能力，配套相应的项目来实践教学任务，这些项目分别对接学科前沿、行业动态、虚拟仿真等内容，有效支撑SPOC教学，构建立体化教学空间。课程在不同的阶段积极引入国内外典型案例以及设计竞赛作品进行赏析，使学生掌握世界前沿设计方向，学习国际化作图设计思维，多方面拓展教学资源确保内容的持续升级。

（三）在线教学情况

课程在线教学覆盖课前、课中、课后，在每期开课前期，课程组教师采用持续视频会议、在线研讨等方式，经预演测试、反复讨论制定详细的课程在线教学方案。在课程开放过程中，课程组会按照前期教学方案实施并跟进，开展阶段性研讨总结，随时根据学情适时调整、完善教学方案。在结课后，课程组会全面总结本期线上教学情况，及时发现不足之处，提出具体且完善的方案，不断优化课程内容及资源。

课程在线教学采用教师指导、学生自主学习、线上直播讨论等多样化教学方式落实各个教学环节，每周学习任务会通过学习通平台推送给每一位学生，明确学习内容、学习目标、重点难点、作业及章节测试。学生遇到问题可以在平台上提问，课程组教师在平台集中答疑。课程组重视对学习过程的评估与反馈，及时根据平台数据，掌握学生的学习进度，对于学习进度滞后的同学，及时通过平台消息等进行督学提醒。

（四）课程的特点与优势

1.教学目标高阶

课程案例从建筑后期图面表达出发，综合提升学生的设计创新能力、思辨思维能力、审美意识及技术应用能力；课程内容及教学资源，涵盖国际前沿设计思想、学科动态信息；实践环节以CDIO项目的方式充分结合不同层次的实际工程案例，在提升学生的文化自信与职业素养的同时,加强了工匠精神的中国文化价值融入,全面展现高阶教学目标。

2. 学习模式创新

课程案例以项目任务驱动,配合持续更新的线上资源,同步校企团队跟踪指导。线上自主探究与协作研讨相融合,课内课外一体化实践并行。秉承CDIO"做中学"的思想,建立模块化、层次化、阶梯型案例库,并积极融入数字技术运用、人工智能等的最新内容,逐级贯通"构思、运作、设计、实现"的教学单元。教学团队与行业专家共研共建精品化教学资源,共同实施教学管理,实现校校合作、校企联动的团队化指导,开展全程化导学、促学、督学和助学服务。

3. "以美育德"特色思政,引导价值素养提升

充分发挥课程面向专业需求的育人功能,构建师生学习共同体,形成"以美育德"(美—境—悟—情—行—德)渐进式课程思政育人目标,将美育与课程教育融合、与创新实践融合,践行陪伴式学习,提高学生的审美能力,在润心无声中实现情感价值引领。创造性地实现了价值塑造的课内外联动、知识和体验连接、教学与实践统一。鼓励学生参加各级各类学科竞赛,培养学生的跨学科思维、创新精神、工匠精神和专业报国信念。

(五)资源建设

1. 信息资源建设

经过四期的持续建设,课程资源数量与质量大大提升。分章节建成基础、拓展、实践和特色四类菜单式资源库,并动态更新,将学科资源、学术资源转化为育人资源。授课视频总量、测验和作业习题数量、考试题库总数、课外学习资料数量等均有大幅提升;课程积累形成了大量优秀典型案例、设计作品与图纸表现素材,以及学生原创专业自画像导学IP人物;建设完成有高质量课程思政教学案例,公开发表了与课程相关的论文;开展美育实践品牌活动等。

2. 平台资源建设

建设"校—地—企"政产教融合高质量平台资源。引进AR、VR虚拟仿真实验平台,自建虚拟仿真实验项目。建设实践研习基地、乡村实践基地,设计下乡工作室、耕筑巴渝工作坊、数字艺术区块链双创基地。对接建筑学素材库,上传优秀素材案例;联动未来设计师云平台,开放优秀设计作品上传通道,接轨全链蜂数字艺术平台,开展衍生品优秀作品交流转化。

(六)本校应用情况

课程建设与运行以来,选课的本校学生参加了大量学科竞赛和比赛活动,包括"UIA－霍普杯"国际大学生建筑设计竞赛、"中联杯"国际大学生建筑设计竞赛、艾景奖中国国际园林景观规划设计大赛、未来设计师·全国高校数字艺术设计大赛等。从课程第一期到第四期学生的获奖类型和数量逐步递增,表明本课程较好实现了预期目标,取得了阶段性成绩,具有较大应用价值。

此外,课程案例还广泛应用到建筑类专业师生的多个实践活动(重庆市"设计下乡"、"十校结百村 艺术美乡村"、"超级建筑师"大赛、美育实践活动等),助力产学研合作、乡村振兴、地方建设。

(七)推广应用情况

课程面向高校和社会开放,吸引了国内外70余所高校师生参与。并作为专业技能培训课程面向20余家设计院所开放,服务1.6万余人。课程联动实践拓展环节开设工作坊覆盖国内外23所院校,"沁润山乡"等美育实践活动成为西南地区具有广泛参与度的青少年文化创新活动。课程教学改革获得广泛认可,多家官媒和网站进行了相关报道。团队成员作会议主题报告20余次。(图1)

图1 教学团队成员作会议主题报告

三、案例成效

(一)有效解决理实联系不强、高阶能力不足问题

开展问题式与项目式研学,开发虚拟仿真项目,建立校、企、地、政联合实践基地,推进理实虚一体化教学,实学思悟践,知行合一。学生的图纸表达能力、思辨能力、创新实践能力有明显提升。

(二)有效提升课程教学质量与人才培养质量

1. 课程教学质量全面提高

在实施教学改革之后,课堂氛围活跃、学习方法多元、课程内容深刻,促进了学生学习效果的提升。

2. 学生实践创新能力显著增强

近年来,通过课程学习,学生完成大学生创新创业训练项目36项,获中国国际"互联网+"大学生创新创业大赛国家铜奖2项,省级奖项12项,获其他各类学科竞赛奖励数百项。学生科创能力显著提升,课程有力支撑了"高素质应用型""中国设计人才"培养目标。

3. 价值正向塑造有效实现

"以美育德、融美于心"的课程美育理念,培育了学生专业认同感、哲匠精神、人文素养与正向审美价值观,增进了学生对专业的了解与热爱,最终使其能自发践行设计为民理念,树立文化自信。

四、未来发展计划

(一)持续优化课程资源

持续优化课程资源,发挥校企联合共建共研作用,扩展项目案例库、模型库、习题库资源。打造优质教学内容,向市内外使用教学资源学校同步推荐教材、资源、案例、素材。

(二)加大社会开放应用

加大面向高校和社会开放的服务与应用,通过重庆市人文社会科学普及基地平台向中小学及行业协会组织开放,进一步扩大课程影响。定期策划组织线上、线下活动,给予社会学习者更多的学习支持与服务,促进课程改革与优化。

(三)引领产教研创新实践

教学科研协同发展,联动行业专家、资深设计师,分享前沿技术、行业动态、实战经验,坚持资源互补、产学研融合创新实践。持续助力重庆市社科普及活动、重庆市"设计下乡"活动、重庆市大中小幼学生美育活动、重庆市雏鹰计划等产教研活动。

着力本色打造特色 建设一流"纲要"课
——重庆交通大学在线课程建设与案例应用

郭瑞敏　王戎　张佩佩　邓春梅　康文籍

重庆交通大学

一、案例介绍

重庆交通大学"中国近现代史纲要"课程于2020年获评国家级线上一流本科课程(图1)。课程利用线上教学优势,以超星学习通平台为载体,通过信息技术与教育教学深度融合,形成线上线下融合、课内课外结合、学教做养融通的"多维一体"教学模式。教学团队注重打造特色教学资源,如构建起"思政+交通+地域文化"的特色教学资源,增强了课程的创新性、高阶性和挑战度。

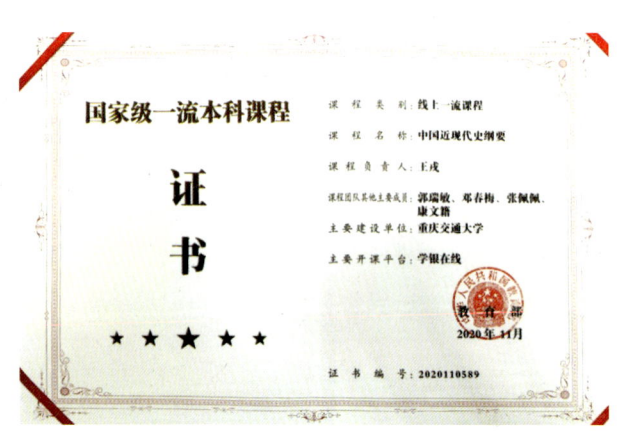

图1 "中国近现代史纲要"获评国家级线上一流本科课程

二、案例详述

(一)课程团队建设

形成了一支师德高尚、教风优良的教学团队。课程组有全国模范教师、全国优秀思政课教师、全国思政课影响力提名人物、全国思政课教学骨干、学校"最受学生欢迎的十佳教师"。近五年课程组成员获得省部级以上教学竞赛奖10人次,获得学校教学质量优秀奖

10人次。成立了王戎名师工作室。2015年以来,团队成员共主持了4项国家社科基金项目、10余项省部级课题。

(二)课程设计及资源建设

本课程是大学生必修的思政课,通过讲授近现代中国社会发展和革命、建设、改革的历史进程及其内在规律,帮助学生了解国史、国情,深刻领会历史和人民为何选择了马克思主义、选择了中国共产党、选择了社会主义道路、选择了改革开放,增强四个自信。根据教材,课程设计10个教学专题。围绕专题,课程团队进行了大量线上资源建设,包括教学大纲、教案、教学微视频、拓展视频、习题资源库、教学经典案例库、共产党人精神谱系资源库、教学文献资料库、学术前沿库等,有效支撑了学生的自主学习。

课程设计融线上线下、课内课外实践于一体,特别设置"学生风采"板块,展示学生线上PBL小组活动、虚拟仿真实验线下川藏青藏"两路"特色文创设计的优秀学习成果,实现生生互动和启发,以及鲜活生动教学资源的循环累积。

(三)在线教学情况

1.课程以学习通平台为主要载体,构建高质量的智慧教学系统和网络学习空间

为学生提供大量优质学习资源,开展线上教学、线上讨论、PBL小组活动、虚拟仿真实验、答疑辅导等教学活动,布置在线作业,进行在线测验等学习考核;与课程平台建立教学质量保障联动机制,利用分析数据了解学生在线学习情况,提高教学效果。

2.建设虚拟教研室

与北京大学、河南科技大学合作,成功申报重庆市市级"中国近现代史纲要"虚拟教研室,推进优秀在线教学资源的共建共享,增强课程的高阶性、创新性与挑战度。

(四)课程的特点与优势

课程利用信息化教学平台,形成"教、学、做、养"多维度课程空间,形成有学校特色的课程教学内容体系,丰富学生学习体验,实现思政课由知识传授向能力提升、价值认同和情感认同的转变。

1.以学生为中心,注重信息技术与教育教学的深度融合

利用信息技术等手段了解学情,激发学生学习主动性;在线教学视频深入挖掘历史事件背后的逻辑框架,帮助学生建构思维模式;教学资源建设聚焦学生问题能力的培养、学习能力提升的可能性与实现路径,积极拓展与学生专业相结合的"思政+交通+红色文化"

的本地化教学资源。

2. 创新教学活动，实施线上线下、课堂课后实践相结合的立体化教学

教学团队将线上和线下、理论教学与社会实践有机结合，根据教学目标设计优质、特色、深受学生欢迎的线下实践活动，达到知识、能力、素质、价值观培养的有机融合。在线教学平台专设"学生风采"板块，用于学生线下活动的交流、展示。

创新活动主要包括：

(1)以"弘扬'两路'精神传承红色基因"为中心的虚拟仿真实验；

(2)以拍摄历史情景剧为核心的课堂活动；

(3)知行合一，依托"互联网+"，开展"两路·一梦"实践活动。

通过开放式、沉浸式、情景式教学有效促进了学生情感和价值观认同。

3. 内容为王，优化整合教学资源，结合重庆地域优势与校史资源，开展以重庆红色文化、"两路"精神等为核心的特色教学

依托国家社科基金项目"川藏青藏'两路'精神研究"，充分发掘校史资源，将习近平总书记提出的"两路"精神的深刻内涵、中国交通成就等丰厚内容，在线上、线下教学中深度有机融合，形成有重庆特色、交通行业特色和学校特色的教学内容体系。

（五）课程应用、推广情况

"中国近现代史纲要"线上课程覆盖全校59个本科专业，截至2022年7月，累计浏览量达3800多万次，选课人数达28500人，互动397000余次。

近三年累计150余所高校师生选用课程平台，反响良好；浙江理工大学等10余所高校前来学习国家一流课程建设经验；华龙网、新华网等媒体对课程改革进行报道；2022年3月，课程入选国家高等教育智慧教育平台。

（六）共建共享

课程资源通过学银在线、国家高等教育智慧教育平台免费向社会开放。组建虚拟教研室，运用现代信息技术促进教学资源的共建共享与创新应用。

三、案例成效

为解决思政课教育合力不足，学生学习主体性和内生动力缺失等问题，课程建设"以学生为中心"，聚焦教学理念更新、教学资源重构、教学方法创新、教学过程在线管理设计，形成"学教做养"多位一体的教学模式，通过线上、线下、实践协同的立体化教学，实现思政课"知识建构、能力培养、价值塑造"的目标。

（一）创新点

1.构建"学、教、做、养"一体化教学模式，实施"线上线下、课内课外实践"相结合的立体化教学

建设了协同联动的在线开放课程教学平台、线下课堂教学平台、教学服务平台，结合线上、线下、课外实践等环节设计教学，使课程形成完整的学习系统。

2.结合地域优势与校史资源，开展以重庆红色文化、"两路"精神等为核心的特色教学（图2）

图2 课程特色教学之一——"两路"精神

3.创新活动形式，以优质、特色、广受学生欢迎的课堂、课外活动，推动学生自主学习，培养政治认同、理论认同和情感认同

（1）以"弘扬'两路'精神 传承红色基因"为核心的虚拟仿真实验。

通过云端网络化和虚拟现实技术手段，再现"两路"修筑历史。让学生沉浸式体验修筑"两路"的艰辛，感悟并践行"两路"精神，深刻体会党带领全国人民的奋斗历程、伟大成就、光荣传统和优良作风。对线上虚拟实验进行线下延伸，指导学生设计"两路"文创作品。该实验2021年9月上线运行，有效支撑了课堂教学，增强了思政课的亲和力、针对性和感染力。（图3）

图3 线上虚拟仿真实验

(2) 以拍摄历史情景剧为核心的课堂活动。

该活动通过学习通PBL分组,要求学生自主查阅资料、确定选题,撰写史料准确的剧本,创设情境,体会历史先贤的心路历程。活动有助于学生自主学习、深度学习,为师生交流提供了相应知识起点和共同关注的话题,使课堂教学更有实效。此外,将学生拍摄的优秀历史剧视频运用于教学,实现鲜活教学资源的积累与转化。

(3) 知行合一,依托"互联网+",开展"两路·一梦"实践活动。

以项目形式带领学生深入"两路"沿线和库区,以宣讲、调研等多元化的形式传播"两路"精神,通过互联网推广该地区的特色文化及产品,助推当地经济发展。该项目获第七届中国国际"互联网+"大学生创新创业大赛铜奖。(图4)

图4 项目获第七届中国国际"互联网+"大学生创新创业大赛铜奖

(二)取得的成效

本课程取得了明显的教学效果,激发了学生的自主学习热情,学生对课程的参与度、学习获得感及课程满意度明显提高。自2017年在超星平台上线以来,先后有150多所院校的师生参加了课程学习,反响良好;华龙网、新华网等媒体对课程改革进行报道;2022年3月,课程入选国家高等教育智慧教育平台。

课程网评成绩多年来稳居全校前20%,连续保持"重庆交通大学学习通平台最受欢迎课程(TOP10)"。外校学生参与本课程学习后,均表示肯定和满意。

课程团队教师采用该教学模式,先后获2019年重庆市课堂教学创新大赛二等奖、2020年重庆市高校思想政治理论课教师教学技能大赛二等奖、2021年全国高校思政课教学展示活动二等奖。

基于一流资源的"形势与政策"常态混合式深度学习案例

孙渝莉[1]　张玮[2]

1.重庆交通大学　2.陆军工程大学

一、案例介绍

"形势与政策"是一门高校思政必修课,其坚持用习近平新时代中国特色社会主义思想铸魂育人,理论武装时效性、释疑解惑针对性、教育引导综合性都很强。本课程贯穿大学四年的学习,共计2学分,在国家高等教育智慧教育平台和学银在线平台运行。

本课程2018年被认定为重庆市高校精品在线开放课程;2020年被认定为国家级线上一流本科课程,并被收录进超星优质课程示范教学包;2022年被纳入国家高等教育智慧教育平台首批上线课程。(图1)

本课程基于OBE教育理念(以成果为导向的教育理念),形成了资源丰富、应用广泛、运行平稳的学习共同体。

图1 "形势与政策"被认定为国家级线上一流本科课程,并上线国家高等教育智慧教育平台

二、案例详述

(一)团队建设:构建教学学术共同体

团队教师崇尚教学学术观念,针对每学期重点内容和难点问题,多学科融合,集体建课,追踪新技术发展,促成建、用、学、管一体化的校内外"形势与政策"教学学术共同体。

1.负责人

负责人是重庆市高校马克思主义理论类教学指导委员会委员,主持的科研成果多次获得重庆市教学成果奖。2017年,在国家教育行政学院作全国高校"形势与政策"课骨干教师培训报告。2020年,获评重庆市高校在线教学创新应用先进典型。2021年,主持完成教育部产学合作协同育人项目,获评重庆交通大学教学优秀奖突出业绩奖。(图2)

图2 "形势与政策"获得省级教学成果奖

2.团队

主讲教师专兼结合,关爱学生,表现力强,有温度,能坚守。

(二)课程设计:打造高质量的信息化教学生态

确立"学生中心、产出导向、持续改进"的教学理念,利用超星网络教学平台+学习通移动APP,简、通、活地开展五协作(建课协作、教学协作、学习协作、考核协作、评教协作),建成全体参与、全程覆盖、全程有效的PDCA[即计划(plan)—执行(do)—检查(check)—行动(act)]课程建设质量体系。

(三)在线教学:新三维目标催化"两性一度",赋能教学在线

线上班级建制,教学对标"高阶性、创新性、挑战度",通过导学、讲学、助学、督学,使学习者路径清晰地研讨并考核,在线黏性高。

1.在线内容:规范性强

知识体系符合《高等学校思想政治理论课建设标准(2021年本)》,弘扬社会主义核心价值观,第一时间推动党的理论创新最新成果进课堂、进头脑。课程内容深浅适宜,注重运用理论知识解读社会现实。

2.在线支持:契约性高

通过课程平台,课程团队按照教学计划和教学规范为学习者提供测验、作业、考试、答疑、分组讨论等活动,构建网络化、数字化、个性化、终身化教育体系,注重激发学习者的学习志趣和研究潜能。

（四）课程的特点与优势：依"新三中心"原则常态开展混合式深度学习

课程遵循以学生发展、学生学习、学习效果为中心的教改原则，重塑教学内容，常态应用数字资源，构建现代课堂深度学习模式，以教学信息化推动课程高质量发展。

1. 课程特点：教改方法清晰、课程价值卓越

遵循"形势与政策"教育教学规律，识变、应变、求变智慧化治理课程，在理实结合、产教融合、科教融合的异步混合中协同翻转课堂，将课程内涵建设成效体现于学深、悟透、践行，使学习者真心喜爱、终身受益。

2. 课程优势：混合基础扎实、持久守正创新

2017年，学校被评为混合式教学试点单位（图3）。从课程建设一起步，就锚定了MOOC学习赋予知识传递、吸收内化的个性学习跃迁，课前、课中、课后多环节问题导向助力学习运用、学习合作，智慧教学生态实现启发式、探究式的全员互动深度学习课堂，将引领更多学习者学有所值。

图3 学校被评为混合式教学试点单位

（五）资源建设：一流资源模块融合前沿性学习

资源建设坚持"学期更迭、应用为王、服务至上"，服务学习者自主学习，服务教师开展混合式课堂和翻转课堂教学。

1. 集成共建符合国标

根据教育部的教学要点组织资源，每学期整理资源包括全面从严治党的新举措、新成效，我国经济社会发展的新决策、新部署，港澳台工作的新进展、新局面，我国有关国际形势与政策的新理念、新贡献，做到既有理论高度，又具生动形象。

2. 学期迭代持续丰富

制作视频346个，总时长1958分钟，测验和作业习题8564道，考试题1241道，非视频资源199个，课程公告1253次，能满足学习者对辅导、答疑、作业、考试等学习活动的需求。

3. 开放模块融合情境

资源纵横多领域，线上预设为混合式模块学习程序，实现理论新、内容新、形式新的模块化立体知识体系。设置特色专题，连续5年"全面从严治党"专题的线下体验在重庆市高校首家党风廉政教育培训中心开展，赓续红色血脉，践行初心使命。

(六)本校应用：全覆盖开展基于优质在线课程的混合式教学

学校自2017年被评选为混合式教学试点单位，在全校开展基于MOOC和智慧教学工具的全面运用，从学习效果和教学评价上反映了课程教育功能的实效性提高，学习兴趣和满意程度大幅度提升。2020年重庆交通大学教学质量报告：全校最受欢迎课程"形势与政策"长期TOP 1。

(七)推广应用：遴选为"超星优质课程示范教学包"

课程通过平台推送和校校联盟，创新方法用、联合共同用、注重实效用。疫情期间支持了100多所高校补充教学资源，社会影响力大，遴选为"超星优质课程示范教学包"(图4)。最近一期常态教学中，全国在校大学生有26179名，来自158所学校，面向社会开放与面向高校开放学习档期同步。

图4 "形势与政策"被遴选为"超星优质课程示范教学包"

(八)考试考核：全程公开考核发挥正向引导作用

教与学，活动有留痕，交流有通道，学习行为全数据采集分析，真实测评学习者的认知结构、能力倾向和个性特征。全程考核强调学习性投入，合理提升学业挑战度、增加课程难度、拓展课程深度，契合价值塑造规律。

(九)共建共享：联动校内协作与校际间"手拉手"虚拟教研

"线上+线下"结合的教研模式，是智能+时代新型基层教学组织建设运行的有效举措。把MOOC作为载体，增强资源可用性，资源共享、优势互补、互联互通，带动不同学校同步推进教改，协作跨越时空山海，发挥各自特点，以开放寻求合作共赢，实现本土化有效教学。

(十)线上应用：面向其他高校和社会学习者开放学习程度高

课程共享范围广，应用模式多样，应用效果好，社会影响力大，受益教师和学习者反馈好、评价高。

三、案例成效

课程视而使之明，听而使之聪，思而使之正，发挥了教学对信仰的培育和深化作用。

（一）解决的重难点问题

"形势与政策"是政治课、理论课、信仰课，核心是内容，关键是教师，重点是方法。

通过"讲什么"联通"学什么"，第一时间引导学生充分领悟党的理论创新最新成果。

通过"怎么讲"联通"怎么学"，及时结合生动案例和典型数据，读懂时代华章。

通过"考什么"联通"怎么考"，在学、研、行中，坚定理想信念，培育弘扬科学家精神。

（二）创新点

基于一流资源的常态混合式深度学习，在立德树人中体现大爱和担当。

1.促进"教"与"学"的融洽

导学、讲学、助学、督学全程体现服务意识；走班合作模式、主讲+助教模式、翻转课等，目标达成度高。

2.增进"道"与"术"的融会

智慧教学环境支撑、智慧教学工具普遍使用，混合教学模式从现场到问题的案例研究，交互锻炼品格。

3.推进"理"与"实"的融贯

以马克思主义理论重点学科的动力，引领和支撑实践教学的深度；以朋辈学习共同体的合力，聚合PBL项目丰富学习增长点。

（三）取得的主要成果

1.课程建设成效显著

建设成型成熟，社会影响广泛，获评国家级线上一流本科课程、国家高等教育智慧教育平台首批上线课程、重庆市高校在线教学创新应用先进典型、重庆市高校精品在线开放课程、重庆市高校在线课程建设与应用优秀示范案例、超星优质课程示范教学包。

2.学科研究与教学应用校校协同

通过优化课程结构、丰富课程资源，使用移动端教学工具拓展教学过程的互动性和自主性，形成跨越时空、开放共享的教学生态，普遍提升了师生的信息化学习和运用技能，全面提高了学生的课程获得感。

3.资源研发与推广校企育人协同

借助超星公司信息化技术优势，开展思政课在线课程体系产学合作协同育人。充分运用超星网络平台和智慧课堂，结合移动媒体技术，把思政课程教学内容形象化、教学手段和方法信息化生动化、教学活动多样化，打造基于移动端和智慧课堂端的智慧教学系统。

四、未来计划或启示

（一）发展计划

进入高教数字化的新形态，课程将多平台打造可资借鉴的"金课堂"，善用会用创新教学应用模式。

1. 持续优化内容体系

一是模块资源聚焦党和国家理论创新最新成果；二是深植本校历史文化和学科优势。

2. 持续优化教学体系

一是建构系统性、结构性的数据时空；二是建设专职教师、专任教师、专家队伍的理念互渗、知识互通、教学互动。

3. 持续优化服务体系

一是提供有效的MOOC认证服务技术和体系；二是持续线上线下混合式教学，师生共情共鸣。

（二）启示

课程建设是复杂的综合性工作，OBE理念建设一流课程，需要审视。

1. 教师与学生的关系

师生共同以知识传播、思想启迪、文化传承为教育目的。

2. 教学与科研的关系

根据国家中长期教育规划，一切学术研究都围绕教学展开。

3. 授业与解惑的关系

教师的责任是启智润心，解惑过程就是学生掌握方法的过程。

4. 理论与实践的关系

学生在掌握理论知识和实施实践操作方面实现教学目标。

沉浸式体验+全周期支持
——信息技术助力下的"交通景观概论"金课建设[①]

张灵艺　罗融融　艾乔　顾韩　张建军

重庆交通大学

一、案例介绍

"交通景观概论"课程紧扣学科前沿动态和生态文明建设的现实需求,强调学科交叉融合,凸显交通特色与学校优势,以"新工科"建设理念加强顶层设计。线上章节主要包括"经典理论""分类营造""前沿探析""优秀示例"等,旨在帮助学生系统梳理交通景观的发展脉络,通过大量生动翔实的案例赏析造景艺术,让学生在深入浅出的案例式学习中掌握各类型交通景观的设计手法与要点,最终基于综合性设计训练提升跨学科工程实践能力。

二、案例详述

在线上金课建设过程中,对课程目标、教学设计、课程资源和评价体系进行了重构与迭代,强调工程与艺术、生态的有机融合;集合跨专业教师打造多个教学子团队;联合企业共建高质量线上资源库,充分运用信息化技术提供全周期教学支持。

(一)跨学科内容重构

本课程创新性地将原本散布在"风景园林规划与设计""道路交通设计""桥梁设计"等专业课程内的知识整合成"交通景观概论"。打破了相近专业间的藩篱,实现了交通土建类人才"宽口径"+"厚基础"的培养。

本课程不再单独讨论某个景观单体,而是对交通景观整体进行系统学习。重点提炼

[①] 本案例为重庆市高等教育教学改革研究项目(项目编号:223196、172017)、重庆市研究生教育教学改革研究项目(项目编号:yjg203093)阶段性成果。

出城市道路景观、公路景观、桥梁隧道景观和其他交通基础设施景观等几大类型,结合大量建设实例,从发展目标到设计流程,从宏观、中观至微观,从发展历史到设计思想,全面解析交通景观,使学生从各个维度全面掌握交通景观的审美要点与设计手法。(图1)

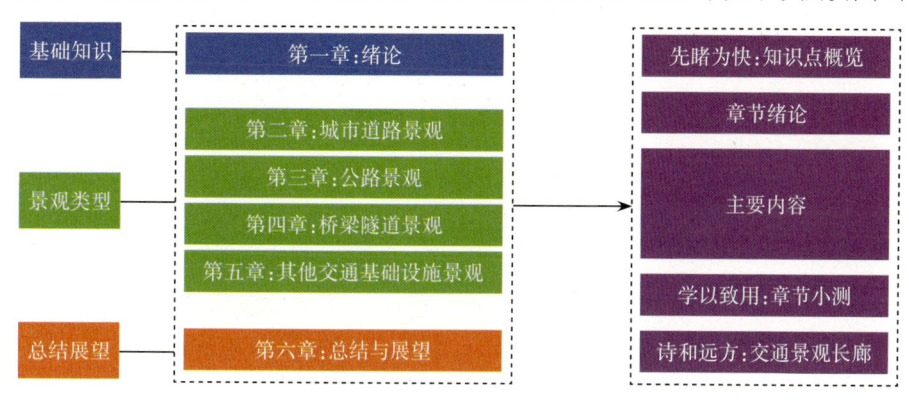

图1 跨学科整合的教学内容框架

(二)跨专业团队建设

明确科研与实践方向,整合校内师资力量,联合招商局、交科院等33个校外实践基地,本课程组建了"交通+工程""交通+管理""交通+艺术""交通+数字""交通+生态"五个方向的教学子团队。团队学缘结构、学科方向、年龄与职称搭配合理,教师均具有工程实践经验,有力支撑了本课程各教学环节的顺利开展。(图2)

图2 教学子团队的多元专业方向

教师团队定期组织召开教学研讨会,就课程实施与教学内容进行反思和优化。

(三)"三一三三"线上教学模式打造

1."三维目标"导向学习

以"新工科"建设理念加强课程顶层设计,确立"价值塑造—能力培养—知识传授"的三维教学目标。使学生掌握交通景观艺术创造、工程建造和生态营造等理论知识;具备分析和评价交通景观、解决复杂环境问题并进行创意设计的高阶能力;树立正确的工程伦理观,培养跨学科思维和"大工程观",提升交通美学素养,坚定文化自信,厚植生态文明理念。

2."一个训练"贯穿学习

以"综合性设计训练"为导向设置教学环节和知识点,培养跨学科思辨和工程实践能力。学生根据兴趣在课程选题库中选题,通过线上自主学习、在线课堂翻转、课外调研实践、教学子团队专类辅导、企业导师在线评图等方式进行全流程设计训练,最终能独立完成交通景观的创意设计。

3."三类资源"拓展学习

(1)学术资源。

以教师团队发表的论著为基础,聚焦国内外学术前沿和行业热点并在线上平台动态更新。

(2)虚拟资源。

自建23套交通景观模型图纸、19个踏勘视频,配套4个虚拟仿真实验项目(1项重庆市一流虚拟仿真实验项目),满足对交通设施使用者行为—心理的仿真分析、街道雨洪管理过程与成效、桥梁环境设计等模拟计算与空间体验需求。

(3)企业资源。

协同招商局、交科院等33个校外实践基地的师资及项目资源,共建共享市政道路景观、公路景观、房建区及景区道路景观、桥梁景观4类交通景观案例库。(图3)

图3 分类建设的交通景观线上案例资源

4."三阶测评"评价学习

构建"线上学习—在线课堂—在线测试"三阶评价体系,形成信息化与可视化的评价反馈机制。重视学习过程的考核,引入自评、互评、师评(教师+企业导师)等方式,促进同伴学习与自我反思。

（四）多元交互组织实施

本课程依托超星泛雅课程平台，灵活运用各种在线教学功能，通过"任务驱动—情境创设—章节测验—讨论互动"等方式，将传统的课堂教学、课外拓展、学习交流与专题讲座有机结合，实现了有限教学时间内对学生的多维知识传授。（图4）

通过微课视频、前沿讲座直播、平台交流互动等，打破时间和空间限制，创造沉浸式学习体验。利用线上平台关注每位学生的学习动态，回应学习需求，提供全周期学习支持。

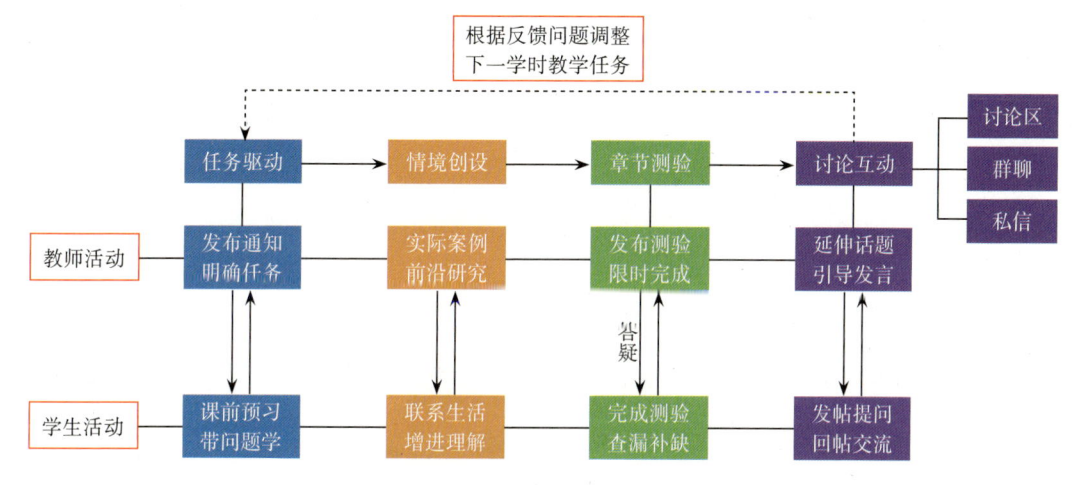

图4 课程的教学组织与实施流程

（五）广泛对外推广应用

教师团队就课程建设经验在校内外作报告交流10余次，开展教学示范课6次，课程以多种形式对外推广。

1.作为专业核心课向风景园林专业开放

传统设计类课程重艺术轻技术、重形态轻生态，无法适应新形势下交通景观复合型人才的培养需求。本课程面向风景园林专业开设，使学生系统掌握交通景观理论知识，具备跨学科设计能力。学生表示"对那些看似不起眼的交通景观有了新的认识，对景观的整体框架有了新的了解"。

2.作为拓展选修课向相关专业开放

本课程也作为土木工程、道路工程、桥梁工程、隧道及地下工程等专业的线上拓展选修课。学情调查问卷显示，超过89%的学生认为本课程有效提升了他们的美学素养和生态理念，对后续的专业学习和工程实践有所助益，"愿意向其他人推荐这门课"。

3. 作为线上学习资源向校外学生开放

由于国内尚无同类课程建成,南京林业大学、西南大学、浙江农林大学、山东建筑大学等高校的学习者选修了本课程(线上)。学生普遍认为本课程"制作精美、案例丰富",既"拓宽了专业视野",又"激发了学习兴趣"。

三、案例成效

(一)学生能力快速增长

学生通过综合性设计训练,完成了城市道路景观、隧道景观、桥梁景观等各类型的交通景观设计;在教师带领下,基于课程设计方案,在课外进行了作品的实地搭建;课程教学也为学生进行交通景观方向的毕业设计奠定了坚实基础,学生在后续的跨专业"交通+"联合毕业设计中展现出了良好的跨学科知识储备、解决复杂环境问题的设计能力以及团队协作能力。(图5)

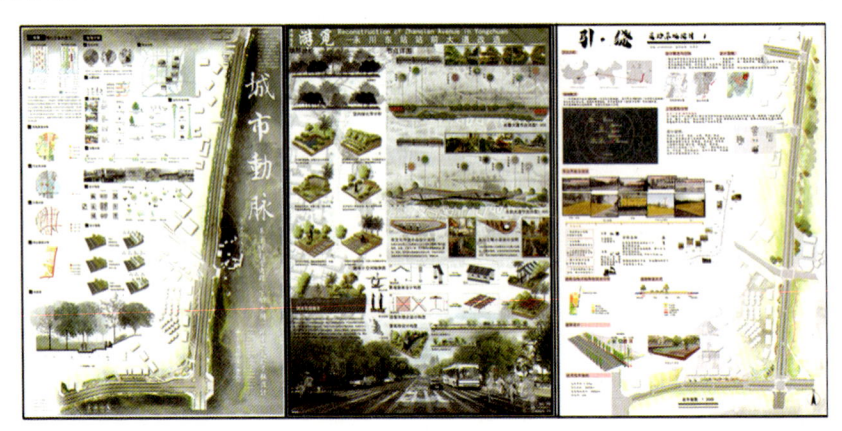

图5 学生完成的城市道路景观设计

学有余力的同学在老师的指导下参加"中交公规院杯"世界大学生桥梁设计大赛、"园冶杯"风景园林国际竞赛、"交通·未来"大学生创意作品大赛、未来设计师·全国高校数字艺术设计大赛、"优路杯"全国BIM技术大赛等有广泛影响力的赛事,共计获奖70余项。

(二)课程建设成效突出

课程于2019年在学银在线平台上线,目前已成功在线运行8期,选课人数总计4446人,页面浏览量突破136万次,师生、生生互动超2.3万次。课程获评重庆市线上一流课程,作品《溯说交通景观——交通景观的发展历程》获重庆市高校微课教学比赛二等奖,《解密大自然中的道路滞尘高手》获2022年交通运输部科普讲解大赛二等奖。

(三)教学团队全面提升

教学团队依托本课程建设获第五届全国数字创意教学技能大赛一等奖、重庆市高校微课教学比赛二等奖等奖项。围绕交通景观设计、风景园林人才培养与课程改革等方向获得省部级及以上项目立项资助8项。承担了"长寿区晏家河河岸生态修复施工图设计技术咨询""平塘至罗甸高速公路平塘特大桥观光服务区方案征集设计"等横向项目10余项。围绕交通景观设计、道路绿色基础设施、美育课程开发等方向开展教学改革与研究,共计发表论著20余篇。

四、未来建设计划

未来,本课程将继续以"新工科"建设为抓手,全方位实施课程建设与改革,并持续面向高校和社会开放。

(一)不间断更新课程资源

以交通景观发展趋势和国家行业所需为本,实时更新课程内容;丰富教学资源的呈现形式与类型,使其更符合学生认知规律和学习兴趣;逐步建设中英双语慕课资源。

(二)全方位锻造教师团队

通过培训、访学、校企合作等方式提高任课教师跨学科专业技术与教学能力,提升其胜任力;加大对信息化教学团队和助教的培养力度,保证在线课程的顺利开展。

(三)多维度产教研学互动

科研、教学双向促进,强调学术引领;增加设计师访谈、学生对话行业等线上板块,通过直播、连线等方式丰富教学形式,培养学生求真的学术追求和宽广的专业视野。

(四)多渠道课程推广应用

依托学校网站、微信公众号、微博等网络媒介,借助学术会议等对外交流机会,进一步扩大课程影响面。将本课程推广至更多工科院校进行教学实践,并以此促进课程改革与优化。

"管理学""三重赋知"教学设计与应用实践①

张瑞　邹赐岚　方涌　董梦杭　易思源

重庆交通大学

一、案例介绍

"管理学"是重庆市一流本科课程"线上一流课程"、校级"线上线下混合式金课"和"课程思政示范课程","'管理学'线上线下混合式金课建设"获批教育部产学合作协同育人项目,开课平台为学银在线。

本课程落实OBE教育理念(以成果为导向的教育理念)和"课程思政"立德树人根本任务,建设"理论知识体系+案例应用体系+行动实践体系"三类知识模块,实施"理论学习+案例学习+行动学习"的"三重赋知"教学创新设计(图1)。课程架构立足于国内

图1　OBE理念下的"三重赋知"教学创新设计

优秀教材传统知识架构的同时,增加企业伦理、营销管理、供应链管理和创新创业实践四个专题章节,满足新时代大学生创业训练知识诉求和管理素养提升。课程内容融合现代

---

① 本案例为重庆市高等教育教学改革研究重点项目"交通强国背景下'融工通商'新商科复合型人才培养模式创新与实践"(项目编号:222092)阶段性成果。

企业管理新理念、新知识、新趋势，达到"理论与实践相统一""学以致用"的目标，能够满足经管类和非经管类线上和线上线下混合式学习的需求，真正培养"懂管理、会管理"的复合型人才。

二、案例详述

（一）课程团队建设

课程负责人承担了"管理学""经济学原理"等课程教学任务，参与教育部产学合作协同育人项目"'管理学'线上线下混合式金课建设"，成果被华龙网、重庆高等教育学会网站转载，获得重庆交通大学教学成果奖二等奖2次，主持主研重庆市教委教育改革项目2项，主研教育部产学合作协同育人项目2项，多次指导学生参加国家级大学生创新创业项目，并在"互联网+""三创赛""挑战杯"等大学生创新创业竞赛中获奖。课程团队成员在教学竞赛方面多次获重庆市教学成果奖，并在青教赛、教学创新大赛、微课大赛等比赛中获得奖项，撰写的案例被国家级案例库收录教学型案例7篇。

课程团队强化交流学习，积极参加教育部相关虚拟教研室活动，定期参加管理学及相关课程的全国教学研讨会。拓宽师资来源，聘请国内著名学者和具有企业管理经验的企业管理者为本课程的"双师型"教师，每年为师生授课或开设讲座。通过改善师资队伍结构和提升专业素质，形成了一支专业能力强、业务素质高、职称结构优、学生反响好的课程教学团队。

（二）课程体系设计

本课程在落实OBE教育理念和课程思政立德树人根本任务的基础上，在总体架构方面，建设"理论知识体系+案例应用体系+行动实践体系"三类知识模块，实施"理论学习+案例学习+行动学习"三位一体的"三重赋知"教学模式。

在课程思政方面，本课程采用马工程教材《管理学》，在教学视频、思政案例、理论授课、课外实践等环节，增加课程思政元素，用鲜活生动、说服力强的思政元素使学生坚定"四个自信"，贯彻思政育人教学理念。（图2）

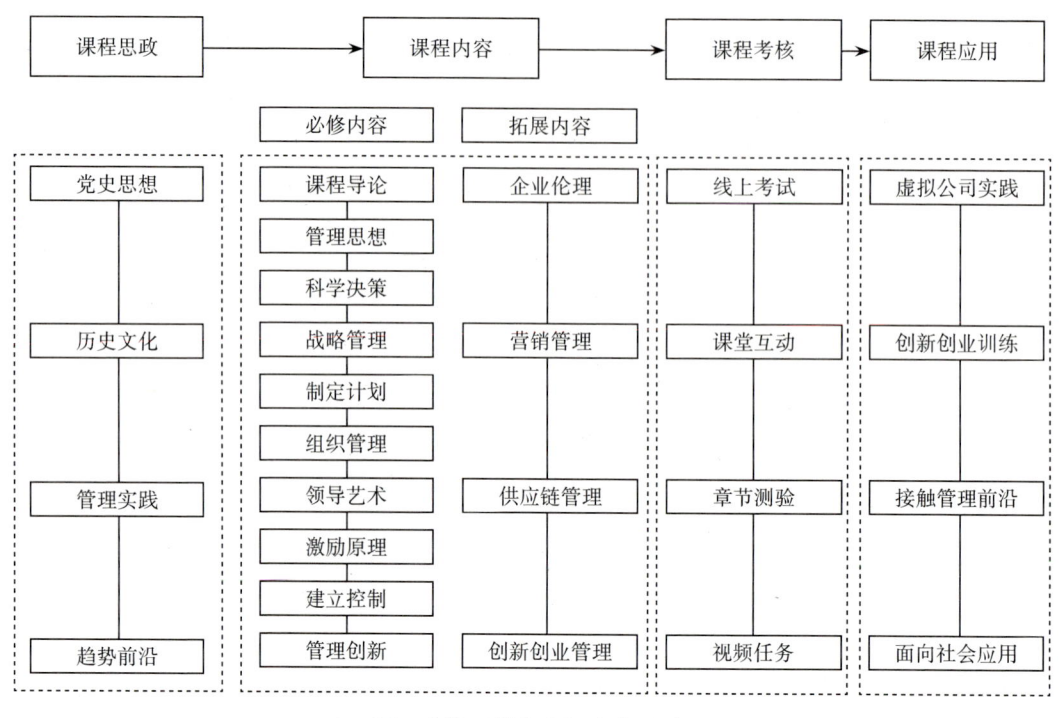

```
课程思政 → 课程内容 → 课程考核 → 课程应用
              ↓
         必修内容  拓展内容

[党史思想]    [课程导论]   [企业伦理]   [线上考试]   [虚拟公司实践]
              [管理思想]
              [科学决策]
[历史文化]    [战略管理]   [营销管理]   [课堂互动]   [创新创业训练]
              [制定计划]
              [组织管理]
[管理实践]    [领导艺术]   [供应链管理] [章节测验]   [接触管理前沿]
              [激励原理]
              [建立控制]
[趋势前沿]    [管理创新]   [创新创业管理][视频任务]  [面向社会应用]
```

图2 "管理学"课程总体设计

（三）在线教学情况

课程开课平台为学银在线，完成开放期数4期，选课人数2284人，授课视频总数量35个；视频任务点占75%，测验、作业和在线考试任务点占25%，完成互动6万次，学生笔记热词包括员工、战略、环境、架构等；部分班级任务点完成度高达100%，社会开放班级任务点完成度较低，从考核情况看，多数班级平均分能够达到80分。

（四）课程特点优势

在课程设计上实现了"理论学习+案例学习+行动学习"的"三重赋知"，突破传统在线课程以讲授为主、对线下授课支撑弱的缺陷。（表1）

在课程思政上实现了教材、案例、理论"三重融入"，突破思政融入不足、缺乏与马工程教材匹配的缺陷。

在课程内容上实现了课堂、企业、应用的"三重交互"，突破已有课程应用性弱、缺乏与最新形势与需求相适应的缺陷。

在课程应用上实现技能、素养、实践的"三重提升"，突破已有课程理论性强、缺乏实践应用性的缺陷。

表1 课程"三重赋知"具体教学设计

教学环节	教学目标	三重赋知	教学内容	考核评价
课前	理论	案例学习	1.网上观看视频(知识点) 2.学习每章"课前"资料(包括PPT、案例、阅读材料) 3.在线讨论与答疑	线上考核
课中	理论/情感/价值	理论学习	1.理论梳理归纳 2.重点难点剖析 3.学生问题解答 4.管理案例分析 5.组内讨论互动 6.台前汇报交流	"线上+线下"
课后	理论/技能/情感	行动学习	1.虚拟企业微创业行动学习小组任务 2.章节测验 3.在线讨论与答疑 4.案例分析作业	线上考核
课外	价值/情感	行动学习	1.课堂走入企业 2.企业走入课堂 3.创新创业相关学科竞赛	无考核知识转化

(五)资源建设情况

授课视频总数量35个、视频总时长336分钟,测验和作业的习题总数176道,考试题库总数122道,课程课外学习资料包括非视频资源总数52个、课程公告总数154次等。课程内容设计以马工程教材《管理学》为基础,融合邢以群教授主编的《管理学》等优秀教材作为辅助内容。除了线上学习视频,还将中国管理案例共享中心等案例库资源引入教学,增加企业伦理、营销管理、供应链管理和创新创业实践四个专题章节。在课程思政资源建设方面,教学视频、思政案例、课堂讨论、课外阅读、课程实践等环节,增加思政元素,将中华优秀传统文化、优秀企业的管理实践经验和企业家管理思想,以及党史、新中国史等思政元素融入课程教学全过程。(表2)

表2 课程思政视频融入点与预期成效

章节内容	线上视频/素材	融入点	预期成效
管理思想与管理理论	课件:《中国古代管理思想》 视频案例:《兵圣孙武〈孙子兵法〉及其产生的广泛影响》	管理思想的演变	文化自信、理论自信

续表

章节内容	线上视频/素材	融入点	预期成效
科学决策	视频案例：《福特Pinto轿车油箱伦理决策》	决策目标 伦理决策	商业伦理与企业社会责任
管理环境	视频案例：《制度优势是中国抗疫胜利的最大优势》	管理环境分析讨论	制度自信，中国执政党和管理体制的制度优势
制定计划	视频案例：《"两个一百年"目标》	目标的制定	道路自信，"两个一百年"目标的指引和路线图作用
组织管理	视频案例：《三湾改编》	影响组织设计的因素	影响因素：环境和组织发展阶段等 组织设计：党对军队的绝对领导权
领导艺术	视频案例：《周恩来的人格魅力》	领导力的来源 领导特质理论	领袖人物的人格魅力，党员领导干部带头担当
激励原理	文件：《关于构建更加完善的要素市场化配置体制机制的意见》	激励原理	道路自信，分配制度的激励作用
建立控制	视频案例：《中央八项规定》	预先控制	党的纪律对改进工作作风、密切联系群众的控制作用
管理创新	视频案例：《加快建设创新型国家全面支撑新发展格局》	创新型组织	万众创新，理解创新思维的重要性
创新创业管理	专题视频：《商业模式及其应用》 范例视频：《经验交流》	创新管理 创业管理	大众创业，提升学生参与学科竞赛的技能储备

（六）本校应用情况

本课程实现对经济与管理学"管理学A"课程全覆盖，是工商管理、物流管理、工程管理三个国家级一流专业建设点和经济学重庆市一流专业建设点的必修课，也是交通运输学院交管专业"管理学A"教学资源平台，同时对全校管理类相关课程开放。本课程也是重庆交通大学立项建设的一流课程和课程思政示范项目。在实际教学中，该在线开放课程与线下授课相融合，采取混合式教学方式，课程内容分课前、课中、课后、课外四个部分进行设计。线上学习（课前、课后、课外）不占用上课时间，均在课余时间完成；课中内容需要占用授课时间，是教学内容的一部分。

（七）推广应用情况

截至目前，使用本课程的学校有7个，分别为重庆交通大学、重庆邮电大学、重庆师范大学、天津工业大学、北京农业职业学院、安徽信息工程学院、三峡大学科技学院;选课总人数达到2284人,页面累计浏览量330万次,互动次数6.6万次。

(八)考试考核

对于在线开放课程使用者,本课程成绩形成方式为课程互动表现(非标准答案)、课程任务点(线上视频)、章节测试、小组作业提交(非标准答案)各占25%。对于线上线下混合式课程使用者,本课程采用平时成绩+期末考试的考核方式,平时成绩即线上学习成绩,线上学习成绩和期末考试成绩各占50%。同时,在线课程视频资源需在课前于线上完成,不占用授课时间。

(九)共建共享情况

目前,管理学课程开课平台为学银在线,并上线国家智慧教育公共服务平台,向全社会免费开放。课程团队加入由浙江大学管理学院教授邢以群领衔的教育部首批虚拟教研室建设试点"管理学课程虚拟教研室",定期参与全国管理学课程研讨会。课程团队分工协作,方涌老师承担"管理学"课程思政示范项目,董梦杭老师以"沟通管理"相关内容参加青教赛,并获得重庆市优胜奖。

三、案例成效

(一)社会评价影响

社会评价方面:华龙网以《换种学法学〈管理学〉,重庆交通大学"双创"人才培养有特色》一文对本课程进行了报道(图3);重庆市高等教育学会以《课程教学变方式 "三教"改革求突破》一文对本课程进行了报道(图4);重庆交通大学新闻网也对其进行了报道和转载,评价课程通过策划虚拟企业将课程知识点融会贯通,激发了学子们参加创新创业竞赛的兴趣,培养了他们的创新创业意识和能力。

换种学法学《管理学》，重庆交通大学"双创"人才培养有特色

2020-12-19 06:05:00 来源：华龙网-新重庆客户端 0 条评论

华龙网-新重庆客户端12月19日5时23分讯（徐彬儆）"我们企业的使命是：让乡村旅游带动脱贫致富，我们的愿景是：回归自然，享受美好生活……"在重庆交通大学的校园课堂上，一位青涩稚嫩的大一新生讲述着他的企业商业计划书。原来，这是一堂《管理学》课程，教授邹赐岚、副教授张瑞、大学生创新创业指导老师易世志以及企业专家和多次在各类大学生创业赛中获奖的同学李升在《管理学》课堂上当起了评委，现场同学们分小组汇报商业计划书路演，这位新生正在课堂上进行虚拟企业商业计划书学习成果分享。

图3 "管理学"课程改革被华龙网报道

课程教学变方式 "三教"改革求突破

《管理学》是重庆交通大学经济与管理学院工程管理、物流管理2个国家级一流专业建设点的必修课，是面向管理类学科及专业必开的一门专业基础课。《管理学》线上线下混合式"金课"建设，获批了2019年教育部产学合作协同育人项目。同时，《管理学》也是重庆交通大学立项建设的一流课程和课程思政示范项目。课程使用马克思主义理论研究和建设工程重点教材开展课程思政，课程内容融合现代企业管理新理念、新知识、新趋势，满足新时代大学生素质提升和创新创业教育的知识诉求，实现"理论与实践相统一"和"学以致用"的课程目标，培养"懂管理、会管理"的复合型人才。

图4 "管理学"课程改革被重庆市高等教育学会报道

（二）学生评价

在学生评价方面，三期评价均为5分。学生评价："PPT和教材联系紧密，教学视频丰富，收获很大"；"这是进入大学接触到的第一门专业基础课，原本以为会很难学，但通过线上线下混合式学习、案例应用、课堂分享等多种学习形式，学习变得更加高效和有趣"；"老师讲课十分认真投入，内容纲举目分，条理性很强，而且特别善于举例，让同学理论联系实际，学习起来十分轻松，而且印象深刻，收到良好的效果"；"教师通过对课本的独到深入的讲解，取得了很好的教学效果，能结合多种教学手段，使学生对知识的掌握更深刻。教学内容重点突出，教学目的十分明确，教师具有极高的专业技能。授课方式新颖别致，激起

同学们的兴趣,教师很注重互动,课堂学习氛围轻松愉快,真正达到了教学的目的要求"。

(三)课程转化

课程团队通过课程研讨,带动相关课程的精品化打造,企业创新管理、管理沟通、商务礼仪等课程获得校级一流课程和课程思政示范项目支持,教师专业技能得到提升,多次在教学竞赛中获奖。学生通过课程学习,依托"微项目"孵化了一批市级和国家级创新创业训练项目,依托"微创业"获得了中国国际"互联网+"全国大学生创新创业大赛、企业竞争模拟大赛、"三创赛"、市场调查大赛等赛事奖项。

四、未来计划或启示

(一)建设计划

以建设国家一流课程为目标,持续推进课程建设。

在师资队伍方面,进一步改善现有师资队伍的结构,形成一支专业能力强、业务素质高、职称结构优、学生反响好的课程教学团队,定期参加全国教学研讨会,聘请国内著名学者和具有企业管理经验的企业管理者为本课程的兼职教师,每年为师生授课或开设讲座。

在课程资源建设方面,根据配套的马工程教材的更新、学校新版培养方案等,更新知识模块、教学大纲、教案设计,积极推进课程改革,根据最新形势要求动态更新课程思政视频和案例库,不断优化课程体系。

在课程推广和硬件建设等其他方面,积极利用专业和课程研讨会议,推广"管理学"在线开放课程,扩大影响力;推进线上线下互动融合,让更多高校可以在教学中用到本资源;将"三重赋知"课程体系予以完善并推广;加强管理实验室建设,建设适应新文科需求的研讨室、展示室。

(二)管理启示

一是更新观念,转型升级,按照新文科建设要求推动数字经济时代的课程改造;二是理念引导,注重设计,变"老师"为"导师",以学生为中心进行教学设计;三是突出特色,兼顾成果,根据国家一流课程建设目标和办学特色,明确特色定位;四是厚积薄发,持续迭代,参加名师工作坊和教育部虚拟教研室活动。

"四位一体"学好用好中国特色社会主义政治经济学
——"政治经济学Ⅰ"课程教学创新实践路径

林黎　唐路元　吴正俊　徐慧　张筱璐

重庆工商大学

一、案例介绍

党的十八大以来,习近平总书记多次讲到要学习好、运用好、发展好马克思主义政治经济学。2015年11月主持中央政治局集体学习时,习近平总书记系统总结了我们党学习马克思主义政治经济学,指导我国经济发展实践的新的理论成果。2020年8月在经济社会领域专家座谈会上,习近平总书记强调要运用马克思主义政治经济学的方法论,深化对我国经济发展规律的认识,要使理论和政策创新符合中国实际、具有中国特色,不断发展中国特色社会主义政治经济学。习近平总书记的相关重要论述为构建中国特色社会主义政治经济学提供了根本遵循,也为高校政治经济学课程建设指明了方向。

重庆工商大学"政治经济学Ⅰ"课程团队是重庆市一流课程团队,也是重庆工商大学课程思政示范团队。课程团队围绕"价值引领—技术条件—课程设计—团队建设",探索出"四位一体"的学好用好中国特色社会主义政治经济学的教学创新实践路径。经过多年的教学改革与实践,育人成效显著、教学业绩突出、课程影响力增强。

二、案例详述

(一)学好用好中国特色社会主义政治经济学之价值引领:打造"三位一体"教材拓展体系和"思政小课堂"

政治经济学是经济学科专业课,也具有思想政治课部分属性,它是政治性和学理性的统一。因此,在课程建设中,课程组把价值引领放在课程建设第一位,打造"三位一体"的教材拓展体系和"一体两翼"的课程思政体系。

第一,建立"习近平新时代中国特色社会主义思想+重大现实问题+提高教材"三位一体的教材拓展体系。把新发展理念、新发展格局等习近平新时代中国特色社会主义思想,全面深化改革、精准扶贫、"一带一路"倡议、成渝地区双城经济圈建设等重大现实问题,《中国特色社会主义政治经济学》等教育部教材局首批中国经济学教材,《政治经济学前沿报告》《中级政治经济学》等拔高教材,均融入课程教学。为学生呈现立足教材、充满时代气息、能解决现实复杂问题的教学内容,让学生学好理论知识的同时获得运用理论知识解决现实问题的能力。

第二,打造"思政元素设计+思政小课堂"的一体两翼课程思政体系。一方面,坚决贯彻落实习近平新时代中国特色社会主义思想的"五进"要求,以教育部《高等学校课程思政建设指导纲要》为指导,针对教材每个章节,严格设计契合课程内容的思政元素,并详细体现在"政治经济学Ⅰ"教学大纲和教案中。另一方面,针对学生对课程的标签化,单独开设课中课"思政小课堂",以上一周发生的时政要闻为主要内容,打造思政精品课堂,实现润物细无声的课程思政。近年来,"思政小课堂"中体现了《中共中央关于制定国民经济和社会发展第十四个五年规划和二〇三五年远景目标的建议》《区域全面经济伙伴关系协定》(RCEP)、"时代楷模"毛相林等具有鲜明时代性和思想性的相关内容。

(二)学好用好中国特色社会主义政治经济学之技术条件:实现完整闭环在线教学

第一,充分利用现代教学信息技术,打造线上精品课堂。"政治经济学Ⅰ"一直处于课程内容较抽象、课堂时间有限的困境之中。线上课堂可为学生提供"永不落幕"的课堂,为学生创造零距离的互动空间。学生通过在线微课掌握课堂基本内容,通过反复观看课程视频强化和巩固基本知识点,通过在线课件复习课程内容,通过完成在线平时作业检测对课程知识的掌握程度,保证课堂学习的完整闭环。

第二,在教学手段和评价上,充分利用现代教学信息技术,实现多元化过程考核。以课程组在学银在线平台的网络在线课程为主,建设"线上+线下"混合式课堂,打造"永不落幕"的课堂。建立"平时作业+线下问答+线上互动+课程问卷调查"的多元化过程考核评价体系,助推学生深度参与,提升学生学习能力。同时,通过学校网络辅助教学平台,多次开展课程问卷调查。在问卷调查的基础上形成教改论文,并提出改进对策应用于课程教学。

(三)学好用好中国特色社会主义政治经济学之课程设计:植入数学逻辑思维

在教学模式中植入数学逻辑思维,变复述文字为逻辑推理。在传统的政治经济学教学中,教师把经典理论的传授作为教学重点。由于课程理论抽象难懂,被动接受这些理论的学生兴趣全无。因此,本课程创新提出打破政治经济学课堂教学"重结论轻推导"的惯有范式,让学生和教师一起通过推导演绎得出结论。在教学中植入数学思维,将数学图示、数学等式、数学推导作为讲授重点,将文字复述课变为逻辑推理课。以"相对剩余价值生产"为例(图1),相对剩余价值生产的条件是社会平均劳动生产率提高,但是从条件到结果经过了一系列发展,因此需要经过一系列推导:生产相对剩余价值—缩短必要劳动时间—降低劳动力价值—降低生活资料价值—提高生活(生产)资料部门劳动生产率—提高整个社会的劳动生产率。在课程讲授中,以过程图的形式展示给学生,然后带领学生步步推导。在推导过程中,让学生体会到政治经济学的内容是知识链,后面的推导必定用到前面章节的内容。通过强化政治经济学的推导过程,植入数学教学模式,变"给答案"为"找答案"。

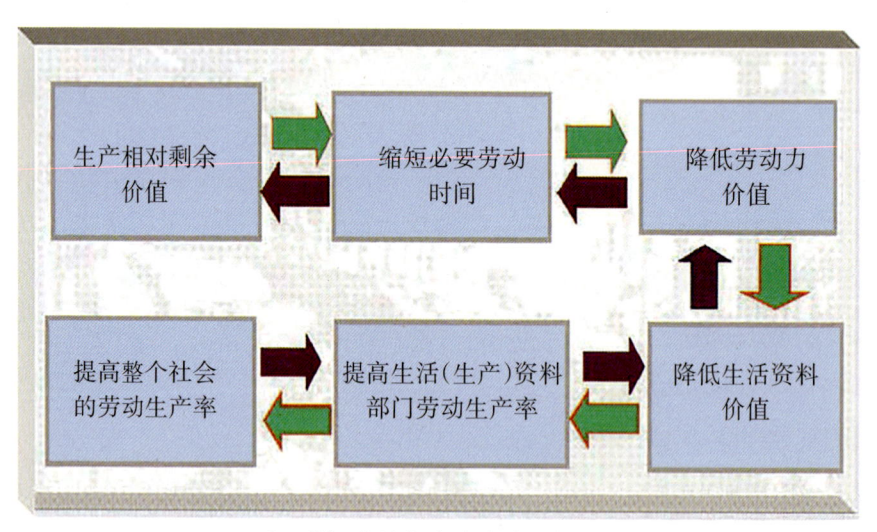

图1 "相对剩余价值生产"过程图

(四)学好用好中国特色社会主义政治经济学之团队建设:组建高素质课程团队

第一,课程团队基础好。我校"政治经济学Ⅰ"教学始于20世纪80年代,已开设四十来年。长期以来,我校一直坚持马克思主义政治经济学的指导地位不动摇,高度重视政治经济学课程的教学。课程团队结构合理、优势突出,成员思想素质高、业务能力强,其中,高级职称占比100%,博士学位占比60%以上。课程负责人和其他主要成员均为教学经验丰富的资深老师。

第二,建立常态化教学教研活动机制。课程组严格落实马克思主义理论研究和建设工程重点教材的使用,选用高水平优质教材和教学参考资料,深化在线开放课程、教辅资料、课件、资源库等形式的教学资源建设。课程组每月定期开展教学教研活动,集体精心备课、说课,推进授课教师及时更新课程内容,将最新的学科前沿、产业发展、科(教)研成果和课程思政元素有机融入课堂教学。推动现代信息和教育教学的深度融合,开展在线教学专题培训,提升授课教师信息化教学能力。

三、案例成效

(一)育人成效显著

第一,"政治经济学Ⅰ"教考分离,学生考试成绩明显提高。"政治经济学Ⅰ"是全校经济类专业的大类基础课程,同时也是校级教考分离课程。按照学校的要求,每一次考试课程组负责人均会对全年级的卷面考核成绩进行分析和报告。从近几年推进一流课程建设的课程成绩可知,与推进之前相比,学生的平均成绩普遍提高,每年大致增加2—5分。

第二,学生运用马克思主义政治经济学解决现实问题的能力大大提升。以课程组为牵头人,打造了覆盖本科和硕士研究生的重庆工商大学经济学院"领航"杯系列学科竞赛活动。该系列活动包括针对本科生的重庆工商大学经济学院"领航"杯学术论文暨主题征文大赛、针对本科生的"领航"杯劳动教育暑期调研大赛、针对研究生的文献综述大赛。(图2)"领航"杯系列大赛是课程组进行课程思政创新路径的有益探索。从比赛的结果来看,"领航"杯系列活动的成功举办使学生们学会了使用马克思主义政治经济学的方法论观察世界、分析世界,把论文写在祖国大地上,使理论创新符合中国实际、具有中国特色。

图2 "领航"杯学术论文比赛奖状

(二)课程建设成果突出

"政治经济学Ⅰ"课程建设成果突出,2019年获批重庆工商大学在线开放课程;2020年获批重庆工商大学线上线下混合一流课程;2021年获批重庆工商大学课程思政示范建设项目;2021年获批重庆市高校线上一流课程。除此之外,课程组成员的课程思政案例分别于2021年、2022年获评重庆工商大学课程思政精彩案例。近几年来,课程负责人的相关成果荣获重庆市课程思政优秀论文一等奖1次、重庆市高等教育研究与教学改革优秀论文二等奖1次,校级教学创新大赛二等奖1次、三等奖1次。课程负责人获得校级教师教学技能大赛三等奖2次。

(三)课程影响力增强

学生对课程的反馈较好。各年级学生均认为"政治经济学Ⅰ"在线课程改变了以往"政治经济学Ⅰ"课程的刻板模式。通过教学内容、教学模式和教学形式的创新以及频繁的师生互动,有效调动了学生的学习兴趣,提高了学生成绩,提升了学生能力。

兄弟院校评价较高。兄弟院校充分肯定本课程对推动重庆市中国特色社会主义政治经济学课程发展的重要作用,如重庆工商大学"政治经济学Ⅰ"在线课程具备较高的学术价值,实际教学效果优良,为进一步推进中国特色社会主义政治经济学发展,推动全市同类课程教学质量的提高发挥了重要作用。

四、未来计划或启示

(一)持续更新教学资源

借助马工程重点教材《马克思主义政治经济学概论》第二版更新的契机,依托重庆工商大学经济学国家级一流本科专业建设项目,编写出版《马克思主义政治经济学课程辅导》。增加"政治经济学Ⅰ"在线慕课资源,重点增加对党中央最新政策解读、我国经济运行热点问题等教学资源,提高课程的时效性。

(二)加强与兄弟院校共建共享

计划今后两年与成渝地区双城经济圈内已上线"政治经济学Ⅰ"在线开放课程的院校,如四川大学、西南财经大学建立课程联盟,建立中国特色社会主义政治经济学虚拟教研室。通过互学互鉴,既为其他院校提供在线开放课程建设的经验,又借此提升自身课程建设水平。同时,深度学习兄弟院校政治经济学课程建设经验,进一步加强本课程团队的教学服务能力建设和服务意识培养,不断提升本课程的教学服务水平,提高课程的教学效果和教学效率。

新文科背景下"人力资源管理概论"线上课程案例[①]

裴琳　蔡薇　党文娟　王琥

四川外国语大学

一、案例介绍

"人力资源管理概论"线上课程是新文科建设时期经管类课程的典型,既具有理论性又具有实践性,2021年入选重庆市一流课程,2022年入选国家高等教育智慧教育平台,具有显著的示范作用。

课程总体设计采用了柯尔教学设计模型,融入动态PDCA管理循环,形成课程体系的闭环管理。课程组以社会主义核心价值观为依托,调查地方企业需求,结合学情设计课程建设目标,教学中采用资源保存理论进行分类教育和精准教育,线上资源的丰富性和先进性迎合了以学生为中心的教学模式,创新性地采用平衡计分卡对学生评价体系进行了再设计,打通了课程反馈路径。

本案例为经济管理类专业基础课程提供了有益的线上教学体系设计方案,同时提供了线上线下结合的教学模式。

[①] 本案例为重庆市高等教育教学改革研究项目"习近平'六种思维'方法深度融入大学生高阶思维能力培养的价值、目标与路径"(项目编号:213223)、重庆市教育科学规划课题"资源保存理论视角下大学生在线课程学习主动性行为模式研究"(课题批准号:2020-GX-307)、重庆市教育委员会人文社会科学研究项目"大学生学习投入提升的多维路径研究:奋斗幸福观视角"(项目编号:22SKSZ052)、四川外国语大学校级科研项目"资源保存理论视角下员工主动性行为建构研究"(项目编号:sisu2019018)、四川外国语大学教学改革研究项目"奋斗幸福观视域下大学生学习投入提升路径研究"(项目编号:JY2296276)阶段性成果。

二、案例详述

(一)课程情况分析

"人力资源管理概论"课程是为大二学生开设的专业基础课程。课程的特点是理论性与实践性并重。

大二学生思维活跃,具有强烈的求知欲和探索欲,已具备线上学习、研讨所需的能力。

(二)建设线上课程的起因

1.传统线下课程同步教学无法满足学生的不同需求

VUCA 时代(乌卡时代)背景下,"00后"学生的需求多样且多变,面对具有不确定性的外部竞争环境,如何实现学生个性化需要满足和能力提升成为学生学习主动性提升的关键。

2.单一线下课程忽视学生的主体地位

单一的线下课程采用传统的理论授课方式,以教师为中心,课堂80%的时间由教师主导和讲授,忽视了学生的主体地位。

3.原有教学内容前沿性、实践性、高阶性不足

综合性是新文科的要求和特点,传统的教学内容单一,偏重理论性,缺乏学科交叉与融合。

4.课程评价主观化,缺乏课程反馈

传统线下课程评价重结果轻过程,日常考核没有一套完整的评价体系,对课后学习情况无法进行有效评价。

(三)线上课程体系设计与实施

针对上述传统课堂存在的问题,"人力资源管理概论"课程组于2017年开启线上课程体系的搭建。(图1)

图1 "人力资源管理概论"课程创新及改革历程

通过与国内外标杆高校学习交流、企业参访调研、已毕业学生及在读学生需求调查，依据PDCA循环和柯尔课程设计模型，从课程目标与准备(Plan)、知识及能力提升(Do)和学习经验积累(Check)、课程评价及反思(Action)四个方面进行线上教学体系创新与建设，搭建起"人力资源管理概论"线上课程体系(图2)，并进一步探讨线上线下混合式教学的创新与建设，将成功的课程创新经验纳入标准，不成功的留待下一循环去解决。

图2 基于PDCA循环和柯尔模型的"人力资源管理概论"动态课程管理体系

1. 革新教学目标：用社会主义核心价值观，结合社会需求重塑课程目标

(1)社会主义核心价值观统领课程目标。

课程组通过大量的学习与考察，将社会主义核心价值观融入课程目标中，对课程进行目标重塑。新的课程目标能够培养学生运用专业视角和眼光分析实时人力资源管理现象，培养其独立的人格，提升其价值判断能力、价值选择能力和价值塑造能力，符合大多数企业对人力资源管理专业人才的需求。

(2)以OBE理念为指导应社会需求调整课程目标。

课程组通过走访企业和访谈管理者，结合组织对人力资源管理者的需求重新设置课程目标,使其多维化、多路径,在新文科建设思路引导下,使学生成为跨学科、跨领域的人才。

课程组以OBE理念为指导,"人力资源管理概论"课程目标重新确定为:以"高阶性""创新性""挑战度"为标准,以学生为中心,以社会主义核心价值观为统领,采用线上线下混合式课程建设路径,基于布鲁姆教育分类法对课程目标进行细分,培养理论与实践、创新与创业并重的人力资源管理专业本科生,提高学生学习积极性与兴趣,提高教学质量和教学效果,有效培养学生分析问题、解决问题的能力,培养其思辨精神和探索精神。

2. 秉承新教学理念:资源保存理论在课程中的使用有助于分层教育和精准教育的实现

课程组树立以学生为中心的理念,将资源保存理论纳入课程体系设计,采用作业限额选择以及难度系数对应不同分数两种方法从心理上增加学生的紧迫感,学习共同体根据小组目标和需求进行作业的选择,学生更加认真地对待每一份作业。

3. 探索新教学模式:线上线下混合式教学模式实现了以学生为中心的课堂

课程注重现代信息技术与教育教学深度融合,探索实施网络化、数字化、智能化、个性化的教育,推动形成"互联网+高等教育"新形态,以现代信息技术推动课程质量。

依托学习共同体,学生真正成为课堂的中心,实现了深度学习,更能凸显"以学生为中心"这一理念。(图3)

图3 以学生为中心的"矩阵式"课程设计

4. 融入多学科内容:科学性、前沿性、学术性

课程以继承与创新、交叉与融合、协同与共享为主要途径,促进多学科交叉与深度融合,从学科导向转向以需求为导向,从专业分割转向交叉融合,从适应服务转向支撑引领。

5. 重塑课程评价体系：平衡计分卡打通课程反馈路径

课程组以平衡计分卡构建课程评价体系，融入层次分析法确定指标权重，解决了传统评价方式指标单一、权重主观、难以衡量学生真正掌握情况、缺乏实践锻炼等弊端，从根本上解决了课程评价的问题。教学过程形成了闭环管理，教学效果呈螺旋形上升。

三、案例成效

"人力资源管理概论"在线开放课程自2019年在重庆高校在线开放课程平台上线以来，在线课程反哺线下课堂，溢出效益显著。

（一）学习者成效

1. 本校学生学习效果

课程组借此契机，通过在线平台，优化了"教学互动"的方式，学生积极性大幅度提升，组建学习共同体，更好地应对多变的环境，达成了高效的学习模式。本校学生选课人数累计为300人，人均参与线上互动5次，增强了学生对专业的认可度和满意度，学生项目获校级、省部级、国家级立项。学生评教分数有显著性提升，本课程获得2019—2022年度"学生喜爱的课程"教学质量奖，深受学生欢迎。

学生高阶思维能力培养和个性化培养逐渐显现成果，组成师生科研共同体，带领本科生参加教师的市级科研项目。

2. 国内其他高校学生学习效果

截至2022年6月16日，课程已成功开设三期，已有来自95所学校的1675名学生在重庆高校在线开放课程平台选修了本课程。在线课程优质的结构、内容、服务获得了教师们和学生们的好评。

3. 社会学习者应用情况

"人力资源管理概论"课程是理论与实践密切结合的一门课程，上线以来共计100多位社会学习者选修了本课程。课程组针对社会学习者，采用具有针对性的一对一回复的方式，有问必答，积极与社会学习者建立联系，将其提供的企业实际情况引入课堂，带领全体同学共同研讨，做出解决方案供社会学习者参考。从实践中来到实践中去的方式，打通了社会学习者和学生的交流通道，为培养符合社会需求的高水平人力资源管理人才打下了坚实基础。

（二）课程组获得系列成果

在建设线上课程的过程中，课程组教师勇于创新、锐意进取，树立起科学的教育教学理念，学习掌握信息化教育的方式和手段，磨炼教学实战技巧，从教学方法、教学设计、课堂管理、教学研究等多方面夯实基础，厚积薄发，切实推进"人力资源管理概论"在线课程建设，提高了教学质量，取得了丰硕成果。

四、未来发展计划

新文科建设是课程改革的方向和指引，课程组结合国家、社会和学生需求对课程未来的发展拟定了建设目标：提供优质的课程体验，持续更新资源和提供教学服务。

（一）提供优质的课程体验

1.本校课程建设重点：师生、生生共建学习共同体

学习共同体在教学中起着关键性的作用，其中小组带头人至关重要。课程组将通过重点培养、系统打造、聘请等方式抽取积极向上的高年级学生，打造"师姐师兄"效应。

2.面向其他高校的教学应用重点：线上线下混合式课程的融合与应用

课程组将为其他高校教师提供科学、精心设计的线上线下混合式课程设计方案，增加其他高校学生的获得感、参与度，线上线下课程方案的配合将会持续改进课堂教学，真正打造一门实用的好课。

3.面向社会的开设期次

作为一门操作性强的专业基础课程，本课程在社会层面有推广潜力。课程拟每年开设两期（春秋两季），每期9周教学计划，针对社会有需求的学习者开放。

（二）持续更新资源和提供教学服务

为持续提高学习者的思维力和理论联系实际的能力，课程组计划每年以5%—15%的频率更迭线上资源，通过先进便捷的软件针对新热点、新理论进行线上案例库及微课资源更新。

简化线上学习流程，保证教师在线上讨论区、答疑区与学生能有较高的互动频率，提升学习者的线上学习体验。

增强高校思政课亲和力和获得感："马克思主义基本原理"线上课程案例

朱玲　钟谟智　彭雪容　朱琦　程波

四川外国语大学

一、案例介绍

与高校思想政治理论课教学实际相结合，"马克思主义基本原理"课程团队积极推动"马克思主义基本原理"课程建设。本课程2018年获评四川外国语大学特色项目在线开放课程；2021年被评为重庆市高校线上一流课程；2022年被评为重庆市高校线上线下混合式一流课程、重庆市高校线上一流课程示范案例。本课程有完整的在线课程体系，有齐备的数字化课程资源库，有效促进了师生、生生之间的资源共享、互动交流和自主协作式学习，打破了传统教学模式，形成了"以教师为主导，以学生为主体"的互动式课堂。

二、案例详述

（一）课程团队建设

课程团队成员包括3名教授、1名副教授、1名讲师，素质高，能力强，教学经验丰富。

课程负责人朱玲，四川外国语大学马克思主义学院马克思主义原理教研室主任。主持市级一流课程2门，主持校级一流课程2门，主持教改项目多项，主研国家社科基金多项，出版学术著作1部，发表论文多篇。

团队成员钟谟智，四川外国语大学马克思主义学院院长，硕士研究生导师，市级重点学科马克思主义理论一级学科带头人，主持重庆市高校思想政治理论课名师工作室钟谟智工作室。

团队成员彭雪容，获第二届全国高校思想政治理论课教学展示暨优秀课程观摩活动

"马克思主义基本原理"课教学展示一等奖、重庆市高校思想政治理论课教师教学能力大赛本科院校组特等奖。(图1、图2)

图1 彭雪容老师获第二届全国高校思想政治理论课教学展示暨优秀课程观摩活动"马克思主义基本原理"课教学展示一等奖

图2 彭雪容老师获重庆市高校思想政治理论课教师教学能力大赛本科院校组特等奖

团队成员朱琦,硕士研究生导师,美国得州大学奥斯汀分校访问学者,获评四川外国语大学"嘉陵优秀学者",主持和参与国家社科基金项目多项,发表学术论文多篇,出版学术专著3部、译著1部。

团队成员程波,硕士研究生导师,重庆市高校思想政治理论课择优资助计划人选,获评四川外国语大学"嘉陵青年学者",主持和参与国家社科基金项目多项,出版学术专著1部。

图3 2020年课程建设新闻报道

课程团队教学经验丰富,课程建设成效显著,新华社重庆频道、重庆市教委官网、学习强国重庆学习平台等主流媒体多次宣传报道。(图3)

(二)课程设计

1.制定课程目标

结合高校思政课课程要求和学生特点,课程组根据中共中央宣传部、教育部印发的《新时代学校思想政治理论课改革创新实施方案》,首先明确了课程目标:"讲授反映马克思主义世界观和方法论的最基本的原理,帮助学生深刻领会、准确把握马克思主义的根本性质和整体特征，学习掌握贯穿其中的马克思主义立场观点方法，提升运用马克思主义基本原理分析世界的能力，增强对人类社会发展规律特别是中国特色社会主义发展规律的认识和把握，树立共产主义远大理想和中国特色社会主义共同理想。"

2. 教学组织实施与考核评价

课程团队成员集体备课，制定教学设计和实施方案，充分合理利用信息技术和网络教学平台，整合线上和线下资源，组织和实施教学。

依托超星学银在线和超星学习通平台，完善考核评价体系，课程综合成绩由线上成绩、课堂表现和期末机考组成，提供全面、合理、客观、公正的多元化评价体系，真正为实现课程目标而服务。

（三）在线教学情况

本课程建设了完整的在线课程体系和齐备的数字化课程资源库，包括课程团队成员录制的对应各章节和专题的五十几个教学视频、教学课件、参考资料和习题库。

按照线上课程的教学大纲和教学进度安排，对信息技术和网络教学平台进行合理有效运用，发挥线上教学的优势，及时在线发布课程通知、课程参考资料，进行发帖讨论、布置作业、提问、网上答疑和考试，组织和实施教学。

（四）课程的特点与优势

在课程实施过程中，课程组积极探索教学方法改革，形成了以下特点与优势。

1. 课堂教学

课堂教学以教学内容为依据，进行教学方式的设计，合理运用多种教学手段，充分发挥多媒体技术优势。(图4)

图4 智慧教室授课

2. 网络教学

网络教学通过超星学银在线和超星学习通线上教学平台完成。每学期开学前通过团队老师集体备课确定本学期的网络教学方案和网络教学进度，使课堂教学和网络教学深度融合。(图5)

3. 实践教学

实践教学延伸和拓展了课堂教学和网络教学，是课程教学的重要组成部分。开学前，课程组会在确定网络教学方案的同时确定实践教学方案，依托学校和学院签约的实践教学基地(重庆红岩联线、邓小平故里管理局、重庆建川博物馆等)进行实践教学,形式丰富多样。

(五)资源建设

线上教学内容包括课程组自己录制的对应各章节和专题的51个教学视频、教学课件、74份参考资料、1050道作业、337道试题以及在线讨论答疑等。教师积极建设线上资源,在线发布课程通知和答疑,学生也积极在线学习,并发帖讨论和提问,对教师和学生之间的资源共享、互动交流以及自主式协作性学习起到了很好的效果。

(六)考试考核

依托超星学习通平台,课程考试考核采用线上线下双评价形式。

考核校内学生:线上成绩是平时成绩的重要组成部分,与学生的课堂表现相结合,占课程综合成绩的40%。线上成绩包含课件学习、作业、论坛互动、测试等环节。此外,学生的在线互动,

图5 线上课程老师与学生互动

如发言、回帖、提问、同伴互评等,也会给学生加分。线下成绩为学院统一组织的期末机考,占课程综合成绩的60%。

考核校外(开放班级)学生:线上成绩包括课程视频学习、章节测验、章节学习次数、讨论、作业、考试等环节,同时,结合学生的在线互动,如发言、回帖、提问、同伴互评等酌情加分。课程结束后,系统自动汇总,生成学习者线上课程最终成绩。

课程组针对不同学生提供全面、合理、客观、公正的多元化评价体系,真正为实现课程目标而服务。

(七)应用情况

课程组使用本课程对校内学生进行线上线下混合式教学,教学效果良好,团队成员期末学生评教分数明显提高,学生、学校督导、校内同行都给出了较高的评价。

在于本校本科学生中运用并取得良好效果的前提下,积极向校外推广,服务社会。本

课程被超星学银在线平台收录为"示范教学包",向全国大力推广使用。截至2023年2月,本课程"示范教学包"引用次数为192次,引用单位为128个,引用教师为158位,开设班级488个,参与学生25576人。本课程的选课人数为10308人,课程学习者来自全国六十几所学校,获得了广泛好评。

本课程颠覆了传统思政课教学模式和考核方式,实现了网络思政精准引领,有效提升了教学质量,得到了市内外同行专家的高度评价。

三、案例成效

(一)案例特色与创新点

1.线上线下双平台

以MOOC的形式面向社会开放,实现社会服务功能。

以SPOC的形式面向校内本科学生开放,充分利用网上的课程资源,将传统教学方法与网络教学方法的优势相结合。

2.线上线下双评价

针对校内学生的考核:课程综合成绩由平时成绩和期末考试成绩组成。包括线上成绩(课件学习、作业、论坛讨论等环节)、课堂表现和期末线下考试。

针对校外(开放班级)学生的考核:课程综合成绩由线上平时成绩和期末线上考试组成,主要包括线上学习时长、学习次数、参与讨论情况、完成章节作业情况、完成测试情况等。

针对校内学生和校外(开放班级)学生采用不同的考试考核方式,提供全面、合理、客观、公正的多元化评价体系。

3.互动设计更多元

课程通过多种途径进行师生、生生互动,实现网络思政精准引领。通过教师积极在论坛发帖、学生积极回复、师生相互讨论等方式进行学习交流。学院思政课程还建有微信公众号,及时发布课程信息,加强学生的思想引领。另外,课程组充分利用红岩红色资源,将红色文化融入课程教学当中,将网络和课堂结合、理论和实践融通,取得了良好的教育效果。

(二)教学改革成效与成果

本课程打破了传统思政课教学模式,形成了"以教师为主导,以学生为主体"的互动式课堂,彻底改变了以往学生课前不预习、课上不专心、课后不复习的现象,有效提升了教学质量,教学改革成效显著。

另外,在课程建设过程中,也积极培训、提高课程团队教师的线上教学能力。课程团队成员经过不懈努力,形成了一系列研究成果,在市级及国家级教学比赛中纷纷获奖,课程建设成效显著,成果丰硕。

四、未来计划与改进措施

结合思政课教学特点,及时更新、完善线上教学资源。

持续改革教学方法,加强课程团队教师集体备课,开展相关教学研究。

持续进行师资队伍建设,加强课程团队教师教学能力和信息技术应用水平的相关培训,提升教书育人能力。

视觉规律赋能艺术创作
——"视觉魔术——格式塔心理学原理"课程案例

师涛 张剑 王淼

四川美术学院

一、案例介绍

"视觉魔术——格式塔心理学原理"为基于格式塔心理学中视知觉研究理论的艺术设计类线上课程,着重讲述艺术作品中的视觉心理学规律,通过心理学思维启发学生的艺术创造,指导学生的艺术创作。本课程在超星学习通等多个平台投放,以培养擅长艺术创新和产业运用的复合型人才为目标。

本课程将格式塔心理学的相关理论应用于艺术创作中,将枯燥乏味的心理学理论以图示、动画等形式具象化,探索艺术学与心理学学科跨界、交融的新方法。目前,本课程已获评重庆市一流课程、重庆市精品在线公开课。

二、案例详述

(一)课程团队建设

课程负责人师涛担任课程主讲,负责教案撰写及教学规划制定;课程团队成员王淼、张剑负责辅助教学、课程录制及线上平台对接等教学任务。实际教学中,教研室安排硕士研究生担任课程助教,负责课堂点名、通知、作业验收等教学事务,进一步保障教学质量。

(二)课程设计

本课程线上部分设计为三大板块:第一板块讲解视知觉基础理论知识,第二板块引入经典艺术作品进行具体案例分析,第三板块为理论的拓展应用。

在课程运行中,通过学习通的线上直播功能,辅助主题讨论、公告以及线上投票等多种交互手段,进一步提升学生对知识点的兴趣,促进学生对知识的吸收。

(三)在线教学情况

本课程自2018年在超星尔雅和学银在线平台上线以来,课程点击量超过420万次,累计投放授课视频33个,视频总时长204分钟,提供165道习题、173道考题、83个非视频资源以供学习检测。本校在线学习课程持续开设5年,学生累计300余人。

(四)课程特点与优势

1. 教学内容优势

本课程为国内首创基于格式塔心理学视知觉理论体系的艺术课程,兼具系统性、趣味性与实用性,适用于艺术专业学生、非艺术专业学生夯实基础。能力较强的学生也可通过本课程拓展知识。

2. 课程结构优势

本课程为模块化的内容设计,每个模块的知识点相对独立,但也有其内在联系,组合在一起构成整体知识结构。学生可以根据自己的兴趣选择学习顺序,打破了传统的线性学习模式,让课程不再枯燥,进一步体现了"以学生为中心"的教学理念。

3. 教学成果转换优势

本课程将课程中的命题创作确立为长期选题,并持续深化。通过教师与学生在课内课外的长线互动,实现对学生艺术创作的动态跟踪,持续提升学生对格式塔心理学视知觉理论的掌握度,激励学生在创作中运用该理论。课程开设以来,教学成果丰硕,学生作品数次在全国各大赛事中获奖。

(五)资源建设

1. 线上平台资源建设

自线上课程在超星尔雅和学银在线平台上线以来,三年间不断充实课程体量,目前累计投放授课视频33个,视频总时长204分钟,提供165道习题、173道考题、83个非视频资源以供学习检测。

2. 教材资源建设

课程负责人师涛编著了《数字媒体艺术交互设计》《虚拟现实艺术表现与技术》等教材。其中,《数字媒体艺术交互设计》被纳入"十四五"高等学校数字艺术系列规划教材,《虚拟现实艺术表现与技术》被纳入"十四五"普通高等教育本科部委级规划教材、全国高

等教育动画专业金课前沿教材。两本教材均对格式塔心理学中的视知觉理论进行了融合与拓展。(图1、图2)

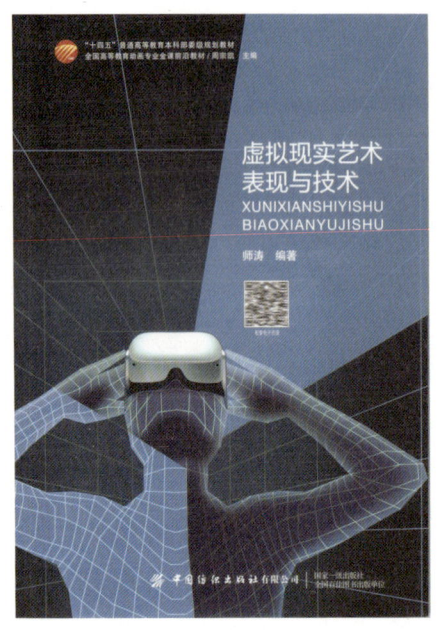

图1 《虚拟现实艺术表现与技术》封面

图2 《虚拟现实艺术表现与技术》关于格式塔心理学的部分页面

(六)本校应用情况

本校实际教学中,课程团队结合影视与戏剧学学科建设及互动媒体专业教学需求,对本课程进行了拓展,形成了"头号玩家——格式塔心理学与游戏设计创新工坊""游戏艺术"等线上线下混合课程,提高了教学效率,增加了作品的产出。

(七)推广应用情况

基于课程内容的拓展应用:2021年,四川美术学院举办"丝路遗产·数字活化——文化遗产科技艺术季"大型学术活动。在指导学生创作过程中,课程教师充分运用格式塔心理学的相关理论,对学生进行引导,提升了学生作品的

图3 "自在元境:丝路遗产数字艺术展"开展现场

品质。学生的75件艺术作品在"自在元境:丝路遗产数字艺术展"上进行了展览,课程建设成果被《人民日报》等主流媒体报道。(图3、图4)

(八)考试考核

1.建立成果导向、过程管控的多元评价体系

本课程建立了以课程作业为主体、以课程作业成果的应用为导向的评价体系,积极组织学生将课堂创作不断孵化并参展、参赛,在最终成绩认定中予以额外考核分数加成,以期提升学生创作的积极性。

2.跟踪学生整个行课期间的课堂表现及结课作品质量,进行量化考核

教师依据学生平时学习情况与学习成果进行量化评分。考核成绩评定以百分制计算,其中学习态度(考勤、上课或参与课题的投入度、专注度)占10%,学

图4 优秀学生作品:刘婷怡《凤凰降梧》

习过程(线上课程学习进度、各阶段过程质量、沟通力、协作力)占40%,最终作业(完整度、深入度、创新性)占50%。

(九)共建共享

课程建设以来,形成了以高校、数字教育平台、企业、专家学者为主体的共建共享体系。

课程团队与行业内名企签署合作协议,实施"产、学、研"一体化人才培养策略。例如:与网易游戏艺术设计中心签署"四川美术学院互动媒体实验创作平台"协议,与珠海金山办公软件股份有限公司达成校企战略合作协议,等等。

课程团队整合多方专家资源,给学生授课、开展专项辅导或者参与创作教学。课程团队所邀请专家包括中央电视台新科动漫频道节目策划及制片人、北京电影学院教师刘跃

军,著名新媒体艺术家林俊廷,CG艺术家徐天华、钟风华等。

(十)线上应用

本课程自开设以来,课程点击量超过420万次,课程学习者来自494所高校。四川美术学院的优质网络教学资源在各个学校之间得到共享。线上课程也打破了教师与学生的校际沟通壁垒,不同学校的学生均可在线上平台发帖、讨论,实现了各大高校之间教学内容、教学方式以及学习方法的相互借鉴。

三、案例成效

(一)课程特色与创新点

本课程围绕知识结构创新、教学方法创新、成果孵化模式创新树立自身特色优势区间。课程首创将格式塔心理学融入艺术理论教学中,探索艺术学科教育与心理学跨界、交融的新方法。体现以学生为中心的教学理念,构建灵活的教学模式,创新开展成果孵化模式,教师引领长线教学,通过持续性的动态跟踪,打磨结课作品,深化学生专业能力。

(二)教学改革成效及解决的重难点问题

1. 课程内容体系陈旧,缺乏艺术与心理学等高阶教学拓展

国内艺术专业课程网络教学仍处于强调技法培训阶段,缺乏技术与艺术协同发展的课程设置,更缺乏如心理学这类拓展知识点,难以顺应当下学科教学需求。

2. 教学内容机械,缺乏以学生为中心的教学升级

目前艺术专业线上课程内容的设计简单枯燥,以线性教学模式为主,考核内容简单机械。学生在学习过程中缺乏学习积极性,难以发挥学生主动优势。

3. 教学成果转换度低,难以适应学生未来发展需求

传统艺术学科线上教学与结课作业协同度较差,学生作品难以形成创作成果,教学效果持续性弱。

(三)取得的主要成效、成果

依托本课程,课程团队成员获评重庆市在线教学创新应用先进典型,并获重庆市首届微课大赛一等奖、重庆市第五届高校微课教学比赛第三名等奖项。

本课程同期孵化的优秀作品屡次获奖。三年间,学生作品累计获奖55项,其中,省级

第一章　线上一流本科课程示范案例

图5　吴俊达《山海有灵》(其一)

及以上奖项21项，行业级奖项34项。课程成果被《人民日报》等多家主流媒体专题报道。学生吴俊达的结课绘画作品《山海有灵》系列荣获"第三届GGAC大赛"特等奖，以此为基础的后续创作《声律启蒙》系列获"第18届中国动漫金龙奖"最佳插画奖金奖。吴俊达的作品被《人民日报》等20多个媒体平台刊载，此外，吴俊达还受邀参加了CCTV专访。(图5、图6)

四、未来计划或启示

"视觉魔术——格式塔心理学原理"的未来计划主要从进一步丰富线上课程内容、深入开展教学成果的普及与推广两方面入手，具体建设计划如下。

(一) 课程的立体化实施

引入跨学科专家，建构多维度视野相结合的格式塔心理学视知觉理论的艺术教学范式。引入心理学领域的跨

图6　吴俊达《声律启蒙》(其一)

界专家，吸纳多方人才，积极联动相关机构、社会团体、艺术家等开展格式塔心理学视知觉理论及艺术创作实践传授教学，加强学科跨界间的前瞻研究。

(二)课程的网络化拓展

构建网络课程群，实现多个网络云平台的同步投放。促进在其他课程中的应用，形成"视觉魔术——格式塔心理学原理"在"游戏艺术""游戏关卡设计""策划理论与实务"等多门课程间的网格化覆盖。

(三)课程成果的展示

深入开展教学成果的普及与推广，促进课程结课作品线下展览、线上平台推送、赛事投稿的多维转化，优秀作品推荐纳入案例库教学，个别突出成果推荐立项，促进成果与课程资源的共享共用。

分层分类递进式"大学物理学"线上课程的建设

胡南　陈琳　韦建　卫周密

重庆理工大学

一、课程简介

大学物理学是理工科专业重要的必修公共基础课，涵盖力学、热学、光学、电磁学、近现代物理等内容。我校课程经历了应用型人才培养目标建设、跨学科课程内容改革、线上线下混合式教学改革。课程于2021年被认定为市级混合式一流课程，2022年被认定为市级课程思政示范课程。课程在超星学习通和哔哩哔哩（简称"B站"）平台开展校内外的线上教学，已经形成了完整的"分层分类递进式'大学物理学'线上课程体系"。

二、课程详述

（一）团队结构梯队合理，教学水平优良

课程团队老中青结合，科学合理有活力。团队积极开展课程建设相关研究，近5年，主持教改项目12项，其中省部级6项，团队发表相关教研教改论文10余篇。

团队鼓励教师以赛促学、以赛促教。团队中，2人在市青年教师技能大赛中获二等奖，2人在校级教师技能大赛中获一等奖。课程负责人参加"高等教育杯"全国高等学校物理基础课程青年教师讲课比赛获市级一等奖、西南地区三等奖；获市微课比赛三等奖；获评重庆市2018—2020年度高校在线课程建设与应用先进典型中的"在线教学创新应用先进典型"；获2022年第四届全国高校混合式教学设计创新大赛全国二等奖。

课程负责人被聘为教育部高等学校大学物理课程教学指导委员会西南地区工作会委员、大中物理教育衔接工作委员会委员、重庆市物理学会理事、重庆市院士专家科普讲师

团成员、重庆市巴南区科普传播专家、重庆市科普作家协会会员、校级课程思政研究中心研究员。

(二)分层分类递进式线上课程的实施

1. 基于三大平台的线上课程体系的搭建

课程在线开放资源丰富,目前有自制微课74个,自制个性化教师录屏课198个,自制章节习题解答课18个,自制、剪辑、编译物理拓展视频42个,撰写物理相关专栏文章41篇。在线中英文题库2500题,在线课后练习30余个,自制在线篇章自测题10余套,设计专题讨论思考若干。课程资源常用常新,分为互动资源、视频资源、文档资源三大类,分别有重点地规划到超星学习通平台、B站平台、课程公众号平台。(图1)

三大平台资源互为补充,超星学习通平台是教师进行线上教学的主平台,适合本校学生和校外系统学习课程的学生。B站UP主"渝语兰"课程号主要是课程的教学视频、拓展视频、习题视频等,且便于向学生推送B站上的校外优秀课程,如北京大学舒幼生、陈秉乾、钟锡华老师的《力学》《电磁学》《现代光学基础》等视频资源。自学能力较好的学生,可以通过校本录屏课和习题解答课以及B站学习社区的互动交流完成课程学习。B站也适合只对某个知识阶段感兴趣的学习者,其篇章分类清晰,使人很容易找到需要的节段视频。课程微信公众号"思物理品生活"主要以文档资料为主,除课程基本的教学大纲、日历和章节教学重难点之外,重点是实时更新的与课程建设相关的各类推文,比如教学创新活动、学生竞赛获奖、科普新知、培训心得、课程建设、教师获奖等,发挥好宣传、交流、沟通、激励的作用,有效促进团队建设、提升课程质量、扩大教学影响。

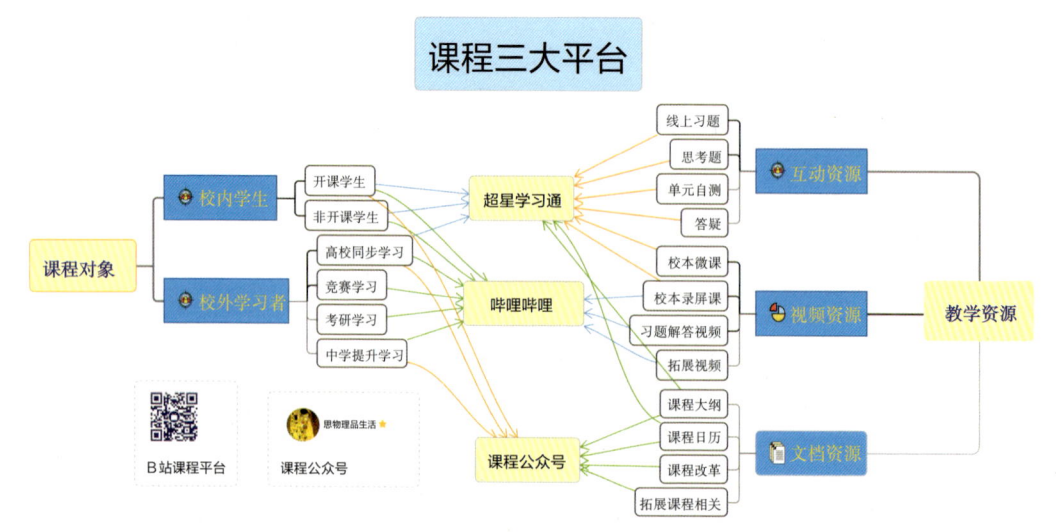

图1 分层分类递进式课程资源线上三大平台

2. 以学习者为中心，两种教学模式开展教学

针对我校开设课程的学生和需要较多互动的校外学生采用基于超星平台的混合式教学模式。对于其他校外学习者，采用基于学习社区的协作学习模式。

（1）混合式教学模式主要采用BOPPPS教学设计。（图2）

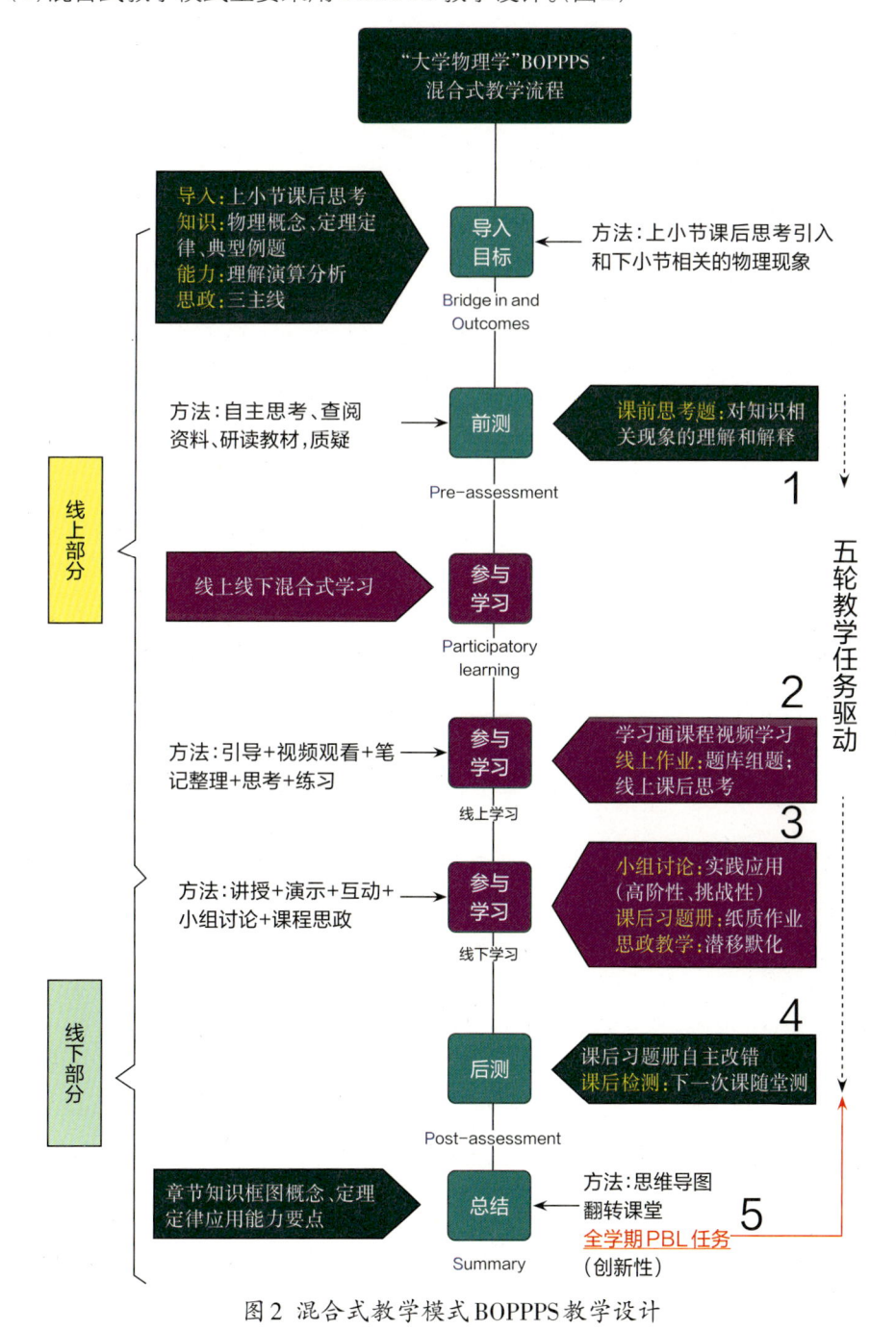

"大学物理学"BOPPPS混合式教学流程

线上部分：

- **导入目标 Bridge in and Outcomes**
  - 导入：上小节课后思考
  - 知识：物理概念、定理定律、典型例题
  - 能力：理解演算分析
  - 思政：三主线
  - 方法：上小节课后思考引入和下小节相关的物理现象

- **前测 Pre-assessment**
  - 方法：自主思考、查阅资料、研读教材、质疑
  - 课前思考题：对知识相关现象的理解和解释 —— 1

- **参与学习 Participatory learning**
  - 线上线下混合式学习

- **参与学习（线上学习）**
  - 方法：引导+视频观看+笔记整理+思考+练习
  - 学习通课程视频学习
  - 线上作业：题库组题；线上课后思考 —— 2

线下部分：

- **参与学习（线下学习）**
  - 方法：讲授+演示+互动+小组讨论+课程思政
  - 小组讨论：实践应用（高阶性、挑战性）
  - 课后习题册：纸质作业
  - 思政教学：潜移默化 —— 3

- **后测 Post-assessment**
  - 课后习题册自主改错
  - 课后检测：下一次课随堂测 —— 4

- **总结 Summary**
  - 章节知识框图概念、定理定律应用能力要点
  - 方法：思维导图、翻转课堂
  - **全学期PBL任务**（创新性） —— 5

五轮教学任务驱动

图2 混合式教学模式BOPPPS教学设计

基于教学目标，学生通过"线上视频学习、教材阅读、问题思考、线上练习"完成概念、定理定律、例题的学习。线下教学以具体的应用问题为主线，重点采用"问题导向式"学习，通过小组实践任务、课程项目等创新教学活动，实现课程的"高阶性、创新性和挑战度"。"课前思考+线上练习+课后作业+随堂测试+PBL项目"五轮课程教学任务驱动，循序渐进，提升学生的积极性、参与感和获得感。以与物理课程契合的"辩证唯物论""科学方法和科学精神""服务专业育人要素"为三大思政主线开展CFME四维融合的课程思政（图3），形成了综合动态课程评价体系（图4）。

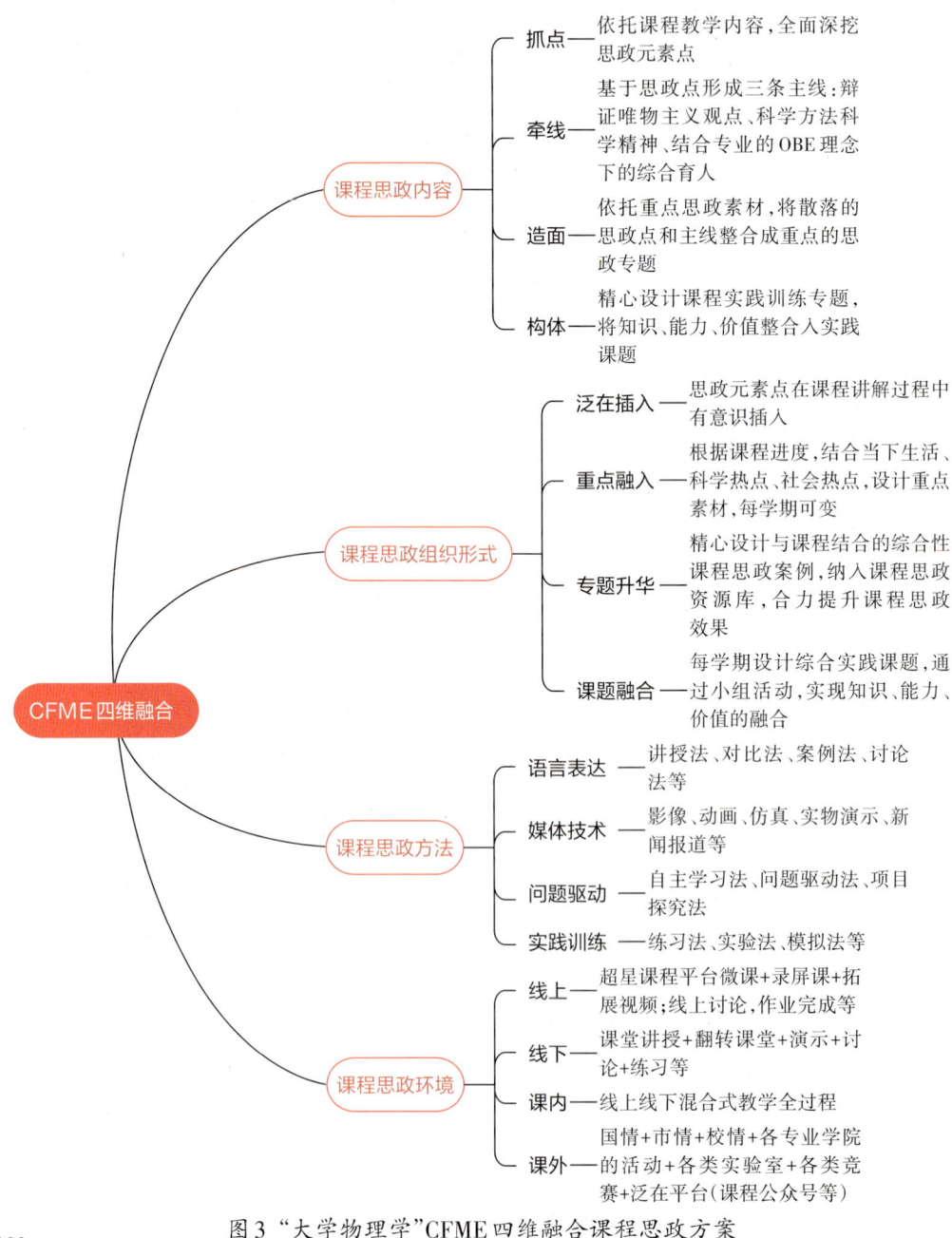

CFME四维融合

- **课程思政内容**
  - 抓点——依托课程教学内容，全面深挖思政元素点
  - 牵线——基于思政点形成三条主线：辩证唯物主义观点、科学方法科学精神、结合专业的OBE理念下的综合育人
  - 造面——依托重点思政素材，将散落的思政点和主线整合成重点的思政专题
  - 构体——精心设计课程实践训练专题，将知识、能力、价值整合入实践课题

- **课程思政组织形式**
  - 泛在插入——思政元素点在课程讲解过程中有意识插入
  - 重点融入——根据课程进度，结合当下生活、科学热点、社会热点，设计重点素材，每学期可变
  - 专题升华——精心设计与课程结合的综合性课程思政案例，纳入课程思政资源库，合力提升课程思政效果
  - 课题融合——每学期设计综合实践课题，通过小组活动，实现知识、能力、价值的融合

- **课程思政方法**
  - 语言表达——讲授法、对比法、案例法、讨论法等
  - 媒体技术——影像、动画、仿真、实物演示、新闻报道等
  - 问题驱动——自主学习法、问题驱动法、项目探究法
  - 实践训练——练习法、实验法、模拟法等

- **课程思政环境**
  - 线上——超星课程平台微课+录屏课+拓展视频；线上讨论，作业完成等
  - 线下——课堂讲授+翻转课堂+演示+讨论+练习等
  - 课内——线上线下混合式教学全过程
  - 课外——国情+市情+校情+各专业学院的活动+各类实验室+各类竞赛+泛在平台（课程公众号等）

图3 "大学物理学"CFME四维融合课程思政方案

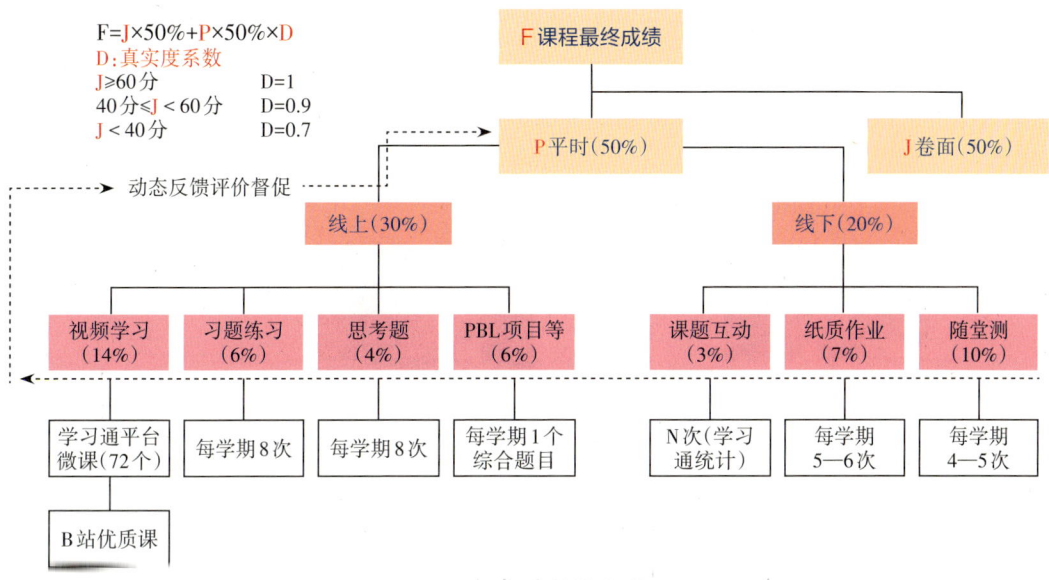

$F = J \times 50\% + P \times 50\% \times D$
D:真实度系数
J≥60分   D=1
40分≤J<60分 D=0.9
J<40分   D=0.7

图4 线上线下混合式课程综合动态评价体系

(2)基于LECL(learn-exercise-correct-learn)的协作学习模式。

其他线上学习者采用协作学习模式。具体教学采用LECL螺旋递进式教学设计。将教学内容按布鲁姆教学目标做知识梯度分类,讲解过程中注重分类讲解,并有配套的练习以及解答视频。学习者以章节为单元,视频为引导,通过听课—练习—纠错—再听课螺旋递进式开展线上学习。教师通过鼓励来自同一个学校,或者有共同目标(如竞赛、考研)的学生组成学习小组,建立校外学习QQ群,多次互动后,缩短学习者之间的交互影响距离,逐渐形成学习社区。通过师生和生生互动,不定期推送篇章自测和综合试卷,评价学习效果。鼓励深入的学习探讨,考研成功的同学一边指导低年级同学,一边形成研究生同方向交流沟通群,推送专家讲座和报告,提升课程对专业的高阶性支撑。

(三)课程的校内外应用情况

1.超星学习通教学情况

自2020年线上课程开课以来,学习通开设4期,共计选课人数15343人,页面累计浏览量1147万次,课程师生互动7.6万次。其中校外班级4期,共计1182人,来自全国200多所高校。(图5)

2.B站课程教学情况

自2019年B站开课,视频资源包含专题录屏课上下两期共31个篇章,88个课程视频;习题解答视频共6个篇章,18个视频;物理知识相关生活生产社会热点科普视频43个,近现代物理相关内容视频28个。目前课程学习粉丝4.9万人,获赞8.4万次,视频播放量280.7万次,单个课程视频《光的干涉》最高播放量20.9万次。课程互动弹幕28473次,评论4588次,专栏文章阅读52004次;帮助全国乃至国外学生学习大学物理,并分别通过课程考试、研究生课程考试;部分中学老师通过课程学习提升了教学水平;收到对课程认可和表示感谢的留言无数。

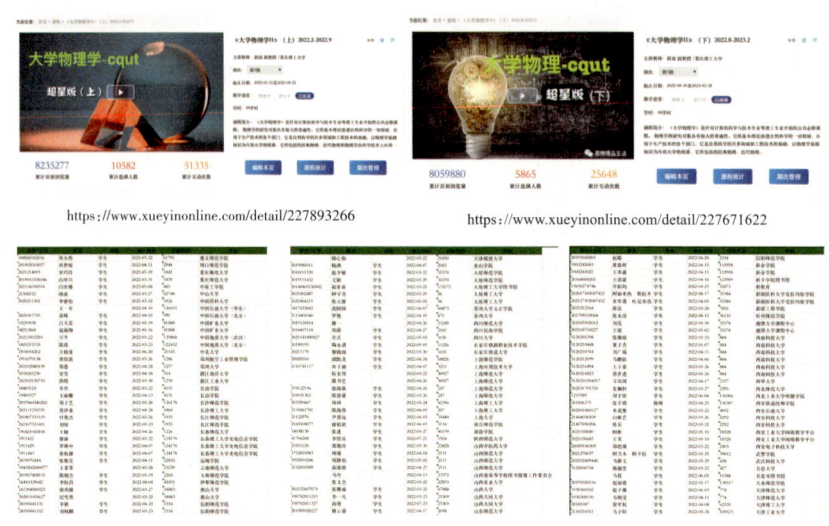

图5 超星学习通校内外学习数据和校外学生名单

(四)课程特色

1.打造了基于三大平台的分层分类递进式线上课程体系

以学习者为中心,构建了基于三大平台的菜单式线上学习课程体系。校内外学习者均可根据自己的需求选择以某一平台为主、其余平台为辅的课程学习。物理知识从科普到课程知识到科技前沿均有涉及,学习者可以根据需求选学,也可以跟随课程系统化学习,做到分类分层递进式学习。

2.形成特色分类教学模式,打造学习共同体

根据学习者的参与度和时空关系,打造了混合式教学模式和线上协作学习模式。从学习共同体理论出发,无论是混合教学还是线上教学,通过教师组织教学活动营造线上线下的学习共同体,实现师生、生生的课程学习社区,变被动学习为主动学习。

3.课程资源丰富,授课质量优良,教师团队积极进取

课程既设计了核心的微课视频,也设计了详尽的录屏课;有科普应用,也推送国家级课程资源;有各类习题练习,也有课程实践项目,还有各类专栏文章推送。通过学习通+B站+公众号+QQ交流群,实现全包裹式课程教学氛围营造。

三、课程建设成效

（一）有效解决了传统课程教学痛点，提升了教学质量

混合式教学模式解决了传统课程内容缺乏时代性、教学形式单一、个性化教学缺失、教学过程中学生缺乏参与感、综合能力培养不足等痛点问题。开展混合式教学一年后，我们做了相关调研，不及格率降低了18个百分点，优秀率平均分提升13%。问卷调查显示约70%的学生认可混合式教学，极大提升了教学效果。

（二）课程线上教学辐射广，具有一定社会影响力

近两年，学习通系统参与课程学习的校外学生1182人，B站参与课程学习的学习者近5万人。通过调研发现，他们主要是参加物理竞赛的中学生、其他大学同步课程学习的学生、考研的学生以及小部分同行。目前，课程已经帮助了大量的学生通过学业考试、研究生考试。课程也收到无数认可和赞赏的留言，包括通过课程学习，提升了物理学习兴趣，坚定了继续物理方向深造的决心，能更好辅助学习高等数学，通俗易懂，以及物理背后的物理情怀和科学精神的感悟，等等。（图6）

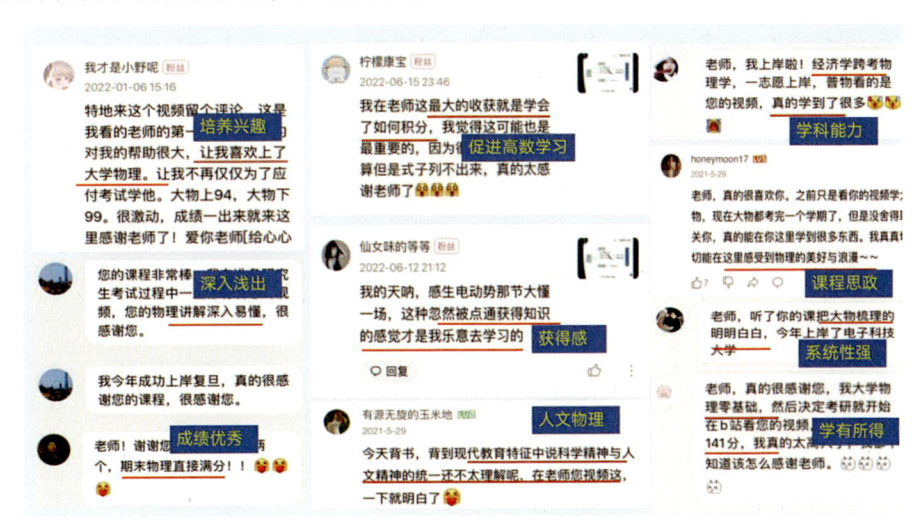

图6 部分线上校外学习者对课程教学的评价

（三）以课程建设为载体，促进教师教学能力、学生综合能力的双提升

课程建设促进教师团队的发展，教师在各类教学比赛中获奖。教学改革促进校内外学生能力的提升，近两年40余名学生在全国大学生物理实验竞赛、西南地区大学生物理学术竞赛等学科竞赛中获奖。据B站线上不完全统计，线上课程已经帮助了64名外校学

生通过研究生物理类课程考试,收到手写感谢信2封。

四、未来课程建设计划

(一)线上课程思政的路径再探索

校内学生的混合式教学中已经形成了课程思政思路,有一部分是在线下通过教师潜移默化地实施。对于校外学生纯线上协同式学习,课程思政主要依赖于教学课件和师生互动,如何在线上教学中做好"大思政课"是课程建设探索的方向。

(二)课程教学模式的再优化

在校开课学生的特点是课程学习动力不足,混合式教学模式要给学生搭好教学支架,通过创新教学活动,一步一步引领学生树立目标。线上学习者的课程学习目标相对明确,在协同式学习模式中,课程要继续在如何形成全课程的学习共同体上进行深入研讨。

(三)基于大数据的动态质量监控体系的构建

人工智能大背景下,收集线上线下教学大数据,挖掘教育大数据背后的教学规律,建立相关模型,实时指导教学行为,调整教学策略,从而提高课程教学质量。

"三位一体"的学术英语线上教学案例[①]

姜有为　许晓元　杜云飞　王力珠　刘晓

重庆理工大学

一、案例介绍

"学术英语"是重庆理工大学开设的一门英语必修课程,为非英语专业本科生在第四学期进入提高阶段学习。课程共48学时,3个学分。

本课程的教学目的在于提高学生的语言技能、学术技能和学术素养,为学生借助英语拓展自身专业发展提供条件,如直接使用英语从事本专业工作,或者继续深造学习、进行学术研究。课程采用"线上课程+雨课堂"组织教学,实现学生英语、专业等多方面共同发展的核心目标。(图1)

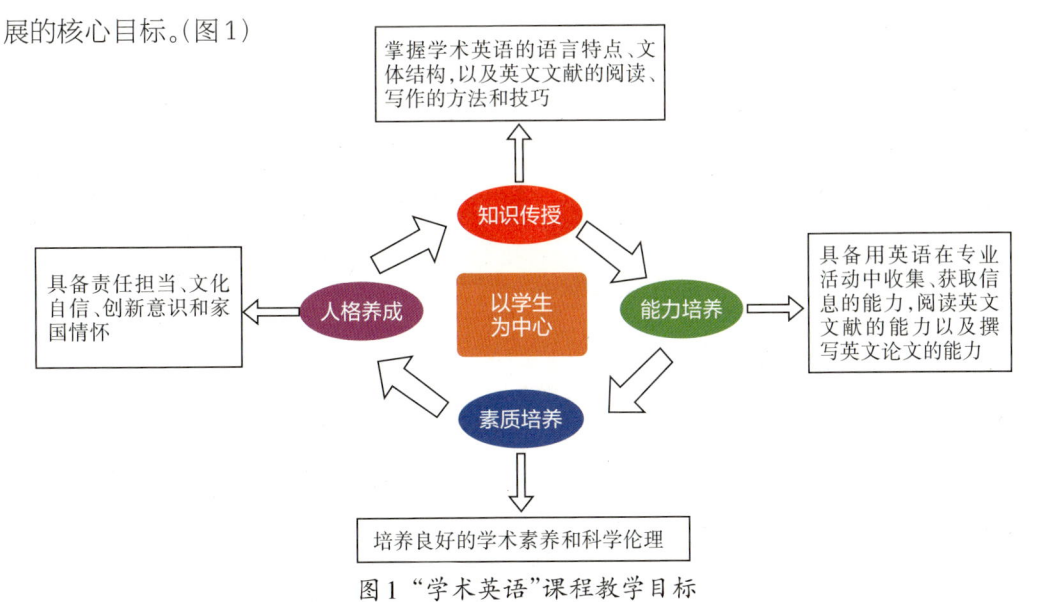

图1 "学术英语"课程教学目标

[①] 本案例为重庆市高等教育教学改革研究项目(项目编号:223285)、重庆市研究生教育教学改革研究项目(项目编号:yjg223127)、重庆理工大学研究生教育高质发展项目(项目编号:gzlsz202306)阶段性成果。

通过课程学习,学生能够有如下收获:

第一,掌握学术英语的语言特点、文体结构,以及英文文献的阅读、写作的方法和技巧。(知识传授)

第二,具备用英语在专业活动中收集、获取信息的能力,阅读英文文献的能力以及撰写英文论文的能力。(能力培养)

第三,培养良好的学术素养和科学伦理。(素质培养)

第四,具备责任担当、文化自信、创新意识和家国情怀。(人格养成)

二、案例详述

(一)课程团队建设

课程团队立足推进信息技术与教育教学的深度融合,以立德树人为根本任务,坚持OBE理念,以学生为中心,深入开展教育教学研究和改革实践,取得了较好的成效。2022年,团队被评为重庆市课程思政教学名师和团队。近几年来,团队成员主持省部级教改项目3项,发表教研论文8篇;获评重庆市外语一流课程1门,市级思政示范课程1门,校级一流课程1门,校级思政示范课程2门;获重庆市本科高校教师教学创新大赛三等奖1项,校级教学成果三等奖2项,校级骨干教师课堂教学创新大赛二等奖1项。

(二)课程内容与资源建设及应用

1.课程建设历程(图2)

2015年	2017年	2019年	2020年	2021年	2022年
录制学术英语阅读与学术英语写作示范课	录制学术英语理工和学术英语管理视频课程	校级在线开放课程	校级课程思政建设项目	重庆市高等学校外语一流课程建设项目	重庆市课程思政示范课程

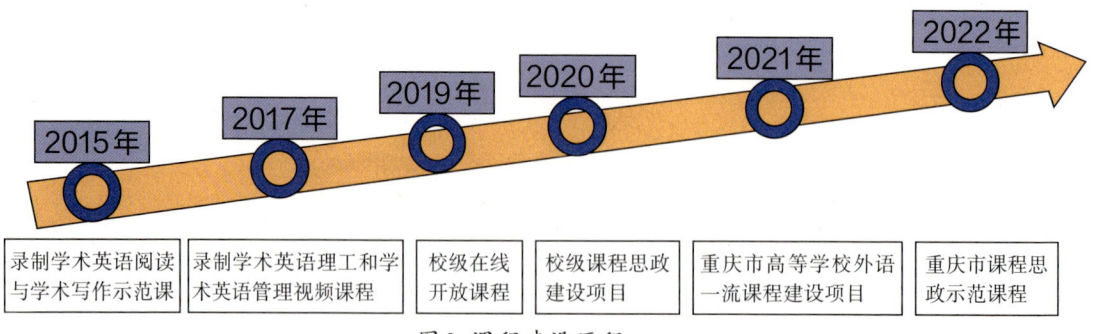

图2 课程建设历程

本课程于2013年开设,2015年录制学术英语阅读与学术英语写作示范课,2017年录制学术英语理工和学术英语管理视频课程,2019年立项校级在线开放课程,2020年立项校级课程思政建设项目,2021年立项重庆市高等学校外语一流课程建设项目,2022年获评重庆市课程思政示范课程。经过不断建设和改革,逐渐形成了英语、专业与课程思政相结合,具有自己特色的线上教学模式。

2. 教材建设及应用

课程团队在长期教学实践和深入研究的基础上,结合学术英语(理工)教材特点以及理工类高校学习者的特点与需求,开发了学术英语配套立体化教辅材料。

3. 在线课程建设及应用

2020年,课程在EduSoho平台上线。目前已建设18个微课视频,32个体现思政元素的知识点PPT、融入思政元素的电子教案,6个章节测验等在线资源。每章均附有思政案例素材供学生自学。课程平台资源丰富,还可实现课堂互动、在线讨论、随堂练习、章节测验、在线考试、分组任务等多元化互动及考核评价,为学生自学自测、教师实施线上教学提供了有力支撑。

2022年,在不断打磨和持续改进中,课程平台做了两点升级改造:

(1)优秀笔记及翻转课堂展示。

2022年,在线平台植入了部分学生的优秀作品展示,以激励先进,树立典范,激励学生认真求学,追求卓越的科学品质。

(2)科学伦理建设成果引入。

课程平台上引入了科学伦理建设成果,包括融入科学伦理元素的PPT课件。通过学习社会、文化、科学等方面的学术英语文章,深入挖掘文章中蕴含的科学伦理教育资源和教育价值,增强学生的科学伦理意识。在提升学生专业能力的同时,提升学生的综合素质,让学生成为德才兼备、全面发展的人才。

(三)线上线下混合式教学设计

1. 打造"线上课程+雨课堂"的教学模式

本课程打造了基于"线上课程+雨课堂"的线上教学模式。

2. 基于项目驱动的线上教学设计

采用项目驱动式教学法(Project-Based Approach),教师把知识点组合成多个项目,采用项目驱动、自由探讨、课程内容讲授、分组讨论、协同教师讲解等方式,提高线上教学活动的"目标性"和学生高度的"参与性"。同时借用生活案例进一步分析讲解,提高学生兴趣,加深学生对项目导向课程内容的理解,把学生的学习由浅层学习引向深度学习,进而使学生拥有自我建构学习的能力,促使学生学习能力的提升。

3. 学术英语"三位一体"线上教学设计

学术英语教学团队在教学改革和实践中,将现代信息技术深度融入教学的教材、课程和教法这三个重要维度,探索形成了"立体化教材+线上课程+翻转课堂"三位一体的学术英语教学与信息技术深度融合路径。

(四)课程教学内容及组织实施

1.教学内容和教学安排

课程的教学内容及线上教学安排如表1所示。

表1　课程的内容及线上教学安排

序号	课程内容	讲授学时	教学方式
1	1.Course Introduction	2	线上
2	2.1 Skim and scanning	4	线上
3	2.2 Long sentences analysis	4	线上
4	2.3 Language formality	4	线上
5	2.4 Search for information	2	线上
6	3.1 Quoting ("in text"and"in the end of the text")	2	线上
7	3.2 Paraphrasing	6	线上
8	3.3 Summarizing	4	线上
9	4.1 Introduction(components of introduction,literature review, and synthesizing)	6	线上
10	4.2 Methods	4	线上
11	4.3 Results and findings	4	线上
12	4.4 Discussion & conclusion	4	线上
13	4.5 Abstract	2	线上
	合计	48	

2.基于立体化教材和SPOC的学术英语翻转课堂

依托现代信息技术,设计了立体化教材与SPOC的学术英语翻转课堂教学模式。该模式由教学流程、教学目的、教学方法和教学活动四个层面构成。(图3)

| 教学流程 | 教学目的 | 教学方法 | 教学活动 |

课前(线上) → 前置预学 学情诊断 → 学术技能教学法 内容驱动教学法 基于协作学习的教学法 → 预学立体化教材 观看SPOC教学视频 完成测试、发帖讨论及答疑

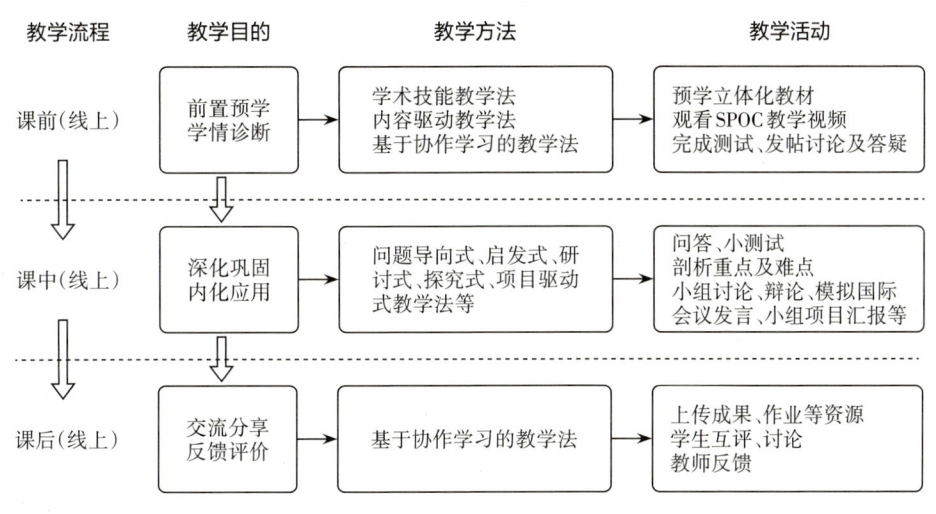

课中(线上) → 深化巩固 内化应用 → 问题导向式、启发式、研讨式、探究式、项目驱动式教学法等 → 问答、小测试 剖析重点及难点 小组讨论、辩论、模拟国际会议发言、小组项目汇报等

课后(线上) → 交流分享 反馈评价 → 基于协作学习的教学法 → 上传成果、作业等资源 学生互评、讨论 教师反馈

图3 基于立体化教材和SPOC的学术英语翻转课堂教学模式

(1)教学流程。

翻转课堂教学模式利用网络平台、手机移动端延伸了教学时空,让学习不仅在课堂内发生,还充分利用课外时间、线上空间,满足不同学生个性化、差异化的学习需求和偏好。

(2)教学步骤。

课前:教师将根据总体教学目标创建课程的"预设性学习资源",即预先制作或设定的、要求学生使用的资源。

课中:深化巩固、内化应用。教师利用多种教学形式巩固学生课前预学的学术英语技能知识,学生通过交互式活动或任务操练技能。

课后:交流分享、反馈评价。学生在讨论区交流学习经验和心得,提交学习作品、作业等供教师反馈和同伴互评。

(3)教学方法。

学术英语翻转课堂教学模式主要采用学术技能教学法(Skill-Based Approach)、内容驱动教学法(Content-Based Instruction)、项目驱动式教学法(Project-Based Approach)和基于协作学习的教学法(Collaborative Learning Based Instruction)等多元教学方法。

(五)成绩评定考核

本课程构建了多元化、个性化、动态化的全过程评价体系,注重学生学习的过程性评价。在形成性评价中增加对学生树立正确科学伦理意识和遵守科学伦理规范的考核。

在构建评价体系的过程中,针对学术英语水平,学生的英语能力是否满足专业课的需

求的问题会被重点考虑,同时学生的批判性思维能力、团队合作能力、创新能力、跨文化交际能力、学术诚信和科学伦理等也会被纳入考核范围。

每期课程结束,团队会进行总结与反思,动态调整线上成绩组成,以做到课程的持续改进。比如2022年春季课程,进行课程思政建设后增加了10%的思政评价。

三、案例成效

(一)案例特色与创新点

1. 立德树人,教学理念先进

以能力培养、素质提升、人格养成为导向,英语、专业和课程思政紧密结合,强化成果导向的教学理念。

2. 教学模式创新

构建"立体化教材+线上课程+翻转课堂"的三位一体教学模式,采用"线上课程+雨课堂"组织教学,实现学生英语、专业等方面能力的培养。

3. 教学方法创新

利用项目式教学、案例教学、讨论式教学、翻转课堂等多种互动性教学方法,让学生深度参与到课堂中来,突出理论联系实际,培养学生的英语能力和创新思维。

4. 评价机制创新

构建多元、个性、动态的全过程评价体系,注重学生学习的过程性评价。

(二)教学改革成效

1. 以学生为本,学生自主学习能力持续提升

提高了学生学习的自主性,学生的课堂参与度显著增加。多元教学模式下的线上教学环节的设计锻炼了学生自主学习、科学探索、团队协作、交流表达以及归纳总结等多方面的能力。

2. 成果丰硕,课程建设及教师队伍建设水平提高

2019年立项校级在线开放课程,2020年立项校级课程思政建设项目,2021年立项重庆市高等学校外语一流课程建设项目,2022年获评重庆市课程思政示范课程。课程建设达到了重庆市同类课程先进水平。

近三年来,团队成员主持省部级教改项目3项,发表教研论文8篇;获评市级外语一流课程1门,市级思政示范课程1门,校级一流课程1门,校级思政示范课程2门;获重庆市本

科高校教师教学创新大赛三等奖1项,校级教学成果三等奖2项,校级骨干教师课堂教学创新大赛二等奖1项;教师队伍建设水平不断提升。

3. 推广辐射,惠及面广,示范作用明显

本课程在我校大学英语教学A级班学生中实施,受益学生每年1000人左右;本课程逐渐向英语教学B级班学生推及,受益学生将达每年2000人左右,以实现优质教学资源校内共享,充分发挥课程的辐射功能和带动作用。课程建设具有明显的示范作用和推广应用价值。

四、未来计划或启示

1. 师资队伍建设

通过学习和研讨提升团队教师的思政修养和育人能力。通过多种形式的培训和学习,提高英语教师的专业性,强化教师"教学思政"的理念、科学伦理教学理念和在实践教学中应用课程思政理念的能力。

2. 课程思政建设

充分挖掘课程所蕴含的思政元素,进一步完善思政案例库素材,撰写课程思政教学案例。

3. 立体化教辅材料建设

依据"互联网+"理念进一步完善立体化教辅材料,创建与学生个体因素相匹配的教学资源体系。

4. 课程资源建设完善

录制3—5个具有重庆特色的课程思政主题的微课视频,完善体现课程思政特点的课件、教案。拓宽教学资源渠道,打造具有重庆本地红色文化和兵工文化的课程思政案例,使思政、专业、英语相结合,让学术英语教学更有用处,更有意思,更有意义。

5. 完善成果导向综合评价机制

进一步完善多元化课程考核评价方式。

线上资源放异彩，云端教学育英才
——"信息技术与人工智能"课程线上教学之路[①]

高峰　罗代忠　雷丽　杨丹

重庆文理学院

一、案例介绍

"信息技术与人工智能"课程是面向计算机类专业开设的专业基础课程，涵盖信息技术基本概念、信息技术与教育变革、计算机软硬件技术、操作系统基础、信息安全、信息资源检索、Office高级应用、人工智能概论等理论知识和实践应用，也供本校及其他高校非计算机类专业学生选修，旨在培养学生具有以人工智能技术为核心的新一代信息素养，实现从信息素养到智能素养的迁移。

本课程是中国高校计算机教育MOOC联盟重点推荐课程，是教育部产学合作协同育人项目，重庆市高校精品在线开放课程，重庆市线上线下混合式一流课程，重庆市课程思政示范课程。本课程于2022年正式入选国家高等教育智慧教育平台（简称"智慧高教"）首批在线课程。本课程着力重庆市特色化示范性软件学院应用型智能软件人才培养，助力成渝地区双城经济圈现代制造业基地建设，可示范性成效显著。

二、案例详述

（一）课程团队建设

课程负责人高峰，正高级实验师，"信息技术与人工智能"课程组组长。主持省部级及以上各类教改项目7项，主编教材2部。指导学生获学科竞赛全国奖26项，国家级大学生

[①] 本案例为重庆市高等教育教学改革研究重点项目"新工科背景下融入'课程思政'的公共计算机'一流本科课程'探索与实践"（项目编号：222137）阶段性成果。

创新创业训练计划项目1项,重庆市大学生创新创业训练计划项目3项。先后荣获重庆市教委"在线课程建设与应用先进典型",教育部教育管理信息中心"最佳指导教师"等称号。

团队其他成员,教改意识强烈,积极参与各类交流及课程建设。近五年,获重庆市教学改革、产学研协同育人、课程思政等项目20余项;指导学生获市级以上奖励达23项,指导学生科研立项近35项。学生满意度高,获得了同行专家的赞誉。

(二)在线教学情况

2018年4月,"信息技术与人工智能"课程在重庆高校在线开放课程平台上线,目前已完整开课9次,全国144所高校学生和社会学习者选课学习,共计25600人。其中参与在线互动16322人,互动总量1131968次。

(三)课程的特点与优势

1.学生中心,构筑"三规律"课程体系,彰显示范应用案例

坚持产教融合为载体的新工科教育理念,按照"理论引领—技术应用—案例实践"的思路设计课程体系,推行"慕课建好、课前学好、课堂用好"的课程建设思路,遵循学生对智能信息技术知识的认知规律、智能信息技术能力的形成规律、智能信息技术人才的成长规律的教学理念,构建了以培养智能信息技术能力为目标的课程内容体系。依托课程改革获2020年国家级新工科研究与实践项目立项。(图1)

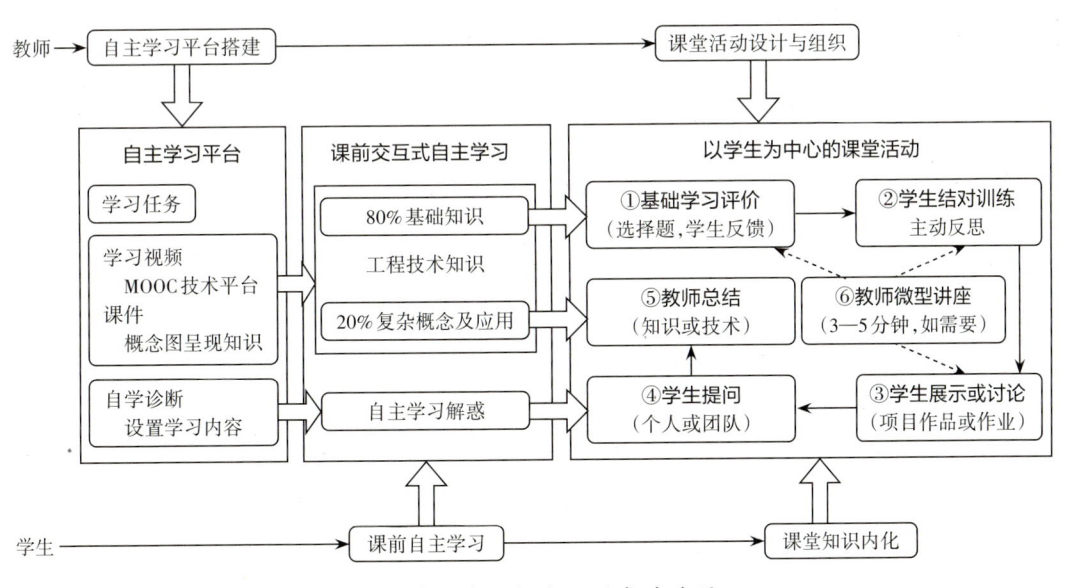

图1 线上资源与线下课堂关系图

2. 成果导向,构建"3+6+3"课程内容,进阶展现课程知识

依据培养新一代信息素养课程建设目标,融入分类碎片化的智能信息技术知识,从点到面阶梯式优化课程内容,涵盖三大智能信息技术理论知识模块,六大智能信息技术实践操作模块,三大智能信息技术综合案例模块。课程内容体现"理论教学重基础,实践教学重应用,案例教学重创新"的建设思路。

3. 精心打造,创建课程MOOC资源,建设线上金课

在课程录制过程中,团队坚持"慕课建好、课前学好、课中用好、课后管好"的课程建设思路,遵循学生对信息技术知识的认知规律、信息技术能力的形成规律、信息技术人才的成长规律的教学理念,构建了以培养信息技术能力为目标的课程内容体系。同时,教学视频充分运用导图和动画,直观展示复杂的逻辑模型,让学习者更易解读知识内容并学得会,增加课程感染力,学生易学、愿意学。(图2)

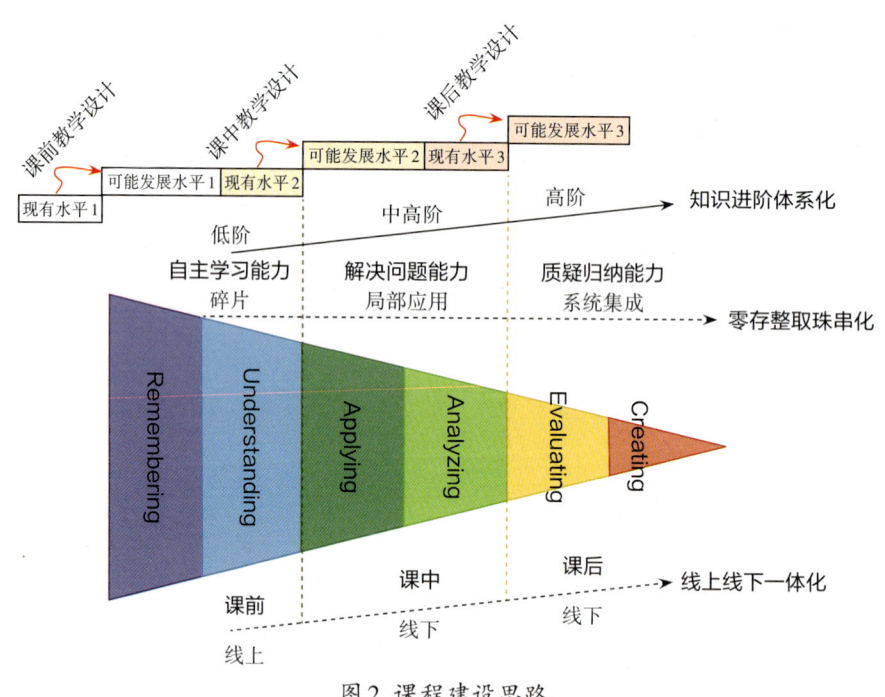

图2 课程建设思路

(四)辐射面广,参与度高,应用示范引领作用显著

本课程共有在线视频44个,总时长446分钟。全国144所高校学生和社会学习者选课学习,其中参与在线互动16322人,互动总量1131968次。本课程视频时长6小时,学生平均线上学习13小时,是重庆高校在线开放课程平台选课人数和互动交流次数较多的课程,具有显著的引领示范作用。

(五)校本应用,成绩斐然,学生创新能力彰显

1. 专业课程应用效果好

面向我校计算机类相关专业采用"MOOC+SPOC+翻转课堂"方式开展教学,累计开课4轮次,共1472人选课。其中1428人MOOC成绩60分以上,线上学习合格;1411人线下考试合格。课程成绩合格1432人。

2. 学生应用创新能力强

遴选学生参加课程延伸的Microsoft Office Specialist(MOS,微软办公软件国际认证),通过率达90%;参加课程延伸的MOS大赛全国总决赛成绩斐然,是获全国一等奖最多的高校,其中2019年3人,2020年5人,2021年6人。

(六)推广应用情况

电子科技大学、广西师范大学、景德镇陶瓷大学、新乡学院、红河学院、海门经济学院、重庆交通大学、重庆工商大学、重庆工程学院等140余所高校的学生选修本课程资源。选课学生遍布四川、重庆、云南、广西、山东、海南等13个省市。

(七)考试考核

课程组制定了《"信息技术与人工智能"专业课期末成绩考核方案》《"信息技术与人工智能"校外选课期末成绩考核方案》,经学校批准执行,成绩评定方式如下(图3):

课程成绩 = 课堂表现(30%) + MOOC在线课程成绩(30%) + 期末考试(40%)。

其中,课堂表现 = 课堂实验(30%) + 课堂限时测试(20%) + 课堂互动(20%) + 思政考核(30%)。

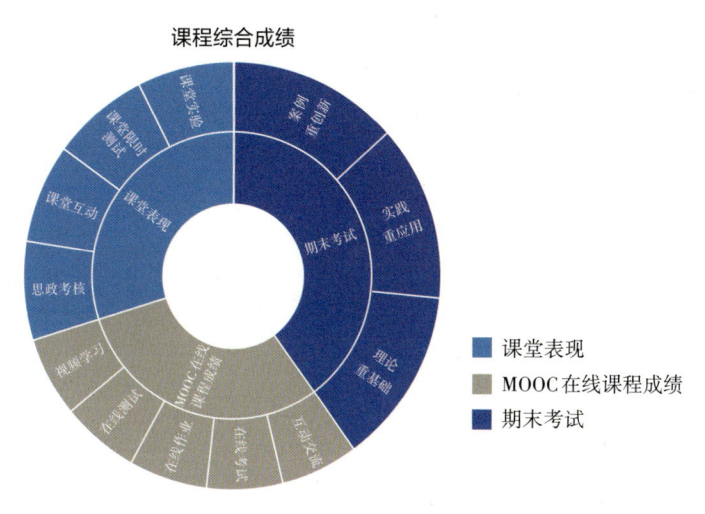

图3 课程成绩构成要素

(八)知识单元设计案例展示

选用"数据分析"知识单元,对应线上课程第四章视频4、视频5,呈现"零存整取珠串化、线上线下一体化、认知进阶体系化"设计案例。(图4)

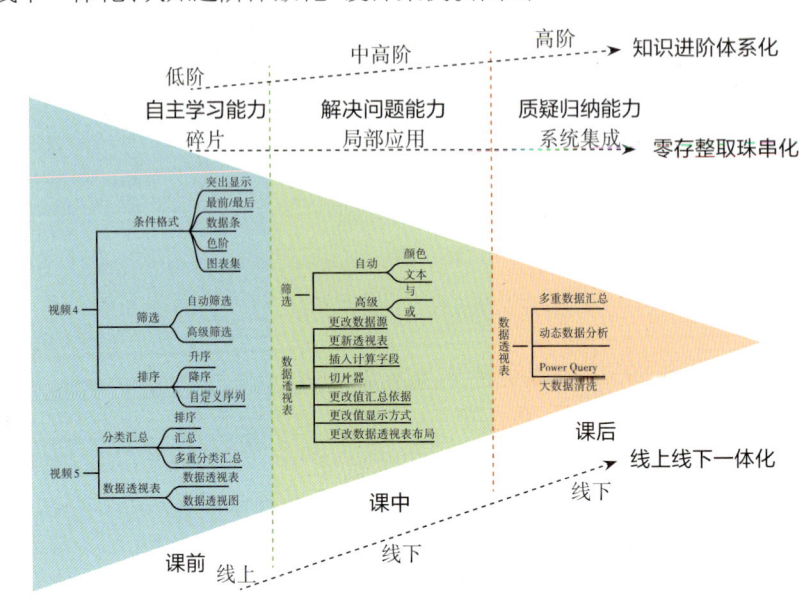

图4 知识单元设计案例展示

精心设计与"数据分析"认知程度匹配的进阶式测试案例用于教学或探讨,充分体现从知识型考核向能力型考核的转变。针对线上自主学习设计识记与理解层次测试案例。

三、案例成效

(一)案例特色与创新点

1.知识内容碎片化,零存整取珠串化

按照课程知识空间精选课程内容,将"信息技术与人工智能"课程内容分成知识领域、知识单元、知识点三个层级,以知识点为模块单元进行内容碎片化。学习者课前通过自主学习碎片知识点,课中通过解决实际问题局部整合应用碎片知识,课后通过质疑归纳系统集成碎片知识。这种零存整取珠串化的方式使学习者不仅清晰课程知识脉络,而且能自我构建课程知识脉络图,显著提升课程目标达成度。(图5)

图5 知识体系结构图

2.产教融合项目化,线上线下一体化

依据产教融合为载体的新工科教育理念,引入企业商用项目化案例,以知识点分解项目,按照"理论引领—技术应用—案例实践"思路,淡化课堂边界,采用线上线下一体化课程资源建设、一体化教学设计、一体化教与学。线上课前自主学习、线下课中解决实际问题或课后质疑归纳等线上线下一体化课程资源建设;线上课前自主学习教学设计、线下课中教学设计和线下课后教学设计等线上线下一体化教学设计;线上自主学习与辅导、线下

课中内化知识、课后学生质疑与教师答疑等线上线下一体化教与学。

3. 知识呈现层次化，认知进阶体系化

本课程将融入分类碎片化的企业信息技术知识点，按BLOOM理论从识记、理解，到应用、分析，到质疑、创造等进行层次分解。线上学习基础理论知识；线下课中实践应用，主要运用课前学习知识，通过应用和分析解决实际问题等层次内化知识；线下课后案例创新，主要是对学习知识进行归纳反思，进而产生怀疑和创造等层次提升知识，完整地呈现"理论教学重基础，实践教学重应用，案例教学重创新"的认知进阶体系化思路。

（二）主要成效及成果

1. 同行专家充分肯定

课程得到中软国际执行董事、高级副总裁、教育部软件工程专业教学指导委员会委员唐振明博士和哈尔滨工业大学博士生导师、教育部高等学校大学计算机课程教学指导委员会委员战德臣教授的高度肯定。编写的信息技术与人工智能课程案例荣获重庆市高校在线课程建设与应用优秀示范案例。

2. 学生创新能力突显

2019—2021年，学生连续三届参加MOS大赛全国总决赛，并获得优异成绩。重庆市教委还对我校参加MOS大赛进行了专题报道。(图6)

图6 重庆市教委官网的相关报道

3. 课程可示范效果显著

课程践行科学伦理下的"MOOC+SPOC+翻转课堂"，教学示范作用突出。在2018年的中国高校计算机教育MOOC联盟峰会上，重庆文理学院软件工程学院被评为中国高校计算机教育MOOC联盟优秀试点学院，课程组作大会主题交流发言，推荐课程建设与实

践成果。同时在全国高等院校金课建设教学研讨会等十余场会议中分享线上课程建设与使用经验。

四、未来计划或启示

(一)课程育人树典范

在教育教学过程中注重学生理想信念的培养,帮助指引学生树立正确的价值观和合理的爱国信念。在学生心中埋下科学伦理的种子,引导青年学生树立正确的科学伦理意识和遵守科学伦理规范。进一步培养具有社会责任感、跨界思维、创新意识,理论基础扎实,工程实践能力突出的热爱国家的高素质软件工程技术人才,为国家信创产业做出应有的贡献。

(二)教材建设树品牌

结合本课程教学模式的深入展开,如何融合线上MOOC资源开发新形态特色教材,并充分体现"教学内容做'减法',教学效果做'加法'",自然融入思政案例开展思政教育,是本课程后续教材建设的主要任务。

(三)课程质量树示范

根据"理论教学重基础,实践教学重应用,案例教学重创新"的在线课程建设思路,进一步提高课程质量。主要从三个方面开展:第一,优化视频,依据教学反思持续优化课程视频,追踪前沿新技术增扩课程视频;第二,增补题库,更新、增加题库,教学视频新增内置互动测试题;第三,增扩实验,增加在线实验练习、在线实验测评和反馈等功能,建立学生善学、会用、能创的课程体系和人才培养范式。

企业质量文化"3633"课程思政育人模式构建与实践①

陈本炎　田书芹

重庆文理学院

一、案例介绍

"企业质量文化"课程在全面把握"四新"建设要求的基础上，以新时代高素质复合应用型人才培养定位为根本，以专业人才培养目标和要求为依据，坚持落实立德树人根本任务，深入挖掘课程知识体系中蕴含的社会主义核心价值观、新经济时代质量强国战略等思政元素，将专业素质教育和质量管理理论方法教育有机结合，构建并实施"三规律、六模块、三中心、三层次"的"3633"课程思政育人模式，使学生在课程学习过程中不断强化质量意识，初步树立现代质量观，实现了知识传授、能力培养与价值塑造的有机统一。

二、案例详述

（一）课程团队建设

课程团队成员均为长期从事"企业质量文化"课程教学的教师，教学经验丰富。其中重庆市学术技术带头人及后备人选1人，巴渝学者2人，重庆市高校中青年骨干教师1人，重庆市普通本科高等学校教学指导委员会副主任委员1人、委员2人。

团队成员积极开展课程思政教学研究，主持教育部产学合作协同育人项目6项，国家新农科研究与改革实践项目1项，省部级教改重大项目2项、重点项目3项、一般项目3项，国家社科基金重点项目等国家级和省部级科研项目20余项，积极推进横向项目，到账经

---

① 本案例为重庆市高等教育教学改革研究重点项目"基于学生深度学习需求的高校数字课程建设探索与实践"（项目编号：232119）阶段性成果。

费140余万元。同时,团队教师还积极与地方政府联合在全国率先研制发布了乡村人才分类评价标准,已在地方政府试点应用。此外,助力乡村全科人才培养,组建了乡村全科人才培养试验班,主笔撰写的相关案例入选重庆市乡村人才振兴十大最佳案例和重庆市人才工作十大优秀案例;参与的乡村振兴教学科研成果获得重庆市第四届教育改革试点成果一等奖,助力学校获重庆市教育系统唯一全国脱贫攻坚先进集体和人社部批准的国家级乡村振兴专家服务基地,为国家乡村振兴战略的落地落实贡献了自身力量。

(二)课程设计与实施

在学校的大力支持下,课程团队教师集体研讨和精心设计教学内容,创新教学方法,在实践中逐步探索形成了线上一流课程独特的课程思政育人模式和方法路径。

1.坚持立德树人,构筑了"三规律"课程内容体系

本课程贯彻落实国家质量发展战略,遵循学生对质量和标准化知识的认知规律、质量标准建设的形成规律、质量管理技术人才的成长规律的教学理念,按照企业质量文化的理论建构、内涵建设和实际需求设计课程体系,在教学设计和实施过程中充分挖掘课程思政元素,使学生通过本课程的学习,能对国家质量管理和标准化工作以及企业质量文化建设有初步的认识,对企业质量和标准化建设在科技强国和核心技术研发等方面的重要作用有初步了解,强化学生的质量意识和规范意识,充分发挥课程育人功能,将立德树人真正落到实处。

2.坚持产出导向,构建了"六模块"课程知识框架

根据线上课程建设与运行要求,以企业质量文化建设对学生知识能力的需求为导向,从点到面阶梯式优化课程内容,涵盖5个企业质量文化理论知识模块,1个企业质量控制实践操作模块,共7章26个学习任务点,每个任务点上增加了微课视频、非视频资料、小节测试和答疑讨论以及同步辅助学习资料和案例。课程内容体现了"理论教学重基础,实践教学重应用"的建设思路,从理论和实践两个层面强化学生质量意识和创新思维,培养学生良好的职业素养和专业能力。

3.坚持学生中心,构创了教与学"三中心"教学模式

以学生发展为中心,引导学生以所在专业培养目标和课程育人目标为基础,面向学生探究未知而教,适应未来而学,促进学生个性化发展。以学生学习为中心,根据设计模块和要求,引导学生学习;结合所在专业特点和课程思政要求,将课程思政元素与专业培养要求有机结合,教会学生如何提升职业素养和创新思维。以学习效果为中心,学生在课程知识内容学习的基础上,通过互动回帖的形式,将师生讨论质疑和诊断、问题探究和解答

落到实处,得到了学生的高度评价,线上教学运行和课程育人效果得到了进一步展现。

4. 坚持质量为要,完善了"三层次"课程运行机制

作为一门线上课程,选课学生来自多个省份、多所高校,选课人数多,运行难度大。为了保证课程运行效果,课程团队多措并举,进一步完善了课程运行机制:一是针对学习对象特点,充实课程资源,在运行过程中充分把握学生学习特点,通过交流研讨和资料收集整理,不断完善课程内容设计和思政资源建设,有效满足学生学习需求;二是针对线上学习特点,完善师生交流渠道,采用群直播、QQ群交流、一对一交流、资源帖设置、回帖引导等形式加强教学指导,构建了"在线思政育人平台",师生交流渠道通畅,学生学习主动性和效率明显提升;三是针对线上课程运行特点,实施在线值班制度,线上课程的运行不同于线下课程,学生在线学习时间不固定,为了及时处理学生疑问和进行作业批改,团队教师严格实施在线值班制度,经常在线值守至深夜。截至目前,团队教师累计在线时长2030.7小时,批改作业13370份。依靠切实有效的运行机制,线上教学质量得到了有效保证。

(三)课程运行及示范辐射

本课程于2021年3月在重庆高校在线开放课程平台上线运行,至今已完整运行3期。课程上线运行以来,有来自中央财经大学、天津理工大学、上海海事大学、宁波大学、湖北工业大学、四川师范大学、西南政法大学、重庆文理学院等55所高校的6182人选修学习,覆盖北京、天津、上海、浙江、湖北、四川、重庆等10个省(直辖市),是重庆高校在线开放课程平台上线课程中选课人数和互动交流次数较多的在线开放课程之一。课程入选国家高等教育智慧教育平台,示范辐射效应显著。

从课程运行情况看,学生平均线上学习时间38小时。其中参与作业和测验学生5132人,参与在线互动学生3562人,互动总量243128次(含教师参与互动12809次),线上讨论活跃,师生参与度高。从考核情况看,线上课程成绩通过人数4851人,平均通过率78.47%,课程教学运行效果明显。

三、课程特色与创新

(一)课程特色

1. 凸显德能并重,实现了专业知识讲授和课程育人功能有机统一

团队教师积极落实立德树人根本任务,切实践行社会主义核心价值观,在教学方式上做到德能双授。同时将职业素养和职业技能培育并重,重点培养和训练学生质量意识与创新思维,从理论和实践层面实现了专业知识讲授与课程育人功能有机统一。

2. 深化校企协同,实现了课程知识内容设计和企业人才能力需求无缝对接

本课程以我校国家级教学成果奖二等奖作品"高校'三标一体'教育质量模型的探索与实践"的理论和实践成果为基础,依托教育部产学合作协同育人项目进行系统构建,课程内容设计充分体现了企业质量文化建设中对人才综合素质和专业能力的需求,课程教学目标更加贴近国家质量强国战略需要和企业现实需求,进一步彰显了课程特色。

3. 精选思政资源,实现了线上线下一体联动落实课程思政育人目标

本课程充分运用信息技术手段,结合课程特点挖掘课程思政元素,精心遴选和更新课程思政资源,凸显质量特色。在此基础上,通过"MOOC+SPOC"的教学组织形式,让线下授课学生在线上学习理论知识,线下动手实践体验提交作品,加深学生对企业质量文化建设在质量强国建设中的重要性的认识,激发学生的爱国热情和学习动力,确保课程思政育人目标顺利达成。

(二)课程创新

基于课程运行实践,形成了"3633"课程思政育人模式。团队成员依据课程特点和企业人才需求,落实立德树人根本任务,构筑了"三规律"课程内容体系;基于课程能力培养目标,构建了"六模块"课程知识框架;基于学生自主学习需求,构创了教与学"三中心"教学模式;基于课程教学质量要求,完善了"三层次"课程运行机制。通过探索与实践,形成了适合线上一流课程的课程思政育人模式和方法路径。

四、课程建设成效

(一)教师教学能力显著提升

在课程建设与运行过程中,团队成员充分发挥自身专业优势,积极参与专业建设,着力推进课堂教学手段和教学范式改革,教学能力和水平得到了显著提升。团队成员中获2022年重庆市教书育人楷模荣誉称号1人,获重庆市普通本科高校教师教学创新大赛一等奖1项,获重庆市本科高校微课教学大赛一等奖2项、三等奖1项。(图1)

图1 团队教师获奖文件和证书

(二)课程建设与改革成果丰硕

在课程建设与改革方面,团队教师积极通过线上线下课程思政教学研究与改革,将本课程实践经验进行提炼和总结,获校级教学成果奖三等奖1项,并成为首批入选国家高等教育智慧教育平台的课程面向全国推广应用。由于课程建设和应用成效明显,本课程还获得2021年重庆市本科高校线上一流课程认定,2022年获评重庆市课程思政示范课程。

(三)学生知识应用效果突出

在课程知识学习和运用方面,通过课程学习,学生们的质量意识和规范意识得到了明显增强,部分学生还将质量统计技术方法应用于中国国际"互联网+"大学生创新创业大赛、全国大学生市场调查与分析大赛等竞赛作品中,获得国家级一等奖1项、三等奖3项,重庆市一等奖2项、二等奖5项。

基于应用型人才培养的工程测量在线课程建设[①]

袁士才　孙华银　周维莉　李永强　李滟浩

长江师范学院

一、案例介绍

课程于2019年在线运行，2020年入选教育部土木工程教专指委"在线教学资源库"、重庆市高校精品在线开放课程，2021年参加第二批国家一流课程评审，2022年上线国家高等教育智慧教育平台。

课程建设立足地方本科应用型人才培养定位，建立"基础+理论+应用+拓展"四大模块，重构课程知识体系；基于地方本科院校学生基本学情，实行"重难点多层次分解+多元化综合评价"教学方法，推动学习效果提升；紧跟国家对高水平本科教育的最新要求，推进学科前沿、思政育人与教学内容相统一，实现知识能力素质有机融合。目前，课程运行效果良好，得到选用高校师生高度评价，在本校混合式教学应用中成效显著。课程建设理念、建设经验适合于地方本科院校一流课程建设，极具推广应用价值。

二、案例详述

（一）课程团队建设

课程团队分为核心团队、支撑团队和辅助团队。核心团队由副书记、系主任、骨干教师等5名主讲教师构成，其对课程建设、人才培养有深刻的见解，同时具有注册测绘师、公路水运检测师、建造师等职业资格，一线工程经验丰富；支撑团队由副院长、实验中心负

[①] 本案例为2022年度重庆市教育科学规划课题"土建类课程思政元素挖掘及融入路径及策略研究"（课题批准号：K22YG214209）阶段性成果。

人、辅导员、教学秘书等5名教师构成,其对专业建设、实验教学、思政建设等有丰富的经验;辅助团队由2名超星平台工作人员构成,为课程维护提供强有力的支持。

(二)课程设计

立足地方工科人才培养定位及发展需求,注重知识学以致用,服务工程建设领域,因此将课程知识结构划分为四个模块(图1)。重点将典型的工程案例、行业先进模范、先进测量技术融入课程中,提升课程内容的高阶性、创新性,丰富课程建设的育人属性。

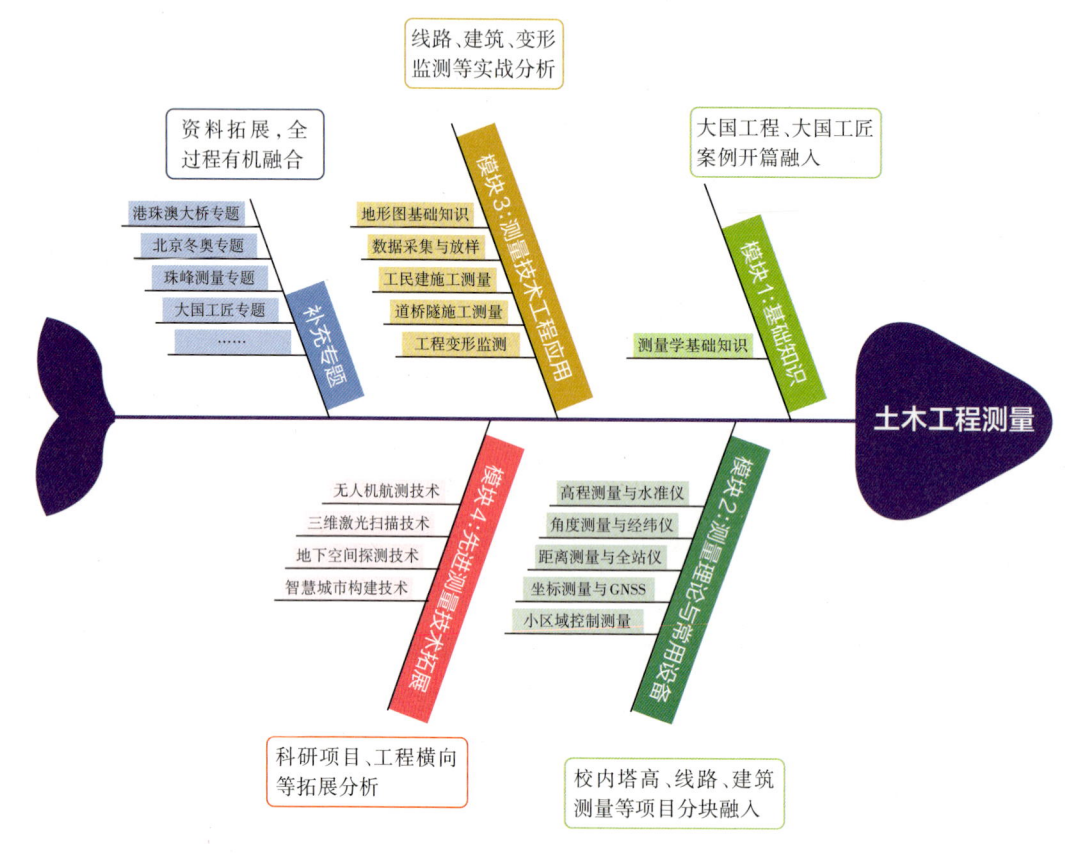

图1 课程知识体系设计

为满足应用型人才对实践能力的高要求,课程实践教学从最初的6个学时扩展到16个学时,从3个固定性实验扩展到10余个结合校园真实场景的选修实验(图2)。同时,考虑先进测量设备缺乏,引入了国家虚拟仿真实验项目,编制实验手册,通过课程实践教学资源的进一步整合优化,提升实践能力的挑战度,推动以学生发展为中心的课程体系落实。

图 2 课程实践教学项目改革进程

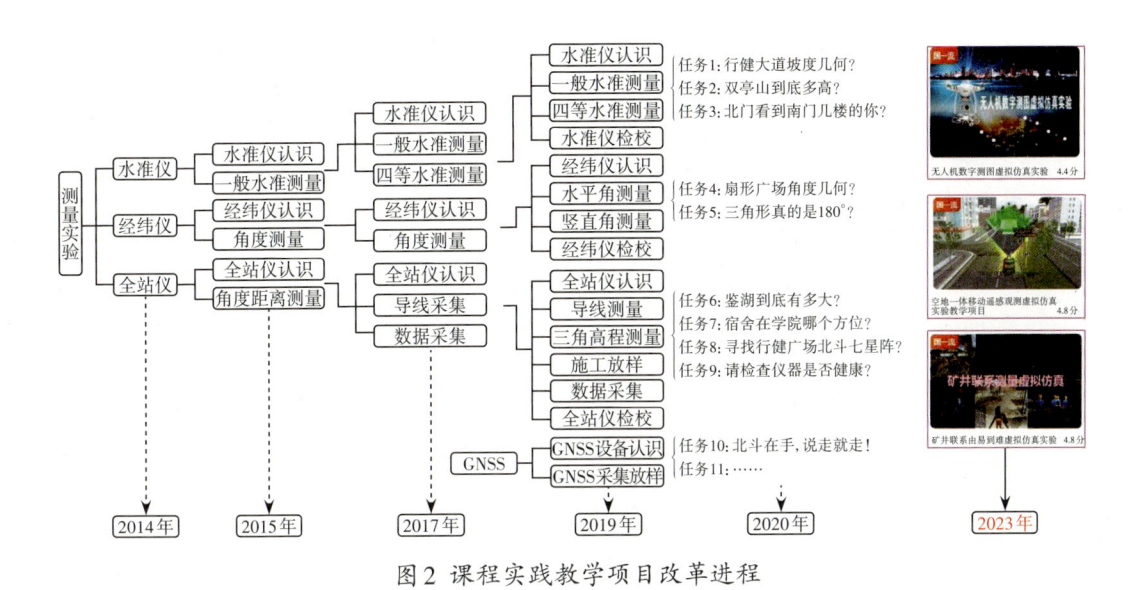

(三)在线教学情况

首先,在本校开展线上线下混合式教学,通过"线上学理论、线下勤翻转、室外重实践"的教学模式,充分利用在线学习大数据,有针对性地解决学生的疑难问题。其次,在选用高校采用"独立小班+各校自管"的教学模式,开放课程资源权限,校际间交流互动深入,共享共建理念逐步达成。最后,在全国开放班级中采用"自主学习+教师引导"的学习模式,充分给予学习者主动性,教师及时辅导解决学习问题,并设置"考试问题分析",解决课程学习遗留问题,各校师生反响热烈。

(四)课程的特点与优势

课程集理论学习与实践操作于一体,既要理论掌握扎实,又要能熟练操作测量设备解决实际问题,是土木、水利、地质、交通运输等专业掌握的第一项专业技能。俗话说,工程建设,测绘先行,因此课程建设十分关键。

课程建设案例新颖,目前此课程中国家线上一流课程仅有1门,侧重于创新型拔尖人才的培养。本案例重构知识体系,前沿技术与思政育人相融合,工程建设案例贯穿主线,侧重应用型人才培养,在地方高校推广中优势明显。

(五)资源建设

在线课程平台,现有视频资源85个,时长约638分钟,非视频资源104个,题库共计1800余题,工程案例20余项,目前各项资源仍在持续更新。

(六)本校应用情况

课程应用于土木工程、工程造价、园林、土木工程(中外合作)4个专业,在教学中采用混合式教学模式(图3),通过资源学习、线上讨论、线下研讨、章节测验等环节,分析学情大数据,实时调整课程进度,因材施教,在学生成绩、学科竞赛等方面取得了突出成绩。

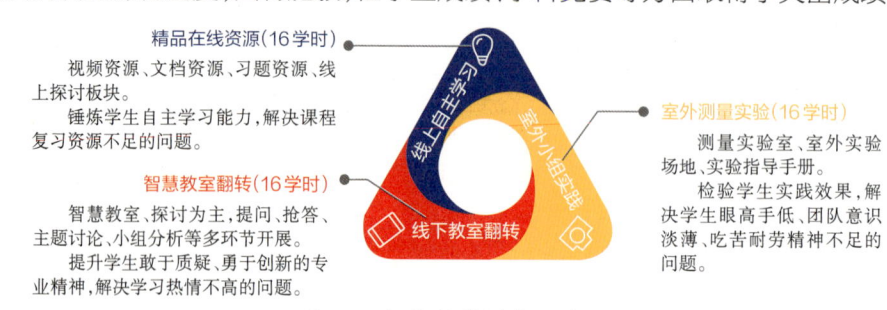

精品在线资源(16学时)
视频资源、文档资源、习题资源、线上探讨板块。
锤炼学生自主学习能力,解决课程复习资源不足的问题。

智慧教室翻转(16学时)
智慧教室、探讨为主,提问、抢答、主题讨论、小组分析等多环节开展。
提升学生敢于质疑、勇于创新的专业精神,解决学习热情不高的问题。

室外测量实验(16学时)
测量实验室、室外实验场地、实验指导手册。
检验学生实践效果,解决学生眼高手低、团队意识淡薄、吃苦耐劳精神不足的问题。

图3 混合式教学模式示意图

(七)推广应用情况

在2020年春期,课程为山东科技大学、天津理工大学、南阳理工学院等10所高校开设单独小班,涉及1900余名学生,由各校教师自主管理,良好的资源和周到的服务受到选用高校的一致赞扬。

截至2023年3月,课程运行数据如图4所示。除本校和疫情期间服务的学校外,还有山东大学、石家庄铁道大学等150余所高校师生以及社会学习者共8000余人先后选择了此课程,并进行了线上自主学习,可见课程在线开放范围广,有一定的社会影响力。

图4 在线课程主界面

(八)考试考核

课程考核采用过程性、多元化、综合式评价模式,主要由资源学习、章节测验、互动讨论、线上考试、课后实验、线下考试等7个部分组成,比例可根据各校开展情况进行调整。校外学习者主要采用前4个维度进行考核,选用高校以班级为单位者还可结合自身考试、实验进行综合评价,平台考试资源全部开放,团队无偿支持。本校学习者考核方式如图5所示。

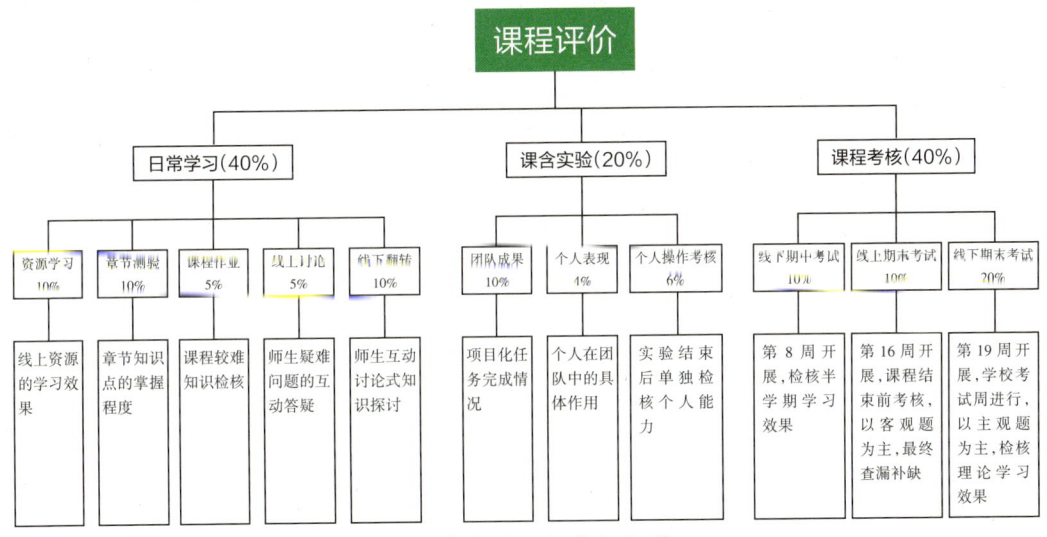

```
                        课程评价
        ┌─────────────────┼─────────────────┐
   日常学习(40%)       课含实验(20%)       课程考核(40%)
   ┌──┬──┬──┬──┐      ┌──┬──┬──┐         ┌──┬──┬──┐
资源  章节 课程 线上 线下  团队 个人 个人   线下期 线上期 线下期
学习  测验 作业 讨论 翻转  成果 表现 操作   中考试 末考试 末考试
10%   10%  5%   5%  10%   10%  4%  考核6%  10%    10%    20%
```

| 线上资源的学习效果 | 章节知识点的掌握程度 | 课程较难知识点检核 | 师生疑难问题的互动答疑 | 师生互动讨论式知识探讨 | 项目化任务完成情况 | 个人在团队中的具体作用 | 实验结束后单独检核个人能力 | 第8周开展,检核半学期学习效果 | 第16周开展,课程结束前考核,以客观题为主,最终查漏补缺 | 第19周开展,学校考试周进行,以主观题为主,检核理论学习效果 |

图5 本校课程评价细化图

(九)共建共享

课程在线运行中,联合山东科技大学资源学院、南阳理工学院土木工程学院等二级学院建立了虚拟教研室,选用高校对课程资源和运行方式提出了很宝贵的意见,课程团队将利用在线平台优势,引进其他高校教师增加团队力量,结合共建高校人才培养不同定位,建立"工程测量"大课,涵盖工民建、道桥隧、房产、园林、市政、地灾等众多模块,符合各校的在线课程资源需求,满足不同侧重学生的学习愿望,实现共建共享。

(十)线上应用

本课程属于专业基础课,有超过1.4万人选课学习,可见在运行中取得了一定的效果。在线上共享上,为各校师生灵活设置学习章节,习题库、试卷库全部开放且可编辑,课程团队精心服务,获得各校师生的一致赞赏。

除此之外,还请行业专家为课程指引方向,也向一线单位提供课程学习平台,负责人受邀为国培计划——重庆市教师企业实践(土木水利类)培训班开展专题讲座,同时与重庆市江津惠农公司开展校企合作，搭建了测量技术研究应用转化平台，已成为土木建筑工程学院与企业产学研合作示范基地，并将本课程作为新进员工的测量技术培训课程，为企业发展助力。(图6)

图6 校企合作签约及员工培训

三、案例成效

（一）案例特色与创新点

1. 聚焦地方本科院校一流课程建设，注重应用型人才培养需求

内容设计上，加强了工程应用、先进测量技术模块；视频设计上，重难点深入浅出；课程辅助资源上，习题、拓展资料等不断扩充，学生个性化需求逐步满足。

2. 对标"三全育人"的育人理念，将"立德树人"根本任务落在实处

注重学科先进成果和课程思政元素的融合，推动学习兴趣与社会责任感的统一，将北斗组网、嫦娥登月、再攀珠峰等行业前沿融入课程，再将大国工程、工程灾害等热点与日常生活结合，激发学习志趣和潜能，实现社会责任感、创新能力的提升。

（二）教学改革成效及解决的重难点问题

1. 重构知识体系，解决实际教学与人才培养需求脱节的问题

根据人才培养定位，建立"基础+理论+应用+拓展"四大知识模块，将科技前沿、工程案例及时事热点融入在线平台，学生可以广泛接触到相关案例，学习成效明显提高，满足了当前人才培养需求。

2. 创新教学模式，解决学生被动学习的问题

通过混合式教学模式，线上理论自主学习，线下教室翻转教学，室外进行测量实践，更加适合当代学习碎片化的学习需求，学生学习的主动性和适应性明显增强。

3. 改革成绩评定方式，解决学习效果两极分化的突出问题

利用过程性综合评价，通过学习大数据实时分析学生的学习动态，及时发现共性和个性问题,对成绩落后同学采取针对性帮扶,实现总体学习效果的提升。

4. 开放课程资源,解决同类课程在线优质资源相对较少的问题

资源上线国家平台,并持续更新,为相应高校提供优质的在线资源,满足其线上线下混合式教学需求,也为企业新员工提供一个自主学习平台。

(三)主要成果成效

1. 课程建设应用、推广效果显著

在线课程建设效果突出,受到教指委专家的积极认可,选用高校和师生数较多,也得到各校师生的一致好评。课程应用于教师实践、技能培训,合作单位大力赞扬。

2. 教师成长、学生成才作用突出

教学团队能力提升明显,获得教学竞赛市级奖1项、校级奖10余项,立项教育部协同育人项目、市级教改项目10余项,教学成果获得校级教学成果奖,教学评价连年优秀。在课程方向上,学生立项市级及以上大创项目4项,获得全国测绘学科竞赛二等奖5项,发表科研论文3篇。学生学习的积极性增强,参加学科竞赛的热情增高,学习成绩明显提升,人才培养效果逐步体现。

基于理工衔接、学研结合的"大学物理"在线课程建设与实践

肖学雷　李松柏　贺泽龙　秦林

长江师范学院

一、案例介绍(以"电磁感应"课题教学为例)

操作在线课程教学的策略、方法及路线如表1所示。

表1　操作在线课程教学的策略、方法及路线

➢ 立足"四新"建设,促进理工学生"学研用"发展	
◆ 通过"在线学研"互动活动,追求"学生中心"理念	◆ 通过"双语诵读"德育实践(作业),追求"学科德育""知识体系"(如"电磁感应"章节)的自洽融合,夯实"课程思政"目标
◆ 通过"应用讨论"即兴活动,追求"两性一度"效果	

电磁感应是"大学物理(一)"在线课程第12章第3篇中的核心内容,具体知识点分散在4节中(图1)。其中,第1节和第2节是以课题知识发展学生思维力及开展课程思政育人的"重头戏";第3节和第4节则是电磁感应的"示例学习"。本章共4个微视频(时长约25分钟,共11个任务点)。

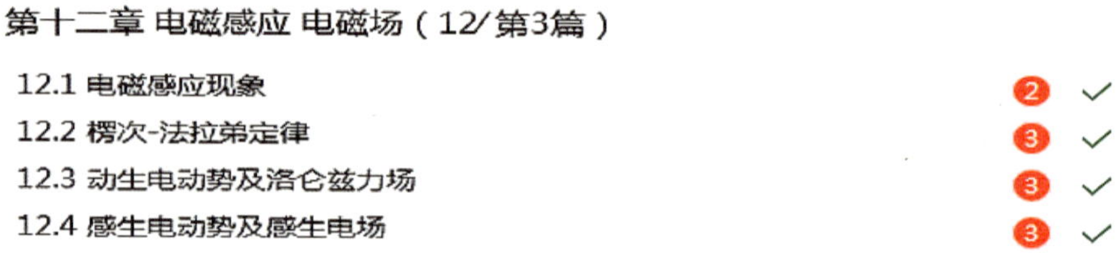

第十二章 电磁感应 电磁场(12/第3篇)
12.1 电磁感应现象　　　　　　　　　❷ ✓
12.2 楞次-法拉弟定律　　　　　　　　❸ ✓
12.3 动生电动势及洛仑兹力场　　　　❸ ✓
12.4 感生电动势及感生电场　　　　　❸ ✓

图1　学习通APP上"大学物理(一)"课程第12章第3篇的目录

(一)以学生为中心,设计"探究式教学"活动

创设探究活动,掀起"究中学":以谈话探究"电磁感应的成因及特征量",促进学生"透过现象看本质"的高级思维的发展;讨论探究"感生电场的成因"与"感生电场与静电场的本质区别",激发学生的创新思维。

(二)以问题为中心,导学难点"非静电场"

以特征量"电动势",促进学生走进生产生活中的"发电机""蓄电池"等机电,启发探究其"非静电场(力)"问题,让学生"跳一跳",触发其"最近发展区",实践"产学研"教学互动下的"挑战度"。

(三)以物理人文为载体,实践"德育其中"

以科学发现之人文史料,搭载课程思政实践活动,如,通过双语诵读+笔译作业"伟大的科学发现""人物史实/格言",以电磁感应之发现史,传播法拉第之"科学精神""淡泊名利"等人格美德,在德育实践(作业)中落实课程思政。

二、案例详述

(一)关于教学团队

早在2005年,"大学物理"就已成为我校第1批18门校级重点建设课程(线下)。2017年,教学成果"基于专业需求差异化的'大学物理'课程模块教学改革与实践",获重庆市政府三等奖。

伴随慕课在线开放课程的兴起,课程团队即实践在线教学。经过校级精品在线课程建设及在线课程重点教改项目建设和6年的师资打造,课程在线教学团队,现有主讲教师14人(教授6人、副教授6人、讲师2人)。课程负责人兼任"线上讨论"(含周末)及"课外"答疑教师。

(二)关于课程设计

1.在线课程内容标准设计

(1)物理人文:物理科技史,物理人文/思想、辩证逻辑思维、科学态度/精神,学科德育等内容。

(2)知识·方法·技术:物理现象/效应、概念、规律(原理),物理方法、物理技术及应用。

2.在线课程内容模块

(1)通识模块。课程名称为"大学物理(一)",为理工科类专业的基础物理课。

(2)专业模块。课程名称为"大学物理(二)",具体分A、B、C、D、E、F六个模块,分别对应理科类、电工类、机械类、土建类、生化类和电信类专业应用,为必选的模块课。

(3)在线课程章节。两个模块,包括"非智力"教育篇以及5篇具体课程内容,共计18个章节,凸显基础性和应用性。

"非智力"教育篇,包括"绪论"和"物理人文"(德育实践)共2章的"非智力"内容。

第1篇:力学基础,包括第1—5章,即"运动的描述""运动定律与力学守恒定律""狭义相对论基础""机械振动""机械波"。

第2篇:热物理学,包括第6—7章,即"气体动理论基础""热力学基础"。

第3篇:电磁学,包括第8—12章,即"真空中的静电场""静电场中的导体和电介质""稳恒磁场""磁场中的磁介质""电磁感应电磁场"。

第4篇:波动光学,包括第13—15章,即"光的干涉""光的衍射""光的偏振"。

第5篇:量子物理,即第16章"量子力学基础"。

(三)在线教学情况(图2)

图2 "大学物理"课程门户信息

1.在线教学平台

(1)电脑端

电脑端为教师"开课"管理、发布学习任务/布置作业并以此开展在线课程教学的首要通道,也是学生学习在线视频、下载阅读资料、提交在线作业、参加在线考试、参与在线讨论/互动的保障。

(2)手机端

本课程在手机上的运行平台为超星学习通APP,其既是教师及时了解学情、监测学生活动(数据)或反馈评价的便携"教具",也是学生随时查看学习任务/通知、诉说疑难、询问解法/解题思路等的利器(辅以微信/QQ群)。

2.在线教学资源

课程资源主要为预录微视频(67个),通过学银在线开展教学。非视频教学资源包括"在线讨论题库""章节练习题库""在线考试题库""微视频PPT""课程大纲""课程思政讲义"等。

3.课程特点与优势

(1)特点。

①注重"产学研"新工科应用型人才培养。以培养学生应用知识解决生产生活中的物理现象/问题之高级思维为教学追求,以"在线问题""讨论探究""谈话探究"为导学活动轴线,引向工业应用技术。

②侧重"理工衔接"之物理技术。把应用能力目标作为在线教学活动的追求:以实物、视频/图片,切入技术问题。以学习通"课程积分"为激励,把参与讨论、答问发言"加分"作为教学发力点,让学生解释其中的"物理技术/应用",促进其应用实践。

③课程"德育其中"。以德育实践作业,传播物理人文/学科德育,增强课程思政的时效性、和谐性和自洽性。即传播物理人文史料,以"话题讨论"或"英汉互译""英汉诵读"作业/录音,或物理"事件"趣闻、"人物"轶事、格言或"科学发现"史实,去触动、感染和教化学生心灵,让学生在阅读中浸染"课程思政",规避空洞无力的单纯说教。

(2)优势。

①激发学生主动性、自主性和能动性,发挥思维(创新潜力)优势。把线上"互动活动"及"在线讨论题库"列为平台课程积分的任务点,引导学生积极参与"师—生互动""生—生互评"活动/项目,保证学生是线上课程活动的主体和中心;通过设置课中/课后"提问题""问问题""答问题"加分,广开提问、答问之能动性学习窗口,让学生把手机、电脑作为"乐学"的挣分工具,在"爱问""好研"中助长其思维火花。

②把理工衔接贯穿于课程"产学研"中。基于专业模块"大学物理(二)",通过"学以致用"话题,揭示物理技术或学科前沿,折射物理效应对理工专业的技术创新支撑作用。

③把"思政话题"或"诵读译写"活动融入知识背景,化解单纯说教之惑。把人物科研史、生活史、格言(价值观、人生观、世界观、唯物辩证观)及"物理与社会"发展史等人文史

料,作为德—智接口。在传播物理现象/知识的史实中,涵养物理人文之课程思政,使课程教学走向"全人教育"。

(四)关于资源建设

"在线视频"建设(续建)后期,取向充实"数理预备知识讲义""思政版教学大纲/教案""习题库""试题库""讨论库""物理人文""教学PPT""STS"等教学资源的建设。

(五)本校及推广应用情况

1.本校情况

"大学物理"在线课程已经历三个阶段的建设。(图3)

初期(2016—2018年):基于2016年校级精品在线开放课程建设,开展教学应用。

教改期(2017—2019年):通过2017年校级重点教改项目,深化教学应用。

成熟期(2019—2021年):经过5年的教改实践与应用建设,2021年4月被认定为重庆市高校一流课程。

2016年校级精品在线开放课程立项名单

项目编号	课程类型	课程名称	课程负责人	教学团队其他教师(包括其他主讲教师、助教、技术支持等)	所属学科	所属学院	资助经费(万元)
2016ZXKFKC07	学科基础课	大学物理	肖学雷	陆智、郝正同、夏琦、秦林、张金龙	物理学类	电子信息工程学院	15

图3 "课程改革建设"成就

2.推广应用情况

第1—3期(2019—2020年)选课数据表明,选课人数每期呈4—6倍增长。

(六)关于考试考核及共建共享

1.课程考核

线上习题库,用于在线作业或随测。通过考试题库,例行在线课半期或"结课"测评。"在线测验",占10%;课程"视频浏览量"指标,占10%;在线"作业+讨论+思政实践"指标,共占30%。即在线课程评价作为"过程性成绩",占课程成绩的50%;期末线下考试,也以50%计入。

2.共建共享

本校教务/超星泛雅平台,与全国高校"大学物理"课程,共享交流,以不断优化在线教学及其资源。此外,也通过重庆市教委高校在线课程平台,交流学习或分享在线教学实践。

三、案例成效

(一)特色与创新

1.理工衔接下"产学研"在线栏目之"见识活动"特色

以"应用讨论"为依托,通过"谈话探究""讨论探究"在线话题,让学生更多地体验"产学研",走近物理科技与生产,见识应用案例。

2.创新实践:"读写译""视听"课程思政作业

课程"思政章节"视听任务点,配套"德育实践""三观"作业板块,即"笔译+双语诵读录音"或"三观话题",创新"疲劳说教"套路,让学生耳濡目染科学精神/态度、高尚人格及美德而深受教化。(图4)

```
17.1 物理学与人类物质文明(一)         ❶ ✓ 1%
17.2 物理学与人类物质文明(二)         ❶ ✓ 1%
17.3 物理学与人类物质文明(三)         ❶ ✓ 1%
17.4 科学.技术.社会.环境(STSE)与责任   ❶ ✓ 1%
17.5 航天奠基人钱学森的爱国之心        ❷ ✓ 1%
17.6 伽利略等人的科学成就与科学态度    ❷ ✓ 1%
17.7 平民科学家法拉第:淡泊名利 造福人类 ❷ ✓ 1%
17.8 实践测评(双语诵读 德育实践)      ❶ ✓
```

图4 "思政实践"章节信息

(二)解决的教学问题

1."即学即用"在线讨论,有效解决教学答疑辅导

"在线讨论题库",侧重收编课程中的多样化教学难点。讨论栏目通过"互动置顶""加分"奖励参与,疏通"疑难",解应用之惑。

2.减轻了"出题""催作业""改作业""监考"等日常考核事务

在线考试题库已达394道,为快速"命题组卷"提供了便利。平台的虚拟考场及监测

软件,也使"领卷""发卷""收卷""阅卷""监考""成绩统计"等工作更为方便。

3.落实课程思政

把课程"思政实践"章节及其讨论话题库纳入学生在线学习积点,改变了课程思政等于喊口号以及教师"纯粹说教"之传统教法,在课程中落实了课程思政。

"语言+文化+素质"三维一体的大学英语教学案例

陈崇国　董保华　陈刚　郑玮　白连弟

重庆科技大学

一、案例介绍

"大学英语"课程2021年获重庆市本科高校一流在线课程建设与应用项目立项,2021年被认定为校级课程思政示范课,2020年被认定为校级精品在线开放课程。

本课程通过构建"语言+文化+素质"三维一体的教学模式,采用模块设计实现主题聚焦,基于产出导向开展线上教学,在考试考核中嵌入思想价值考查,努力将本课程打造成训练学生语言能力的主阵地,引导学生融贯中西文化的主渠道和提升学生思想素质的主战场。

本课程近3年服务本校专升本学生超过2000人,已被川北医学院等8所院校引用,参与学生638人。学生对本课程的评价分数为4.9分。学生参加大学英语四级考试通过率比同类兄弟院校高出7个百分点,参加与英语相关的比赛获奖10项。团队教师参与各种比赛获奖6项,立项市级以上教改课题3项,在《外语学刊》等期刊上发表论文7篇。教学团队还加入了G16外语类校本课程建设虚拟教研室,与南昌工程学院等16所高校同行定期开展虚拟教研活动,助推教学质量提升。

二、案例详述

(一)教学模式:三维一体,立德树人

课程设计以建构主义为理论基础,构建"语言+文化+素质"三维一体的教学模式,聚焦英语知识传授和技能训练,开展中西文化交流互鉴,注重思想素质塑造,实现育人与育

才的统一,提升课程高阶性。(图1)

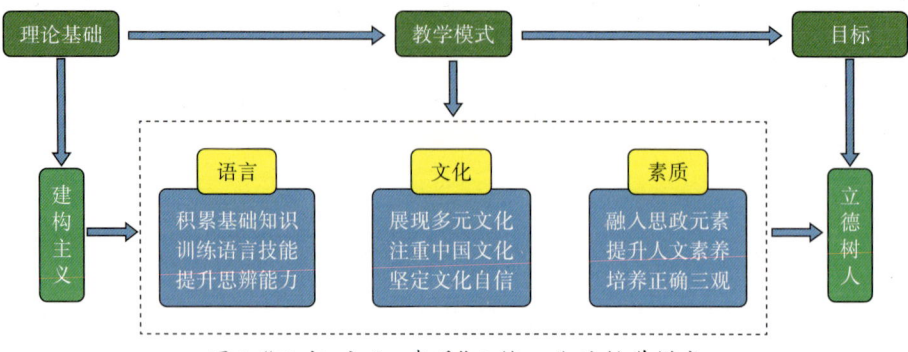

图1 "语言+文化+素质"三维一体的教学模式

(二)教学内容:模块设计,主题聚焦

打破教材按单元设计的结构,将教学内容重构为四大模块,每一模块包含语言知识与技能、与主题契合的文化和思政元素融入点,实现主题聚焦,提升课程创新性。模块一:亲情与友情(图2)。亲情与友情是人们生活中不可或缺的要素。通过讲述赖以生存的友谊和相亲相爱的一家人,让学生加深友情,守护亲情,培养学生感恩之心,树立正确友谊观。模块二:校园与社会。校园不是脱离社会的象牙塔,相反,校园与社会息息相关。通过学习校园文化,描述旅游经历,培养学生的集体意识、文明出行意识和人类命运共同体意识。模块三:沟通与择业。交流艺术对择业具有重要影响,择业还需要考虑多重因素。通过学习交流艺术和职业选择等内容,培养学生的交际能力,提升责任担当意识和坚定理想信念。模块四:科技与文化。科技的发展离不开多年的文化积淀。通过学习传统文化和影响世界的科技,培养学生发扬传统美德,坚定文化自信,增强科技创新意识和民族自豪感。

●维度1:语言知识与技能
　梳理两篇课文(*Friendship's like buying a house* 和 *My mother's gift*)的内容、语篇结构及语点点;能够运用明喻与暗喻谈友谊观或家庭观;写调查报告:我班同学的友谊观。
●维度2:与主题契合的文化
　Filial Piety(孝顺):An Important Chinese Cultural Value;关于友谊的名言警句;中西方友谊观和家庭观的差异;歌曲(*Friendship*, *Family affection*,《朋友》和《一封家书》);双语视频:长大后我们才慢慢懂得的那些道理。
●维度3:思政元素融入点
　母亲节,你给妈妈送礼物了吗?什么情况下我们最需要朋友?拍短视频:与父母相处的故事。

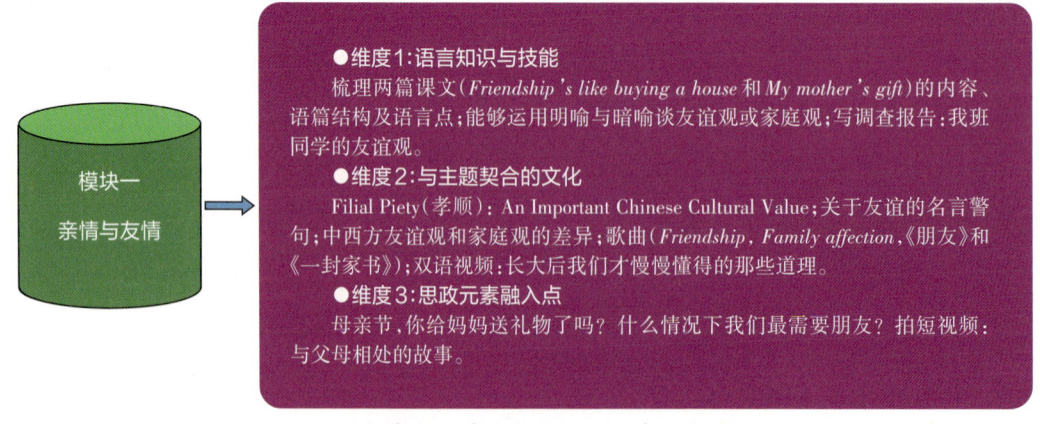

图2 "亲情与友情"模块案例教学内容设计

（三）在线教学：产出导向，学以致用

本案例以产出任务作为教学起点和终点，用输入材料引领学生"选择性"学习，从内容、语言和结构上为完成产出任务做好准备，实现学用无缝衔接。语言知识与技能训练，与主题契合的文化拓展以及课程思政有机融入产出任务中，提升课程挑战度。（表1）

表1 "亲情与友情"模块在线教学组织与实施（节选）

教学实施	教学内容	设计意图
输出驱动	1.教师在学银在线平台的PBL板块发布产出任务——向校园网的留学生专栏提供一份调查报告，介绍本班同学的友谊观。要求设计采访问题（如：What qualities does a real friend own? Which kinds of persons would you like to make friends with?），采访15—20名同学，并归类整理为一份调查报告 2.小组尝试在线撰写调查报告 3.学生在QQ学习群汇报存在的困难，教师在线指导如何从学银在线上获取完成调查报告所需信息	1.该环节主要目的是让学生认识到语言能力的不足，增强进一步学习的动力 2.该任务将语言文化知识的"学"与现实交际中的"用"结合起来 3.该任务本身具有育人导向性，以润物细无声的方式引领学生树立正向的友谊观
输入促成	1.教师在学银在线平台提供各种学习材料 (1)内容促成材料 ①三个短视频：a)课文 *Friendship's like buying a house* 的内容讲解；b) *What's a real friend?* c) *What do I do to make friends?* ②两份与主题契合的文化拓展材料：a)关于友谊的名言45句，如：A brother may not be a friend, but a friend will always be a brother. ——Benjamin Franklin（兄弟未必是朋友，而朋友总是兄弟）；A bosom friend afar brings a distant land near（海内存知己，天涯若比邻）；b)中西友谊观比较，如：A comparative analysis of friendship between American and Chinese。 ③一个线上讨论话题：什么情况下我们最需要朋友？ ④两首歌曲：Chris Stapleton演唱的 *Friendship* 和周华健演唱的《朋友》 (2)结构促成材料 ①一个微课视频：课文 *Friendship's like buying a house* 的语篇结构分析	1.三个短视频有助于学生更好地理解友谊是什么 2.学生在撰写关于友谊观的调查报告中，可能会用上关于友谊的名言警句 3.讨论话题有助于培养学生思辨能力，也有助于更好理解朋友的内涵 4.歌曲既能让学生在紧张学习之余放松自己，又能让学生感悟到人与人之间需要真正的友爱 5.教师提供调查报告模板辅助学生完成产出任务

续表

教学实施	教学内容	设计意图
输入促成	②一份调查报告模板 a)起始段落:介绍调查报告的目的 b)主体段落: 对同学的友谊观分类阐述,可借助图表(Similar ones vs different ones, positive ones vs negative ones); 分析不同类别观点背后的原因(Reason 1…, reason 2…, reason 3…); c)结尾段落:总结所有观点并给出自己的看法 (3)语言促成材料 两个微课视频:①课文 Friendship's like buying a house 的主要语言点讲解;②明喻、暗喻用法讲解 2.小组基于学银在线平台开展选择性学习并研讨输入材料中哪些信息对完成调查报告撰写有用,也可通过QQ学习群寻求教师指导和反馈	6.在调查报告中,学生可能会使用明喻或暗喻描述友谊,也可能用上课文中的词汇、短语及句型结构 7.教师通过平台监控学生任务完成情况,获得多维学习数据,进行深度学情分析,给予学生精准指导
产出评价	1.小组在学银在线平台上修改并最终提交(小组每位成员都可以修改并有记录) 2.教师将评价标准发布在学银在线平台PBL板块,小组对照标准自评调查报告 (1)是否覆盖了被采访者的主要观点?(20分) (2)是否分析了观点背后原因?(20分) (3)结论是否客观?(10分) (4)逻辑结构是否清楚明了?(15分) (5)语言表达是否通顺连贯?(25分) (6)是否存在拼写及语法错误?(10分) 3.小组之间基于上述标准开展在线互评 4.教师在线评价并反馈	1.评价标准有助于学生客观地评价自我和他人的调查报告 2.调查报告的成绩构成为:小组自评30%,组间互评30%,教师评价40% 3.教师如发现学生调查结论的价值导向有偏差,要给予及时纠正,引导学生树立正确的友谊取向

(四)考核考试:多维评价,价值考查

采用标准和非标相结合考评方式,音视频学习、文档浏览、互动讨论、模块作业、模块测试、期末考试等按比例纳入考核(图3)。在期末考试作文或翻译题中嵌入思想价值考查,检测学生思想素质层面学习效果,发挥考试育人作用。例如,2020—2021第1学期期末考试翻译题涉及科技与文化模块,讲述一个外国女孩因为被中国文化吸引而对中国的第一次造访长达三年之久的故事,将中国文化影响力融入测评中,培养学生对民族文化的自信心,增强弘扬中华优秀传统文化的责任感和使命感。2021—2022第1学期翻译题和

亲情与友情模块相关，是关于重阳节的内容，将中华民族千秋万代敬老孝亲的浓浓情思融入测试中，倡导在学生中树立尊老敬老风气。作文题"Is Stress a Bad Thing?"则关注学生的心理健康问题，引导学生正确看待压力，培养乐观向上的心态。

期末成绩构成图

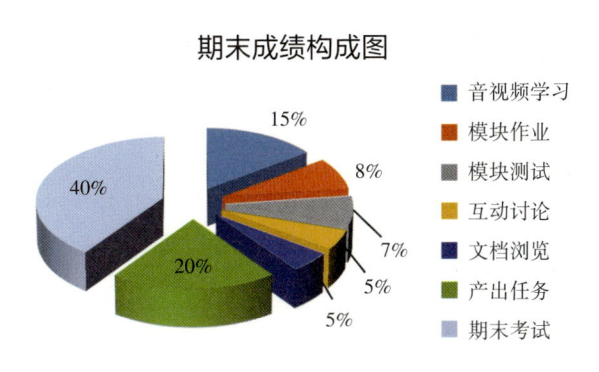

- 音视频学习 15%
- 模块作业 8%
- 模块测试 7%
- 互动讨论 5%
- 文档浏览 5%
- 产出任务 20%
- 期末考试 40%

图3 "大学英语"课程期末成绩构成图

三、案例成效

（一）案例特色与创新点

1. 注重思政育人的资源精选，塑造学生正确三观

在线学习资源是经过精心筛选的，都是能弘扬正能量的语言文字或音视频材料。将思政元素融入语言文化知识促成和语言技能训练中，使得学习内容与思政内容相结合，陶冶学生情操，塑造学生正确"三观"，培养有温爱的学生。

2. 注重主题聚焦的内容重构，使得学生学有所获

课程重构的指导思想是深入分析教学内容，按照主题相近原则将教材单元内容重构为四大模块，延伸有时代性、探究性和思想性的学习内容，实现主题聚焦，建设有温度的课程，使学生能感受到明显收获，增强学习成就感。

3. 注重小组合作的虚拟学习，鼓励学生互帮互助

小组成员之间因为产出任务凝聚形成虚拟学习共同体，不定期开展虚拟互动活动，在学习上相互支持，在思想上相互碰撞，在情感上相互慰藉，激励学生互帮互助，组织有温情的在线课堂。

4. 注重业精品正的团队建设，引领学生成长成才

在师生交往中做到以德领人、以德育人和以德服人，在"德行"上发挥示范作用，打造有温德的团队。通过积极参加G16外语类校本课程建设虚拟教研活动，借鉴兄弟院校有益做法,结合本校学情,开展教学研究,引领学生成长成才。

(二)解决的重难点问题

1. 解决英语教学与课程思政融合不佳问题

在传统大学英语教学中,课程思政存在随意性和"两张皮"现象,刻意思政痕迹明显,学生感觉很突兀,价值塑造没有内生为课堂教学不可或缺的组成部分。如何形成英语教学与课程思政同向同行的育人格局是本案例需解决的重点问题。

2. 解决课程"两性一度"不高的问题

传统大学英语课存在课程设计高阶性不够,语言、文化和素质融合不畅;内容创新性不强,学生存在"学而不会用"的尴尬局面;教学方式挑战度不高,不能较好地激发学生探究意识。如何通过教学模式改革、教学内容重构、在线教学实施和考核方式变革提升课程"两性一度"是本案例需解决的难点问题。

(三)取得的成效、成果

1. 引用情况

本课程已被超星集团收录为示范教学包,被川北医学院等8所高校引用,开设班级28个,参课学生638人。

2. 学生评价

学生在学银在线平台给予"大学英语"课程高分评价:4.9分(总分5分)。

3. 学生获奖(图4)

图4 学生获奖情况

(1)全国大学生英语竞赛C类一等奖1项；

(2)"批改网杯"全国大学生英语写作大赛决赛和翻译大赛决赛二等奖2项；

(3)"巴渝工匠"杯重庆市高等学校学生职业技能竞赛"英语口语"大赛二等奖1项；

(4)重庆市大学生英语演讲大赛二等奖和三等奖各1项；

(5)"纳德杯"重庆市大学生公文写作技能竞赛三等奖2项。

4.团队建设(图5)

(1)"高等学校(本科)外语课程思政优秀教学案例征集与交流活动"全国优秀教学案例二等奖1项；

(2)外研社"教学之星"大赛全国复赛英语专业组二等奖1项；

(3)全国高等学校外语微课优秀作品征集与交流活动重庆市优秀作品三等奖1项；

(4)校级微课比赛一等奖、课堂教学创新大赛二等奖1项和青年教师教学劳动和技能竞赛二等奖1项。

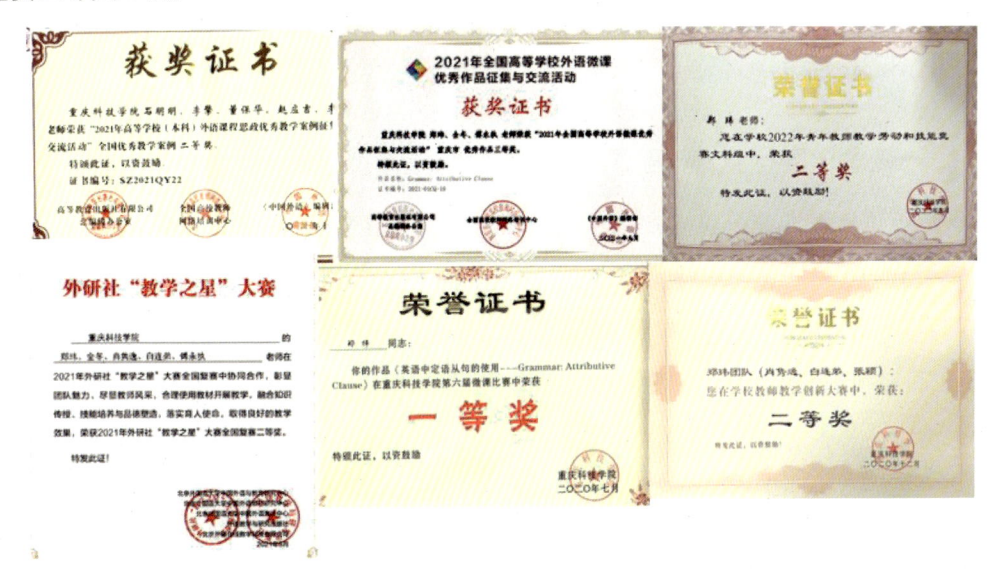

图5 团队建设获奖情况

5.教改项目

重庆市本科教育教学改革项目1项(2020年)，重庆市教育科学院规划项目1项(2021年)，重庆市外文学会课题1项(2022年)。(图6)

图6 市级教改项目立项情况

四、未来启示

(一)教学内容优化:丰富本土资源,赋能素养提升

大学英语教材课文选材主要来自西方素材,教材内容反映中华民族优秀文化和社会主义核心价值观的比例严重不足,中西文明互鉴和文化交流的内容不够。所以,未来的教学应结合教材模块主题,丰富本土内容资源,为学生用英语"讲好中国故事,传播好中国声音"提供真实可靠语料资源,赋能人文素养提升。

(二)产出任务设计:聚焦真实运用,提高学习实效

产出任务设计一定要具有真实性与交际性,话题具有认知挑战性,学生在完成任务过程中能积累文化知识、提高思辨能力和明辨是非曲直。例如,校园与社会模块涉及旅游主题,可设计产出任务为调查旅游途中不文明行为。鼓励学生用英语设计调查问卷,开展个人访谈,收集数据资料,并汇报调研结果。在做调查过程中,学生将在知识上积累与文明出行相关核心英语表达,在能力上促进批判性分析信息和掌握调查报告撰写技巧,在价值上增强社会责任感。

建设地域文化类外语慕课，助推中国文化"走出去"[①]

刘丽　沈歆昕　谢玲　蒋艳　徐飞

重庆第二师范学院

一、案例介绍

为响应国家文化战略，助力重庆建设文化强市，服务重庆经济社会发展的定位，课程团队依托2020年重庆市本科高校外语一流在线课程建设与应用重点项目，开发了一门面向全球学习者的"巴渝文化（英文）"线上课程，本课程被认定为重庆市高校一流本科课程。2022年7月，课程上线学习强国学习平台，在全国范围内推广巴渝文化，提升学习者用英文讲述"中国故事"的能力，促进"中国声音"传播。

本课程共有53个教学视频，总时长为353.9小时。明线选取重庆最具代表性的"巴渝十二景"作为主线，分为12章，各章节串联成为一个整体；暗线则涵盖了最具代表性的重庆各个领域知识，通过"以点带线""点线结合""以线串面"的方式贯穿全课程。课程中，教师与卡通人物共同出镜，向国内外学习者展示了一个美丽、开放、和谐的文明城市形象，全方位、多角度探秘巴渝文化。

二、案例详述

（一）课程团队建设

1.课程团队由中青年教学科研骨干组成，师德高尚，学术水平过硬

团队荣获"重庆市2022年教学名师和团队"称号，成员还获得"优秀教师""最可敬可

[①] 本案例为重庆第二师范学院新文科研究与改革实践项目"'中国实践+'重庆地域文化特色课程建设研究与实践"（项目编号：XWK202108）、重庆市教育委员会人文社会科学研究一般项目"基于iChongqing平台多模态话语分析的重庆文化对外传播研究"（项目编号：21SKGH268）阶段性成果。

亲教师""教书育人楷模"等荣誉称号。此外,团队在多个教学竞赛中表现出色,斩获第六届外语微课大赛全国决赛一等奖和三等奖、重庆市微课大赛二等奖、全国高校混合式教学设计创新大赛全国三等奖及"设计之星"等奖项。

2. 课程团队参加各类教师培训以提升教学科研能力

除了参加一流课程建设、中国文化教学与传播、课程思政等学习培训,团队还加入教育部虚拟教研室"多语种教学改革虚拟教研室"第二期"产出导向法"云研究共同体,进行为期两年的"产出导向法"学习,以提高教学理论水平和能力。

(二)课程设计

1. "三位一体"的课程目标

课程立足于服务重庆经济社会发展,旨在培养知重庆(构建重庆百科知识框架)、讲重庆(会讲、讲懂、讲好巴渝文化)、爱重庆(成为本地经济社会的建设力量)的新时代人才。(图1)

价值塑造
爱重庆(成为本地经济社会的建设力量)
素质目标:认同重庆本地文化,有文化归属感,主动积极成为本地经济社会的建设力量、本地发展的维护者与建设者。

能力培养
讲重庆(会讲、讲懂、讲好巴渝文化)
能力目标:正确应用文化术语,用英语得体阐释巴渝文化,评析巴渝文化现象或作品,具备跨文化交际能力。

知识传授
知重庆(构建重庆百科知识框架)
知识目标:记忆、理解重庆的历史、地理、气候、神话、文学、艺术、建筑、民俗、方言、饮食、红岩精神等百科知识。

图1 "三位一体"的课程目标

知识目标与能力目标作为本课程的基础目标,帮助学生构建重庆百科知识,具备用英语讲述地方文化的能力,学习过程中自然而然地完成育人这一上位目标。

2. 教学内容构建方式:"巴渝十二景"与"文化面面观"双线串联全课程

课程以清代巴县知县王尔鉴提出的"巴渝十二景"为切入点,深入挖掘巴渝传统文化资源和精神内涵。课程的每一章分别对应一景,内容包含重庆历史、地理、气候、文学、绘画、音乐、建筑、神话、民俗、方言、饮食和红岩精神。

3. 慕课呈现方式:古今穿梭游巴渝,真人虚拟探文化,身临其境品重庆

课程每章名称皆以"巴渝十二景"的一景命名,由"王尔鉴"读其为该景所作古诗拉开序幕,教师随后介绍各节内容逻辑链。学习者在古今穿梭中畅游巴渝,在实景镜头身临其境地品味巴渝文化。

（三）在线教学情况

本课程已在中国高校外语慕课平台开设6期。教师负责线上教学服务，回答学生的问题、批改作业，并通过后台数据密切追踪学生的学习情况，及时提醒学生进度。此外，还会不定期开展直播答疑，以解决学生在学习过程中遇到的问题并提高学习效果。

（四）课程的特点与优势

1.课程地方特色鲜明，响应国家文化数字化战略

通过英文授课，一方面能够让国内学生深入了解巴渝文化，培养家国情怀，提高用英语讲述"中国故事"的能力；另一方面，也能够促进国际学生"知华、友华、爱华"，理解认同中国文化与价值观，对于地方高校的"课程思政"改革来说，是不可或缺的重要资源。

2.课程以学习者为中心，旨在打造一种适应互联网学习者的全新教学体系，具有"学术性、普适性、趣味性、应用性"的特点

(1)课程教学内容框架新突破：明线"巴渝十二景"与暗线"重庆百科"双线串联课程。

(2)课程呈现方式新探索：古今穿梭游巴渝，真人虚拟探文化，身临其境品重庆。

(3)课程实现知识从"碎片"到"整体"的嬗变。各章节用"巴渝十二景"串联，形成了一个完整的教学体系。

（五）资源建设

1.慕课资源

该慕课包含课程介绍、课程大纲、教学视频、导学资源、扩展阅读、讨论话题、单元测试和期末考试，以及不定期增加评论区讨论话题和上传最新的学习材料到资源区。

2.慕课配套教材

由校级自编教材项目立项资助教材《巴渝文化（英文）》的出版。

（六）本校应用情况

本课程应用模式广，在我校被作为学校通识选修课、外国语言文学学院专业课以及实践课三种不同类型的课程。

1.作为学校通识选修课（课程名称：英语话巴渝），教学效果显著

课程被立项为校级课程思政特色课程建设项目，重庆市2022年本科高校课程思政示范项目，并荣获2022年校级混合式教学设计创新大赛一等奖以及全国高校混合式教学设计创新大赛"设计之星"称号。

2. 作为英语专业选修课[课程名称:巴渝文化(英文)],纳入英语(师范)、翻译、商务英语三个专业人才培养方案

学生在第四届"儒易杯"中华文化国际翻译大赛中,获得二等奖1名、三等奖2名、优秀奖7名。

3. 作为实践类课程(课程名称:重庆外宣智慧传播工作室),积极践行文化传播

学生通过实践活动,撰写文化体验报告,并创建"闻话巴渝"公众号,推广巴渝文化。

(七)推广应用情况

1. 课程上线学习强国学习平台

该平台是立足全党、面向社会的互联网学习载体。自2022年7月上线学习强国平台以来,课程累计点击量约13万次。

2. 本课程上线中国高校外语慕课平台

本课程在中国高校外语慕课平台已累计开课6期,有10余所西南地区院校的学生选修本课程,选修人数达3000余人。

3. 课程推广与教学经验分享

课程负责人在第五届全国应用型本科院校英语类专业教学改革与发展论坛上,面向70多所学校,开展"巴渝文化(英文)"教学示范课;在陕西学前师范学院分享一流课程建设经验;在第八届"创新外语教育在中国"学术论坛上做了题为《基于"产出导向法"的"巴渝文化(英文)"课程的混合教学模式研究》的发言。

(八)成绩评定考核

本课程实行累积式形成性评价与总结性评价相结合的教学评估方式,采用百分制进行成绩评定,总评分达到60分及格,学员可获得平台颁发的结业证书。

三、案例成效

(一)案例特色与创新点

"巴渝文化(英文)"课程是目前国内首门用英语系统介绍巴渝文化的线上课程。

1. 课程站位高

课程积极响应国家文化数字化战略,以数字化赋能文化发展,充分彰显巴渝地区浓厚的地方性色彩,有助实现中华文化的全景呈现,推动中华文明的海内外传播。

2.课程设计新

在学习者视角下进行的慕课设计，凸显了课程建设的先进性。明线"巴渝十二景"与暗线"重庆百科"双线串联本课程，构思巧妙；真人与卡通人物互动，提高教育感染力与生动性；章节安排注重逻辑链，实现了知识从"碎片化"到"整体"的嬗变；很好地解决了当前慕课设计照搬传统课堂、课程设计逻辑混乱、课程内容不成体系、实用性较差等问题。

（二）本课程解决的重难点问题

针对大学生普遍存在的"中国文化失语"现象，中国文化知识积累少的问题，课程团队利用地缘优势，开发巴渝文化英文课程，从区域文化的角度，让学生对中华文化的丰富内涵有多角度、深层次的理解。

针对文化类英语课程少，英语学习输入不足，跨文化交流中英语输出中国文化相当困难的问题，本课程为学生搭建起英语语言与中国文化结合的桥梁，增强中国文化国际传播能力，自觉成为中华文化传播者。

（三）教学改革成效与成果

在建设慕课的同时，课程团队还兼顾思政建设、教学改革、科学研究和教材编写，形成了地方特色鲜明、教学资源丰富、实践应用有成效、科学研究有成果的联动效应。

四、未来计划或启示

（一）未来发展计划

1.服务计划

在未来五年，课程团队将持续授权学习强国学习平台公益性传播"巴渝文化（英文）"课程，并开设10期慕课，覆盖高校、社会公众和来华留学生。同时，将与川渝地区高校加强合作，实现学分互认，并建立学习共同体，以提升地域文化类外语教学水平和教学能力。

2.持续更新计划

课程团队将出版数字化慕课配套教材；不断优化教学资源，更新10个以上视频，实时更新在线测试与讨论题。

（二）启示

地方特色文化是中华优秀文化的重要组成部分，也是地方高校"课程思政"改革的重要资源和方向。地方特色文化与"课程思政"改革具有很强的融通性,互助互动可以彰显其价值。通过慕课建设地域类英文课程,不仅能为中国学习者提供学习资源,增强文化自信,还能让外国学习者从多个维度更深入地了解中国,让世界更加全面地认识和理解中国。

云礼课,礼思政、云评礼
——重庆市一流本科课程"旅游礼仪"的线上教学实践创新[①]

刘焱　陈静　李莉　李科凤　赵雅

重庆第二师范学院

一、案例介绍

"旅游礼仪"作为重庆市本科特色专业旅游管理的基础必修课、校美育选修课、社会开放教育课,围绕如何提升行业礼仪课程的云端覆盖力、思想厚植力、学习内驱力等问题,以上线于重庆高等教育智慧教育平台的自建MOOC为教学载体,以提升旅游"礼"行、弘扬中华"礼"尚为思政主线,创新了"云礼课,礼思政、云评礼"的教学改革与实践,提升了课程内容鲜度、思想深度、引领力度。

通过28年的建设,课程先后获校精品课程、校在线开放课程、重庆市课程思政示范课程、重庆市一流本科课程等荣誉;团队受重庆共青团等机关单位邀请开展教学上百次,近万名学习者在"行走""有形""超燃"的云课资源中学习旅游礼仪,感知中华礼仪。

二、案例详述

(一)课程团队建设

团队5名教师,高级职称4名,在读博士3名,省级以上学科竞赛、职业资格评委专家4名,全为"双师"教师。

负责人刘焱副教授为国家高级礼仪培训师、硕士生导师、国内首届旅游教育杰出青年教师等,与主讲教师陈静教授、李莉教授、李科凤副教授、赵雅讲师等近5年一起承担了旅游类专业16个班次、线上教学超500学时的教学任务。

[①] 本案例为重庆市高等教育学会2021—2022年度高等教育科学研究课题(项目编号:CQGJ21B097)的部分研究成果。

团队获重庆市教学成果奖三等奖、重庆市2021年高校课程思政教学名师和团队(图1)、全国旅游院校比赛优秀组织、校"教书育人示范岗"、校教学成果奖二、三等奖、校"南山学者·青年拔尖人才"等荣誉;成员主持省优质课程4门、省级教改项目10项、省级科研项目20余项,发表北核以上论文20余篇,主持礼仪横向项目300余项。

图1 "旅游礼仪"团队获"重庆市2021年高校课程思政教学名师和团队"荣誉

(二)课程设计

1.构建"云礼课"内容体系

课程利用云端MOOC的实时、互动、共享等特征,见微知著更新现代旅游行业、社会活动、国际交往等礼能要求,交融文学、历史学、公关学等学科礼论,设计旅游运营、旅游体验、旅游交往等礼训任务,创新集旅游形象礼仪、旅游职业礼仪、旅游跨文化礼仪、旅游新业态礼仪于一体的"云礼课"内容体系。(图2)

图2 "旅游礼仪"在重庆高等教育智慧教育平台开课情况

2.创新"礼思政"教学组织与评价

汇聚体现行业新态、文化传承、制度自信、国际担当的礼仪思政案例,建构提升个人心德、职业道德、行业情德、爱国品德的礼仪评价标准,引导学生体味当代中国精神的礼仪风尚,升华职业礼仪认同,掌握表达"中国礼仪"的情境能力。

(三)资源建设

1.云课资源

以旅游礼仪应用场景为视频单元设计依据,上线教学视频31个,涵盖内容模块6个,总时长264分钟;每个知识点均配套对应的课程PPT文档和礼仪实训指导书,在线课件数量共31个;非视频资源102项;配套实践任务5个。

2.教学资源

团队主编出版《旅游学概论》《商务礼仪》《前厅客房与管理》《茶艺基础》《酒店品牌建设与管理》《餐饮服务与管理》教材6部,被授权《一种儿童礼仪的歌谣装置》《一种儿童礼仪游戏装置》实用新型专利2项,汇编云礼课教学资料库24个、礼思政教学案例63个,建成校企合作实践基地20余个。

(四)在线教学与本校应用

1.旅游类专业教学应用

2020年起,旅游管理专业(含大类、中英、专升本)学生400余人将云课作为混合式学习辅助资源,打破时空学习礼仪。(图3)

图3 学生"云学习"情况

2.美育选修教学应用

2021年起,课程连续面向全校学生开放5期线上选修课。校内已有教育类、数信类、生化类等专业近700人完成了线上学习并获得2学分。

(五)社会推广情况

课程在重庆高等教育智慧教育平台吸引渝内外10余所不同院校学生自主学习,包括大连财经学院、长沙学院、四川美术学院、重庆文理学院、重庆人文科技学院、重庆旅游职业学院、重庆机电职业技术大学、重庆工商职业学院等。课程团队受重庆共青团等邀请，多次为市内外志愿者开展云教学，并被"重庆共青团—青年志愿者"公众号发布，转载、阅读5000余次；受世界500强中国人保集团、华侨城集团等企业，市文旅委等政府机关邀请，云教学3000余人次，被重庆市机关事务管理局等官媒报道20余次。目前课程选修人数持续增长，彰显了课程云端示范性与影响力。（图4、图5）

图4 "旅游礼仪"课程负责人为重庆共青团开展2022年智博会"云礼课"

（六）课程特点与优势

1.推动有形学礼、行走思礼、超燃践礼

学生可在课程礼仪团队云竞赛、创意礼仪活动云设计、礼仪视频成果云展示等云任务中，开启互动可视的"有形"学礼；借助电脑终端、公众号等多元学习途径，可跨时空提问分享，"行走"思礼；依托万豪等示范实践基地，可在多课堂协同、泛在化学习的场域支持中"超燃"践礼。

2.提升内容鲜度、思想深度、引领力度

围绕集旅游学科礼论、职业礼

图5 重庆共青团官媒多次报道"云礼课"及教学成效

能、行业礼训的课程体系，"新鲜"融合与时代同频、文旅相关、实践融通的礼仪情境案例，"深度"挖掘文化传承、文旅新态、制度自信、国际担当的礼仪思政元素，"全力"升华个人心德、职业道德、行业情德、爱国品德的思政价值引领，推动云教、境教、心教于一体。

3.保障学礼成效可视、可评、可增值

借助云班课,以集中答疑、出勤抽查、任务检查等方式督促学生学习过程可视;以组建礼仪团队、职业场景演绎、礼仪成果展示等挑战性任务布置,推动学生学习成果可评;将综合素养水平、实践学习成效、学科竞赛成绩等纳入成绩考核范围,优化礼仪学习增值评价。

(七)考试考核

1.创新"三轨"考核评价机制

制定了依据智慧教育平台"学习过程可视化"形成性评价、课内外协同的"课程参与记录化"表现性评价、基于产出导向的"成果作品展示化"综合性评价的"三轨"评价机制。其中,"学习过程可视化"形成性评价、课内外协同的"课程参与记录化"表现性评价的成绩共同构成课内学习基础分,占总成绩的50%,共50分;基于产出导向的"成果作品展示化"综合性评价构成课外实践奖励分,占总成绩的50%,共50分。(图6)

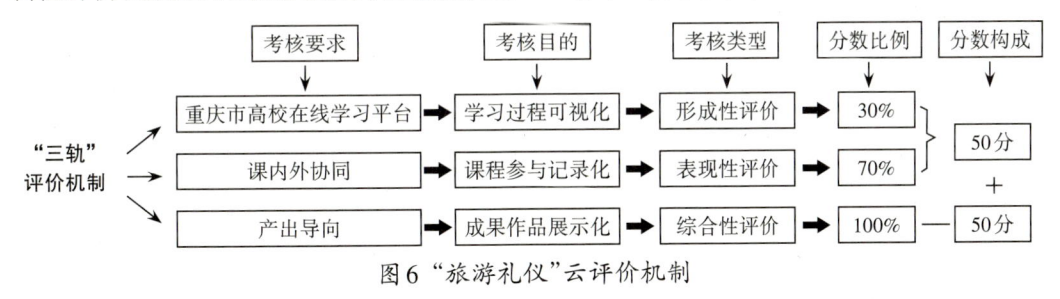

图6 "旅游礼仪"云评价机制

(1)课内学习基础分。

课内学习基础分共50分,主要考查学生课内学习过程及学习记录的完整性。其中,"学习过程可视化"形成性评价成绩占30%,共15分,学生须学习每章每小节的教学课件、学习视频等,所有在线学习进度均须完成100%。"课程参与记录化"表现性评价成绩占70%,共35分,学生须完成5个实训任务并填写报告,保存2—3个视频作为过程记录并提交。

(2)课外实践奖励分。

课外实践奖励分共50分,由"成果作品展示化"综合性评价成绩构成。学生的"学习成果作品"主要为礼仪风采展示作品(视频1个,1—2分钟),其主要体现学生课内外综合实践成效,评价指标包括视频录制质量、企业实践评价、技能比赛参与等。

2.构建"立体化"评价指标体系

以思政成效评价为关键,构建了基于"四维"考核标准导向化、"四步"考核过程全程化、"四类"考核形式多元化、"四方"考核主体协同化、"四种"考核内容综合化的"五化"考

核评价指标体系,重点考核学生礼仪知识迁移、创新思维等胜任旅游行业硬核力,关注德行、情感等"旅游+"行业素养软实力,及主动参与、沟通互动等职业可持续发展力。(图7)

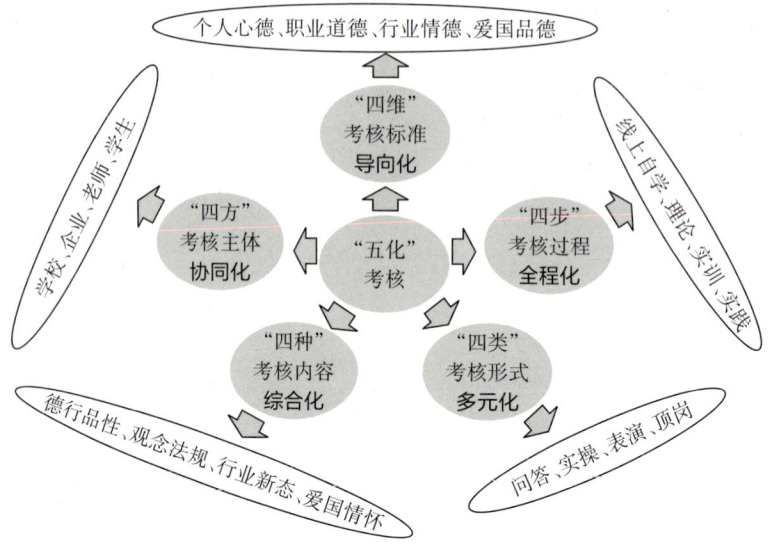

图7 "旅游礼仪"云评价指标体系

三、案例成效

(一)案例特色与创新

1."云礼课"学习模式

学生在礼仪团队"云竞赛"、创意礼仪活动"云设计"、礼仪视频成果"云展示"等云端学习活动中,开启随时可视、主动应对、持续改进的学习模式。

2.礼仪"云思政"范式

以自建云课赋能课程思政,探索思政元素"乘云入礼",定制契合"云"礼课学习逻辑的思政价值、思政案例、思政任务,使旅游礼仪学习走"新"更走"心"。

3."云评礼"考核机制

构建了集多教学主体相聚云端、多段过程要求展示云端、多项考查指标云端分析的考核评价机制,推动学生云学礼与云评价结合,提升云学习成就感。

(二)拟解决重难点问题

围绕如何提升礼仪课程的云端覆盖力、思想厚植力、学习内驱力等重难点问题,课程持续"立体化"强化在线资源建设,"全要素"探索礼仪素养学习与职业素养养成协同发展。

(三)取得主要成效、成果

1. "礼"教积淀丰厚

每年有1000余名在校学生、3000余名社会学习者在"行走""有形""超燃"的旅游礼仪云课中学礼、乐礼、循礼。重庆市机关事务管理局原局长金若东评价:该课关注思政育人,融入行业热点。团队教师每年教学评价均为优秀,多次获"优秀教师""教学质量奖"等校级以上荣誉。课程还孵化了教材、论文、专利、案例库等教学资源、质量工程超300项。

2. "礼"育质量提升

学生旅游职业素养与跨行业就业胜任力显著提高。近3年参加全国旅游院校级别最高的旅游学科竞赛均蝉联团队一等奖,在全国旅游院校专业比赛中取得的成绩和名次均名列西部旅游高校前茅。指导学生连续3年在市委宣传部等三部联办旅游专业比赛中获得一金二银,是成绩最好的重庆旅游类本科高校。

3. "礼"显思政特色

汇编了一套完整的课程思政教学资源,立项市级以上教改项目3项,培育市校思政特色课程3门,发表教学论文3篇,获2020年重庆市微课教学比赛三等奖、2021年校教学创新比赛一等奖,2021年建成重庆市课程思政示范课程及教学名师和团队。课程负责人还应邀在学校召开的重庆市课程思政项目建设启动暨学校课程思政工作推进会、校"三全育人"工作推进会等会上做汇报分享;在市共青团、荣昌区等党政机关开展礼仪思政讲座数十场。

四、未来计划或启示

(一)面向社会扩大开放"云学习"机会

未来开展至少两期/年校内云教学,探索校内线上课程代替线下课程作为学分认定课的实施机制,推广校内"云礼课"至少2000人/年;吸引地缘、学缘、单位类型更加丰富的高校师生、政府人士、行业精英等2000余人/年加入"云礼课"学习。

(二)动态优化"云礼课"教学资源

拟丰富旅游新情境礼仪教学视频5—10个,挖掘礼思政教学视频5—10个,增加实训任务教学视频10—15个,新增学生学习成果视频10个以上,拓展行业礼仪案例库,优化实训指导书、习题集、自测题等,出版线上课程辅助教材1部。

(三)持续提升"云教学"服务与共享能力

探索与重庆师范大学等兄弟院校开展异地课堂同步"云礼课"直播教学;支持团队教师以虚拟教研、校企合作等方式提升礼仪云教育能力;与万豪等实践基地建构打破地域、行业局限的集结于课程生态链上的礼仪"云辅导""云教研"团队等。

(四)探索"云评价"跨校学分认证机制

持续优化考核指标方案,探索跨校学习学分互认机制,推动更多校外学生习礼、爱礼。

公安院校"行政法与行政诉讼法"教学案例[①]

孟令战　王莉　李楠　龚浩　魏光禧

重庆警察学院

一、案例介绍

"行政法与行政诉讼法"是重庆市线上一流课程,重庆警察学院全校通开的公安基础课程。自主开发的线上教学资源先后在优慕课网和超星学银在线上投入教学。本课程既从法学专业的视角讲授行政法与行政诉讼法学理论的普遍性,也从部门行政法实践的维度探索行政法与行政诉讼法的"公安"特性。课程十分注重理论与实践的结合,教学团队在教学过程中采用了大量公安基层行政执法中的典型和疑难案例。课程分为行政法基础理论、行政主体法、行政行为法、行政程序法和行政救济法五大板块。通过教学,提升学生对行政法与行政诉讼法知识框架的理解,培养学生认识和解决公安行政案件的执法能力,培育学生的法治信仰,使其树立依法行政的法治意识。

二、案例详述

(一)在线教学情况

目前,"行政法与行政诉讼法"已在优慕课在线教育综合平台和超星学银在线平台上完成建课。2016—2017第二学期开始用于本校本科学历教育,从最初以辅助课堂教学的课后练习、测试为主,逐步发展成为公安类各专业通开的在线课程。2020年完成校级在线一流课程验收;2021年获评重庆市高校一流线上课程。(图1、图2)

---

① 本案例为重庆市高等教育教学改革研究重点项目"新文科背景下公安院校法学教学改革与实践"(项目编号:Z33468)和重庆警察学院"课程思政"建设示范项目"行政法与行政诉讼法"(项目编号:jyks202205)的成果。

图1 获评2021年重庆市高校一流线上课程

图2 超星学银在线的教学短视频截图

(二)课程设计

课程设计遵循三个原则:一是尊重课程本身的价值,由教师根据课程特点自主进行教学设计;二是秉承以学生为中心的理念,密切关注学生的需要,根据学生的特点因材施教;三是处理好理论与实践的关系,教学设计要紧密联系公安实战,接受公安实战检验,也要重视理论自身的完善,使其起到指导公安实战之作用。

1.课程教学目标

(1)知识目标。

向学生全面介绍"行政法与行政诉讼法"中的基本概念、基本原理、基本制度,使学生对该学科的基本框架有一个较为全面的了解和掌握。重点是了解和掌握与公安工作关系较密切的知识点,比如行政权(警察权)与法的关系、行政法基本原则、行政处罚、治安管理处罚、行政强制、行政调解、行政复议等。

(2)技能目标。

培养学生具体运用法律知识分析和解决实际法律问题的能力。重点是解决治安管理处罚、交通管理、户籍管理等公安行政管理中的法律问题的能力的培养。

(3)价值目标。

培育学警们的行政法治观念,养成依法行政的价值理念,形成"对党忠诚、服务人民、执法公正、纪律严明"的意识,成长为合格的人民警察事业的接班人。

2.主要教学内容

本课程既从法学专业的视角讲授行政法与行政诉讼法学理论的普遍性,也从部门行政法实践的维度探索行政法与行政诉讼法的"公安"特性。因此,课程十分注重理论与实践的结合,在教学设计上,将重难点集中于与公安行政执法联系密切的板块,如行政法基本原则、行政程序、行政处罚、行政强制、行政复议等。

3.教学方法

在教学方法和手段方面，充分利用信息化教学的优势，注重因材施教、分层化教学，提供丰富多样的教学资料，既有以基础知识、重点知识为主的教师短视频讲解，也有可用于学生进一步拓展学习的课外阅读资料。本课程注重学生学习能力的培养，从课前预习题、课中教学知识点测试到课后巩固练习，形成一套完整的学习链条，引导和督促学生自觉学习，提升自主学习能力。课程注重与学生的互动交流，注重法治意识的培养。

（三）课程的特点与优势

1.突出课程的思政性，重视课程思政建设

重视思想政治教育是由公安院校的办学宗旨所决定的，这既是课程建设的优势，也是课程建设必须完成的任务。本课程与学院"忠诚铸魂、务实教育"的办学特色相结合，在课程建设上十分重视课程思政建设，加强课程思政研究，丰富相关教学内容，在课程考核中增加课程思政内容等。

2.突出课程公安特色，重视新文科建设

课程的教学元素应更多服务于公安实战，教学内容选取大量公安基层行政执法中的典型和疑难案例。另外，公安院校开设的基本都是治安学、侦查学、警务指挥与战术等公安学专业，以及刑事技术、网络安全等公安技术专业。因此在课程建设中，为了更好地服务公安教学所需，将公安学、公安技术学相关理论融入行政法与行政诉讼法教学中，利用新文科理念来进行课程建设。充分利用公安院校的优势，与公安行政执法相关的治安管理、户政管理、交通管理等专业合作，探讨与其所开设专业课程的有效衔接与互动交流。

（四）本校应用情况

从2016—2017第二学期开始，本课程线上教学已经进行了七个学期，广泛用于课堂教学辅助、课外知识拓展、单元测试、互动答疑和模拟测试等，在学校优慕课网上访问量名列前茅。2020年之后，主要是在超星学银在线进行教学，取得了良好效果，深受广大学生好评，较好弥补了本课程学时相对较少的不足，丰富了学生的学习资源。线上学习，学生的学习时间更加自由，空间更加广阔，且绝大多数学生毕业后会走上人民警察的工作岗位，接受在职民警培训，线上教学可以使两者有机衔接。

（五）推广应用情况

除了应用于本校教学之外，本课程也在成人教育、在职民警培训等教学过程中推广使

用。网络教学可以及时对公安实务中遇到的法律问题进行沟通交流,也可以丰富教学素材,不断提升教学效果。在本课程的建设过程中,课程组邀请了重庆市公安局法制总队的实务专家进行指导,在科研、教学案例的编写等过程中,我们也邀请实务部门专家参与。

三、案例成效

(一)案例特色与创新点

1. 以学生为中心,探索合作、启发式教学

线上教学在时间、空间上使与学生交流沟通的广度、深度有所加强,以学生为中心的教学理念得以实施的条件更加优越。本课程在课程设计过程中,充分体现以学生为中心,在教学目的的设定、教学内容的选取上,分别向用人单位、已毕业学生、在读学生征求意见。

在教学方法的选用上,课程组广泛采取抢答、主题讨论、投票、分组讨论等方式,调动学生参与的积极性,逐步引导学生从"让我学"到"我要学",激发学生对本课程的学习兴趣,才有利于切实树立起依法行政法治观。

2. 深化校局合作,探索"跟踪"式闭环教学

公安院校既承担了以预备警官为对象的学历教育,也承担了以在职民警为对象的干训教育,这两者之间有大量的交叉:在职民警中有近半数毕业于公安院校。传统的教学方式,很难实现跟踪教学,即很难对学生未来工作过程中遇到的疑难问题进行理论和实务交流。在线教学模式下,则为跟踪教学提供了便利,一方面能够给学生们(警官们)源源不断地提供行政法与行政诉讼法方面的智力支持,另一方面,从实践中获取的案例又能够运用于学历教育中,使学历教育更加贴近实战。

(二)教学改革成效及解决的重难点问题

通过在线课程教学改革,学生对本课程的知识掌握得更加牢固,平时成绩和期末测试成绩也呈现逐步增长之趋势。具体体现在:第一,学生的学习时间更加灵活,有更充分的时间攻克疑难知识点,加深对知识的掌握程度;第二,师生、生生之间的互动交流更加便捷,有利于大家共同讨论,提高学生参与学习的积极性,进而提升学生自主学习的能力;第三,可以更加便捷地进行测试,使学生能够更及时地查漏补缺,强化知识掌握的牢固程度。

(三)取得的主要成效、成果

1. 教学效果良好,获得了广泛好评

在线课程开展以来,随着课程资源的丰富,教学效果也越来越好,获得了同行、学生的好评。

2. 本课程的课程思政建设取得了一定的成绩

本课程紧扣重庆警察学院"忠诚铸魂、务实教育"的办学特色,在教学目的确立、教学内容设计、教学改革等方面都十分注重课程思政建设,取得了一定的成绩。依托本课程,2021年度获评重庆教科院课程思政论文征文二等奖,学生的思政素质得以提升。

3. 课程组教学能力得以提升,法治教育宣传取得好成绩

在本课程的建设过程中,课程组的教学能力得以提升,在学校创新教学比赛中获奖,教学改革项目也取得了一定的成绩。在线教学为法治教育宣传提供了便利,教学团队于2022年获评重庆市教委法治宣传教育工作的先进个人和先进集体。

四、未来计划或启示

课程组将继续加强课程建设,持续优化课程体系,改革教学内容,丰富教学案例资源,完善网络教学方法,改革课程考核方式等,不断提高本课程质量。

进一步加强网络平台建设,逐步将本课程放到超星网等更开放、参与人数更多的教学平台,以扩大本课程的教学服务对象。一是加强与公安院校的联系,相互学习与交流;二是与重庆市公安局等公安实战部门联系,使本课程更好地服务公安在职民警培训;三是与非公安院校进一步合作交流,面向更多地方院校开设。

课程组将继续加强与公安实战部门、法院、律师事务所等的合作。一是收集和完善教学案例资料;二是欢迎实务专家的加入和指导,以提升本课程服务法律实务的能力;三是将本课程打造成为公安院校与法律实务部门构建交流的重要平台。

云游知天下 研学增自信[①]

赵静　高科佳　赵永青　陈菲菲　秦学顺

重庆人文科技学院

一、案例介绍

重庆市精品在线开放课程"带上文化去旅行",是重庆市重点培育课程、重庆市课程思政示范课程。本课程已开设12期,既是一门文化素质教育通识课,也是旅游类专业旅游文化课程的线上学习资源。

课程以"坚定文化自信,弘扬传统文化"为课程思政目标,紧扣"美育"主题,面向在校生及喜爱文化旅行的社会大众,分类介绍山水、城镇、饮食、建筑、艺术、宗教、民俗等方面的旅游文化以及审美鉴赏方法。通过引入中外典型景观(对象),生动有趣地展示中外旅游资源和现象,学习者可以系统了解各类旅游文化,理解中西方旅游文化差异,提高自身文化素养和审美能力;在旅行体验及反思中,能够正确审视人与自然、社会、自我的关系,树立正确的生态文明观与文化价值观。

二、案例详述

(一)夯实课程团队力量,拓展课程应用场景

团队成员结构合理,任务安排得当。课程团队主要成员5名,其中1名教授、3名副教授、1名讲师,主要负责课程设计、讲授、在线辅导和题库建设;增补其他成员4名,其中2名教授、1名讲师,主要负责线上线下混合式教学模式的建设与应用。通过课程团队力量的

[①] 本案例为2020年度重庆市教育科学规划课题"校企共建线上课程:知识共享机制的应用研究"(课题批准编号:2020-GX-345)阶段性成果。

夯实，支撑MOOC与SPOC"双模式"课程应用场景。

（二）优化"三有"建设思路，保证课程"五融合"落地

围绕有序的课程体系、有趣的课程内容和有效的教学互动，形成并持续优化"三有"建设思路，保证课程"五融合"切实落地，以实现知识、能力、素养与价值引领目标。（表1）

表1　课程体系与内容

章节	内容
一、文化与旅游概述	1.1 什么是文化 1.2 文化与旅游 1.3 为什么要旅游 1.4 形形色色的旅游 1.5 中西旅游文化的差异
二、迷人的山水文化	2.1 山水文化的概述 2.2 五岳——中国传统文化的缩影 2.3 西湖——中国水文化之梦 2.4 地中海——世界海洋文明的摇篮
三、悠久的城镇文化	3.1 城镇文化概述 3.2 丽江古城 3.3 西递古村 3.4 普罗旺斯
四、丰富的饮食文化	4.1 饮食文化概述 4.2 八大菜系之川菜 4.3 茶文化 4.4 葡萄酒文化
五、多元的建筑文化	5.1 建筑文化概述 5.2 宫殿建筑之故宫 5.3 园林建筑之拙政园 5.4 西方建筑之圣家族大教堂
六、神秘的宗教文化	6.1 宗教文化与旅游 6.2 佛寺常见殿室 6.3 道教神仙 6.4 伊斯兰教圣地麦加
七、绚丽的艺术文化	7.1 文学与旅游 7.2 雕塑与旅游 7.3 绘画与旅游 7.4 书法与旅游 7.5 音乐与旅游
八、多彩的民俗文化	8.1 民俗与旅游概述 8.2 衣食住行多讲究 8.3 人生礼俗多遵从 8.4 岁时节日多欢乐 8.5 崇拜禁忌多尊重

1. 基于"三全育人"统筹教学,促成"立德树人"与"文化自信"融合

为落实全员、全程、全方位育人("三全育人")重要任务,统筹安排教学,在教学目标上,注重以美育人、以文化人,塑造正确的审美观、道德观与价值观;在课程安排上,注重课前公告内容的引导、课程内容的选择、课堂测验的侧重、课堂讨论及课后的设计、拓展学习资源的正确推荐等。

2. 基于时代发展选择视角,强调"社会发展"与"课程主题"融合

现阶段,我国社会主要矛盾已经转化为人民日益增长的美好生活需要和不平衡不充分的发展之间的矛盾。课程以旅游文化为切入角度,通过培养学习者的文化素养与审美能力,提升其旅游体验,契合时代发展趋势。

3. 基于"云旅行"设计课程,加强"以学生为中心"与"教学新方式"融合

本课程是面向多专业的公共选修课,选课学生数量较多。年轻学子是文化旅行的主要市场,开启趣味"云旅行"课堂,生动有趣地展示旅游文化,能让学生在喜闻乐见的学习过程中提高旅游审美鉴赏能力,有效提升文化自信。基于云课堂的充分利用,课程设计实现了从注重传授知识的"以教为中心",向"知识+思维方式+想象力"并重的"以学为中心"的转变。让学生独立思考,在线上发起师生、生生间的讨论,以及答疑互动,拓展资源学习等方式,引导其框架式自主学习。围绕并针对学生有效行为而专门设计"颗粒式"知识并加以巩固、提升,最终形成学生自我认知、全面掌握相应的知识体系,达到以学生为中心的学与教的高度互动融合,对弘扬传统文化的效果非常显著。

4. 基于建构理论打造"三化"体系,形成"自主学习"与"协作学习"融合

从建构主义理论出发,充分利用网络平台优势,课程以"学习—巩固—延展"为模块,设计"知识要点颗粒化、检测方式多样化、拓展学习丰富化"的"三化"课程体系,培养学生自主学习习惯与能力:按"颗粒化"方式组合小而精的知识点,通过听、看、做、思进行学习,重难点突出;通过测试题、作业和期末试题进行检测,分阶段、分题型巩固知识;提供丰富的文章、书籍、视频等多种参考资料进行延展学习。同时,通过讨论答疑方式,突破传统课堂桎梏,推动师生、生生间的交流,形成协作学习。

5. 基于开放的态度丰富内容,推进"弘扬传统文化"与"加强中外文明交流"的融合

教学内容采用"资源类别+典型景观"的形式,深入浅出地展示生动有趣的文化,围绕山水、城镇、饮食、建筑、艺术、宗教、民俗七类资源,选取中外典型景观(对象),舍去艰涩难懂的文化理论,通过图片、视频、讲解等多种形式,以中国传统文化为主、外国文化为辅,展现丰富多彩的中外文化现象和资源,将"弘扬传统文化"与"加强中外文明交流"有机融合,让学生在领略旅行乐趣的过程中,正确认识中外文化及其关系,能够坚持不忘本来、吸收外来、面向未来。

(三)保障课程运行效果,拓宽校内应用类型

1. 课程资源持续增加,公告及时发放

目前课程有40个视频资源、168个非视频资源,分类题库中有近600道题目,公告20余条,教师发帖总数1400余条,有效保障了课程正常运行。

2. 校内公选课有序开放,教师线上及时辅导答疑

自2017年4月起开放校内公选课,目前已运行12期,选课总人数过万人,覆盖全校所有专业;师生互动较强,学生评价良好,结课率较高,以第7期、第8期为例,选课人数3000余人,结课率达90%以上,学习效果较好;公选课按周依次开放章节内容,并安排教师线上辅导答疑,加强互动讨论。(图1)

图1 课程统计报告

3. 专业课充分运用资源,开拓线上线下混合式教学模式

专业课"中国旅游文化"充分运用线上课程资源,面向旅游专业学生,尝试线上线下混合式教学模式,课程的应用领域在不断拓展。

(四)积极做好校外推广应用,已被推荐至国家高等教育智慧教育平台

1. 做好校外推广应用,扩大课程应用范围

目前,本课程在重庆高校在线开放课程平台推广应用,选课高校多,应用范围广。校外学生主要来自重庆工商大学、四川外国语大学、西北大学、宁夏理工学院等40多所高等院校。

2. 本课程已被推荐至国家高等教育智慧教育平台,有利于提升课程影响力,扩大校外推广应用范围

国家高等教育智慧教育平台首批上线的2万门课程系从1800所高校建设的5万门课程中精选的优质课程,其中重庆市共有21所高校的228门课程上线,本课程被列入其中。

3. 疫情期间响应"停课不停学"号召,面向全国提供课程资源与服务

(1)疫情期间按市教委要求提前开放课程,为重庆市各高校提供课程资源与课程服务,同时继续服务于校内公选课、专业课。

(2)扩大课程服务范围,响应《中国旅游协会旅游教育分会关于延期开学期间充分利用在线教学资源开展教学活动的倡议书》,提供旅游管理类课程资源,面向全国开展在线教学活动与服务。

三、案例成效

(一)案例特色与创新点

1. 选择旅游文化为课程载体,具有较强吸引力

当下,旅行已成为大众特别是年轻人喜欢的日常生活方式,但由于体系化的知识储备不够,旅行的文化与审美体验还存在提升空间。通过学习本课程,学生可以具备丰富的文化知识和较强的审美能力,为拥有良好的旅行体验与收获打下基础,进而提升审美感受和人文素养。

2. 课程思政目标定位准确,符合时代需求

习近平总书记指出:"文化自信,是更基础、更广泛、更深厚的自信。"本课程特别强调中外文化的对比,通过充分了解中外文化的联系,既能尊重优秀的各国文化,又能认可并热爱中华文化。如第7期1.1小节讨论内容:"2020年开局时的新型冠状病毒肺炎肆虐中华大地,特别是湖北武汉,处于病毒风暴中心,全国人民同舟共济,齐心协力努力抗疫。日本也对我国进行了系列捐赠,有的物资上写有'山川异域,风月同天''岂曰无衣?与子同裳'。看到这些语句时,我们内心有种感动在涌起。请大家查一查这些语句源于何处?结合对这些语句的理解,我们来讨论文化的意义是什么。"讨论回复2855条,学生结合文学、时事、中外关系等进行分析,对中国传统文化的传播、中国悠久历史的发展有了更为清晰的了解,在客观认识中外关系的基础上,对中华文化更加热爱、认可与自信。

3. 课程融入生态文明教育,能够提高学生的生态文明意识

课程内容涵盖山水文化,探讨山水资源的旅游价值,引导学生树立正确的生态文明价值观念和行为准则。如第7期2.3小节讨论:"西湖,被赋予了多种'人化的自然'色彩,我们可以认为它是中国水文化之梦。根据你的理解,结合相关文字资料阅读、纪录片的观看等,聊一聊它所代表的水文化特色。"讨论回复2076条,对自然山水的深入认知,培育对美的深层体验,加强文化自信,构建正确的生态文明观。

4. "以点带面"的内容设计有利于提高课程的趣味性,拓宽学生眼界

舍去理论性,凸显文化内容在典型景区、资源或元素上的具体表现,既能提高课程趣味性以吸引学生,又能通过不断增加典型景区(对象)内容,拓宽学生的眼界。

(二)取得的主要成效和成果

1. 课程获得较高评价

课程2018年被评为重庆市"月度在线名课";2021年被立项为重庆市高校课程思政示范建设课程,被重庆市推荐申报国家级一流本科课程。课程团队被评为重庆市课程思政教学名师和团队。

2. 课程建设推进教改研究

以课程研究为基础,形成市级教改课题2个("校企共建线上课程:知识共享机制的应用研究"和"高校校史文化融入课程思政的路径研究")。

3. 课程内容获得比赛奖项

以课程内容为基础,获市级微课比赛奖项3项,其中,二等奖2项(微课作品《葡萄酒杯的秘密》《威士忌的品饮》)、三等奖1项(微课作品《诗情画意把茶饮》)。

"世界经济地理之一带一路"课程专题式教学示范案例[①]

甘强　赵逖　汪廷美　甘元玲　潘祖凡

重庆对外经贸学院

一、案例介绍

"世界经济地理之一带一路"既是对外经贸的专业课程，也是培养学生爱国主义情怀的思政课程。本课程以"世界经济地理"为切入视角，在教学内容上具有创新性，在体系结构上具有原创性。以历史与现实、国内与国际、地理与经济、经济与政治的专题教学为切入点，将整个课程知识体系构建为八个章节：第一章为导论，第二到五章是国内部分，第六到八章是国际部分。

通过课程学习，让学生认识"一带一路"倡议是中国最高的国家级顶层设计，是中华民族伟大复兴的必由之路，掌握世界经济地理、国际政治、国际贸易相关理论，培养学生爱国主义精神，提升民族使命感和责任心，拓展国际视野，提升战略思维，增强民族自豪感，树立建设人类命运共同体远大理想的教育目标。

二、案例详述

（一）课程团队建设

1. 课程团队师资概况

课程团队由跨境商务学院教师组成，结构合理。（表1）

[①] 本案例为重庆市高等教育教学改革研究一般项目"基于OBE理念的'四元融合—三段学程'数字经贸类人才培养研究与实践"（项目编号：223463）阶段性成果。

表1　课程团队师资情况

专业技术职务	35岁以下	36至45岁	46至55岁	56至60岁	61岁以上	人数合计
教授	0	0	0	0	1	1
副教授	6	5	0	0	0	11
讲师	4	0	0	0	0	4
具有硕士学位人数占比	93.75%					
具有学士学位人数占比	6.25%					

2.教师团队建设情况

通过内培外引加快教师队伍建设,实施一对一"老带新"策略,指导青年教师迅速成长,努力提高师资队伍整体水平。近年来,团队教师通过内培晋升高级职称6人,参加各类培训16人次,其中出国培训3人次、企业社会实践7人次。

(二)课程设计

1.课程背景分析

2013年9月和10月,习近平总书记分别提出建设"新丝绸之路经济带"和"21世纪海上丝绸之路"的合作倡议。"一带一路"是世界经济地理的革命,是国际经济、国际贸易、国际政治等专业学生拓展国际视野、提升战略思维的重要课程。

2.教学对象和课程定位

本课程可以为国际经济、国际贸易、国际政治等专业学生和经济学、贸易经济、物流管理等经管类专业学生拓展视野、提升战略思维,是学生认知"一带一路"的重要课程。

3.课程设计原则

从世界经济地理视角、多学科交叉视角出发,结合历史、地理、经济、政治等进行解读。

4.学习评价方案

课程评价注重过程性考核,由平时成绩、章测试成绩、见面课成绩和期末考试成绩综合组成。

(三)在线教学情况

2018年9月,课程上线智慧树平台。每年按照春夏学期、秋冬学期分两轮运行,运行过程中除录制的48个授课视频外,还设置4次见面课,建立了"在线教学+直播互动"的教学模式。(图1)

图1 "世界经济地理之一带一路"在线课程

（四）课程特点与优势

1. "从无到有"的新课建设

"一带一路"倡议是世界经济地理的革命，也是中国经济地理的革命。选取经济地理这一视角，有别于当前其他高校相关课程从文化、语言、社会等角度展开，具有创新性。本课程于2015年9月开设，以《改变世界经济地理的"一带一路"》为教材，紧紧围绕国家"一带一路"倡议的内涵和时事热点，进行专题式教学，突出"一带一路"倡议的建设重点和对世界经济地理的意义。

2. 代替传统教材教学的"专题式教学"

从谋篇布局的"大写意"到精谨细腻的"工笔画"，"一带一路"的建设内容在实践中不断发展、变化，不能以传统教材形式进行教学，故教学团队深入研究、探讨，发现"专题式教学"最为适宜。因此，本课程采用专题教学方式，一章为一题，一题一论，使教学更加有效。

3. "多元参与翻转课堂"的多元信息化教学模式

教学模式上，课程教学团队经过不断探索、改进，逐步形成"多元参与翻转课堂"教学模式，以实现信息化时代以"自主、合作、探究"为特征的新型教学。（图2）

图2 学生小组设计的海报及学习"世界经济地理之一带一路"课程后撰写的美篇

4. 优化考核方式，综合考评学习效果

采取多元化考核方式，注重过程性考核。借助课程智慧教学空间，将考核标准量化。单元测试、项目作业、综合考试以自动评阅、互评、自测等方式科学评测学生综合素养。

5."线下到线上"的在线资源建设

2018年，学院组建慕课团队进行在线课程录制。为保障课程实施具有持续性和连贯性，课程团队精心设计，通过慕课视频、直播课程、线上互动答疑和完备的课程配套资料，确保课程教学的持续性和质量，课程在线实施效果良好，吸引了多所院校学生进行学习。同时，课程后续建设计划还包括在线课程建设持续更新、开放课程持续运行等方面。

（五）资源建设

课程每年运行两轮次，运行中每年至少对20%的内容进行更新，重点围绕课程的教学内容与资源进行更新。目前，已有课程资料22份、非视频资源21份，持续更新教学内容与课程资料库，完成4次见面课的重新录制，累计发布公告340次。

（六）本校应用及推广情况

本课程2015年开设，2018年上线智慧树平台，以公开课形式，面向全校学生开课；以学分课形式面向本校国际经济与贸易专业开课，课程教学效果良好，校内评教分数均为优秀（90分及以上），受到学生的广泛欢迎。

本课程既是跨校共享的学分课，也免费向社会公众开放。智慧树平台数据显示："世界经济地理之一带一路"自2019年在智慧树开课以来，截至2022年6月，已完成开课7学期，选课高校包括西南大学、河北大学等162所高校，选课人数达2.53万人，累计互动达到15.5万次，参与测试人数约5.08万人，考试通过率达到88%，学生满意度评价均在90分以上，得到选课学校老师和学生的好评。

三、案例成效

（一）案例特色

1. 课程建设视角独特

"一带一路"倡议是中国最高的国家顶层设计，是世界经济地理的革命。而本课程是国际经济、国际贸易等专业学生认知"一带一路"倡议的重要课程。课程以经济地理视角解读"一带一路"，构建了三大板块八个章节的课程知识体系，在体系结构上具有原创性。

2. 专题教学的内容创新

从"大写意"到"工笔画","一带一路"的建设内容在实践中不断发展、变化。教学团队采用专题教学方式,一章为一题、一题一论,在教学内容上具有创新性。

3. 立德育人的思政元素

"一带一路"课程是培养学生爱国主义情怀,提升学生民族使命感和责任心,增强学生的"四个自信",使学生树立建设人类命运共同体远大理想的思政课程。

4. 紧跟时事的动态教学

"一带一路"建设是一个发展的过程,教学团队紧跟时事、精心设计,实时动态更新见面课内容,当前已更新"一带一路:从大写意到工笔画""'陆海新通道'与'西部大开发'""人民币国际化与一带一路建设"等七次见面课。

5. 掌握学情的主导管理

从答疑和讨论环节入手,教师实时在线与学生高效互动,团队负责人甘强教授在线提问、答疑互动累计10余万字。教师实时了解学生学习效果,切实做到对课程的"主导式"管理,发挥学生学习的开放自主性。

(二)案例取得成效与成果

1. 案例建设成效

课程自上线智慧树平台,现已运行7个学期,共计2.53万人选课。2019年11月,"世界经济地理之一带一路"在线课程通过教育部审核,成功入围国家精品在线开放课程。本课程建设还荣获重庆市高校精品在线开放课程、重庆市课程思政示范课程、高校在线课程建设与应用优秀示范案例和"智慧树杯"课程思政示范案例教学大赛普通本科赛道优秀奖等荣誉。(图3)

图3 "世界经济地理之一带一路"课程获奖情况

2. 引导学生积极学习、认真思考

在2020年3月11日—4月9日的线上学习期间,课程负责人甘强就回答了学生提问100多个。坚持以学生为中心,积极引导,让学生主动学、认真思考,锻炼学生的动手、思辨能力。(图4、图5)

图4 学生制作的美篇

图5 泰国留学生的课程作业

四、未来计划

(一)面向高校教学应用计划

1. 课程建设保持持续更新

持续更新课程内容及题库,及时反映"一带一路"建设新进展、新成果;更新或增补案例、视频等教学资料,完善课程教学资源;更新及新增章测试和期末考试内容,提高课程考核严谨性;科学分类课程资源及其属性。

2. 推进"互联网+"课程思政教育

持续推动课程建设信息化,将思政教育融入课程建设中;持续扩大本课程辐射范围,以课程为载体,深挖本课程的思政教学经验与技术,形成成熟模式并推广。

3. 开放课程保持持续运行

课程每年运行两轮次,每年至少对20%的内容进行更新。教学团队全员参与,保障教学正常运行。

(二)面向社会建设服务计划

提倡免费向社会开放。根据平台需要开展"有偿"混合式教学与学分共享课程,课程为不付费的学习者提供免费学习机会;依托平台,给付费学习者提供课程认证及学分认证服务。

以学生为中心，推进教学改革创新
——"大学生的经济学思维"一流课程建设案例

胡骏　李霓　曾雪梅　王玉云　廖双

重庆对外经贸学院

一、案例介绍

"大学生的经济学思维"是基于"升级思维模式、培养远见与格局"理念，为在校大学生设计的一门经济学通识课程。课程的核心目标不是讲授经济学理论和概念，而是为学生提供一种观察世界的新透镜和在生活中做决策的新工具，帮助学生获得一种像经济学家一样理性思考的思维方式。

二、案例详述

（一）课程团队建设

本课程的负责人为重庆对外经贸学院外语外贸学院商务英语系主任、副教授，重庆市普通本科高等学校外国语言文学类专业教学指导委员会委员，重庆市商务英语研究会理事。

课程教学团队为重庆市一流专业商务英语教学团队，近五年来积极开展本课程教学改革，主持校级、省级项目十余项，发表论文二十余篇，获校级教学创新大赛一等奖、校级微课教学比赛二等奖以及校级教学成果奖。

（二）课程设计

"大学生的经济学思维"选取了微观经济学和宏观经济学中较为实用并且不难理解的理论知识，分十个单元进行讲解，每个单元2—3小节。每个小节中，先由一段现场拍摄的视频引出主题，引发学生思考，然后由教师讲授本节知识点，帮助学生利用所学知识解决实际问题。最后，通过练习题和问答讨论加深学生对该知识点的理解。（表1）

表1 "大学生的经济学思维"章节安排

学习单元	主题	知识点
第一章 基本概念 01 Basic Concepts	1.什么是经济学？ 1.1 What is economics? 2.经济学能解决什么问题？ 1.2 What problems can economics solve? 3.如何掌握经济学的思维方式？ 1.3 How to think like an economist?	微观经济学、宏观经济学、机会成本、沉没成本
第二章 供给和需求 02 Supply and Demand	1.星巴克如何吸引消费者？ 2.1 Do you frequent Starbucks? 2.想要的东西什么时候买比较好？ 2.2 To buy or not to buy?	稀缺定律、需求定律、供给定律、均衡价格
第三章 竞争和垄断 03 Competition and Monopoly	1.什么是品牌？ 3.1 What is a brand? 2.垄断总是令人讨厌吗？ 3.2 Is monopoly always bad?	完全竞争、垄断、寡头垄断
第四章 消费者选择 04 Consumer Choice	1.大杯还是小杯？ 4.1 Tall or Grande? 2.东西是越贵越好吗？ 4.2 Higher price, better quality? 3.水和钻石,哪个给你带来的幸福更大？ 4.3 A diamond lasts forever?	比较购物、溢价定价、边际效用
第五章 储蓄和投资 05 Saving and Investing	1.为什么要储蓄？ 5.1 Why save? 2.怎么才能让自己的钱变得更多？ 5.2 What makes a person richer?	单利、复利
第六章 债务和信用 06 Debt and Credit	1.花呗:用还是不用？ 6.1 Huabei: Angel or devil? 2.买房贷款怎样才能更划算？ 6.2 How to get a better mortgage interest?	分期付款、信用卡、等额本息、等额本金
第七章 失业和通货膨胀 07 Unemployment and Inflation	1.失业一定是坏事吗？ 7.1 Unemployment: End of the world? 2.钱越来越不值钱怎么办？ 7.2 How to protect your money from inflation?	失业率、通货膨胀、CPI
第八章 国际贸易 08 International Trade	1.顺差逆差,哪个更好？ 8.1 Surplus: Better Than Deficit? 2.关税是如何产生的？ 8.2 What is a Tariff?	绝对优势、比较优势、保护性关税、配额
第九章 全球经济 09 The Global Economy	1.什么是经济全球化？ 9.1 Is the world flat?	"一带一路"倡议、跨国企业

续表

学习单元	主题	知识点
第九章 全球经济 09 The Global Economy	2.外商直接投资:狼来了? 9.2 FDI: Should we be worried?	"一带一路"倡议、跨国企业
第十章 经济学思维的运用 10 Applying Economic Thinking	1.去朋友家应该送礼还是送钱? 10.1 Gift or Money? 2.怎样制造成功的约会? 10.2 What makes a good date? 3.考研还是工作? 10.3 Postgraduate: A panacea for everything? 4.大城市是就业的理想选择吗? 10.4 Big cities or small cities? 5.接受offer还是继续等待? 10.5 Should I take the offer?	社会规范、市场规范、信息不对称、博弈论

(三)在线教学情况

"大学生的经济学思维"依托智慧树平台实施线上教学,目前已运行3学期,学生人数稳步增长,累计选课人数2313人,选课学校近100所(含非学分课)。在线教学情况良好,学生除完成视频观看之外,也积极参与在线讨论,累计互动1.57万次。以2021—2022学年第二学期为例,学生积极参与学习(图1)和在线互动(图2),视频观看完成率达85%以上(图3)。

1. 学生情况

尊敬的老师,您好!

您在智慧树平台所开设的"大学生的经济学思维(双语)"课程有3所学校选择了您的课程,总选课人数477人,本课程综合选课情况见(表1)

表1

参数名称	截至上月数据	截至本月数据
选课学校总数	1	3
教学班总数	9	11
选课人次	375	477
实际入学人次	347	393
已学习人次	327	360
退课人数	0	0

图1 综合选课情况

2.3 学生在线讨论

本月/累计提问数	本月/累计回答数	本月/累计评论数	累计人均参与数
111/134	3398/4881	9/13	12.79

在线问答热度排名(前10)

热度排名	提问内容	提问人	所属学校	活跃量
1	Can economics solve all the problems?	胡骏	重庆对外经贸学院	261
2	If you are in love with a girl who already has a boyfriend, what…	胡骏	重庆对外经贸学院	247
3	Which is more important, equality or efficiency?	胡骏	重庆对外经贸学院	242
4	Does the cost of a product determine its price?	胡骏	重庆对外经贸学院	231
5	Do SOEs discriminate employees as much as private companies?	胡骏	重庆对外经贸学院	226
6	How can we explain discrimination using economic principles?	胡骏	重庆对外经贸学院	222
7	Should the government control the price of goods?	胡骏	重庆对外经贸学院	206
8	Should I try to score 100 in economics?	胡骏	重庆对外经贸学院	203
9	Which do you prefer to use, Huabei or credit card?	胡骏	重庆对外经贸学院	202
10	Is debt a good thing?	胡骏	重庆对外经贸学院	199

图2 在线互动情况

2.4 在线视频

人均观看时长 = 累计观看时长/学生数,该数值越大表明学生花在视频观看上的时间越多。
人均观看完成率 = 人均观看时长/视频总时间长,大于100%则表示该章节学生曾反复观看。

章节视频	累计观看次数	人均观看次数	视频总时长(分钟)	累计观看时长(分钟)	人均观看时长(分钟)	人均观看完成率
第一章第一节	552	1.4	8.07	3910.88	9.95	90.33%
第一章第二节	479	1.22	9.1	3859.27	9.82	88.04%
第一章第三节	492	1.25	9.07	3750.42	9.54	87.53%
第二章第一节	624	1.59	6.92	3050.22	7.76	88.55%
第二章第二节	465	1.18	6.73	2814.88	7.16	88.3%
第三章第一节	624	1.59	9.23	4140.92	10.54	87.53%
第三章第二节	512	1.3	15.07	6147.73	15.64	87.02%
第四章第一节	551	1.4	7.28	2932.75	7.46	87.02%
第四章第二节	432	1.1	7.38	2837.57	7.22	86.26%
第四章第三节	436	1.11	6.17	2428.9	6.18	86.51%

图3 在线视频观看情况

(四)课程的特点与优势

1.创新性

教学设计体现"学生中心"理念,从校园真实场景、学生真人出镜、日常真实难题,到解决方案的真实启示,全部聚焦学生生活、学习与情感。让学生选课时有亲近感、学习中有陪伴感、学完有获得感。

2.普适性

课程内容选自最实用、最好用的经济学核心概念,以及最贴近普通人日常生活的场景,舍弃让一般受众望而却步的复杂公式和推算图表,以生动的案例、朴实易懂的语言、简单落地的建议来展示经济学思维如何指导我们决策、观察和行动,充分体现了在线课程"开放、共享"的特征。

3. 启发性

教学方式满足自媒体时代学生的多样化、个性化需求。既有案例式教学拉近学生与理论概念之间的距离,让生动的案例与情景中的难题成为学生关注的焦点,使教学过程变得更加容易;也有启发式教学创设引发学生思考的问题情景,让学生有机会思考和表达自己的观点;还有讨论式教学提供开放性问题和沟通交流的机会,为学生拓展探索的空间。

(五)资源建设

本课程目前已发布视频25个(总时长207分钟),课程资料共47个。平均每个章节4—5个资源,包括与单元知识点相关的文献、视频,以及政府文件、调研报告,便于学生课后巩固所学知识,扩大知识面。

(六)本校应用情况

在重庆对外经贸学院,本课程既是专业基础课,又是学校公共选修课。

1. 专业基础课

主要是给商务英语专业和应用英语专业学生开设,每学期200人左右。学生在18周的教学时间里,有充分的时间深入学习10个单元的内容。

2. 公共选修课

全校各专业学生都可以选修本课程,每学期300人左右。选修课持续8周,学生可以根据兴趣选修其中部分内容,测试总成绩达60分就能获得学分。

(七)推广应用情况

其他高校学生和社会学习者累计千余人。选课学生覆盖面很广,既有国内语言类、财经类院校,也有国内综合性院校,甚至还有国外知名院校。

1. 语言类、财经类院校(6所)

四川外国语大学、西南财经大学、安徽财经大学、西安财经大学、北京第二外国语学院、四川工商学院。

2. 综合性院校(36所)

西南大学、上海交通大学、山东科技大学、济南大学、青岛科技大学、西安交通大学、武汉科技大学、湘潭大学、太原科技大学、广州大学、海南大学等。

3. 海外知名院校(1所)

墨尔本大学。

三、案例成效

(一)实现了学生学习积极性和对教学满意度、学习效果等数据状态的持续优化

本课程自开课以来,无论是同行还是学生评教,均为优秀(90分及以上)。课程不仅教给学生分析、解决问题的经济学思维方法,也培养了学生的爱国情怀和职业素养,得到了学生的广泛好评。

(二)形成了以"一流课程"为标志的系列教学成果

2022年1月,本课程获评重庆市一流本科课程,为我校一流专业建设提供了重要支撑。此外,课程教学团队还获得了BETT全国商务英语翻译教师金课大赛本科组一等奖、校级微课教学比赛二等奖和校级教师教学创新大赛文教组三等奖。(图4)

图4 课程教学团队获奖情况

四、未来计划或启示

(一)面向高校的教学应用计划

积极推动与教学资源较为薄弱的高职院校的校际合作,帮助合作院校根据学校的特殊学习环境和学生认知水平,对课程的内容资源、教学方式、考核方式等进行本地化改造,提高课程的针对性。

(二)面向社会的开课计划

鉴于成年人在工作、社交、生活之余能够用于学习的整块时间较少,团队准备开发同一内容多媒体表现形式,提供多媒体版、文字讲解版、MP3版等资源。方便学习者根据自己的媒体取向和零散时间,选取自己喜欢的媒体表现形式,比如可以下载MP3格式的教师讲解语音文件,随时随地听课,做到课堂随人走。

(三)持续更新计划

根据对选用本课程院校的部分师生的访谈分析,拟编制一套课程教师指导手册,为课程本地化过程中的"落地老师"提供可以嵌入专业课程与教学的设计方案、教学计划、参考素材,方便教师指导学生更好地利用课程资源。

(四)教学服务设想

一是组织学生在线下建立学习社区,用群体归属感与认同感促进学生的学习主动性;二是引入"学习导师"角色,引导学生的学习行为,控制学生的学习环节进度,为学生提供关于平台教学的答疑服务,帮助学生逐步养成符合线上课程要求的学习行为。

基于OBE理念的课程思政在本科"新闻评论"课程建设中的实践探索

周媛　杨莉　景熹　胡宇晗　唐若晗

重庆外语外事学院

一、案例介绍

"新闻评论"课程于2023年获批重庆市一流本科课程(线上课程),是一门理论与实践兼具的课程,要求学生对时事保持密切关注,对社会现象有一定理解,同时要求教师将国家政策与大事融入教学中,达到"1+1>2"的教学效果。本课程是基于OBE理念下,围绕课程思政展开的教学实践,强调以学生为中心,关注学生的身心发展,力求培养高素质应用型人才。

二、案例详述

近年来,"新闻评论"课程注重全方位建设与高质量发展,在立德树人、队伍建设、理念深化、目标优化、内容重构、模式创新、评价方式多元化等方面取得了突出成效。

(一)团队建设成效显著

课程组一直致力于"新闻评论"课程的教育教学改革与创新,结合"三全育人",坚持课程的政治引领,积极探索和开展"新闻评论"的课程思政,取得了良好效果。

2019年、2021年,本课程两次获校级创新课堂大赛特等奖。

2020年,本课程获批重庆市高等教育教学改革研究项目:"课程思政"视域下本科"新闻评论"课程建设实践研究(项目编号:203497)。

2021年,本课程获批重庆市课程思政示范课程。

2022年,本课程获批重庆市一流本科课程(线下课程);教学团队继续优化打磨课程建设,在夯实做好线下课程的基础上,推出"新闻评论"课程线上资源。

2023年,本课程获批重庆市一流本科课程(线上课程)。

(二)教学设计持续创新

无论是线上教学还是线下教学,教学过程中学生的注意力都是稀缺资源,不能共享,无法复制。"新闻评论"课程面临了教师"权威"被瓦解、学生注意力不断被稀释以及受众信息接收和认知习惯改变三大困境。

1.教学模式及内容创新

2022年本课程开始进行线上课程建设。在教学内容方面,注重在课堂教学中结合时事进行分析讨论,将思政元素与专业知识结合,通过理论讲解、案例分析和学生练习,帮助学生理解和掌握"如何正确传播正能量",媒体应该如何"有逻辑"地"弘扬社会主流价值观"。

2.教学活动及组织创新

本课程在教学活动中,逐步改变过去授课老师"一言堂"的局面,将授课老师变身为"设计师""导师""项目顾问""领队"。线上课程环节设置了课上讨论与课后实训,学生能够参与到选题—写作—编后等真实的传媒活动中。

3.考核及评价方式创新

(1)本校学生。

"新闻评论"课程为实训类课程,本校学生课程考核实施"334"模式,即平时成绩占30%(考查学生线上学习情况,分配比例是学习时长占10%、主题讨论占10%、单元作业占10%),实训成绩占30%(考查学生线上评论完成情况或相关比赛获奖情况,分配比例是单元测试占10%、线上考试占10%、比赛获奖占10%),期末考试成绩占40%(以线下测评为主,分配比例是课堂考勤占10%,课堂互动占10%,线下考试占20%)。

(2)其他高校学习者。

课程成绩全部由线上学习成绩构成,学生必须完成所有环节的学习和考核后,方可获得相应成绩。

(三)实践探索用情用力

"新闻评论"课程团队在建设过程中,以"内容"和"渠道"为两大抓手积极进行课程改革探索。

一是在课堂教学中结合时事进行分析讨论,在锻炼学生评论写作能力和思辨能力的同时,强化学生对时事的理解力和宏观环境的认知力。如组织学生通过在线学习平台讨论"如何看待新冠肺炎疫情期间的不同声音",探讨"这个时代需要什么样的声音",引导学生正确理解新闻评论中的"正能量"。二是运用新媒体思维,教师从过去的"传授者"变成"引路人",指导学生用新思路新媒介讲好中国故事。

同时,利用网络资源对传统教材知识体系进行新媒体化改编,符合年轻人的思维习惯和话语方式。

"新闻评论"课程教学中逐步融入思政元素,通过理论讲解、案例分析和学生练习,帮助学生理解和掌握如何"有逻辑"地"弘扬社会主流价值观"。

Z世代正在迅速成长,在教学实践中要结合实际,立足人才培养,做好教育顶层设计,增进专业课程与思政教育领域间的协同,打破专业教育的壁垒,树立"大思政"思维。

1. 从职业素养入手挖掘思政元素

新闻行业的特殊性,要求从业者不断增强"脚力、眼力、脑力、笔力"。教师在教学过程中,结合新闻专业人才培养特点展开教学,深度挖掘育人元素,增强课程针对性和实效性,提升学生职业发展能力,培养真正"有深度、有温度、有广度"的新闻事业接班人。

2. 从中国特色社会主义伟大实践入手挖掘思政元素

"新闻评论"教学中,通过选取中国特色社会主义在区域的实践成果进行案例教学,如结合"成渝地区双城经济圈"组织学生学习相关材料,挖掘论题,展开讨论,分析宏观政策,阐释蕴含的逻辑,让学生对中国特色社会主义有更深层次的理解。

3. 从国内外时事入手挖掘思政元素

当前大学生有极强的表达欲望,并具有一定的独立思考能力,教师结合国内和国际两个大局分析,挖掘对培养和训练学生科学思维方法和思维能力有用的内容进行教学,教会学生正确认识世界、理解中国,提升社会责任感。

三、案例成效

(一)"OBE+5E"教学模式构建完成

"新闻评论"课程根据每个模块的教学主题和任务,结合实际情况采用5E教学法,即吸引(engagement)、探究(exploration)、解释(explanation)、迁移(elaboration)和评价(evaluation)。

教学团队以"刺死辱母者——于欢案"为例,要求学生从不同角度切入,对该案件进行评论。学生通过互联网自主获取资料,展开自主学习、合作讨论等多样化学习活动后,提出了"人性与法律""正当防卫的边界""民营企业融资""媒介审判"等诸多论点。在这个过程中,学生既提升了选题能力,也深化了对社会的认知。(表1)

表1 "新闻评论"课程5E教学环节设计实例

5E环节	任务描述	"新闻评论"课程实例
吸引(engagement)	起始环节。通过具体的案例、讨论吸引和提升学生兴趣,刺激学生主动探索	在讲解"诉求"环节时,以"生活中常见的困境"为案例导入课程,激发学生学习兴趣
探究(exploration)	中心环节。教师可以以问题引导学生进行探究。在探究的过程中,教师的责任是聆听与引导	在讲解"框架"环节时,以学生作业为导入,让学生参与讨论,发现并试图解决问题
解释(explanation)	关键环节。鼓励学生进行矛盾的分析和最终成果展示	在讲解"评论的思维误区"环节时,借助不同的案例向学生解释"误区"形成的原因以及如何规避
迁移(elaboration)	概念扩展。让学生对所学知识进行串联,举一反三	在讲解"评论的附加值"环节时,通过讨论和案例分析,让学生自主总结出"评论的附加值"的提升方法
评价(evaluation)	师生运用各种教学手段进行评价	通过教师讲评、学生互评等进行评价,并组织学生参加相关比赛,提升应用能力

(二)教学新媒体矩阵正式搭建

当前国家对舆论引导的要求是要以互联网思维优化资源配置,将优质的人力、物力、财力向互联网倾斜,同时鼓励主流媒体上网,打造新型主流媒体,守住舆论传播新阵地。人在哪儿,宣传报道就应该到哪儿,这既是对媒体发展的要求,也是对教育教学的要求——学生在哪儿,教育教学平台就该在哪儿,围绕学生需求,提升教育亲近性。

提升教学亲近性就是要求在完成规定教学任务的前提下,选取更多学生感兴趣的内容,并利用"两微一端一站一抖"(微博、微信、客户端、B站、抖音)等学生习惯且喜欢的平台作为教育教学和实习实训平台。

2022年,"新闻评论"线上课程上线,截至2023年3月,课程浏览量为444653次,累计选课记录413次。

(三)"教、训、赛"人才培养模式成效初显

国际传媒学院于2021年正式成立"教训赛融合式融媒体人才培养模式创新教学团队",将教学内容与真实的竞赛和项目融合,通过参加比赛提升教师团队教学水平,增强学生的新闻业务能力。

2022年，教学团队参加中教集团第四届教学技能交流活动，获一等奖。(图1)

2022年，组织学生参加首届重庆大学生网络评论大赛，2019级学生作品《用特殊推动公平，更可能加剧不公》，荣获佳作奖。(图2)

图1 教学技能交流活动　　图2 学生作品获奖

四、未来计划或启示

未来，"新闻评论"课程将继续深化课程思政教学实践，主要从以下三个方面进行优化和发展。

(一)注重引领，建立全新的"新闻评论"课程教学大纲

基于新时代立德树人的要求，进一步强化"三全育人""十大育人体系"的价值引领，进一步凸显和凝练课程思政的理念，形成典型和特色案例，为"新闻评论"相关课程提供可借鉴的推广经验和案例参考。

(二)交叉融合，建立全新的"新闻评论"课程课堂教学模式和实践教学模式，提高新闻学专业人才培养质量

根据新文科的要求，在将专业思政的教育理念切实贯彻到"新闻评论"课程实践教学中的同时，注重引入其他学科知识，交叉融合，相互赋能，努力做到以文化人，以文育人。

(三)多元发展，建立全新的"新闻评论"课程评价及考核体系

以课堂教学和实践教学为基础和平台，围绕如何在新闻评论课堂上培养和强化学生社会主义核心价值观，如何协调新闻评论课堂中趣味性和深刻性，如何在新闻评论课堂中培养学生思辨能力等问题持续展开教育教学改革创新实践，从基础、能力和素质出发，建立更为多元的课程评价与考核体系，将学生们培养成为有求知能力、有做事能力、有共处能力、有发展能力的新时代的实用人才。

基于在线平台的自动控制原理课程教学实践[①]

王瑞芳　党晓圆　马冬梅　盛顺利　张清蓉

重庆移通学院

一、自动控制原理课程介绍

自动控制原理是从各类控制系统中抽出其共性部分而形成的一门基础理论课程,在高校自动化类、电气类专业课程中占据核心地位,涉及专业多,受众面广。自动化技术在我国重大工程中发挥着无可替代的作用,如嫦娥四号月球探测器、东风系列导弹、蛟龙号载人潜水器等都用到了自动控制技术。

本课程依托重庆高校在线开放课程平台线上一流课程的优势,借助平台丰富的教学资源,师生间形成良好的教学互动。线上学习有效节约了线下授课时间,为多元教学模式的创新提供了时间保证。课程通过在线平台并结合多元信息手段对学生实施全过程、全方位的教学管理,切实提升了学生的学习体验与效率。

二、自动控制原理课程详述

(一)课程教学团队建设与能力提升

1.课程教学团队建设

优秀团队是成功建设课程的重要保障。本课程教学团队共13人,其中教授2名、副教授2名、讲师5名、助教4名,在职称、学历、年龄结构等方面都较合理。

[①] 本案例为重庆移通学院高等教育教学改革研究重点项目"'一流课程'背景下同步推进自动化专业核心课自动控制原理课程思政探索与实践"(项目编号:22JG205)、"'新工科'背景下机器人工程专业人才培养模式的研究与实践"(项目编号:22JG210)阶段性成果。

2.能力提升

团队教师通过线上建课,在教学实践的摸索中快速成长。为提高整体实力,教赛结合,教师们积极参加各类教学竞赛,如青年教师教学竞赛、教学创新大赛等。并注重理论与实践结合,通过指导学科竞赛,借助校企合作平台挂职锻炼,提升实践能力。

(二)课程设计和在线教学情况

1.课程设计

课程坚持以学生为中心,自建在线教学资源,将开放平台的应用贯穿始终,构建"线上+线下"的混合式互助教学模式。课程整体教学设计如下:

(1)线上学习。在线平台的教学资源充分应用于课前与课后,课前进行知识点预习,课后进行巩固、自学、辅导与答疑。

(2)多元手段丰富课堂教学。课堂内合理构建与线上教学资源相衔接的教学环节,结合翻转课堂、小组讨论、问题导向式教学,引导学生自主思考、解决问题。同时,辅助使用学习通、雨课堂等平台与教学有效融合,创新课程形式。

(3)课程中融入思政元素。用好课堂主渠道,各章节融入思政元素,如第一章融入我国工程控制论创始人钱学森的爱国与治学精神,引导学生攻坚克难,勇于创新;第三章时域分析法,从系统抗扰动性的提高,阐述加强自身能力的重要性,并培养学生科学的思维习惯与大工程观。

(4)线上与线下逐渐形成师生协同、生生互助、共同学习的模式。课堂与网络无缝结合,逐渐形成教师精准教和学生主动学的良性循环,教师团队导学、讲学、助学、督学,切实提高学生学习的自主性,实现教学质量的跨越式发展。

以本课程3.5节"线性定常系统的稳定性"为例,教学设计如图1所示。

2.在线教学情况

课程依托开放平台进行线上运行,在线教学分为课程建设、教学管理、统计分析三大模块。(图2)

课程建设模块中,教学资源能满足不同专业、不同学时的课程学习内容。教师根据教学进度发布公告,提醒学生预习、完成作业,督促学习,并不断更新题库,在期中与期末开展线上考试。

教学管理模块在开课前组织学生选课、线上划分班级,开课后进行作业批改、答疑讨论、课程测试与成绩管理。

统计分析模块在结课后为教师提供教学质量分析与统计数据,便于后续改进。

此外,应用好平台的同时,为保证实体课堂活跃度,教师辅助应用多元信息手段,结合雨课堂、学习通的优势促进教学,采用雨课堂的"随机点名""实时投票""答题""弹幕"等功能提升课堂趣味性,促进实时互动。学习通课堂教学设计如图3所示。

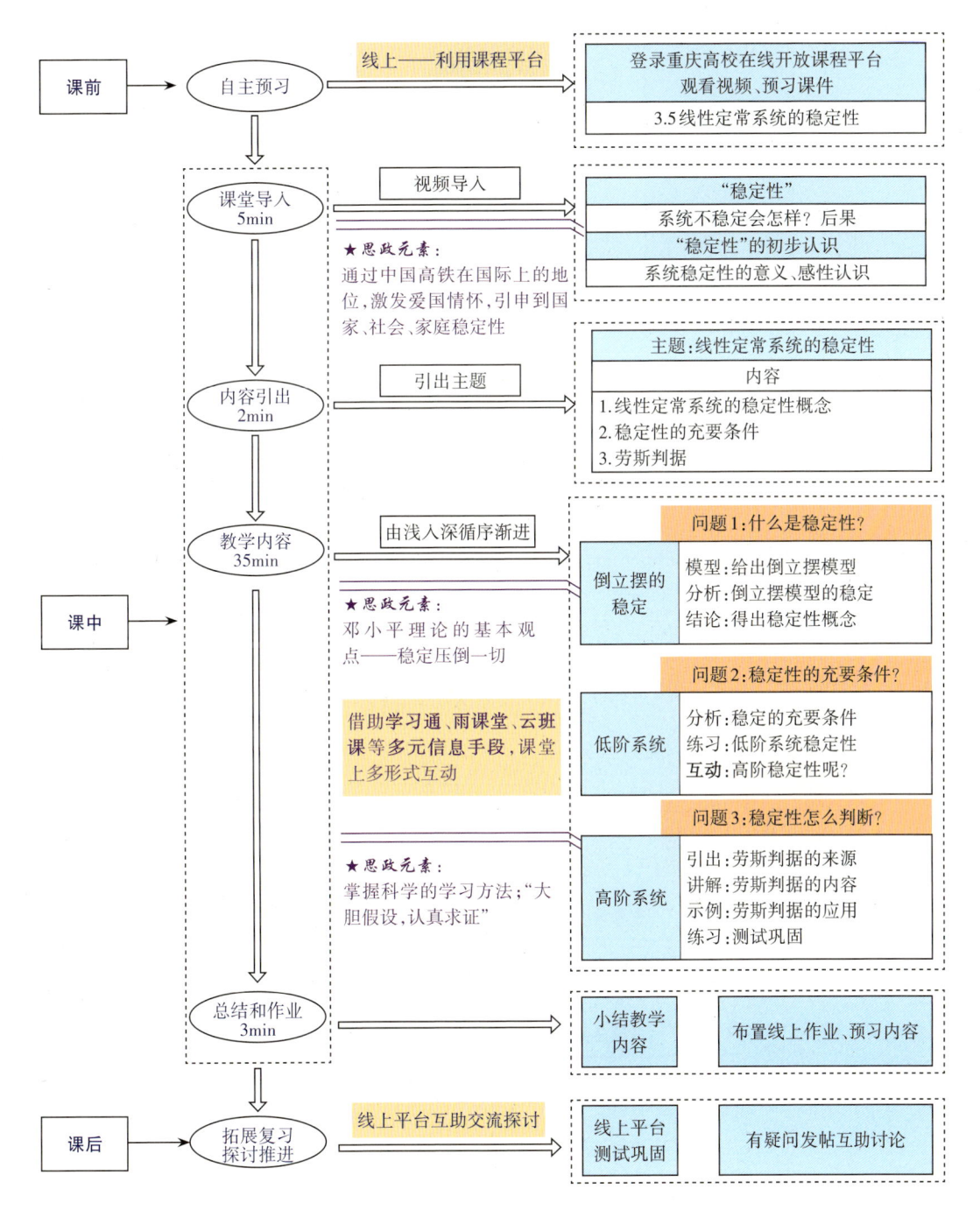

图1 教学设计实例

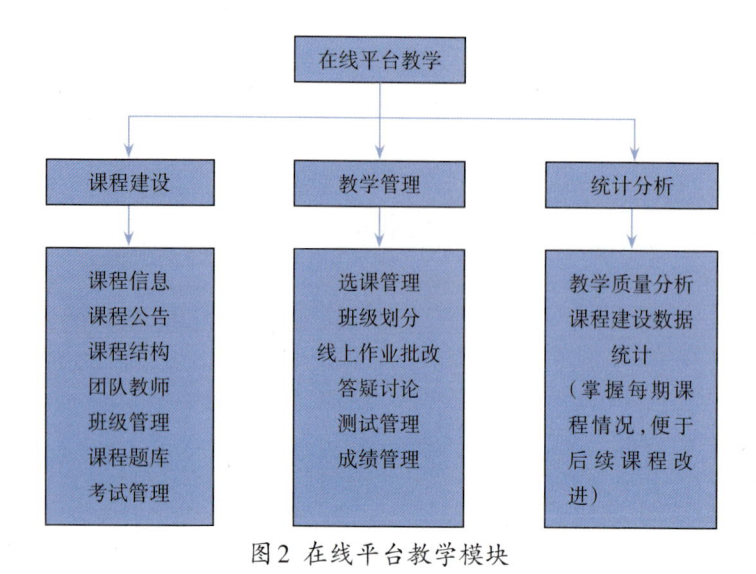

```
                    在线平台教学
        ┌──────────────┼──────────────┐
     课程建设        教学管理        统计分析
     ┌────┐         ┌────┐         ┌────┐
     课程信息        选课管理        教学质量分析
     课程公告        班级划分        课程建设数据
     课程结构        线上作业批改      统计
     团队教师        答疑讨论        （掌握每期课
     班级管理        测试管理        程情况，便于
     课程题库        成绩管理        后续课程改
     考试管理                       进）
```

图 2 在线平台教学模块

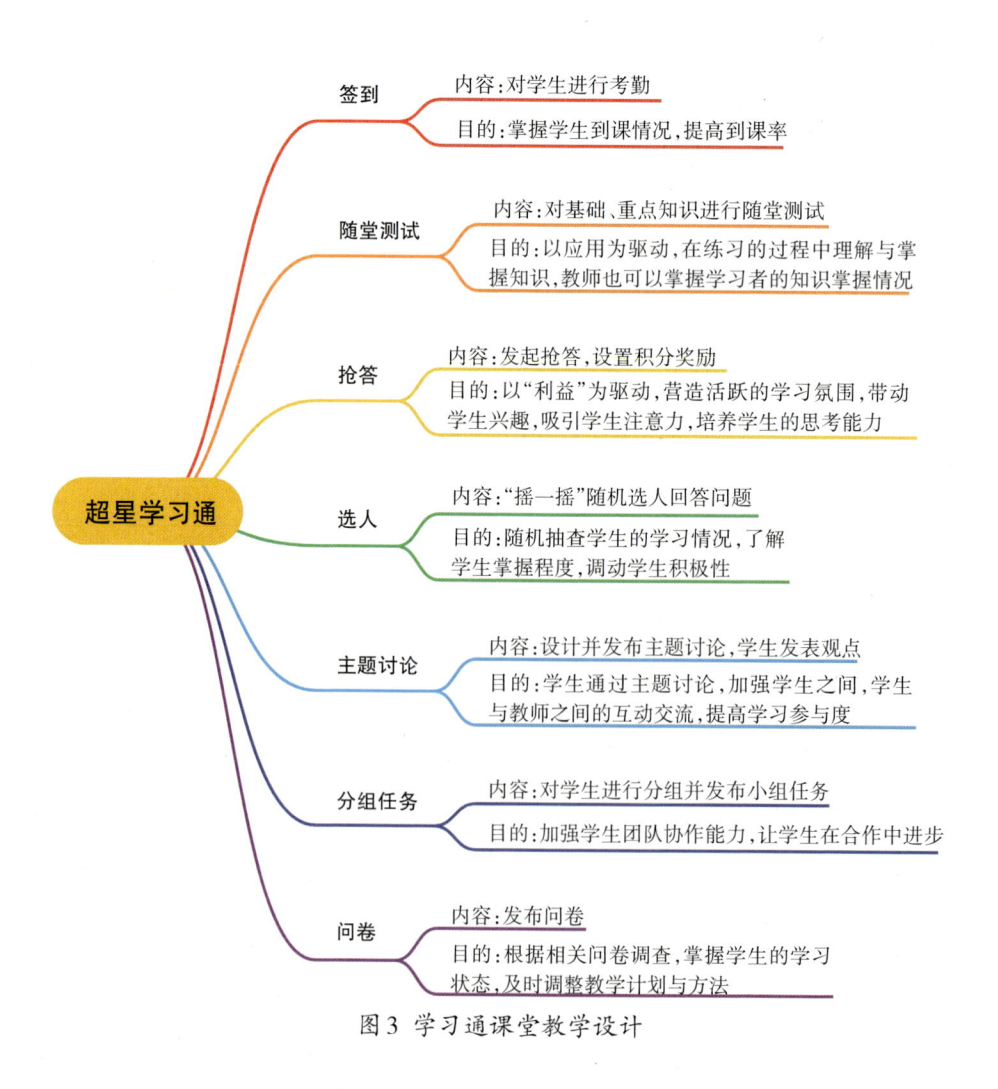

- 超星学习通
  - 签到
    - 内容：对学生进行考勤
    - 目的：掌握学生到课情况，提高到课率
  - 随堂测试
    - 内容：对基础、重点知识进行随堂测试
    - 目的：以应用为驱动，在练习的过程中理解与掌握知识，教师也可以掌握学习者的知识掌握情况
  - 抢答
    - 内容：发起抢答，设置积分奖励
    - 目的：以"利益"为驱动，营造活跃的学习氛围，带动学生兴趣，吸引学生注意力，培养学生的思考能力
  - 选人
    - 内容："摇一摇"随机选人回答问题
    - 目的：随机抽查学生的学习情况，了解学生掌握程度，调动学生积极性
  - 主题讨论
    - 内容：设计并发布主题讨论，学生发表观点
    - 目的：学生通过主题讨论，加强学生之间、学生与教师之间的互动交流，提高学习参与度
  - 分组任务
    - 内容：对学生进行分组并发布小组任务
    - 目的：加强学生团队协作能力，让学生在合作中进步
  - 问卷
    - 内容：发布问卷
    - 目的：根据相关问卷调查，掌握学生的学习状态，及时调整教学计划与方法

图 3 学习通课堂教学设计

（三）课程的特点与优势

自动控制原理课程是自动化类专业的一门理论与实践并重的专业基础课，是整个专业体系与学生培养计划中承上启下的关键环节。课程注重与相关课程交叉融合，能结合控制系统仿真软件MATLAB辅助计算，实现抽象内容形象化。

课程依托在线平台及多元信息手段，已形成一个在线一流课程与校内线下课程有机结合、内容丰富的闭环学习系统。学习课程的专业和班级较多，授课教师较多，线上平台方便团队高效管理大量班级学生，可根据教学需要灵活调整团队教师，突破传统课程的时空限制，有利于新教师备课与培养，学生可利用碎片化时间随时随地学习、讨论，自由度高，师生、生生互动频繁，实现了学生有效学习与教师成长的双赢。

（四）资源建设和应用情况

1.教学资源建设及本校应用情况

课程自2018年开始建设线上资源，团队成员将教学内容细分成39个知识点作为视频讲解内容，各个教学视频前后连贯，涵盖课程重点章节的大部分内容。2020年9月线上资源投入使用。此外，线下理论与实践资源一直持续不断更新完善，整体教学资源如图4所示。

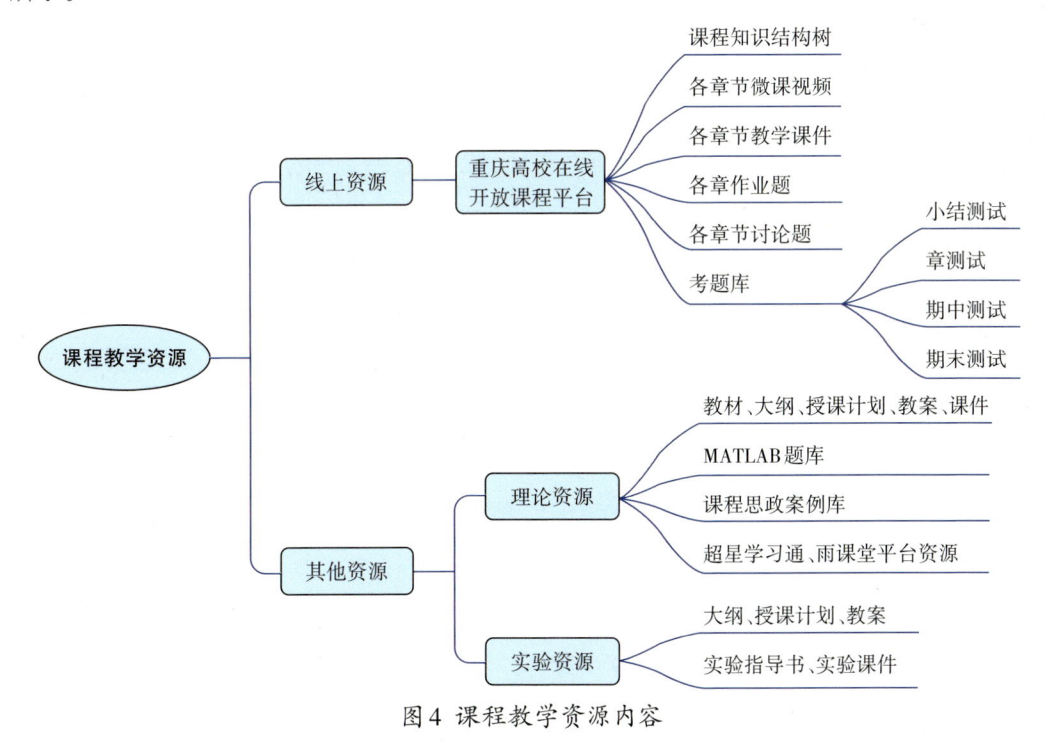

图4 课程教学资源内容

课程在校内已经形成多元混合式教学模式,思政知识与专业知识相互促进,形成良性的闭合循环,已应用于本校2018级、2019级电气工程及其自动化、自动化、车辆工程、机器人工程等专业的课程教学中,线上线下应用结合效果较好,学生对课程的反馈良好。同时也收获了校外专家、教授的肯定评价,切实提高了教学质量。教师队伍也从课程建设中得到迅速成长。

第一期线上资源建设与应用情况如图5所示。

线上资源建设与应用													
基本信息	成绩策略	课件		作业和测验				考试				课程公告	团队人数
		视频资源	视频总时长	非视频资源	测试次数	作业次数	习题总数	参与人数	考试次数	试题总数	参与人数	通过人数	通过率		
6	4	38	357	39	34	6	203	1093	2	50	1074	1028	96%	18	11

选课学生					在线统计	
学生数	成绩通过人数	成绩通过比率	平均成绩	最高分数	教师在线总时长(小时)	学生在线总时长(小时)
1148	959	83.54%	85.49	100	971.45	62300.75

互动交流情况(在线课+云班课)					
发帖总数	主题帖数	回复总数	教师发帖总数	学生发帖总数	参与互动学生数
21799	5144	16655	2393	19406	1076

图5 线上资源建设与应用情况

2. 推广应用情况

课程共享范围广泛,是工科专业课中在线学习人数较多的课程,且选课人数逐期递增,已运行的两期均在1000人以上,在推动大规模在线开放课程普及和发展中发挥了引领示范的作用。

(五)课程的成绩评定与考核方式

课程近两年加强学生过程管理及考核:加大过程考核成绩在总成绩中所占比例,对学生的学习行为、习惯、态度等进行综合考核。对学习效果采用多样化评价方式,主要包括在线课程的学习、考勤、作业、课堂讨论、随堂测试、实践环节等,各环节占一定比重构成平时成绩,平时成绩占总成绩的50%。

平时各环节中,在线课程平台成绩通过平台导出学习数据,主要由课件学习、线上作业、章节测试、考试(线上期中期末测试)等组成,各部分占比如图6所示。

考试,35% 课件学习,35%

- 课件学习
- 线上作业
- 章节测试
- 考试

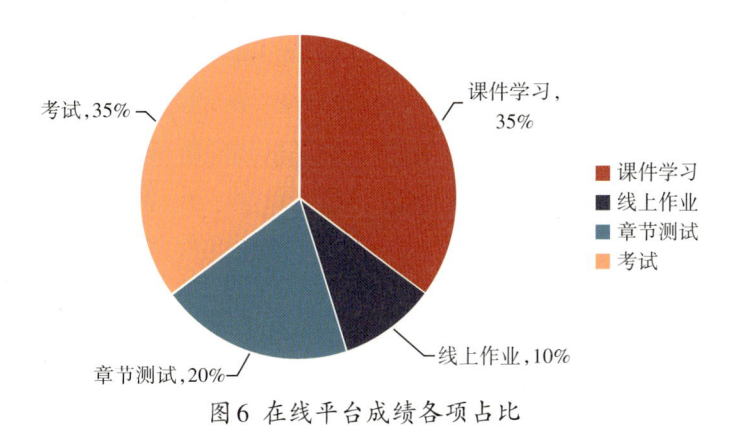

章节测试,20% 线上作业,10%

图6 在线平台成绩各项占比

课堂部分(考勤、随堂测验、实验等)利用学生通、雨课堂等记录学生课堂学习行为,作为平时成绩考核依据。最后结合课程的期末卷面成绩,评定出总成绩。

(六)共建共享与线上应用的亮点及特色

课程线上教学资源较完备,团队教师仍持续优化各模块,如更新课件、作业与题库,推送思政链接等;课程开课期间,主要应用于本校10个专业学生的学习,同时应用于外校相关专业学生自学,共享范围较广。

线上平台的有效应用,拓展了学生学习的时间与空间,师生通过平台公告、讨论发帖区,形成良性互动,教师也可掌握学生学习难点,调整教学策略,为翻转课堂提供切入点。课程作业线上提交,期中期末测试线上进行,系统随机出题,自动批阅,节约师生时间成本。平台可自动统计学习数据,结课后生成教学质量分析,为课程改革提供方向。

三、课程成效

1.建立优质教育资源,形成优秀的专业教学团队

课程共计教学视频39个,自2020年9月在重庆高校在线开放课程平台上线,已运行两期。第一期选课用户来自19所高校共1148人,第二期选课用户来自50所高校共1382人。在发帖量、线上考试、作业与测验参与人数上第二期较第一期有所增加。学生通过平台上丰富的教学资源,进行全过程、全方位的学习,通过率明显提升。

团队教师近两年以该门课程参加本校各类教学竞赛,获奖5人次。课程组总体力量增强,老中青年教师合理搭配,有效实现了教师间的"传帮带",使青年教师快速成长。

2.教学改革见成效

通过本课程资源建设与应用,构建了线上线下多元混合式教学模式,丰富了学生的学

习体验。同时,思政元素潜移默化融入专业知识,有效提高了学生的学习兴趣、学习自主性与积极性,形成了良性的闭合循环。

为有效促进课程建设成果的深化与推广,团队教师教研融合,总结经验,以教改项目为依托,公开发表多篇关于课程建设的论文。2021年4月,本课程被评为重庆市高校线上一流课程。

四、未来计划或启示

1. 持续优化

基于应用型本科特征,依据行业企业调研、课程思政理念,持续优化课程目标与内容体系;基于培养目标,进行课程建设创新探索,具体包括"完善线上教学资源""组合联动课程运行体系""拓宽实施开放场域""构建一流课程师资队伍"以及"多元一体课程评价体系"等;基于课程目标达成度评价标准对课程建设实践效果开展达成度评价,实现课程的闭环建设和持续改进。

2. 推广课程

2021年使用线上课程学校均为重庆区域兄弟院校,计划在成渝地区全面推广,并进一步向西部地区拓展。

3. 促进混合式课程建设机制

加强混合式教学模式探索与完善,持续改进线上线下融合方式,探索出一套工科专业课可复制、可推广的课程建设机制。

4. 促进教育可持续发展

依托一流课程背景以及线上及实体课堂教学实践,持续推进课程"两性一度"建设,促进融合思政的一流课程建设,提高未来人才的政治素养和职业精神,促进新工科教育质量可持续发展。

打造"课、训、赛"一体化的移动通信课程[①]

余晓玫　霍佳璐　喻婷　李美丽　谭祥

重庆移通学院

一、案例介绍

"移动通信原理与技术"课程是本校主要面向通信工程专业开设的一门专业必修课程，是一门理论性、实践性、工程性都较强的课程。其基本理论、基本概念、专业术语层次多，知识点连续性、系统性强，在课时有限的情况下，教师往往不能够对所有知识点进行深入讲解，无法保证所有知识点的透彻性。学生对于本课程的印象也普遍为专业术语多、原理抽象、难理解、难记忆。为此，教学团队将课程内容进行重构，自建MOOC，结合本课程"理论+实践"的课程特点，采用"赛课融合"的方式，以第一课堂教学促进专业理论知识的学习，以第二课堂实训室开展技能培训，依托5G虚拟仿真实训系统，打造"在线教学+实训+学科竞赛"三维一体化的课程培养体系，变革了专业课程"听不懂、学不会、用不上"的现状。

二、案例详述

（一）课程团队及资源建设

"移动通信原理与技术"在线课程团队于2018年5月成立，成员由8位具备多年教学经验的教师和具有多年实践经验的工程师组成。为解决本课程专业术语多、枯燥难懂、挂

[①] 本案例为重庆移通学院高等教育教学改革研究重点项目"新工科背景下以'课程、实践、竞赛'三轮驱动的通信工程一流专业'双创型'人才培养模式研究与实践"（项目编号：22JG208）阶段性成果。

科率高等难题，教学团队不断完善课程教学内容和课程体系，通过梳理和分解课程核心知识点，将线上课程内容划分为5个模块，并按先原理、后系统、再规划分为3个层次。在内容编排上，讲究"宽基础"，注重"强技能"，造就"高素质"，实现"广适应"，关注学生全方位的发展，形成了统一化、规范化、标准化的教学资料和教学视频。总共录制了30个教学视频，提供了60份教学材料和155道作业与测试题。每小节内容均附有教案、视频、课件、习题、讨论等，所有信息完备。（图1）

1.2 移动通信的前世今生	1.5 移动通信多址技术的更迭	1.6 移动通信的编码、调制技术——交织编码、QPSK调制	1.7 抗衰落技术之分集技术
2.2 GSM系统的位置管理——位置登记和更新	2.6 2G时代数据传输技术之EDGE	3.1 WCDMA系统简介	3.2 WCDMA核心网的演进
3.6 LTE的系统架构	3.7 LTE关键技术之OFDM和MIMO	4.2 未来已来——5G的关键技术	4.3 未来已来——5G的场景与应用

图1 制作的教学视频

（二）课程设计

教学设计方面，以需求为导向，突出工科特色。理工科教学有着"重理论推演，重工程应用"的特点，尤其是通信工程专业，其涵盖面非常广。通信系统本身是一个系统工程，涉及专业知识的各个方面，加之系统更新换代快、技术更新快，因此在线教学必须避免"平铺直叙、单向行进"。本课程以需求为导向进行教学设计，即"以学生为中心、产出导向"，创设"需求—目标—任务—学习—运用"五维学习法，进行以效率为核心的学习结构设计。通过问卷了解学生学习能力、学习偏好和学习动机等学情，分析后根据需求建立教学目标，以知识点为单元，独立授课、分别讲解、一点一测，力争在10—15分钟内帮助学生理解1个知识点。通过设计密集型的学习目标，来完成整体教学目标，达到以小博大的效果。学习任务课课落实，以"时间点、任务点"形式要求学生完成，实现高效在线学习。本课程在内容安排上，赛课融合、理实结合，全面提升学生学科竞赛能力。

（三）课程的特点与优势

视频设计方面，通过设计具有观感性的二维、三维动画或者图表来帮助学生理解复杂的专业知识，提高学习积极性。通过设疑、导入案例、视频、成语、诗词等多种方式，对抽象的知识加以形象描述，帮助学生理解相关知识的同时，激发学生的学习兴趣。本课程在内容安排上，赛课融合、理实结合，全面提升学生学科竞赛的竞争力。

实例1：化繁为简，引用诗词。本课程通过在视频中引入诗句、成语，让所讲授内容更贴近我们的生活。（图2）

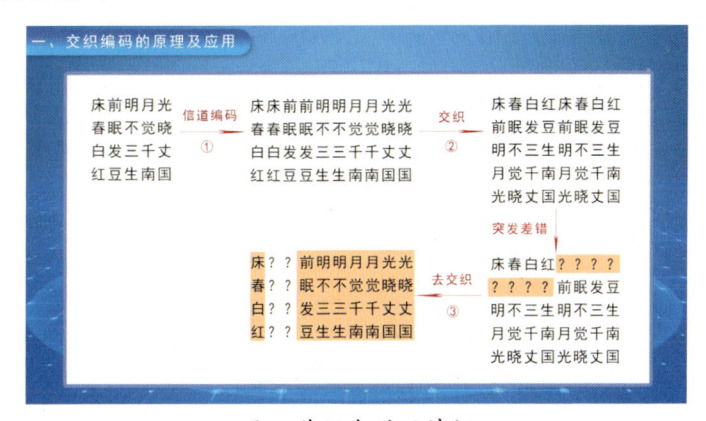

图2 举例中引用诗词

实例2：环环相扣，巧用对比。通过在教学视频中插入微视频，对比说明抗多径衰落采用分集技术而不采用中继放大器的原因。

实例3：架构变化，借用台词。介绍几代移动通信系统的架构变化，借用《三国演义》的经典台词"天下大势，分久必合，合久必分"说明核心网的发展变化。

实例4：思政育人，立德树人。践行初心使命，将专业知识传授与课程思政有机结合。例如，5G的典型应用中，通过5G在智慧农业、智能工厂、无人驾驶汽车等多领域的应用，告诉学生5G的应用是开放的，5G时代大有可为，需要靠他们去想象去开发更多的应用，树立学生的科研意识。

实例5：风格统一，生动形象。视频整体风格统一，时长均在10—15分钟，既涵盖了本课程核心知识点，又避免了因时长过长而让学生倦怠的情况。片头加入三维动画，片中辅以动画小人，让画面更生动、形象。（图3）

图3 视频中插入动画小人

(四)课程考试考核情况

传统的"四六模式"(平时成绩占40%,理论卷面考试占60%)主要通过课后作业和卷面成绩考核学生专业技能知识。本课程结合课程思政的融入、人才培养目标的达成、实践技能的培养,考核方式由侧重理论考核向多方面综合考核过渡,采取"五五模式"(平时成绩占50%,理论卷面考试占50%),其中,平时成绩包括线上课程成绩、线下平时成绩和实验三大部分。线上课程成绩各项占比大致如下:

线上课程成绩=视频、课件学习(25%)+课程讨论(10%)+测试题(15%)+作业(10%)+课程考试(40%)。

视频、课件学习:学生需要完成平台上的视频、教案、课件的学习,占线上课程成绩的25%。

课程讨论:占线上课程成绩的10%。学生参与每小节后面的讨论,并在"答疑讨论区"发帖或回帖数达到10个,该部分可获得满分。

测试题:每小节设置5道客观测试题,2分一道,占线上课程成绩的15%。有2次答题机会,系统自动取最高分作为本节的测试成绩。学生需在截止日期前完成测试题,否则本节测试成绩计为0分。

作业:课程分5个模块,每个模块后设置3道主观作业题,2分一道,占线上课程成绩的10%。学生需拍照上传作业,并在作业提交截止后完成5份作业的互评。未参与互评的学生该部分成绩不能得满分。

课程考试:课程结束后进行,占线上课程成绩的40%。参照"大唐杯"学科竞赛理论部分考试模式,设置单选题、多选题、判断题。学生需在规定时间内完成考试,否则该部分成绩将计为0分。

线上课程最终成绩由以上5部分成绩构成。通过要求:60分及以上合格,90分及以上优秀。从前几期测试成绩来看,成绩通过比率逐渐增长,第四期成绩通过率为62.57%,第五期为75.08%,第六期为81.57%,说明本课程的教学模式适合学生的发展,取得了良好的教学效果。

(五)课程应用、共建共享情况

1. 本校应用情况

本课程目前已经在重庆智慧教育平台开课8次,每期运行都得到了同学们的一致好评,老师、同学们均表示线上教学内容生动、形象、易懂,提升了学习效率,强化了师生间的沟通交流,赛课融合,学有所获。平台数据显示,学生出勤率高、学习活跃度高、互动性好,基于平台任务点方式的学习任务和基于问题式的测试及讨论,让学生们养成了课前线上预习、课中线下学习、课后线上复习"三位一体"的学习习惯。

2. 推广应用情况

截至目前,校内、校外选课人数已近5000人,包括重庆电子工程职业学院、长江师范学院、重庆电讯职业学院、重庆工程职业技术学院等高校均选用本课程开设过SPOC小班课程,选课学校达50余所。课程还上榜首页热门推荐栏、最受好评课程、学习互动排行榜,获得了同行的好评。

3. 共建共享情况

通过与成都信息工程大学合作成立的重庆市新一代信息技术创新应用(虚拟)教研室,进行跨区域协作,一方面,突破传统教学理念束缚,改善既有教学方法,打造新型教学模式,整合校内外资源持续完善省级一流课程,形成相互促进的多元化课程架构,满足学生个性化发展,实现人才培养的信息化、多样化;另一方面,充分利用课程平台实现不同学科间的优质教学资源共享,扩大优质教学资源的受益面。

三、案例成效

本课程自2019年10月上线后,经过7个学期的教学改革实践,变革了专业课程"听不懂、学不会、用不上"的现状,显著提高了期末考试高分数段人数所占的比例及学科竞赛获奖人数比例,学生的学习兴趣、课堂参与度、实践技能均得到了大幅度提升。2019年,我院学生参加第六届"大唐杯"全国大学生移动通信应用创新大赛,有14人获重庆市省赛奖;2020年,在第七届"大唐杯"全国大学生移动通信5G技术大赛中,获重庆市省赛奖人数增长到了94人,并获得全国赛二等奖2人,全国赛优秀奖2人;2022年,在第九届"大唐杯"全国大学生移动通信5G技术大赛中获重庆市省赛奖的人数进一步增长到了106人,获省赛一等奖的12人成功晋级全国赛,在全国赛中获得全国总决赛一、二、三等奖共6人,获得全国优秀奖6人。(图4)

同时,教师的教学技能也得到显著提升,在国家级、校级教师竞赛中多次获奖。并取得其他一系列成果,包括课程被评为重庆市高校线上一流课程(图5);获评重庆市新一代信息技术创新应用(虚拟)教研室;获得重庆市科研项目、校级教改项目立项;获得校级教学成果奖三等奖;完成三年校级教学团队建设并顺利结题;出版的移动通信教材获得全国计算机类优秀教材三等奖;等等。

图4 学生获得第九届"大唐杯"全国大学生移动通信5G技术大赛一等奖

图5 "移动通信原理与技术"课程获评重庆市高校线上一流课程

在线课程公共服务体系支撑高等教育数字资源共建与应用研究创新案例[①]

姚友明　郑州　张琦　赵永兰　余鑫

重庆市教育信息技术与装备中心

一、案例介绍

近年来,党中央、国务院围绕数字中国建设制定了一系列战略规划,教育数字化是数字中国战略的重要组成部分,党的二十大提出推进教育数字化,强调建设全民终身学习的学习型社会、学习型大国。在新时代,加快教育数字化落地实施对提高国民素质和增强人才创新方面起着战略性作用,2022年全国教育工作会议提出实施国家教育数字化战略行动,以教育数字转型和智能升级推动教育高质量发展和教育现代化。

重庆市认真贯彻落实国家、教育部关于高等教育数字化转型战略的重要指示精神。2014年重庆市第一次教育信息化工作会议提出建立高校教育资源共享开放体系,探索建立高校大规模公共在线课程平台,推进高校教学管理过程信息化。按照"建标准、搭平台、推应用、促共享"的思路,针对在线课程"平台多样化、资源难共享、质量欠均衡、发展不持续"的重大问题,本案例全国首创成立区域统筹的在线课程指导机构"重庆市高校在线课程资源中心",通过研制在线课程建设与评价系列标准、搭建重庆高校在线开放课程平台、组织区域内高校信息化教学应用系列活动、成立在线开放课程联盟,形成互通共享的区域在线课程公共服务体系。在全国首创并实践财政"零投入"的在线课程平台运营模式,设计了区域整体推动课程建设应用的组织形式,创新了"三跨四环节"公共服务体系应用机

[①] 本案例为重庆市高等教育教学改革研究重点项目"高校一流课程'建、用、学、管'创新实践与策略研究"(项目编号:212174)、"在线课程公共服务体系支撑高等教育数字资源共建与应用研究"(项目编号:234150)、"区域高校数字图情资源集约化建设与共享实践研究"(项目编号:222195)和重庆市2023年度教育综合改革研究重点课题"数字课程公共服务体系建设赋能高等教育高质量发展研究"(项目编号:23JGZ13)阶段性成果。

制,支撑重庆实施"中西部高等教育振兴计划",首批接入国家智慧教育公共服务平台,走出了一条可推广、可复制的教育数字化转型发展之路。(图1)

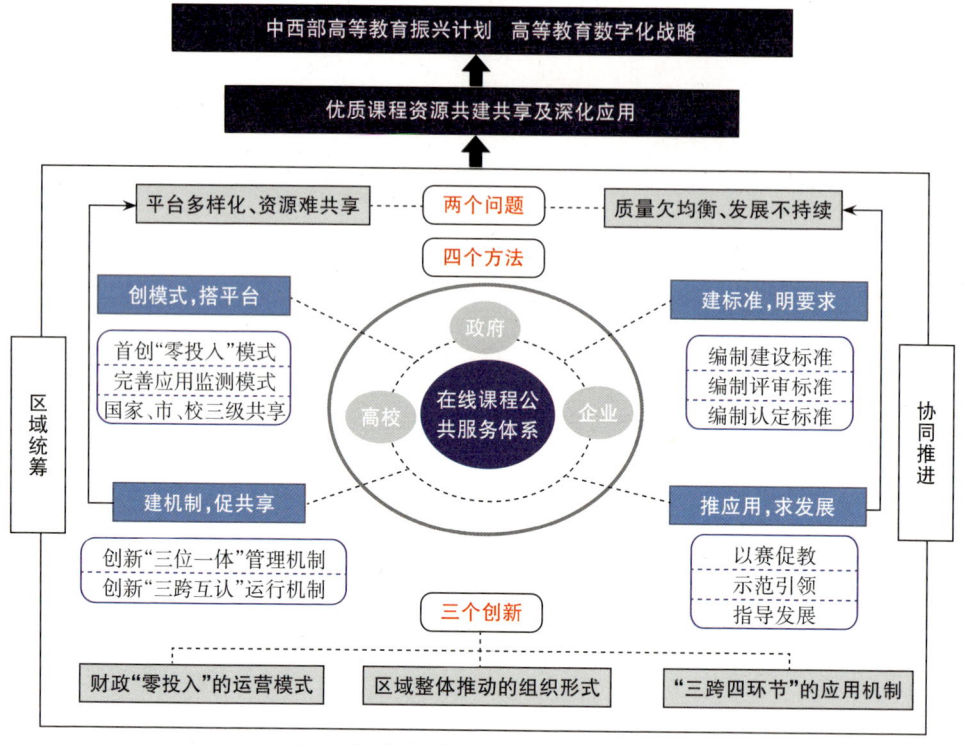

图1 区域在线课程公共服务体系

二、案例详述

(一)建标准,明要求:建立完善在线课程建设与评价标准体系

1.研制《重庆高校大规模在线开放课程建设标准》

主要规范了课程结构、教学设计、组织方式、学习考核,提出了视频资源和非视频资源的技术要求。明确了在线开放课程的建设要求,帮助课程团队更好地理解和把握在线开放课程的建设要求。

2.研制《重庆市高校精品在线开放课程评审标准》

明确课程需适合网络共享及网上公开使用,在同类课程中具有一定的影响力和较强的示范性。标准内容包括标准说明、否决性指标5项和评分一级指标5项、二级指标20项,以课程共享应用效果为导向,重点对课程的教学团队、课程内容与资源、课程教学设计、学习支持与学习效果等内容进行评价。

3.研制《重庆市一流课程评审认定标准》

针对线下、线上线下混合式和社会实践三类课程的评审认定,以课程建设与应用效果为导向,引导课程较好发挥课堂教学主阵地、主渠道、主战场作用。标准内容包括标注说明、否决性指标11项和评分一级指标6项、二级指标18项,重点考察课程遵循"两性一度"标准和落实课程思政建设要求,关注课程在教学改革创新中的实际建设应用成效、教学成果,并在同类课程中具有一定的影响力和较强的示范性等方面内容。

(二)创模式,搭平台:搭建区域统筹的高校在线课程服务平台

1.全国首创财政"零投入"模式

借鉴"建设—运营—转让"的BOT模式,引入互联网思维建立"政府政策引导,企业投资建设,学校购买服务"机制,搭建了市级统筹的重庆高校在线开放课程平台,为在渝高校提供大规模在线教学应用服务,支持MOOC、SPOC等多种课程应用模式。在线课程平台由政府及所属事业单位监管指导,由招标企业投资建设运营,由高校及课程团队免费使用课程平台基础服务、付费购买教学效果监测与精品课程建设等增值服务,实现了平台多年的持续运营。按照教育部有关国家智慧教育平台公共服务体系建设要求,平台于2022年9月27日正式更名为"重庆高等教育智慧教育平台"并接入国家智慧教育公共服务体系。(图2)

图2 重庆高等教育智慧教育平台首页

2.完善在线课程应用监测模式

联合高校研究团队和企业技术力量,利用知识图谱、深度学习等新一代信息技术,为课程团队提供精准的课程应用学情分析和应用效果分析服务,为市级教育主管部门提供平台课程应用大数据监测可视化系统,实时掌握平台最新应用情况。(图3)

图3 重庆高校在线开放课程应用及质量监测服务数据可视化系统

3.研制《重庆市教育信息系统基础数据标准》

主要明确数据交换类型、交换标准、认证机制、数据接口等内容,实现不同平台间互联互通,建立起"国家、市、校"三级优质资源共享开放体系。

(三)推应用,求发展:协同开展区域高校在线课程深入应用

1.以赛促教

支撑重庆市普通高校课堂教学创新大赛,连续九年举办全市高校微课教学大赛,汇聚优质微课资源3765节,覆盖本科100%的学科门类,高职98%的专业大类。

2.示范引领

带动区域高校广泛开展在线教学,评选重庆市高校在线课程建设与应用先进典型241人,征集并出版优秀示范案例134个,培育在线教学名师团队22个、核心骨干教师154人。大力推动在线课程优秀示范案例推广应用,出版全国首部在线课程案例集《从慕课到金课:重庆高校在线课程建设与应用优秀案例集》;开展一流本科课程优秀示范案例评选活动,评选优秀示范案例450余项,其中,线上一流课程案例192项。

3.指导发展

组织开展区域高校课程建设与应用工作会、培训会10余次。邀请教育部领导、国内知名专家学者来渝指导。组织国家、市级精品在线课程负责人开展经验交流、宣讲120余次,根据不同类型高校学情和教情,分类实施翻转式、探究式、项目式等新型教学模式。

(四)建机制,促共享:推动课程共建共享管理运行机制创新

1.创新管理体制

全国首创成立区域统筹的在线课程指导机构"重庆市高校在线课程资源中心",通过

研制在线课程建设与评价系列标准、搭建重庆高校在线开放课程平台、组织区域内高校信息化教学应用系列活动、成立在线开放课程联盟，形成互通共享的区域在线课程公共服务体系，该创新体系被收录进《中国在线开放课程发展报告》，全国仅4个省市被收录。(图4)

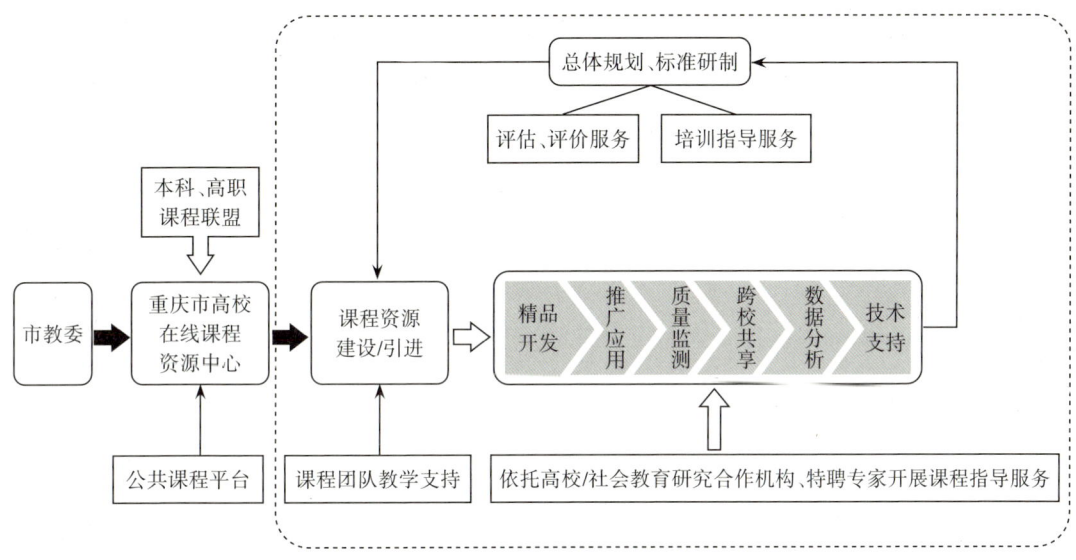

图4 重庆市高校在线课程资源中心运转示意图

2.创新应用机制

创立"三跨四环节"在线课程公共服务体系应用机制。联合主要在渝本科、高职院校，成立在线开放课程联盟，跨专业、跨学校、跨区域实施在线课程互选互认，面向成渝地区双城经济圈、长江经济带上游地区推广在线课程，跨校选课累计达1253门、323万余人。紧扣"建、用、学、管"四环节深入推广应用，因校制宜、因课制宜，建设一批精品在线课程、线上一流课程；引导广大师生会用、善用在线课程，切实提高课堂教学质量；以在线课程为牵引，实施探究式、协作式、主动式等新型学习模式，激发学生学习内驱力；指导在渝高校强化课程质量管理、内容管理、服务管理和安全管理。

三、案例成效

本案例为高校在线课程建设与应用研究做出了开创性探索，围绕在线课程的"建、用、学、管"推进应用工作，多模式体系化成果应用，在市内外高校中取得了显著成效，在全国处于领先地位，得到教育部、重庆市政府、重庆市教委及全国高等教育权威机构的高度评价和肯定，众多主流媒体给予高度关注和正面报道。

(一)标准体系指导在线课程建设与应用成效显著

研制的系列标准均被教育行政部门采纳,用于指导在渝高校建设在线课程超2800余门。目前,重庆市分六批次一共建设精品在线开放课程767门,累计获国家级一流课程、精品在线开放课程257门,国家级一流本科课程认定数居西部前列,国家级高职精品开放课程认定率居全国第二,有力推动了高等教育数字化转型发展。

(二)市课程服务平台支撑在线教学作用明显

2022年3月,重庆高校在线开放课程平台首批接入国家高等教育智慧教育平台、国家职业教育智慧教育平台,分别推荐了重庆市228门本科优质课程、200门高职优质课程上线两大国家平台,有力支撑了国家平台的建设。平台接入国家智慧教育公共服务体系以来,阶段访问量已超1亿人次,位居全国第二。

经过多年运行,平台汇聚高校在线课程6640余门,注册用户244万余人,总访问量突破6.3亿人次,学习者覆盖31个省(区、市)4038所学校及单位。平台加入高校在线开放课程联盟联席会"慕课西行"工作组,以立足西南、服务西部为目标,协助推进中西部高校慕课资源建设与教学改革,推动新时代在线开放课程高质量发展。

(三)在线课程服务体系有力支持了高等教育教学改革

在线课程服务体系不仅助力我市高校成功应对了疫情危机,而且为今后建设全民终身学习的高质量教育体系积累了宝贵经验。利用建成的各类在线课程资源和课程平台,指导高校课程团队开展在线学习、翻转课堂等教学模式改革,探索新的课堂经验、教育形态和发展方式,为推动高等教育高质量发展提供重要的支撑和保障。分两批发布589门课程的开课指引。支持68所在渝高校做好在线教学质量监测,发布《在线教学速报》,相关成果在《中国教育信息化》刊载。疫情防控期间,全市2.75万余名教师开展在线教学,参与学生人数约84.07万,占全市在校生的93.4%,部分市外高校师生也通过我市课程平台开课。

(四)获教育部、重庆市政府和全国专业机构高度认可

本案例先后得到教育部、重庆市政府领导的高度肯定,《人民日报》、新华网、《中国教育报》、《重庆日报》、华龙网等媒体给予正面报道。

重庆高校在线开放课程平台被教育部认定为全国课程公共服务平台,是全国被认可的三个省市级平台之一。平台应邀参加2019年中国慕课大会,获教育部领导和专家一致

认可,收到教育部高教司专门的"感谢信"。全国高等学校教学研究中心、中国教育装备行业协会、重庆市高等教育学会等专业机构也给予高度认可。(图5)

图5 重庆高校在线开放课程平台获得"感谢信"与"感谢状"

第二章

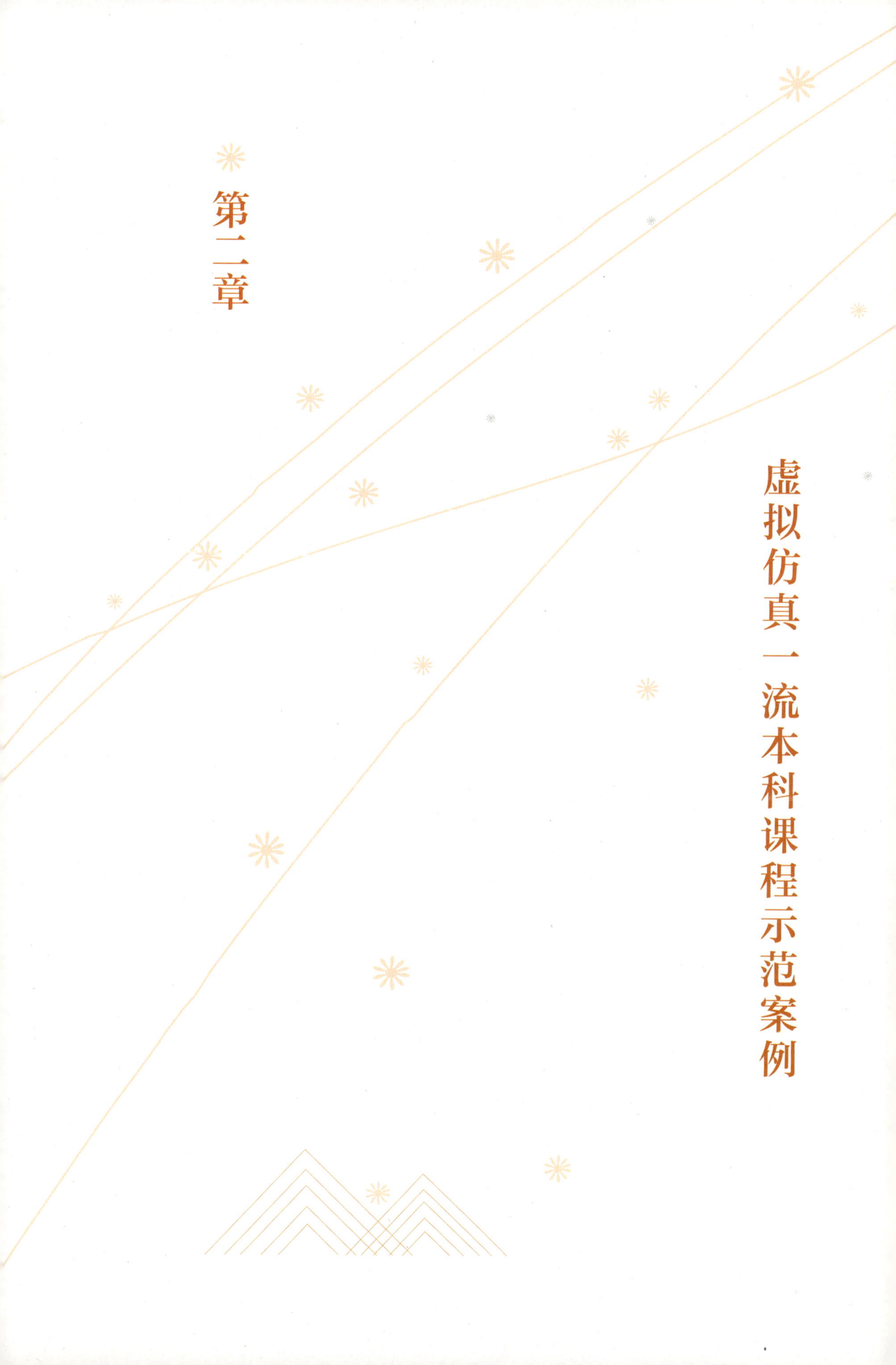

虚拟仿真一流本科课程示范案例

低重力环境四足机器人运动特性虚拟仿真实验

万玲　张元勋　张晓敏　张亮　张良奇

重庆大学

一、案例介绍

本实验教学项目以实际工程问题需求为牵引,既立足力学的基础理论与概念,又在广度与深度上进行扩展,通过采用虚拟仿真技术提供开放的交互式实验平台,实现"教、学、练、考"四种教学模式的统一。在"理论力学"课程的基础上,将理论力学理论与机器人学相结合,以三维仿真技术为支撑,通过交互性实验步骤操作以及参数设定等步骤,引导学生完成实验,使学生充分了解静力学、刚体运动学和动力学等重要经典力学知识在机器人中的应用,拓展学生的知识面,锻炼学生运用理论知识分析实际问题的能力,激发学生的好奇心,培养其工程意识和能力。

二、案例详述

基础力学的概念与原理是工程设计的基础和灵魂,基础力学实验对学生创新思维的培养至关重要。在我国持续发力深空探测的关键时期,低重力环境四足机器人运动特性虚拟仿真实验在对基础力学的教与学进行深度改革的过程中孕育而生,以创新型人才培养为目标,契合国家重大战略需求,具有鲜明的时代特征。

(一)教学设计合理

采用"理论学习+线下实物实验+线上虚拟实验"的教学模式,三个环节各安排2学时。如图1所示,学生可以将理论学习、动手实践、真实观感等形式结合,提高对理论、原理的理解和掌握能效。

```
理论学习                 线下实物实验              线上虚拟实验
➤ 刚体空间运动          ➤ 极限越障实验           ✓ 运动学描述
➤ 正、逆运动学          ➤ 高负载实验             ✓ 避障及步态规划
➤ 零力矩点理论                                    ✓ 有效载荷分配
➤ 机器人步态规划        ➤ 稳定性实验             ✓ 构件结构设计
                                                  ✓ 动力学分析
```

图1 教学设计流程图

"虚实结合"体现在实验的整体环节设计上以及知识点的学习中。针对力学知识比较抽象，单纯的死记硬背无法满足于现代教学方法的特点，一方面，学生可通过理论课程(或视频)获得完整理解；另一方面，仿真实验将采用三维虚拟仿真技术，以视觉化的形式将相关的理论原理通过具体实物形象、生动地展示出来。让学生在实践中去理解和掌握这些较为抽象的理论和原理，让学习变得更加直观和易于接受，培养学生将所学理论应用于工程实际的思维方式，体现了新工科教学理念。实验平台包含"教、学、练、考"四种教学模式。实验内容深入浅出，环环相扣，对具有理论力学与材料力学课程基础的不同专业学生具有普适性，同时也具有一定的挑战性和创新性。

(二)实验系统先进

四足机器人由机身加四条腿构成，在每条腿的两个关节处由旋转电机驱动，通过四条腿的运动来实现机器人的行走。本虚拟实验系统的正、逆运动学分析由软件完成，学生通过本虚拟实验可以改变系统的几何参数、机身负载、机器人行走环境、典型路况等，从而做出合理的运动规划。通过本虚拟系统仿真，检验运动规划是否能使机器人实现预期运动。(图2)

图2 四足机器人实验原理

本实验综合运用三维建模、动画设计等技术手段创建了Web版的虚拟实验场景，高度还原现实工况，具有强烈的代入感和良好的可操控性。借助三维场景与底层数据模型

计算相结合的方式对四足机器人运动过程进行三维建模,通过三维虚拟仿真形式将四足机器人在不同场景中的运动过程及安全场景逼真呈现。学生在高度沉浸感的场景内交互操作、多元分析、探索推理,逐步厘清分析研究问题的思路,有效增强学生解决复杂问题的能力。

(三)核心要素科学

本虚拟实验的核心仿真要素包含两个部分:低重力场实验环境的仿真设计和低重力场环境下实验对象及其运动行为的仿真设计。低重力场实验环境的仿真设计包含月球环境(1/6g重力)、火星环境(1/3g重力)以及作为对比验证的地球重力环境(1g重力)。为了突出实验结果的可比性,同时考虑典型的路况环境,重点设置了不同重力环境下实验对象的爬坡稳定性虚拟实验,通过改变爬坡角度,开展多个重力场环境下的虚拟实验,让学生直观认识重力环境对力学响应的影响规律。(图3)

a. 场景选择界面

b. 支腿安装页面

c. 支腿抗弯模量计算界面

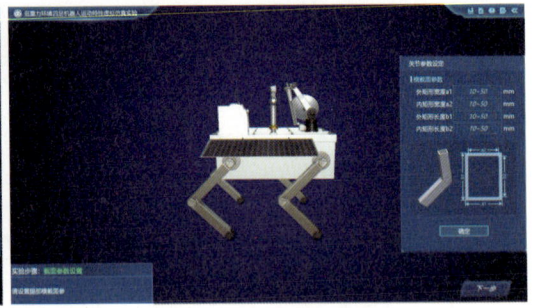

d. 腿部截面设计

图3 实验界面

低重力场环境下实验对象及其运动行为的仿真设计包含机器人结构参数及可携带的有效载荷布局参数。其中结构参数包含2自由度机械腿,可实现行走。同时,分别设置了实心与空心的矩形、圆柱4种腿的截面构型,以及铝合金、钛合金、碳纤维、合金钢4种不同材料,通过材料和截面构型的变化,让学生通过实验掌握不同重力环境下材料、腿部截面构型等参数对机器人运动特性的影响。此外,本虚拟实验提供了5种不同的有效载荷,通过对它们的不同布局让学生厘清有效载荷重量、位置关系对机器人运动稳定性的影响。

(四) 实验过程生动

本实验将理论力学、材料力学的分析方法扩展到四足机器人这种有相当复杂度的系统初步设计任务中。采用引导式、开放式教学相结合,以学生为主体,师生线上讨论、线下交流的"互动自主式"的教学方法。根据学生设置的不同参数,实验会给出不同的实时结果,基于底层数学建模工具AlgDesigner,根据对应的原理及公式,学生可尝试不同的参数,得出不一样的实验结果,进而深入理解实验涉及的相关理论与原理。学生作为机器人机械系统设计人员角色,完成以下实验过程。(图4)

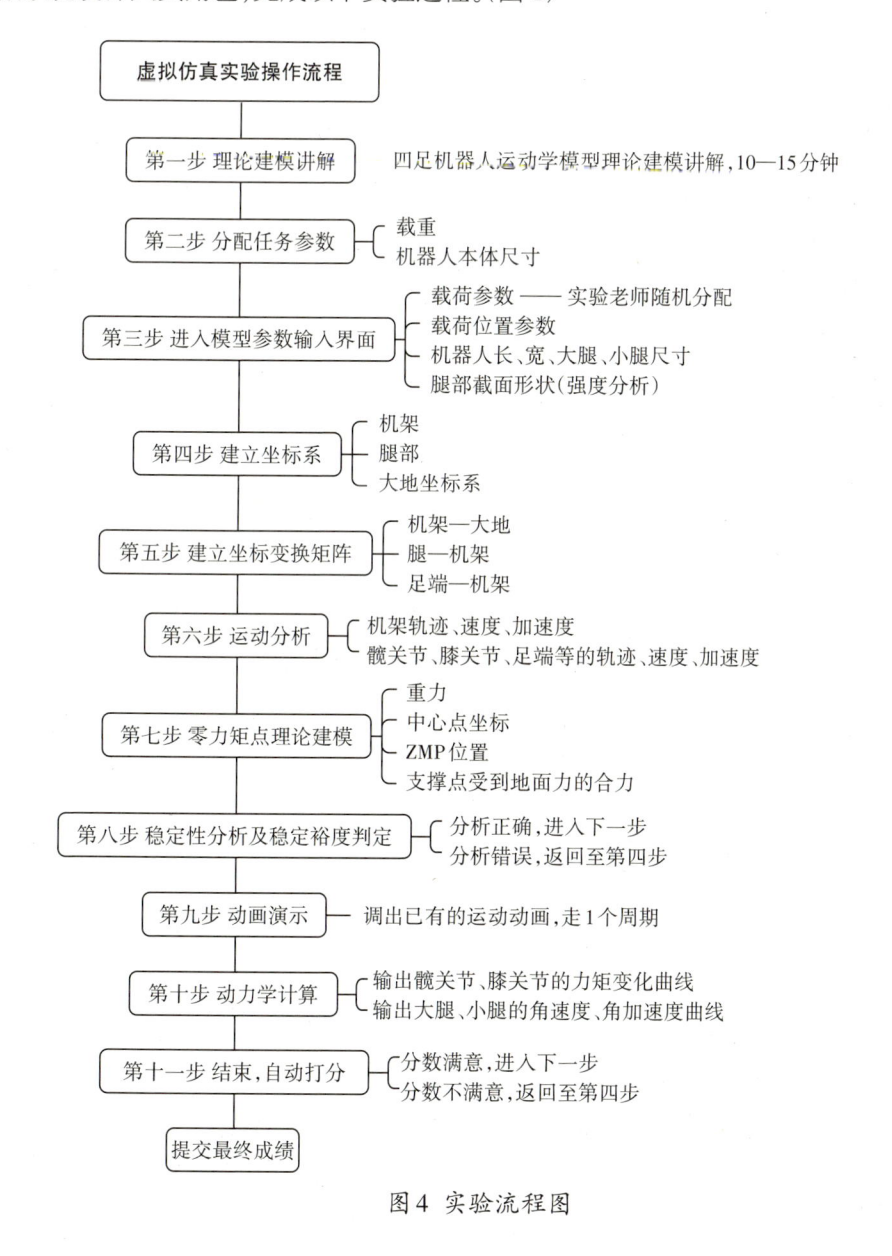

```
虚拟仿真实验操作流程
    │
第一步 理论建模讲解 —— 四足机器人运动学模型理论建模讲解,10—15分钟
    │
第二步 分配任务参数 ┬ 载重
                  └ 机器人本体尺寸
    │
第三步 进入模型参数输入界面 ┬ 载荷参数 —— 实验老师随机分配
                          ├ 载荷位置参数
                          ├ 机器人长、宽、大腿、小腿尺寸
                          └ 腿部截面形状(强度分析)
    │
第四步 建立坐标系 ┬ 机架
                 ├ 腿部
                 └ 大地坐标系
    │
第五步 建立坐标变换矩阵 ┬ 机架—大地
                      ├ 腿—机架
                      └ 足端—机架
    │
第六步 运动分析 ┬ 机架轨迹、速度、加速度
               └ 髋关节、膝关节、足端等的轨迹、速度、加速度
    │
第七步 零力矩点理论建模 ┬ 重力
                      ├ 中心点坐标
                      ├ ZMP位置
                      └ 支撑点受到地面力的合力
    │
第八步 稳定性分析及稳定裕度判定 ┬ 分析正确,进入下一步
                              └ 分析错误,返回至第四步
    │
第九步 动画演示 —— 调出已有的运动动画,走1个周期
    │
第十步 动力学计算 ┬ 输出髋关节、膝关节的力矩变化曲线
                 └ 输出大腿、小腿的角速度、角加速度曲线
    │
第十一步 结束,自动打分 ┬ 分数满意,进入下一步
                      └ 分数不满意,返回至第四步
    │
提交最终成绩
```

图4 实验流程图

学生完成上述流程，实验平台上软件给出实验操作过程分数，教师对学生实验报告中的主观分析部分打分评价。软件设计提供多种交互方式和纠错功能，可提高学生分析、参与程度。此外，预设参数也有随机性，可差异化了解学生对知识点的掌握和运用能力。

（五）实验目标明确

实践教学环节的目标体现在三个方面：一是对课程中的理论知识的概念和原理的加深认识与理解，二是培养学生对课程知识的延伸和应用能力，三是激发学生拓宽知识广度，提高学生运用力学理论解决复杂工程问题的能力。(图5)

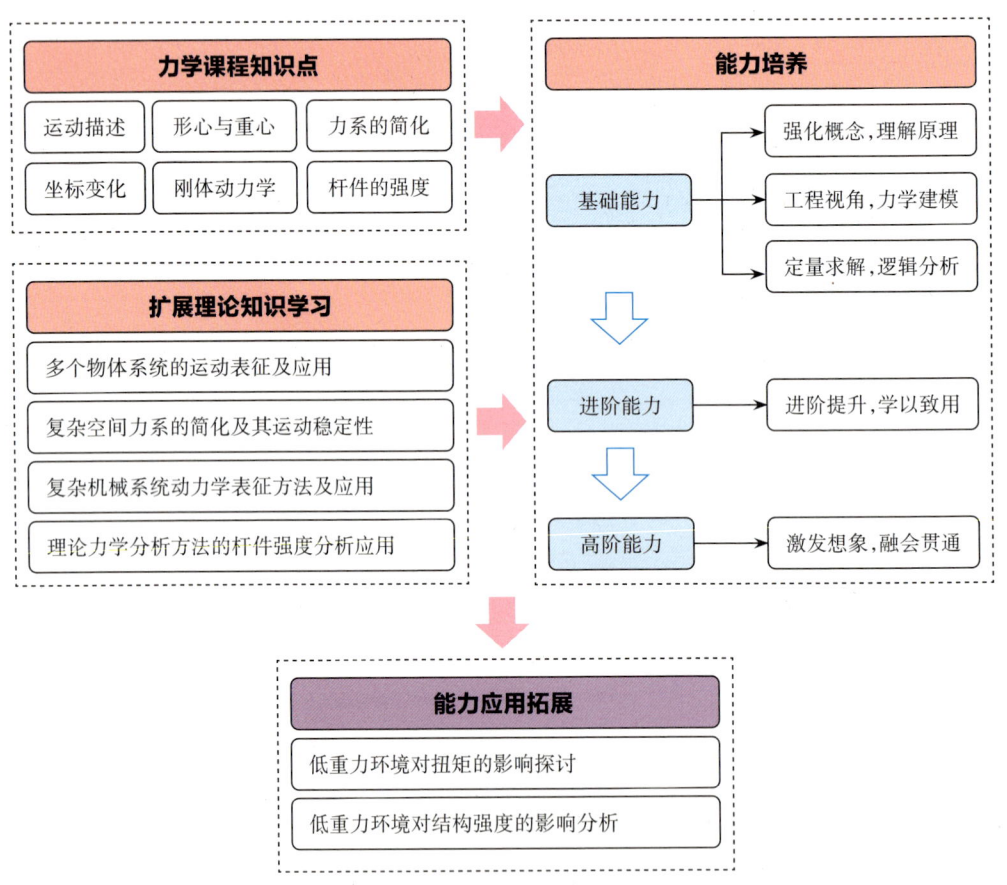

```
┌─────────────────────────────────┐      ┌─────────────────────────────────┐
│        力学课程知识点             │      │          能力培养                │
│  运动描述  形心与重心  力系的简化  │─→   │         ┌→ 强化概念，理解原理   │
│  坐标变化  刚体动力学  杆件的强度  │      │  基础能力 → 工程视角，力学建模   │
└─────────────────────────────────┘      │         └→ 定量求解，逻辑分析   │
                                          │              ↓                   │
┌─────────────────────────────────┐      │  进阶能力 → 进阶提升，学以致用   │
│       扩展理论知识学习            │      │              ↓                   │
│  多个物体系统的运动表征及应用      │─→   │  高阶能力 → 激发想象，融会贯通   │
│  复杂空间力系的简化及其运动稳定性  │      └─────────────────────────────────┘
│  复杂机械系统动力学表征方法及应用  │                    ↓
│  理论力学分析方法的杆件强度分析应用 │      ┌─────────────────────────────────┐
└─────────────────────────────────┘      │         能力应用拓展             │
                                          │  低重力环境对扭矩的影响探讨       │
                                          │  低重力环境对结构强度的影响分析   │
                                          └─────────────────────────────────┘
```

图5 知识点与能力培养映射关系

通过虚拟实验，熟练并掌握数学中矩阵的变换、空间力系的合成与简化、系统的质心的计算与控制、运动学中刚体的平面运动、动力学中的虚功原理、拉格朗日方程、简单受弯构件的初步设计等知识。同时，了解如何利用矩阵运算及计算机技术，将理论力学的分析方法扩展到空间的多体系统及多自由度系统分析，并深刻理解惯性力对力学特性的影响规律。通过本实验教学，学生能多方位提升自己对这些学科知识的理解能力与运用能力。

三、案例成效

项目面向国家重大科技发展战略,以当前重点关注的地外天体探测四足机器人为实验对象,具有鲜明的时代特点并契合国家现实需求。此外,还将实验教学内容的广度和深度进行高度拓展,将实验教学时间和空间大幅度延伸,使教学质量和水平得到显著的提升,同时,加强学生对深空探测和机器人开发的认识,能够让学生充分认识到所学理论转化为工程应用的思维,体现了新工科教学理念。

(一)教学模式得到国内外同行认可

本虚拟实验以实际的问题需求为牵引,既立足力学的基础理论与概念,又在广度与深度上进行了扩展,从而拓宽学生知识广度。通过采用虚拟仿真技术与力学理论相结合,提供开放的交互式实验平台,包含"教、学、练、考"四种教学模式。培养理念得到了教育同行及行业专家的高度认可,多次在全国高等学校航空航天类专业教育教学研讨会等专业研讨会上进行汇报交流。另外,在国际交流合作中,英国贝尔法斯特女王大学、斯旺西大学及乌克兰国立航空大学的同行专家对我校的创新人才培养体系给予高度评价。专业建设发展也得到社会广泛关注,腾讯、新浪等平台宣讲《航空航天类专业如何助人类实现飞天梦想》《专业的秘密:重庆大学航空航天大类》。同时,西南交通大学、重庆交通大学、太原科技大学等兄弟高校来学院就本科专业人才培养进行交流,借鉴我校课程体系、实践平台等建设经验。

(二)人才培养取得成效

经过近5年的实践,人才培养取得了良好的效果。得益于需求牵引、知行合一的创新人才培养体系,为西南地区航空航天单位输送了9名优秀毕业生,单位反馈学生表现出色,应用实践能力非常突出,可以与企业的项目进行无缝对接。学生利用所构建的虚实结合的创新实践能力培养平台,学以致用,积极参加了SAMPE超轻复合材料机翼/桥梁

图6 学生参加中国国际飞行器设计挑战赛获奖

学生竞赛、"光威杯"中国复合材料学会大学生科技创新竞赛、中国国际飞行器设计挑战赛等一系列国家级竞赛。实践平台在提升学生专业理论教育和技术技能素养上发挥了重要作用,突显了坚持以学生为中心、全面发展的育人理念。(图6)

灾难报道虚仿实验拓展专业实践[①]

董天策　刘海明　杨涵　孙良斌　郜亚楠

重庆大学

一、案例介绍

基于灾难事件融合报道虚拟仿真实验项目,把虚拟仿真技术应用于新闻传播教学,将采访报道中不适合学生进入的现场——各种灾难事件如泥石流、火灾和地震等特殊场景,通过虚拟仿真技术营造出来,让学生在线学习,人机互动,进行融合报道实验,增加自主体验,提升专业能力。

本项目从西南地区独特的自然环境以及重庆的地理环境出发,设计具体的虚拟仿真场景,强调灾难事件的融合报道,重视灾难报道的人文关怀,让学生领悟灾难事件融合报道的真谛。(图1)

图1　项目在国家虚拟仿真实验教学课程共享平台的主页

---

① 本案例为重庆市高校哲学社会科学协同创新团队"重庆大学新闻传播学"(项目编号:Z20200504)阶段性成果。

二、案例详述

(一)实验项目的必要性及实用性

灾难事件新闻报道,一手新闻素材获取较难,新闻实务教学如何真实地展现灾难现场,如何让学生身临其境地体验灾难事件,如何让学生自主地熟悉新闻报道流程,如何运用专业知识完成采访报道任务,从而提高教学质量,成为一个长期令新闻教育工作者头痛的问题,也是所有新闻院系共同面临的难题。根据西南地区灾害特点设计不同类型的虚拟仿真灾难场景,开展灾难事件虚拟仿真实践教学十分必要,具有高度的实用性。

(二)教学设计的合理性,实验系统的先进性

对新闻传播专业来说,无论是课堂理论教学还是户外实践教学,都很难进入灾难事件现场进行教学,严重影响了新闻实务教学的效果。虚拟仿真技术和新闻教育的有机融合可以较好地满足这些课程教学的实际需要。

在教师的指导下,学生通过虚拟仿真实验直观地了解、认识、体验不同类型的灾难事件报道过程,在"现场"即时熟悉特殊的陌生环境,并在保护自身"安全"的前提下较好地完成采访报道任务,达到学以致用的良好教学效果。更为重要的是,该项目不仅可以很好地服务本科教学需求,提升学生报道突发事件的能力,也可为新闻机构的媒体从业者提供在线业余学习灾难事件融合报道的知识和方法。

(三)实验原理

通过对14个知识点的领会与实践运用,使学生真正熟悉灾难报道所需要的技能,掌握灾难报道的技巧,能够适应特殊环境下新闻采访和融合报道的需要。这14个知识点分别为报道策划、新闻采访、新闻价值判断、新闻报道的真实性、新闻报道的客观性、无人机航拍、新闻摄影、新闻摄像、现场报道、直播连线、融合新闻、广播电视节目剪辑、灾难报道伦理、避免二次伤害。

(四)实验教学过程与实验方法

1.实验教学过程

本案例设计了泥石流、森林火灾和地震三个虚拟仿真实验场景,学生以小组为单位自选一个场景进行实验操作和模拟采访。

2.实验方法

本案例要求学生完成现场救援人员采访、编辑部现场连线等模拟环节,学生除了采取线上和线下模拟采访的方法,还要进行灾难事件的背景资料收集(数据和图表等),并将采访的关键对话和背景资料在虚拟仿真实验项目中呈现出来。最终,将文字报道与图片、视频等素材融合,完成一次融合报道的实验作业。

(五)学生交互性操作步骤及说明

1.打开虚拟仿真实验平台

登录"国家虚拟仿真实验教学课程共享平台",搜索"灾难事件融合报道虚拟仿真实验"进入实验项目。在实验项目主页中点击"开始实验"按钮或下载客户端进行实验。(图2)

2.安全须知告知

在进行正式的采访报道前,对即将进入灾难事件现场的媒体工作者进行安全须知教育,了解相应的安全知识。

图2 项目开始界面

3.采访报道器材的准备和调试

记者需要准备麦克风、无人机、摄像机等必要的采访报道设备,遗漏关键设备将无法进入下一环节。

4.现场观察

分别进入泥石流、森林火灾和地震三个不同类型的灾难事件现场,自主观察灾情。

5.无人机航拍

进入无人机虚拟操作程序,规划飞行范围、飞行高度和飞行路线,完成无人机航拍灾难现场的画面,为融合报道提供鲜活的素材。(图3)

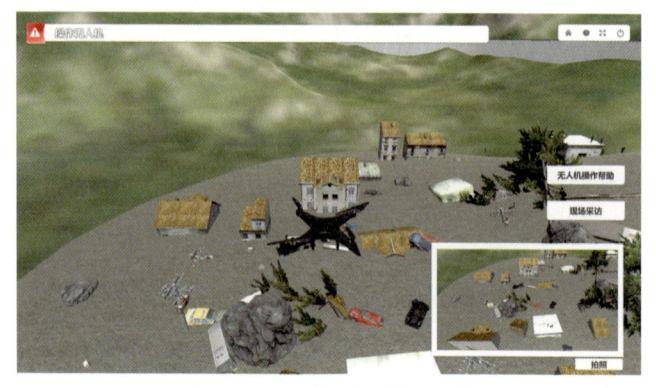

图3 无人机航拍虚拟场景

6.灾难事件(泥石流、森林火灾、地震)现场采访

进入虚拟灾难场景,依据航拍获取的信息,现场采访救援人员、目击者或相关负责人等,向编辑部或演播室主持人介绍即时的现场见闻。(图4)

图4 虚拟现场采访

7.电话连线媒体

在完成灾难事件必要的现场采访后,与媒体编辑部联系约定连线时间、需要连线的内容,并虚拟仿真连线过程。(图5)

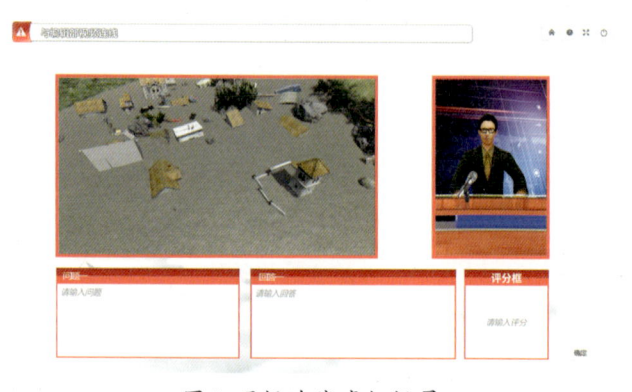

图5 现场连线虚拟场景

8. 灾难事件的融合报道

在虚拟仿真灾难事件现场寻找适合记者工作的场所,尽快综合自己收集到的新闻素材,形成文字,挑选图片,剪辑音视频文件,将文字、图片、音视频文件合成一个主题的新闻报道。

9. 模拟调查

为了解受众对本次灾难事件融合报道的评价,设计调查问卷,在供职新闻机构的社交媒体账号上发布调查问卷,听取公众的批评建议。

10. 总结反思

根据自己的灾难报道经历,结合调查问卷的反馈情况,分别从采访报道方案设计、方案执行情况和接受公众的批评建议等方面,总结报道工作,站在人文关怀角度对报道进行伦理反思,改进报道质量。

(六)实验项目对知识、能力、水平的提升

第一,了解灾难事件报道教学的重要性和现实意义;

第二,了解、认识不同类型灾难事件的性质;

第三,了解、认识不同类型媒体报道不同类型灾难事件的方法;

第四,提高学生对灾难事件融合报道的能力;

第五,在线培训新闻机构或企事业单位宣传部门相关人员,提升融合报道灾难事件的专业技能。

(七)实验项目应用及推广的亮点与特色

本项目是服务于新闻采访与写作、融合报道、危机传播与新闻发布以及电视摄像等新闻实务类课程教学的实验项目,已面向社会和高校共享开放。地域性、特殊性、适用性、交互性和人文关怀是本项目的五大特色。

1. 地域性

项目依据西南地区地震、泥石流、森林火灾等自然灾害多发的实际情况,教导学生对不同类型的灾难事件进行采访报道,以提高新闻实务实验教学的针对性。

2. 特殊性

项目根据不同类型自然灾害新闻报道的特殊性设置实验场景和教学内容,满足融合新闻实务教学的不同任务要求。

3. 适用性

项目既适用于新闻专业实务教学,也适用于媒介素养类公选课程的教学和社会开放共享,实验内容可以根据使用学生的具体情况进行调整,因材施教。

4. 交互性

项目运用虚拟仿真技术,根据灾难事件融合报道的环节设置了不同的交互内容和交互方式,让学生在交互体验中理解和掌握融合报道的知识。

5. 人文关怀

案例重视在实验过程中向学生强调人文关怀的重要性,引导学生懂得尊重救援人员和灾难受害者,避免二次伤害,恪守灾难报道的伦理准则。

三、案例成效

(一)建成国家级金课

本项目自2017年开始建设,先后获批重庆大学校级虚拟仿真实验教学项目、重庆市虚拟仿真实验教学项目、教育部2018年度国家虚拟仿真实验教学项目(图6),成为新闻传播学类首批10个国家虚拟仿真实验项目之一。2019年获批国家级一流课程,成为国内新闻传播类院校实验教学的重要平台。

图6 国家虚拟仿真实验教学项目证书

(二)创新教学内容和教学方法

传统的新闻采访报道教学,主要针对社会性新闻安排教学内容,忽略了和人类关系紧密的灾难事件的采访报道;传统的媒介融合报道教学,侧重于理论讲述不同介质的媒体内容如何立体呈现,对具体内容的融合实践重视不够。本项目有针对性地设计准确适宜的实验教学内容,使该项目既有普遍性的特点,也兼具地域特色。

在教学方式和方法方面,追求教学的整体性和连贯性,从安全须知到专业知识的具体运用,再到受众的传播效果调查,同时强调灾难报道的伦理反思,让学生不仅掌握专业的报道技能,同时塑造学生应有的人文关怀精神,使本项目真正成为教学育人的典范。

（三）建构完整的评价体系

本项目能够对参加实验学生的全过程进行记录，并能够随时进行实验指导，对于学生预习效果、实验步骤以及实验成绩评价都具备完善的评价标准，提高了评价的公正性。平台建立了较为完善的反馈机制，对参加实验学生各方面的建议、评价与反馈信息，进行全面系统的统计分析，为指导教师改进和完善实验提供参考，提高教学效果。

四、未来计划或启示

虚拟仿真实验项目引导学生立足于时代，回应国家社会的重大议题，让作品产生实际的影响力。在具体的技术层面，既立足于对学生进行基本功的训练，又利用虚拟仿真实验教学回应教学中的痛点。

灾难报道虚仿实验拓展专业实践充分考虑灾难事件类型的多样性，但在具体的应用中，要真正达到实验项目的预期效果，需要任课教师善于选择学生熟悉的事件，将之融入虚拟仿真实验项目中，这种"融合"的实用价值远远超出媒体融合本身的意义。

虚拟仿真实验项目的教学应用不是空洞的口号，需要体现在具体的实践教学中。虚拟仿真实验项目的步骤和操作程序是固定的，但互动的东西需要留给学生进行创造性的应用。

因地制宜，是应用好虚拟仿真实验项目的关键，相信在未来的教学中，我们会根据授课阶段的最新事件设计可操作的虚拟仿真实验项目，让本案例趋于丰富。

真空断路器预防性试验虚拟仿真教学项目示范案例

陈伟根　万福　潘建宇　谭亚雄　张志劲

重庆大学

一、案例介绍

虚拟仿真实验被国家列为五大金课之一,是重点建设的实验教学新形式。在电气工程领域,现有高校相关高压电力装备的教学课程,由于设备、环境等客观条件以及安全方面的考虑,难以开展直接实践教学,导致学生对一些开关设备缺乏必要的定位和认知,如电力系统以及变电站中的真空断路器。此外,学生对断路器整个开断过程的认知不够完善,对高压设备的安全操作规程缺乏实践及直观体会。

因此,为满足电气工程专业课程需要,以及新工科人才培养的需求,重庆大学电气工程学院开展了真空断路器预防性试验虚拟仿真教学项目。虚拟仿真教学项目主要以真空断路器的定位认知、断路器结构及工作原理、预防性试验操作规范及流程为主线,开发了真空断路器预防性试验虚拟仿真教学软件。本项目有助于深化学生对真空断路器的认知,同时也帮助学生体验试验准备工作、安全操作、观察现象、记录分析数据、试验后规程及安全等一系列认知与学习过程,从而培养学生的实践能力以及安全操作意识。

二、案例详述

高压断路器在电力系统中扮演着重要的保护和控制角色,能快速切断故障设备或线路,保证电网正常运行,同时,高压断路器也能可靠地调整电气设备或线路的运行方式。为确保高压断路器能准确发挥其作用,保证电网的正常运行以及维护,其需具备可靠的开断能力和抗短路能力。由于其故障可能导致电网事故,开展具有预防性的试验显得尤为重要。真空断路器是高压断路器的一种重要类型,对其进行预防性试验能够很好地获取设备运行过程中可能出现的状态,并根据此来判定断路器性能及其能否确保电网的可靠运行。

本教学项目旨在提升现场认知能力,包括预习、实施、复习和考核等全流程。为了实现这个目标,采用了多种实验方法,其中包括"虚实结合"等流程。通过这些方法,我们能够有效解决实体实验由于条件限制而导致的学生"理解难,学习效果不佳,难以复习和考核"的问题。学生能够利用虚拟仿真动画操作,熟练掌握变电站断路器预防性试验的开展方法,深入了解试验中的参数规律和影响因素,并可以在此基础上创新实验方法。

这种全新的教学模式采用了线上教学和翻转课堂的引导式、开放式教学相结合的方式,为学生提供了具有个性化、智能化、泛在化特点的虚拟仿真课堂。通过这种模式,学生可以更加积极地参与实验教学,激发出他们的学习兴趣,同时也可以有效地提高他们的实验操作技能。这一模式将线上和线下教学融合在一起,为学生提供了更加灵活多样的学习方式,让教学更加生动有趣。重庆大学电气工程是国家一级学科,学校对该学科的新时期人才培养提出了更高的要求。在这样的大环境下,重庆大学建有"输配电装备及系统安全与新技术"国家重点实验室等一批高水平科研与教学基地,拥有国家自然科学基金创新群体等优秀的教学与科研团队。这些团队在理论和技术方面为本项目的开展提供了非常有力的支持。(图1)

a.实验流程演示　　　　　　b.实验操作及指导

图1　教学场景

(一)实验目的

本项目的目的主要包括以下三个方面:

1.真空断路器结构原理深入认知

虚拟仿真技术使学生能够深入了解真空断路器的运作方式,并且以更加生动、形象的方式呈现。

2. 各项操作实践能力提升

利用虚拟仿真技术，创建一个与实际变电站操作环境一致的虚拟环境，模拟真空断路器预防性试验工作所需的标准操作流程。

3. 安全规范操作技术知识学习

利用虚拟仿真技术培养学生的安全意识和规范操作，提醒他们在预防性试验中避免错误和遗漏操作，同时展示误操作的后果，加强学生的安全意识和规范操作意识。(图2)

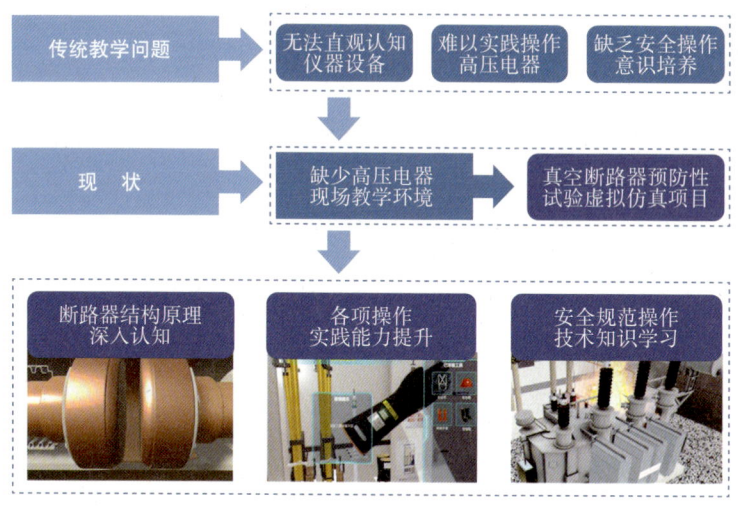

图2 教学目标

(二)实验原理

采用模拟仿真技术，我们能够精准地还原真实实验场景和设备模型，以1:1的比例再现实际操作环境，帮助学生真实感受实验过程。(图3)

图3 虚拟仿真实验中的断路器设备

第一，断路器在电力系统中的定位及功能。完整地模拟变电站的各个场景，让学生深入了解断路器在变电站中的位置布局，以及在电力系统中的作用。

第二，断路器结构及原理学习。对真空断路器各个组成部件进行逐一解剖分析，并以视频动画的形式详细讲解其工作原理。

第三，仪器工具学习。利用仿真模块建立真实的实验工具，让学生在虚拟环境中全面认知仪器工具的三维特性，提升互动体验感。

第四，操作票。操作票是电力系统进行电气操作时的书面指导。

第五，电力安全教育。当学生进行不符合规程的操作时，及时给予提示并以视频形式展示错误操作可能带来的危害。

第六，断路器绝缘电阻的测量。通过测量绝缘电阻可以有效地检测断路器的绝缘状况是否符合要求。

第七，断路器导电回路电阻的测量。导电回路电阻的测量一般采用直接测量法或者间接测量法。

第八，断路器动特性测量。通过对高压开关的多种特性参数进行测试来检测其性能是否满足需求。

第九，断路器耐压试验。交流耐压试验可以有效地检测被试品局部缺陷，以确定其是否能够抵抗各种过电压的影响。

（三）实施过程

在仿真平台上，虚拟仿真实验教学一共设置了预习、演示、学习、考核和报告5个系统。

1. 预习系统

该系统与实验教材类似，具体内容包括实验的目的、需要注意的事项、实验原理、具体操作步骤等。在实验前要求学生先预习，预习考核合格后，学生才允许开展实验。

2. 演示系统

录制实验全过程规范操作的视频，方便学生全面了解实验内容和实验步骤。

3. 学习系统

系统借助文字提示、声音提示和部分内容高亮显示等帮助学生开展学习实验，逐步指导学生完成各个实验步骤，人机交互。（图4）

4. 考核系统

整个考核过程中系统不进行任何提示，需要学生自主完成。测试

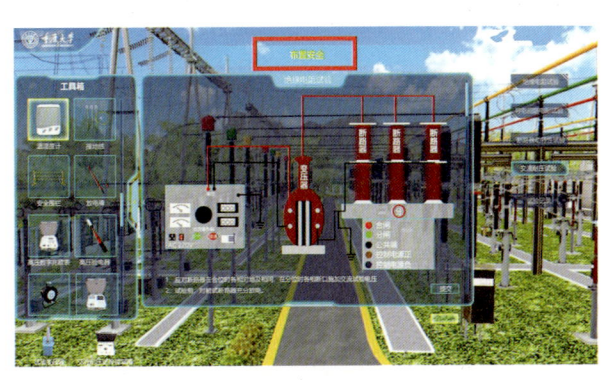

图4 学习系统

结束后，系统会根据学生表现给出相应的分数。

5. 报告系统

考核后，需提交实验报告给老师评阅，报告内容包括实验的目的、实验过程中涉及的原理、实验数据的处理和具体结果、实验结论以及学生对实验设计的整体评价和个人建议。

三、案例成效

（一）案例特色与创新点

1. 先进性

本实验项目通过三维技术与传统变电站仿真培训系统的结合，拓展了教学深度和广度，并以"以学生为中心"为宗旨。学生可以全面了解变电站设备检修流程，并通过甄选真空断路器预防性试验作为实验内容，完成具有自主知识产权的虚拟仿真实验项目，进一步提高实验的先进性。

2. 教学方法创新

采用可视化与现有实验电站装备相结合的教学方法，解决了传统高电压实验领域中成本高、风险大、不直观等问题。通过线上人机交互的方式，解决了在现场进行实验可能会发生的高风险问题以及开展现场实验的高成本问题，并通过将变电站实验现场直接虚拟化展示，实现了教学方法的创新。线上端口操作采用Unity3D引擎对实验场景、设备装置、系统建模等高度仿真，实验全程三维动画呈现，操作上规范标准，体验感和交互性强，极大地激发了学生的兴趣，提高了学生的参与度。

3. 评价体系创新

通过虚拟仿真实验平台，师生可以进行交互式交流，教师方便查询和管理实验任务和进程，并实时观察学生掌握情况。考核采用实验预习、操作、结果和报告"四位一体"的评价体系，记录学生操作过程和数据，评估学生学习和实验能力。虚拟仿真平台通过自动考核系统，实现了过程性评价，帮助学生更好地理解和应用相关知识。

（二）取得成果及启示

实验贴合仿真电气工程人才培养需求，强调实验基础知识和操作安全注意事项，理论与实际并重。同时，将教学活动的重点放在实验安全和规范操作过程上，有利于学生在掌握知识的同时将所学的知识运用到真实设备的操作中去。

在国家大力倡导虚拟仿真实验项目建设的大背景下，我们的项目已对重庆邮电大学、西南大学、三峡大学等高校和全社会相关专业人员开放，并获得广泛好评。目前，实验浏览量达23500余次，实验人次达4853次，实验评价为5.0分（3422人评分）。将其应用于教学后，学习者的理论知识和操作实践能力得到明显提高。(图5)

图5 项目对外开放成果

虚拟仿真课程也已通过国家虚拟仿真教学课程共享平台向其他高校和社会共享，力求提升实验教学质量和实践育人水平，实现对学生综合创新能力的培养。

工程建造模架构造与设计分析虚拟仿真实验

华建民　康明　曹永红　罗琳　刘光云

重庆大学

一、案例介绍

本实验整合了"土木工程施工""高层建筑施工""施工安全与管理"等专业课程中的重要知识内容，同时也是"结构力学""荷载与结构设计方法""技术经济学"等专业基础课程知识的延续性应用。

(1)应用工程模架施工交互式实验软件，进行工程建造模架的构造虚拟搭设。

(2)通过3D交互式设计软件，结合工程信息，设计搭设参数取值（如立杆的间距、横杆的步距）进行工程模架力学建模。

(3)通过专业计算软件对模架进行力学计算分析。

(4)通过对多种不同构造搭设的模架方案的受力对比分析以及实际使用的经济性分析，掌握模架的技术、经济分析的原理与方法，从多种方案中选择最优方案，为最优方案编写施工安全专项方案。

本实验可以帮助学生获取工程建造模架的施工构造知识、施工流程、施工规范、施工安全与管理、结构分析、力学计算分析、技术经济方案对比分析、施工组织、施工专项方案等一系列专业知识；锻炼学生的工程建造模架构造判断能力、工程思维分析能力、工程虚拟设计能力、力学计算能力、计算结果分析能力；提升学生处理实际工程复杂问题的素养和能力，同时也为学生创新能力、科研能力的培养提供基础。

本实验提供落地双排脚手架和模板支撑架两种类型的工程建造模架。根据实验课时的情况灵活安排。

二、案例详述

(一)实验项目的必要性及实用性

工程建造模架是为了保证工程项目施工过程顺利进行而搭设的工作平台,是土木工程施工的必要措施性工程,涉及施工的便利性、经济性与安全性,其重要性不言而喻。传统的教学与工地实习条件无法满足学生从模架的构造搭设、力学计算直至施工方案优选的全过程学习需要,因此,建设工程建造模架虚拟仿真实验项目,进行模架的全过程实验,就显得尤为重要。

工程建造模架构造与设计分析虚拟仿真实验,以学生为中心,采用在线人机交互操作的方式,吸取远程开放教育、虚拟仿真实验教学方法的优点,构建智慧化教学的新途径,是解决上述一系列教学问题的创新思路。

(二)实验项目教学设计的合理性及先进性

通过工程建造模架构造与设计分析虚拟仿真实验,开展在线人机交互虚拟仿真操作学习,可以帮助学生获取工程建造模架相关专业知识,锻炼工程思维,提升创新能力。

在教学环节中,以工程建造模架这一个载体,将学生所涉及的多门课程知识如土木工程施工、结构力学、结构计算分析、技术经济学、施工管理及施工安全等自然串联在一起,同时将知识学习能力、工程设计思维能力、力学计算能力、计算结果分析能力、工程经济性理解分析能力也一并串联应用于实验过程中。

(三)实验原理及核心要素仿真设计

通过交互式虚拟仿真软件与工程计算分析软件的集成,设计的实验原理、核心知识内容包括:工程建造模架虚拟仿真搭设、工程背景下模架虚拟搭设设计方案及合规性评判、模架结构力学计算分析、进行多方案模架方案的技术经济性对比经优选后编制专项施工方案。

将丰富感性认识、专业知识获取、工程思维训练、知识综合应用能力的综合培养融汇到整个实验中,多元化、递进式地实现学生知识与能力的提升。

(四)实验教学过程与实验方法

1.实验教学过程

实验方案采用多元化、递进式的设计思路,设计了从模架的构造搭设、力学计算直至方案的优选等全过程教学环节。

(1)环环相扣的全过程实验教学,使学生自然而然实现知识链、能力链的串联。

(2)注重过程思考与分析判断的教学方法,强化学生的工程思维,提高学生分析与解决复杂工程问题的综合能力。

(3)交互式仿真场景的教学模式,使学习及设计不枯燥,提升学生学习兴趣及效果。

2. 实验方法

(1)实验前准备——实验指导、感性认知、创新实验展示。

提供相关工程建造模架施工规范课件资料、模架实体搭设工程案例微视频、模架垮塌安全事故微视频、实验指导书、实验结果评价说明等实验教学资源,以明确的实验指导及丰富的背景资料,给予学生实验前的指导。

同时,提供小型仿制模架实验方案资料及加载承载视频(由本校实验学生演示),帮助学生感性认知模架构配件和构造不可或缺的重要作用。同时鼓励学生尝试小型仿制模架。(图1)

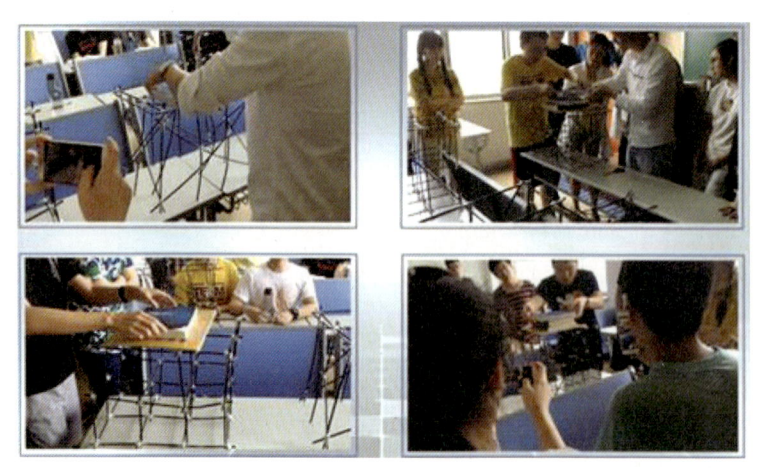

图1 工程建造模架小型模型仿制实验

(2)工程建造模架虚拟仿真搭设。

在虚拟三维场景中,学生根据软件模块界面中的文字、声音、高亮提示,人机交互操作按照预设的模架搭设施工工艺流程虚拟搭建工程建造模架,并人机交互自主完成阶段考核测试。考核符合要求则可进入下一阶段实验。(图2)

图2 工程建造模架人机交互虚拟搭建施工

(3)工程背景下建造模架设计方案三维建模。

结合专业软件,根据案例工程项目基本信息设置工程建造模架虚拟模型的构造技术参数,人机交互形成工程建造模架虚拟三维模型。模型可调整搭设参数,形成不同的工程建造模架虚拟搭设方案。(图3)

(4)工程建造模架虚拟搭设方案合规性判断。

结合专业软件,对初步搭设的工程建造模架虚拟模型进行是否符合施工规范要求的

图3 工程建造模架虚拟三维建模（含工程技术参数）

自动判断。对于不符合要求的模架搭设方案,可调整其搭设技术参数。如果符合要求,则可进入实验的下一阶段。(图4)

(5)合规工程建造模架虚拟模型力学仿真计算分析。

对合规工程建造模架虚拟模型进行结构受力仿真计算分析,计算结果软件自动判断。对不符合要求的模架方案进行技术参数调整,直至力学仿真计算分析满足工程要求。对计算符合要求的工程建造模架搭设方案进行技术经济分析,并线上提交分析结果。(图5)

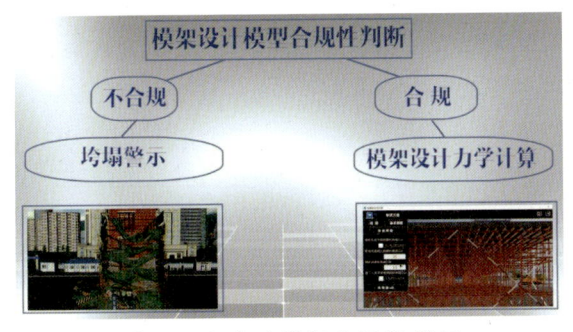

图4 工程建造模架合规性判断

图5 工程建造模架虚拟仿真计算

(6)工程建造模架搭设方案多方案技术经济对比。

人机交互调整搭设参数,设计搭设第二个工程建造模架虚拟模型方案。继续进行合规性判断,并对合规模架方案进行力学仿真计算。依据工程技术经济的要求,对两个搭设方案进行对比分析,优选出最佳搭设方案(构配件用量经济、施工便利、装拆使用方便),并线上提交技术经济对比分析资料。

(7)完成工程行业实际使用的模架专项施工方案。

对优选出的工程建造模架虚拟搭设方案,编制安全专项施工方案,并对形成的安全专项施工方案进行分析,线上提交安全专项方案分析资料。

(8)实验过程管理与成绩评定。

实验成绩的最终评定,以实验过程管理和评价为依据。首先,提交模架构造虚拟搭设阶段的考核得分;其次,根据提交的模架虚拟搭设方案力学计算结果分析资料评分;再次,根据提交的两个模架虚拟搭设方案的技术经济对比分析结果和优选方案结论评分;最后,根据提交的最优模架虚拟方案安全施工专项方案分析结果评分。最终成绩根据这四个环节得分综合评定,并有鼓励创新加分环节。

(五)实验项目对知识、能力、水平的提升

学生通过工程建造模架构造与设计分析虚拟仿真实验,进行工程建造模架的虚拟构造搭建、三维建模、设计验算、方案对比分析及编制安全专项施工方案的专业技能的训练,获取工程建造模架构造、施工规范、施工技术、结构受力分析验算、施工安全、技术经济方案对比、施工组织管理等相关知识,同时锻炼和提高学生处理和解决工程技术问题的工程思维能力,提升学生创新能力。

(六)实验项目应用及推广的亮点与特色

目前,本实验教学服务学生人次600余次/年。通过实验学生既可获取工程建造模架构造与设计分析相关专业知识,又能锻炼工程思维能力,还可提升创新能力,实施效果好。

(1)采用人机交互、虚拟现实、仿真模拟等实验信息技术,趣味性强、生动直观,有效减轻了学生学习的认知负荷,学生兴趣高。

(2)实验按专业知识学习、能力培养和工程技能训练的全过程序列步骤设计,内容使用当今主流设计手段和方法,与工程实际无缝衔接,学生易上手且可在毕业以后直接使用,学生设计操作技能强,工程素质能力提高快。

(3)采用过程性的成绩评价,分步骤评分,形成严格的考核闭环。

(4)采用小型仿制模型实验以实补虚,提高虚拟仿真实验的学习效果,并以加分方式鼓励学生线下开展自主创新实验,促进学生的主动性学习及创新性能力培养。

三、案例成效

(1)多元化、递进式的实验方案设计思路,强化学生工程思维能力训练,实现实验中学生全过程知识与能力的提升。

本实验方案设计时,充分体现了先进性、综合性、可操作性,注重对学生综合能力的培养与锻炼,加强工程思维能力训练,特别是加强从模架的构造搭设、力学计算直至方案的优选等全过程系统思维。

(2)注重过程思考与分析判断的教学方法,显著提高学生分析与解决复杂工程问题的综合能力。

以工程案例为背景,采用人机交互、探索与创新、注重过程思考与分析判断的教学方法。通过环环相扣的实验步骤和教学方法,注重学生对各个环节的分析、思考与判断,在前一个环节的问题解决以后,才能进行下一个环节的实验,对提高学生分析与解决问题的能力效果明显。学生既掌握了相关的专业知识,又加强了在实验中各种能力的训练——思维能力、动手能力、综合分析能力及判断能力等。

(3)过程性与开放创新性评分相结合的评价体系,有助于学生学习效果的过程检验和学生创新能力的培养。

(4)开放、共享的教学资源有助于传统教学的延伸与拓展。

通过校企合作开发的脚手架虚拟搭设、力学分析计算、脚手架方案的优选等虚拟仿真教学资源,是传统教学很好的延伸。通过互联网开放共享,实现了传统教学在学习空间、时间、学习内容的延伸与拓展,丰富了传统的教学方法与教学内容。同时,在满足学生实验需要的情况下,还可为社会、行业学习者提供优质教学资源,提高了资源的利用率。

四、未来计划或启示

(一)持续建设与更新

在建设好、运用好现有虚拟仿真实验的前提下,进一步加大建设力度,不断扩充实验课程内容——其他类型的工程建造模架,如门式架、悬挑架等,使学生在掌握了基本的建造模架的虚拟实验内容后,可将实验内容向广度和深度方面发展。开展评价体系的持续建设,持续跟踪使用者反馈,进一步完善互动方式、成绩评定体系、教学效果评价体系。

(二)面向高校的教学推广应用计划

将虚拟实验课程通过面向全国的在线开放课程平台辐射到学校相关专业,实现资源共享,并对全国其他高校开放,使有需求的相关高校及相关专业均可充分利用本虚拟仿真实验教学资源。

(三)面向社会的推广与持续服务计划

本虚拟仿真实验教学资源、虚拟实验平台等将面向社会免费开放并提供教学服务,特别是对有工程建造模架虚拟仿真需求的施工企业提供技术支持和服务,真正做到服务于社会。

"基于VR技术的强心苷药理作用虚拟仿真实验"应用与示范案例
——通识教育课程"生活与生态"课程思政建设实践

陈敏　李莉　何小燕　田振　伍小波

西南大学

一、案例介绍

"基于VR技术的强心苷药理作用虚拟仿真实验"(以下简称"VR强心苷")从强心苷在药理学实验教学中的重要地位出发，破解真实实验成功率低、心脏变化难以直观观察、动物实验与临床作用脱节等难题，以"强心苷对家兔在体衰竭心脏的作用"实验为主，辅以强心苷药物临床治疗作为知识扩展和深入，通过VR技术人机交互、三维建模、虚拟现实以及多媒体(文字、图片、视频)等手段进行学习。

本课程于2018年获批国家级虚拟仿真实验教学项目，2020年被认定为国家首批虚拟仿真实验教学一流本科课程，首批入选虚拟仿真实验教学创新联盟2021年度实验教学应用示范课程，2022年开通中英文双语版本。本课程获软件著作权证书2份。

本课程开设以来，对西南大学创新本科人才培养起到了重要作用。本课程面向全国开放共享，并与重庆医科大学、曲靖师范学院等学校签订共享协议或软件使用项目申报，实现了远程教学和资源共享。课程还通过"小小药学家"科普活动面向中小学生开放，累计服务学生和社会人士5000余人。

二、案例详述

(一)"VR强心苷"课程建设与应用

本课程是在已取得"药物体内药效虚拟仿真软件V1.0"专利授权证书基础上设计实施的。项目以"强心苷对家兔在体衰竭心脏的作用"实验为主，辅以强心苷药物临床治疗作为知识扩展和深入。紧紧围绕"虚实结合"理念,旨在利用VR技术,搭建沉浸式的高度仿真实验场景,引导学生快速进入实验状态,进行相关实验仿真操作。强心苷是历史悠久的具有强心作用的苷类化合物,迄今其临床应用已200多年。临床主要用于治疗慢性或充血性心力衰竭与房颤、房扑。强心苷类药物也是药理学中重点讲解的一类药物,其药理作用、临床应用、不良反应和解救都是药学类学生学习的重点内容。"强心苷对家兔在体衰竭心脏的作用"实验的目的是观察强心苷对衰竭心脏的强心作用及过量中毒情况。该实验在麻醉、气管插管、动脉插管、心室插管、心衰造模、造模后抢救等步骤都易导致家兔死亡,对初学者来说实验成功率极低。强心苷的药理作用主要体现在心脏的变化上,能显著加强衰竭心肌的收缩力,而心脏的变化在现实实验中无法看到。另外,心衰造模所用戊巴比妥钠已被国家管制,为此很多院校将取消该实验。同时,药学类学生接触药物临床应用的机会较少,对各类型强心苷临床应用缺乏认知。

因而,建立强心苷药理作用实验的虚拟仿真平台具有以下重要的作用:

第一,克服了现实实验开展的困难;

第二,让学生对不可见的药理和毒理过程形象化记忆,更加有利于知识点的理解和掌握;

第三,虚拟仿真实验不受药品管制等限制,可正常开设实验课。

(二)教学设计合理性

1. 教学设计过程合理

本课程以"强心苷对家兔在体衰竭心脏的作用"实验为主,辅以强心苷药物临床给药。在仿真训练模块,学生通过头戴设备和手柄按照提示系统对家兔进行捉拿、麻醉、插管、造模、给药等操作。实验过程中,针对不同知识点,系统会弹出相应的考核内容,学生根据已学到的知识进行解答。所有的选择系统会提醒学生对错,选择正确,实验继续进行,并出现正确结果;选择错误,则会出现相应的错误结果。

2. 使用两种操作方式,提高学习效果

本课程具有电脑端版本和客户端VR版本两种操作方式。虚拟场景更加逼真,学生的互动性更强,更加具有真实感。

3. 设置了中英文双语版本

本课程有利于国际化人才培养、来华留学生培养,以及促进未来本项目对国外高校,尤其是欠发达国家高校的人才培养。

(三)课程系统的先进性

本课程的实验系统先进,主要包括虚拟仿真实验教学软件、VR仿真头显设备、电脑、服务器、显示屏实验所需装置或软件等。同时,课程系统还拥有完备的网络条件。根据目前服务器的配置,并发响应数量为1000以上。

(四)课程原理

本课程采用巴比妥钠建立家兔急性心力衰竭模型,观察家兔心力衰竭后心脏功能的改变,并通过注射西地兰,观察药物对衰竭心脏的强心作用,以及西地兰使用过量后对心脏的毒性作用。以强心苷药物临床治疗情景作为知识扩展和深入内容。

1. 强心苷药理作用

强心苷是使用历史悠久的具有强心作用的苷类化合物,迄今其临床应用已200多年。临床最常用的为地高辛、洋地黄毒苷、去乙酰毛花苷(西地兰)等。各种强心苷的药理作用基本相同,只是作用的强弱、起效的快慢等有所差异。其作用主要包括如下方面:

第一,正性肌力作用;

第二,对神经—激素的作用;

第三,对心肌电生理特性的影响。

2. 戊巴比妥钠建立心力衰竭模型原理

该实验是利用戊巴比妥钠抑制心肌功能从而建立心衰模型。大剂量的戊巴比妥钠可严重抑制心肌收缩功能,使心肌收缩力主要是左室收缩性能减退,导致充血性心力衰竭。

(五)实验教学过程与方法、步骤

1. 教学方式方法

本课程由专门的教师负责维护,学生可选择两种方式使用,一是进入实验中心网站,根据提示在线学习相关知识内容;二是采用客户端登录的方式。该实验项目采用多种考核形式对学生进行考核评价。

2. 学生交互性操作步骤

本课程中,学生主要参与了动物实验及临床应用的实验环节。主要的交互操作包括:动物实验部分,对家兔的抓取、麻醉、气管插管、动脉插管、造模、给药等操作内容。

3. 评价体系

本课程设置课时为3课时,课前学生预习相关知识点,上课前半小时由教师讲解和演示软件操作方法,学生上机练习操作,在操作遇到困难时提出问题,由教师及时解决。课后书写实验报告,总结实验心得和相关知识点。

"VR强心苷"课程在传统实验教学内容的基础上进行了延伸和拓展。其中包括:第一,各步骤选项的设置,允许虚拟犯错并得出错误结果,直到做出正确选择;第二,建立三维仿真心脏,直观表现给药对心脏的影响,以及各阶段心脏的变化;第三,通过动画或视频对实验涉及的知识点及时进行梳理和总结。

(六)实验项目对知识、能力、水平的提升

第一,夯实学生的基础知识。

第二,提升学生的实验操作技能。

第三,培养学生的实践创新能力。

(七)实验项目应用及推广的亮点与特色

目前共享应用的学校有西南大学、重庆医科大学、曲靖师范学院等,参与人数600人,共实验5000多人次,平均实验时长120分钟,平均实验成绩在90分以上。今年将新增遵义医科大学作为共享院校。此外,将本项目共享给南京药育智能科技有限公司的教育云平台,软件使用者1000多人次。学院将本软件VR版设备软件用于"小小药学家"科普活动中,服务中小学生300余人次,平均实验时长为30分钟,平均实验成绩在60分以上。

三、案例成效

第一,解决了真实实验中难以解决的问题。

第二,具有显著的特色与创新。其主要体现在三个方面:①教学理念创新,有利于学生掌握基本知识和技能,提升创新能力;②教学过程和教学资源丰富,满足学生不同学习需求;③教学设计创新,适用面广。

第三,成效显著,取得了丰富的成果。主要体现在如下三个方面:

①本课程促进了实验教学改革与课程建设。本课程于2018年获批国家级虚拟仿真实验教学项目,2020年被认定为国家首批虚拟仿真实验教学一流本科课程,2021年入选全国实验教学应用示范课程。此外,获得软件著作权证书2份。依托本项目建设,我校"药物分析学"课程2021年获评重庆市高校一流课程,"虚实结合的药学创新实践教学体系的构建与应用"获评重庆市教学成果奖三等奖。(图1—图6)

图1 国家级一流本科课程证书

图2 重庆市2021年高校课程思政教学名师和团队证书

图3 "VR强心苷"软件著作权证书

图4 英文版"VR强心苷"软件著作权证书

图5 重庆市高校一流课程证书

图6 重庆市教学成果奖三等奖获奖证书

②本课程有力促进了药学类专业建设与人才培养水平提升。本案例建设有力支撑了药学、制药工程获批国家一流专业建设点,对创新型人才培养水平提升具有支撑作用。案例建设期间,药学院本科学生读研率逐年上升,2019—2022年分别达到48%、54%、55%。

③本课程服务、开放共享、辐射示范功能不断增强。本课程除面向校内药学类专业使用外,还与重庆医科大学、曲靖师范学院、遵义医科大学等高校签订了开放共享协议。依托"小小药学家"科普活动,服务中小学素质拓展。课程总服务人次超过5000人次。示范作用不断增强,接待武汉大学、西安交通大学、成都中医药大学、北碚区人大等30余所高校及单位学习、交流与访问。

四、未来计划或启示

(一)持续建设与更新

本虚拟仿真实验教学项目目前主要应用于药理学、药物毒理学课程,服务药学及相关专业学生。随着科技的进步、知识更新,本项目内容也需要进一步更新完善:

第一,将课程思政贯穿于虚拟仿真实验教学中,真正建设成为穿越时空的教学、触动灵魂的教育;

第二,结合产业前沿与学科前沿,更新知识和理念;

第三,对本课程的应用进行拓展,坚持在"能实不虚"的基础上,供广大学生选择学习。

(二)面向国内高校、社会及"一带一路"国家的推广与持续服务计划

在结合虚拟仿真实验共享与资源整合的特点做好校内资源共享的同时,将我校资源共享给医学院和高校的药学院,满足学生学习需要并逐步向社会开放。

与其他院校建立良好的合作共享机制,未来5年推广到10—20所院校。

将该项目推广用于来华留学生教育,利用本项目的英文版本,进行来华留学生课程教学。

将本项目推广到科普活动、成人教育、网络教育以及企业人才培养中,并根据不同层次人群的需求调整教学内容和方法。

针对快速发展的国际化进程,将本项目共享到国外高校,本项目拟首先在埃及艾因夏姆斯大学进行国际化推广与应用,促进"一带一路"国家人才培养。

"涉及高危综合实验——二维纳米材料的制备和表征"课程案例

李帮林　李念兵　龚成斌　邹浩琳　石燕

西南大学

一、案例介绍

西南大学化学化工学院开设的"涉及高危综合实验——二维纳米材料的制备和表征"虚拟仿真实验教学课程,具有安全、环保、便捷、新颖、高效等优势,旨在贯通化学本科生的专业知识,激发其对前沿科学的学习兴趣。教育部于2020年批准本课程为国家级虚拟仿真实验教学一流本科课程。二硫化钼二维纳米材料凭借其独特的性能已被广泛应用,其制备涉及化学、材料、生物等多个领域,而因其制备过程和表征方法受到高活性与易燃易爆反应试剂、高危操作和大型昂贵仪器等因素限制,难以成功地开展真实实验,限制了为本科生开设线下教学实验的可行性。本课程的主要特色体现在三个方面:第一,掌握高活性试剂的使用和高危实验操作技巧;第二,掌握二维纳米材料的普适性制备方法;第三,学习材料的表征方法和现代化大型仪器的使用。

二、案例详述

(一)教学设计的合理性及先进性

本课程是用于掌握双排管Schlenk技术操作以及活性反应试剂使用的虚拟仿真实验综合课程。由于高活性试剂、高风险运行、设备昂贵、耗时过长等因素限制,学院无法采用传统的方式开展该实验课程。学生在虚拟仿真实验中学习危险试剂的使用并熟悉操作步骤,经过多次练习,学生的错误率降低,同时,在虚拟仿真技术的指导下完成线下实验的时间从7小时缩短到3小时。这既提高了学生的实验效率,又保障了学生的人身安全。该课程创新了教学方法与评价体系,采用多种方式对学生进行考核,更加注重过程评价。通过学习本课程,学生提升了对二维纳米材料及其制备方法的认识和学习前沿科学知识的兴趣。该虚拟仿真实验课程不受上课地点、时间等因素的限制,对其他化学相关的虚拟仿真实验建设具有非常好的借鉴作用和指导意义。

(二)实验原理、设计、教学过程与方法

团队提出从大块范德华力积聚晶体的化学剥离中"一锅"合成二维MoS_2单原子层的新方法(图1)。以正丁基锂化学合成和Schlenk技术制备的剥离MoS_2纳米片作为二维材料的范例,表明虚拟仿真实验课程对指导线下化学实验的辅助作用。采用虚拟仿真系统,可将危险实验操作进行重点标识,有效避免潜在危险的发生;学习高难度化学实验操作,对激发学生从化学实验中追求知识和学术创新兴趣很有必要。

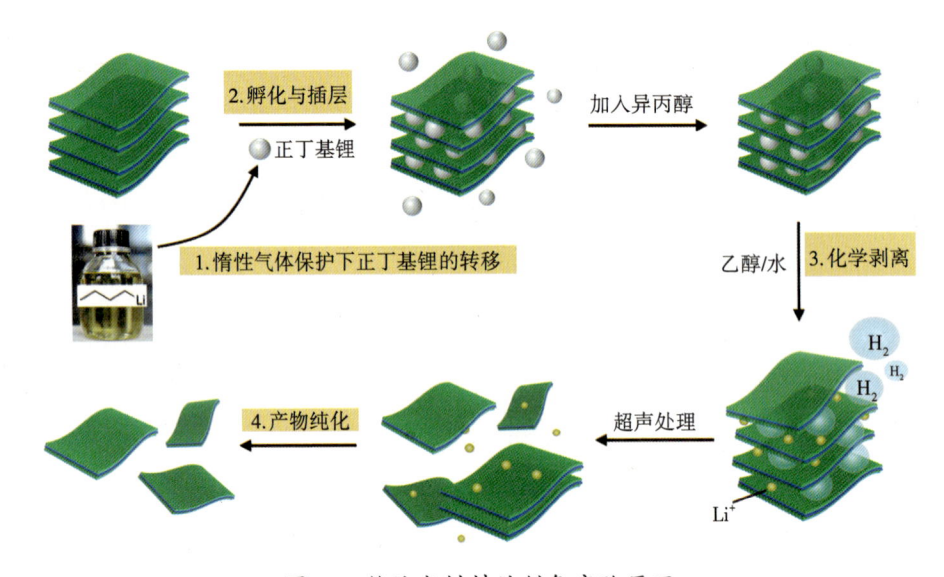

图1 二维纳米材料的制备实验原理

本课程教学模式包括小组教学、小班教学、线上跟踪实验进程、自主学习,充分体现了以学生为中心,以提高学生的实验探究能力、自主学习能力为宗旨。学生课前以小组为单位查阅了解与实验相关的资料文献,在虚拟仿真平台预习实验内容。学生通过虚拟仿真软件对本实验过程进行模拟操作,总结制备二维纳米材料的方法和影响因素,进一步了解二维纳米材料的应用。教师利用虚拟仿真实验平台跟踪学生实验过程,及时发现学生实验中的问题,并给予指导,引导学生完成实验。同时,教师可随时监督学生学习进度,提高教学效率。这种新型的教学模式不再是传统课堂中的老师教学生做,而是完全以学生为中心。同时增加了文献综述和小组讨论环节,能够提高学生阅读文献的能力,并培养学生

图2 学生线上自主完成虚拟仿真实验

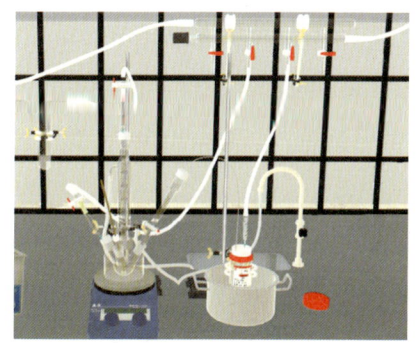

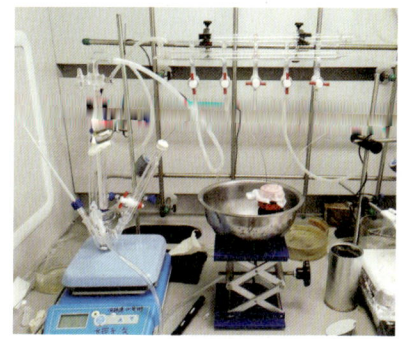

a.虚拟仿真实验线上教学　　　　b.线下实验操作

图3 学生在虚拟仿真实验线上教学后开展线下实验操作

的合作能力。为适应本课程的教学模式和教学目标,在课程考核方式上也进行了创新,告别传统的以实验报告和实验结果评价学生的模式,采用线上虚拟、线下考核、线下实验操作和心得体会报告多方式综合考核。首先,学生线上完成虚拟仿真实验,考核学生对实验过程、实验仪器使用方法的掌握情况。(图2)其次,学生线下进行测试,考核学生对于实验原理、实验背景、实验方法等内容的掌握情况。(图3)最后,开展线下实验,考核学生实验操作的规范

图4 学生进行线下实验操作考核

性。学生在虚拟仿真系统中进行多次练习,在对实验操作比较熟悉的基础上,进行线下实验操作的考核。(图4)教师除考试过程中观察学生实验操作外,考试结束后还可根据录像再次考查学生的实验操作是否规范,教师指出不规范操作,学生根据教师评价反思自己的

操作,这有利于学生提高自身实验操作能力。也可保存档案,为低年级学生学习提供借鉴资料。

(三)实验项目应用及推广的亮点与特色

本课程不再采用传统的讲授法与实验法相结合的教学方式,而是采用自主性学习法、小组性学习法与研究性学习法相结合的教学方式。在考核方式上,不再是传统实验课程中仅仅通过实验结果和实验报告进行考核,而是通过大数据跟踪,全面了解学生学习过程,实现个性化自适应实验教学。根据监控学生实验过程的教学大数据,教师及时掌握学生学习情况,针对问题提出指导性建议,引导学生深度学习。课程考核采用线上虚拟、线下测试、线下实验操作及心得体会报告多种方式,从不同角度对学生进行综合评价,不再局限于单一考核学生对实验本身的掌握情况,增加了考核学生对实验相关知识背景的掌握情况,同时通过心得体会报告引导学生进行课后反思,实现本课程的情感态度与价值观教学目标。

三、案例成效

(一)案例特色与创新点

本课程的课程目标从专业知识、实验技能、能力培养、思维训练几个方面提出要求,希望通过本课程的学习能够让学生掌握相应的实验方法与操作技能,同时提高科研能力,开阔视野,增长见识,培养创新思维,这完全符合国家对于本科生的培养目标。既注重学生整体的考核,又关注学生个人的成长,了解学生真实的感受,给予学生个性化的指导与评价,促进学生的个性化发展,也是这门课程的一大优势。课程考核方式影响教师的教学,对学生的学习起着导向作用,对学生的学习效果起着评价作用。这种课程考核方式与虚拟仿真实验课程相适应,有利于实现本课程的教学目标,有利于指导学生学习了解前沿科学知识。

(二)教学改革成效及解决的重难点问题

本课程提出结合二维材料应用及其特点,提高教学效率。学生认为本课程的学习对于提高实验操作技能有帮助,对他们学习其他专业知识有帮助,对培养其创新思维有帮助。本课程在提高学生实验能力、分析解决问题能力、综合素质等方面有显著作用。本课程的开设无疑为广大本科生提供了一个学习了解前沿科学知识的途径,让本科生获得更多发展自己的机会。此外,本课程在激发本科生对前沿科学知识的学习兴趣上起到了很好的作用,同时提供了一个可贵的学习机会,促进本科生进入更加深入的前沿科学的研究中。学习二维纳米材料的相关知识,让本科生认识到自己所学的专业知识是如何应用于研究中进而改善生活的,能够帮助本科生将理论知识与前沿科学相结合。本课程从实验方案的设计、教学方法的选择,再到课程考核方式的设立,都突破了传统的模式,更加信息化,更加安全、环保。本课程在教学方法、教学手段、考核方式上进行了一系列的创新,充分体现了以学生为中心,以达到更好的教学效果为目标。由于二维纳米材料的制备与表征这一实验涉及前沿科学知识,对本科生而言学习有一定难度,因此对教师提出了更高的要求,教师要充分发挥其在教学中的引导作用,采用生动形象的语言,结合图像视频,帮助学生理解教学内容。

(三)取得的主要成效及成果

实际实验与虚拟仿真相结合,具有重复性高、不受地点和时间限制等优点。在虚拟仿真过程中突出了每个实验步骤的危险性,学生可以在不遵循指示时直面失败,而不必承担失败的潜在危险后果。虚拟模拟可以让学生在离线实验之前掌握这些重要技能。这与建设性学习的观点是一致的,即学习者应该在一个给予他们经验和反思机会的环境中学习。进行虚拟模拟还有助于提高学生理解抽象科学概念的参与度,并将学生从被动学习者转变为主动学习者。这门课程激发了学生学习高阶化学知识和发展创新思维的热情。李帮林副教授主讲本课程多年后,从独特的课程设计、课程内容、考核方式、课程评价等多个方面进行归纳与总结,以

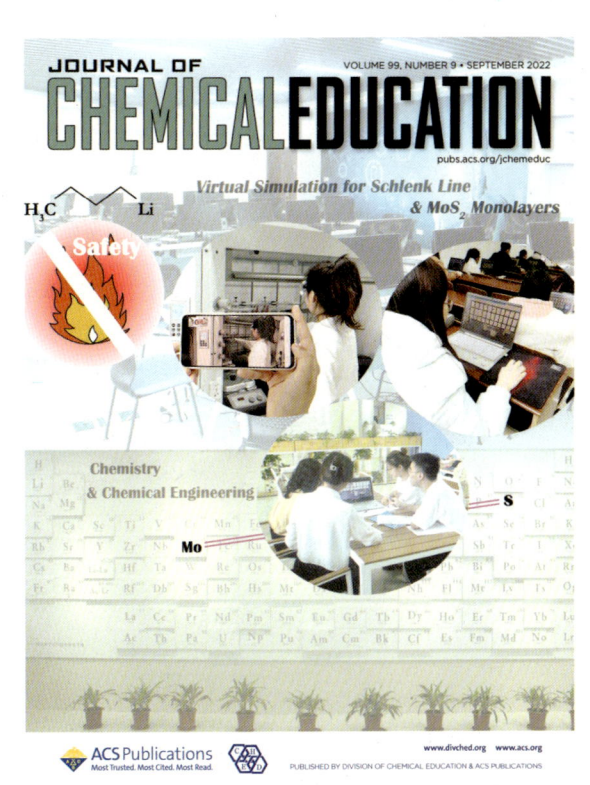

图 5 国际著名化学教育期刊 *Journal of Chemical Education* 以封面形式报道本课程的教学内容、方法、考核方式及课程评价

第一及通讯作者身份撰写了教学研究成果。国际著名化学教育期刊 *Journal of Chemical Education* 以封面形式报道了该教学研究成果。(图5)

四、未来计划或启示

本课程不同于其他实验课的一个关键之处在于除了希望学生学习了解实验本身外,更希望能够通过这一课程激发学生学习了解前沿科学知识的兴趣。从在线虚拟仿真实验测试和考试、实践实验测试的结果来看,本科生的学习效率得到提升。本课程在新冠肺炎疫情期间发挥出极大的优势,改变了传统的面对面学习方法。本课程仍处于开设初期,还有一些需要改进的地方。二维纳米材料等前沿科学知识对本科生而言还存在难以理解、实验操作过程太复杂等问题,要求教师充分利用多媒体,以更生动形象的方式、更通俗易懂的语言来帮助学生理解与掌握。

"虚实"结合、"思政"融入助力一流虚拟仿真实验课程建设
——西南大学"水电/火电/风光互补发电系统认知虚拟仿真"示范课程典型案例

唐超　祝诗平　赵仲勇　阎发友　曹亮

西南大学

一、案例介绍

"水电/火电/风光互补发电系统认知虚拟仿真"示范课程面向西南大学电气工程及其自动化专业本科开设,是依托于"专业导论""新能源发电技术""智能电网与微网"等理论课程开展的实践教学。本课程由唐超教授、祝诗平教授领衔设计,教学团队共有11名专职教师,其中教授3名、副教授3名、高级实验师1名、讲师3名、实验师1名,承担相关课程理论与实践教学、虚拟仿真实训课程资源设计与开发、虚拟仿真实验教学平台设备调试与维护等工作。课程依托虚拟现实技术打造的虚拟仿真实验室,内容涵盖水电、火电、风光互补发电系统三大板块,满足电气工程及其自动化专业的教学需求,能够让学生不受时间、空间的限制,在虚拟环境下多次进行实践,身临其境地感受电力现场,最终使学生了解并掌握传统能源与新能源发电系统的装备情况、运行原理和动态特性。课程围绕学生中心,着重提升学生的学习自主性与操作设计能力,培养学生良好的电气学科素养,从而达成育人目标。

二、案例详述

（一）虚拟仿真课程教学资源建设

1.教学内容新,紧扣国家重大需求与行业发展趋势

电力能源是国民经济发展的命脉,"十四五"时期,能源将重点转向户用分布式发展,形成大规模集中利用与分布式生产、就地消纳有机结合模式。课程将以水电和火电为代

表的大规模集中式发电、以风力发电和光伏发电为代表的分布式发电的生产过程集成到虚拟仿真实验系统中,帮助学生了解电气工程及其自动化专业的技术动态,掌握国家需求与行业发展状态。(图1—图4)

2. 辅助技术先进,助力新工科建设与工程教育

课程在教学过程中引入虚拟现实技术(Virtual Reality,VR)。经过多年的发展,VR已成为比较成熟的信息技术。与传统仿真教学相比,VR集成了计算机图形技术、仿真技术、人工技术、传感技术和网络技术等领域的成果,具有多感知性、沉浸性、交互性和构想性四大特点。课程利用基于VR的虚拟仿真实验系统,可使学生在学校配备的专业虚拟仿真实验室或个人移动设备上全天候地接入虚拟仿真实验室,身临其境地认识与探索水力发电、火力发电及风光互补发电现场,同时避免高电压、高温、高空坠物等风险源。这既实现了学生动手能力与创新思维的

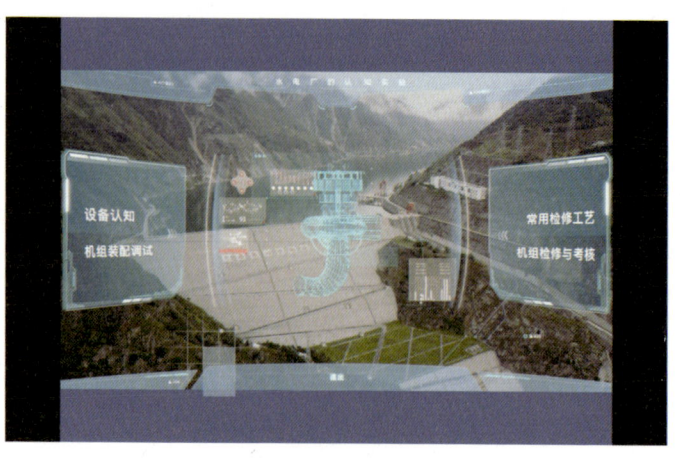

图1 水力发电系统虚拟仿真资源

图2 火力发电系统虚拟仿真资源

图3 风光互补发电系统虚拟仿真资源

提升，又满足了电气工程专业基本知识体系的培养和工程实践的需求。课程实现"虚拟场景"和"实际工程"的有机结合，为新工科建设和在工程教育中实验实践教学提供了新思路和方法。

3."思政"教育内化，落实立德树人根本任务

课程将我国在水电、火电、风光互补发电领域建设的大工程、国产化装备等内化到课程内容教学过程中，注重培养学生的爱国主义情怀和工匠精神。在课堂讨论中，引导学生结合专业特色，加强学生对专业知识与地球生态、人类环境以及可持续发展之间的关系的认识，让学生了解到自我探索和自主学习的必要性与重要性。在平时作业中，注重学生对专业基础知识的掌握情况，启发学生思维，提高学生对专业学科的认知水平，激发学生的学科创新意识。这一方法取得了较好的教学效果，实现了育人目标。

图4 西南大学虚拟仿真实验系统

（二）虚拟仿真课程教学过程设计

1.围绕以学生为中心，致力于教学效果持续提升

课程设计的基本理念是以学生为中心，强调学习自主性，注重学生创新实践能力的培养，提高实践实验类课程的教学质量和效果，解决"实验难、实践难"等问题。实验教学借助虚拟仿真实验系统以沉浸式互动教学与自由自主学习相结合的方式进行。在整个教学过程中，教师和学生在虚拟环境中交流、探讨，突出学生在教学中的主动参与。拥有权限的学生可登录虚拟仿真实验系统开展实验自主学习。系统会自动记录每位学生的学习情况，以便收集数据，为整个教学过程的持续改进提供支撑。

2.面向实际运行工况，建立实景实训考核

虚拟仿真实验系统提供全数字仿真平台应用和半实物仿真平台应用，并建设与生产现场一致的操作和运行环境，提供完整的相关专业的生产应用系统，达到理论研究和生产实际相结合的效果。同时，系统具有对实验过程中的操作进行记录的功能，包含违规操作的记录、工具使用是否正确的记录、拆装顺序是否正确的记录和工艺处理记录。在教学考核过程中，学生严格按照动作步骤流程操作，不可以跨越。若操作错误，则对应步骤不计分，系统直接给出正确操作步骤并进入下一个操作步骤的考核，直至考核结束。通过系统记录可以掌握学生对课程内容的熟悉程度，反馈学生在学习过程中存在的主要问题。

三、案例成效

(一)案例解决的重难点问题

1. 突破现场实验实践教学在时空上的限制

电力行业作业现场存在高电压,在作业现场开展实验存在高风险,严重危及学生人身安全。同时,在学校实验室搭建水电、火电、风光互补发电实验系统耗资巨大,往往难以实现。课程采用虚拟仿真的方式开展实验实践教学,打破在具有高危隐患情境场所与后疫情时代等限制条件下现场开展实验实践困难的困境,可随时随地实现学生工程素养的培养。

2. 充分发挥学生在教学过程中的主观能动性

课程借助虚拟仿真实验系统和个人移动设备,拥有权限的学生可根据自己的作息安排时间登录虚拟仿真实验系统,自主开展实验学习。对于不理解的内容,学生可反复自主实验,以巩固对课程内容的理解与掌握。虚拟仿真实验系统使得学生有条件、有能力、有兴趣随时随地开展个性化的自主学习。课程在夯实学生专业知识的基础上,强调学生学习的自主性,致力于实现学生创新思维能力的培养。

(二)案例取得的主要成效与成果

1. 人才培养方面

课程在教学过程中引入"思政"元素,着力培养学生良好的世界观、人生观与价值观,帮助学生形成自主学习和终身学习的习惯。课程得到学生的一致好评,学生认为本课程联系实际、素材丰富、内容充实、融入思政元素、契合社会背景,有助于后续专业内容的学习。

2. 教师发展方面

课程教学团队及时总结课程建设经验与体会,积极申报教学改革项目,撰写课程教学研究论文。目前已获批教改项目3项,发表教改论文10余篇,成效显著。同时,教学团队还积极与企业探索产学合作协同育人培养模式,申请教育部产学合作协同育人项目1项——"新能源发电虚拟仿真实验课程体系建设",在专业人才培养教育模式、课程体系建设、教学内容与教学方式改革方面积累了许多经验。

3. 社会服务方面

课程可为其他高校和社会单位技术培训提供服务,让相关行业从业人员进行素质拓展学习。同时,课程可依托西南大学教育学的学科优势,开展线上、线下的素质拓展和科技推广活动,推动受教人员实现终身学习。

基于AR技术的缺血性脑损伤虚拟仿真创新实验[①]

李英博　王岩　余丽娟　赵婷婷　吕明其

重庆医科大学

一、案例介绍

本实验课程建立了基于虚拟仿真实验项目的创新实验课程体系,包括虚拟仿真实验、动物实验、人体实验、课外实验四大模块。

首先,以动画呈现的缺血性脑损伤真实病例为导入,学生通过虚拟仿真实验中的基础知识模块学习相关基础知识,并通过基于AR技术的虚拟仿真实验系统,针对该疾病展开科学研究和拓展实验学习;其次,通过动物实验模块,"虚实结合",促进学生科研思维的启发;再次,通过无创人体实验模块,引导学生开展临床案例思考和讨论,培养学生基于器官系统、基础—临床深度融合的整合课程思维;最后,通过课外实验模块,鼓励和帮助学生组建创新实验团队开展课外实验和公益活动。

通过本课程的学习,能够促进学生实验技能、创新思维的提升,培养学生的科研精神和医者精神。

二、案例详述

(一)项目团队建设

本项目获评首批国家级虚拟仿真一流本科课程,负责人荣膺重庆医科大学"钱悳骨干教师奖",获得全国高校人工智能大数据教育教学创新奖等国家级奖项10项。团队成员

[①] 本案例为重庆医科大学未来医学青年创新团队发展支持计划"基于人工智能的虚拟仿真实验项目开发及国家级一流本科课程建设团队"(项目编号:W0007)阶段性成果。

包括教授、副教授、博士后、讲师、实验技术人员和网络技术人员。团队建设合理,从医学专业、虚拟仿真系统建设和网络维护多方面保障实验教学顺利进行。团队核心成员平均年龄小于40岁,全部来自实验教学一线。

(二)实验项目的必要性及实用性

1.实验项目的必要性

(1)传统实验内容单一,缺乏基础临床融合。

传统神经系统机能学实验主要涉及蟾蜍神经干动作电位测定等常规课程,无法接触到与疾病相关的高阶实验。学生完成实验课程后,仅掌握有限的基础知识,缺乏对相关科研、临床的深入理解,达不到实验课程"两性一度"要求。

(2)实验设备昂贵难以普及,需要虚拟仿真技术实现。

激光多普勒血流仪、膜片钳仪、脑电记录仪等均是神经系统疾病研究中广泛应用的仪器,但由于仪器昂贵、操作复杂等原因,无法在本科实验中普及。

(3)缺乏后续拓展,难以培养创新思维。

传统实验课程结束后,学生缺乏对知识点的升华和实际运用,教师也无法提供持续性的拓展学习和创新实验的指导。

2.实验项目的实用性

本项目运用AR等一系列先进技术手段,以"缺血性脑损伤"这一临床问题为导向,通过"四大实验模块"课程体系建设,采用病例引入、线上线下混合式教学、PBL教学等多种教学形式,注重培养学生的整合思维,建立以岗位胜任力为导向的整合课程体系。

(三)实验系统的先进性

实验系统由基础层、平台层、仿真层、应用层四大层级构成,具有先进、稳定、高效的优点。

1.基础层

以刀片式网络服务器为基础,托管于校园网络中心,提供安全、可靠的全天候服务。

2.平台层

具有班级管理、考试管理、学习统计、实验报告提交和批阅、师生互动等功能,并具备开放性和可扩展性。

3.仿真层

基于JAVA平台,采用AR、Adobe Flash Player仿真动画技术,结合3DMax三维场景建模工具,利用数学模型完成对实验波形的实时仿真,实现仪器、场景、波形可视化,加强沉浸感,并通过多个知识点设计实现互动操作,具有创新性、交互性、智能性、仿真性。

4.应用层

项目创新性地根据教学任务要求进行设计,分为课前预习、案例导入、实验操作、课后讨论、课后测试等模块,并按照具体教学要求对应不同的评价指标。

(四)实验原理、核心要素仿真设计

1.缺血性脑损伤

诊断主要依靠病史、查体、辅助检查,还可通过脑电图提示脑损伤程度和预后。

核心要素仿真度:所有检查结果均为病人真实数据,重现疾病检查诊疗过程,仿真度高。

2.激光多普勒血流仪

激光多普勒血流仪是在临床和科研中常用的监测动物或人体组织微循环的设备。

核心要素仿真度:运用AR手段,观察大脑3D模型疾病前后血流变化,并与真实环境结合,学生沉浸式观察血流路径与血流变化。

3.脑电图

可在空间和时间上反映大脑神经元的电生理状态,为临床医师及时调整患者的治疗方案和评估预后提供依据。

核心要素仿真度:运用AR和动画技术结合,首次真实呈现颅骨钻孔和电极安放过程。

4.膜片钳技术

膜片钳技术是神经科学研究中对生物膜上离子通道的电活动进行记录的技术,所需设备昂贵。

核心要素仿真度:采用 AR 和动画技术结合,将封接、吸附等过程真实呈现。与脑电图结合,使学生"从宏观到微观"地深入理解缺血性脑损伤过程中的神经元电生理变化。

5.Morris水迷宫实验和高压氧治疗

Morris水迷宫实验测试实验动物的学习记忆能力。高压氧治疗通过高压氧舱将病人置于高于一个大气压的环境中吸收纯氧以对某些疾病进行治疗。

核心要素仿真度:使用动画技术重现治疗过程。

(五)实验教学过程与实验方法

本课程采用线上线下混合式、虚实结合式、课堂内外融合式教学,采取"五步法"。

1. 第一步：线上学习

学生观看病例；阅读系统中相关的基础课程资料；完成课前测验，并反馈至教师。

2. 第二步：线下学习

(1)病例讲解讨论,PBL教学。(图1)

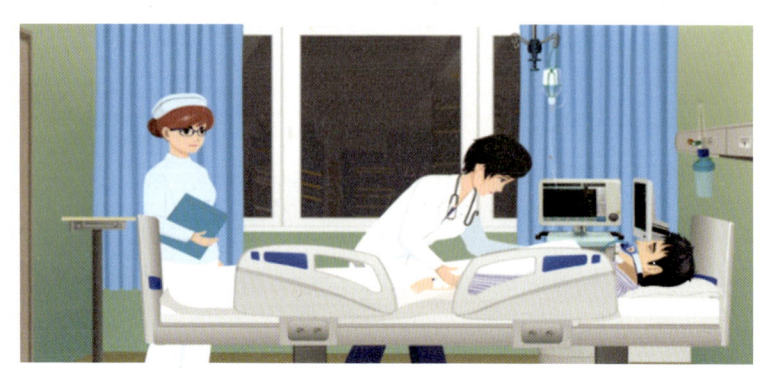

图1 自主知识产权病例

(2)实验原理讲解。

(3)学生根据虚拟实验程序开展实验。(图2)

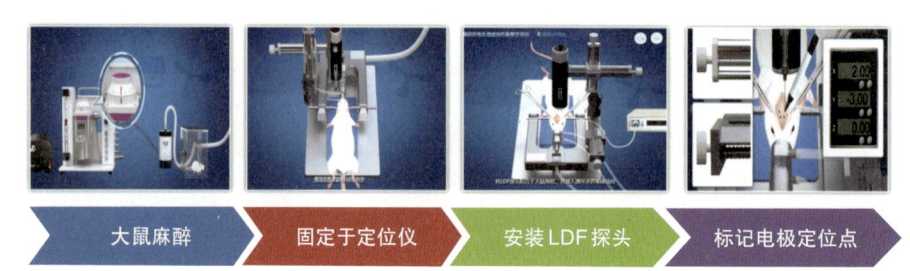

图2 学生在课堂上开展虚拟实验

3. 第三步：虚实结合

(1)学生实际操作建立大鼠全脑缺血性脑损伤模型。

(2)完成人体脑电监测实验。(图3)

(3)学生继续完成拓展实验、测试巩固。

4. 第四步：PBL教学

根据学生完成实验的情况，进行总结、评讲，并展开PBL教学。

5. 第五步：课堂内外融合式教学

课后，学生按照科研兴趣组成导师制下的科研小组，开展创新团队、公益团队活动，完成大学生创新实验类标

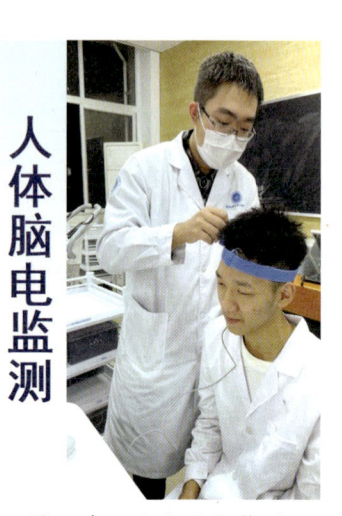

图3 线下人体脑电监测

书,并参加创新实验设计大赛。

(六)学生交互性操作步骤及说明

根据《神经系统疾病》整合教材教学大纲要求,将需要掌握、熟悉、了解的29个知识点整合于学习过程中,设置人机交互式虚拟仿真实验。

1.整体实验开展说明

根据课程设计流程,开展线上线下混合式教学、PBL教学、课堂内外融合式教学等多种形式教学。(图4)

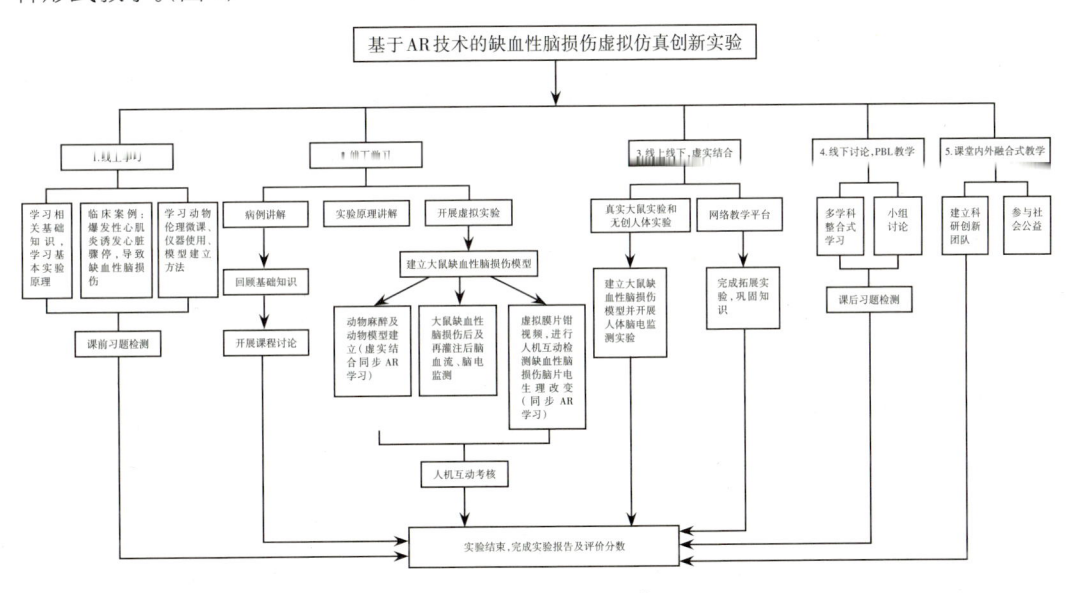

图4 实验课程开展示意图

2.具体交互式操作说明(表1)

表1 课程涉及的29个知识点

知识点类型		知识点	教学方式	能力培养
理论知识掌握	1	大脑正常血流分布	虚拟动画演示+互动考核	巩固理论知识
	2	缺血及再灌注后脑血流改变	虚拟动画演示+互动考核	
	3	缺血性脑损伤的发病机制、治疗原则	文献学习	
	4	动物麻醉方式	虚拟动画演示+互动考核	
	5	正常脑电图的波形特点	虚拟动画演示+互动考核	
	6	缺血及再灌注后脑电图的波形改变	虚拟动画演示	
	7	脑立体定位	虚拟动画演示+互动考核	
	8	膜片钳记录	虚拟动画演示+互动考核	

续表

知识点类型		知识点	教学方式	能力培养
理论知识掌握	9	缺血性脑损伤后动物行为学改变	虚拟动画演示+互动考核	巩固理论知识
	10	高压氧治疗	虚拟动画演示+互动考核	
	11	缺血性脑损伤相关病理改变	虚拟动画演示+文献学习	
实验操作技能	12	大鼠气体麻醉	虚拟动画演示+实际操作+互动考核	培养动手能力
	13	大鼠腹腔注射	虚拟动画演示+实际操作+互动考核	
	14	脑立体定位仪的使用	虚拟动画演示+互动考核	
	15	LDF探头安装	虚拟动画演示+互动考核	
	16	脑电的安放及使用	虚拟动画演示+互动考核	
	17	大脑双侧颈总动脉的分离	虚拟动画演示+实际操作	
	18	大脑颈外静脉分离及插管	虚拟动画演示+实际操作+互动考核	
	19	大脑双侧颈总动脉夹闭	虚拟动画演示+实际操作	
	20	手术切口缝合	虚拟动画演示+实际操作+互动考核	
	21	脑血流记录	虚拟动画演示+互动考核	
	22	脑电记录	虚拟动画演示+互动考核	
	23	大鼠取脑及修剪	虚拟动画演示+实际操作	
	24	振动切片机制备脑片	虚拟动画演示+互动考核	
	25	脑片膜片钳检测	虚拟动画演示+互动考核	
开拓临床科研创新思维	26	Morris水迷宫检测大鼠空间学习记忆能力	虚拟动画演示+互动考核	提升临床科研能力
	27	缺血性脑损伤后高压氧舱治疗	虚拟动画演示+互动考核	
	28	缺血性脑损伤后形态学改变	医学形态学数字化教学平台+文献学习	
	29	临床发病机制与治疗原则	PBL讨论	

（七）实验项目对知识、能力、水平的提升

构建了多维度评价体系，保障了学生理论、技能、思维的全面提升。（表2）

表2 课程过程性评价方式

评价内容	评价指标	评价细则
理论知识掌握（20%）	课前预习(4%)	巩固理论知识
	课前知识点考核(8%)	在线解答知识点
	课后知识点考核(8%)	在线解答知识点
实验操作技能（60%）	技能操作(15%)	动物模型的制备及相关麻醉试验操作
	虚拟学习(45%)	设立32个虚拟实验操作考核点，人机互动进行考核

续表

评价内容	评价指标	评价细则
开拓临床科研创新思维(20%)	PBL教学(10%)	PBL讨论参与程度
	拓展试验(10%)	动画演示观看时长,了解动物行为学相关试验技能与相应治疗手段

在期末实验操作考试、课题汇报、参与大学生创新实验申报和竞赛等方面,项目班均优于未开展此项目的普通班,学生动手操作、数据分析、科研认知、探索创新、发现和解决问题的能力均有明显提高。

(八)实验项目应用及推广的亮点与特色

本项目评价体系丰富,可实现高校间使用评价互通,为高校间学分互认奠定良好基础。同时与全国医科院校广泛沟通,共享课程建设思路、经验和成果。本课程在国家虚拟仿真实验教学课程共享平台、四川大学华西基础医学与法医学院、贵州医科大学使用,均取得良好效果。并在2021全国机能实验教学研讨会(锦州)、2022国际生理科学联合会大会、2022全国医学类实验教学研讨会等会议上进行全国推广。

三、案例成效

(一)案例特色与创新点

1. 课程体系创新

首创线上线下混合式、课堂内外融合式"五步法"教学模式,将动物实验、虚拟仿真实验、人体实验、课外实验四大实验模块融入课程,虚实结合,实现导师制和小班化教学。

2. 教学思路、教学内容、教学方式创新

更新教学思路,注重临床、科研、教学结合,注重培养学生的实验操作能力和创新科研能力。采用AR技术创新教学方式,丰富、完善器官系统课程教学内容。

3. 课程思政教学方法创新

开展课内课外全过程融合式课程思政教学。通过动物伦理学习,加深对生命的理解和尊重;通过开展创新实验,培养勇攀科学高峰、为国奉献的精神;通过开展公益活动,培养"敬佑生命、救死扶伤、甘于奉献、大爱无疆"的医者精神。

（二）教学改革成效及解决的重难点问题

1. 体现了"两性一度"

四大实验模块结合新型实验内容，达到了"两性一度"的要求。

2. 解决了实验项目开展难的问题

由于仪器昂贵、操作复杂等原因，激光多普勒监血流仪、膜片钳仪、脑电记录仪等无法在本科实验中普及，虚拟仿真技术的应用解决了这一教学难题。

3. 实现了立德树人

拓展学习和创新实验的开展，使理论知识落实到科学实践和社会应用，有利于培养医者精神和科研报国精神，实现立德树人。

（三）取得的主要成效、成果

1. 项目开放

在国家虚拟仿真实验教学课程共享平台开放，实验浏览量为39024人次，实验完成人数为6051人。

2. 项目知识产权

于2019年获得国家版权局软件著作权，具有自主知识产权。

3. 学生能力和素养提升

学生实验操作能力明显提升，课程开展前，平均实验操作得分为86.4，开展后，平均实验操作得分为91.2。在PBL教学中，学生团队展现了医学生风貌。在"我与实验动物的故事"全国征文活动中，5名学生获得全国优秀奖。学生的基础临床整合思维能力、科学人文素养提升明显。

4. 教师、学生团队硕果累累

教师团队获国家级、省部级教学、科研、创新创业奖项10项，培育5支本科生创新科研团队。学生团队获医药院校药学/中药学专业全国大学生实验技能大赛一等奖，全国大学生基础医学创新研究暨实验设计论坛金奖，全国大学生生命科学竞赛三等奖，第十二届"挑战杯"中国大学生创业计划竞赛重庆赛区铜奖2项。获教育部产学合作协同育人项目资助。

原发性肝癌选择性肝动脉化疗栓塞术（TACE）
——介入放射学虚拟仿真实验教学课程案例

刘曦　郭大静　何晓静　宋家虎　谌浩

重庆医科大学

一、案例介绍

近年来，随着影像设备和介入器械的不断更新，放射介入治疗已经成为临床上一项不可或缺的微创治疗手段，介入放射学也随之成为各大医学院本科生的必修科目。而介入放射学需要很强的实践性及综合的理论知识，涉及临床知识面广，理论与实践结合能力要求较高，传统教学模式难以开展示教操作，临床理论与实践、知识与思政难以有机融合，学生主动学习积极性不高，师生互动效果有限，这些都制约着介入放射学教学改革的进步。本课程通过"虚拟仿真实验教学"的多元化教学模式在介入放射学实验教学中的应用，达到了理论和实践、实操和思政、知识和趣味的有机结合，实现了医学生综合能力培养，满足了新时代人才培养要求。课程建设卓有成效，已被认定为重庆市虚拟仿真实验教学项目。

二、案例详述

（一）课程团队建设

重庆医科大学附属第二临床学院医学影像学教研室积极响应学校号召，从2008年起努力打造医学影像学精品课程。医学影像学于2008年获评重庆医科大学精品课程，2011年获评重庆市精品课程，医学影像学2016年获评市级"三特行动计划"特色专业，2017年获评医学影像学与微无创治疗市级三特行动计划特色学科群，2021年获评国家级一流专业。放射诊断学于2020年获评重庆市一流课程。

本课题组负责人及主要成员均具备10年以上临床教学经历，具有丰富的临床教学经验。课题组负责人及主要成员具备承担教学课题的经历并发表有多篇相关教学文章,层次结构合理(涵盖教授、副教授、讲师等各级水平的专业师资,有教学管理、理论研究、技术支持及具体研究人员参与),年龄适中,既有教学管理的经验,也有具体教学实践能力。此外,课题组成员具有主持校级、市级及国家级科研项目的经历,有丰富的项目管理及建设经验。

(二)课程项目建设

本虚拟仿真实验课程基于课题组所在单位的实践基础和人才培养与储备,以单位现有的介入培训基地及教学资源为基础,以介入放射学最为重要的知识点——原发性肝癌选择性肝动脉化疗栓塞术(TACE)构建出包含知识回顾、病史资料、操作准备、TACE手术、测试及讨论区几大模块的网站虚拟仿真项目。该项目目前已得到重庆市教委认定,项目编号为100203TK。该项目是解决课程教学中难以在临床患者身上进行现场教学、动物实验受制于建模时限、介入操作模拟系统价格昂贵普及程度有限、传统教学实践体验差、考核方式单一、理论与实践割离等问题的最优方案,将为介入放射学实践教学以及后续的理论教学研究提供有力的理论实践支撑。(图1、图2)

图1 该项目依托网站建设,点击"开始实训"即可进入网页进行教学

1.知识回顾

课程知识点包含TACE治疗的现状、理论依据、简单操作示意图等,以多媒体(图片、视频、课件PPT等)形式简单回顾。如图2之①,通过点击"知识回顾"模块按钮,进入知识点回顾界面。

2.病史资料

选取典型病例,病例内容包括病人的基本资料、临床病史、实验室检查结果、影像资料等完整真实的病史资料。如图2之②,通过点击"病史资料"模块按钮,进入临床真实病例资料系统,案例具有典型性、代表性,且资料完整。

3.操作准备

操作前的准备包括设备、手术器械以及医生、护士、技师各自的术前准备,以图片、视频等形式直观展示。如图2之③,通过点击"操作准备"模块按钮,进入术前准备界面,以实物图片、真人视频及动画演示等多种形式展示。

4.TACE手术

手术环节包括最具代表性的Seldinger穿刺术、TACE手术完整的操作步骤,以三维动画、分步短视频、互动操作功能模块等方式进行重点教学。如图2之④,通过点击"TACE手术"模块按钮,进入TACE手术操作过程界面,将手术过程分步演示,知识点镶嵌于动画中,模拟真实手术过程,加深学习的真实性和体验感。

5.测试

基于操作步骤中的分步模块将知识点镶嵌其中,通过步骤排序、视频复习、考评测试等进行考核,考核题目设置具有多样性、趣味性,有助于巩固教学效果。如图2之⑤,通过点击"测试"模块按钮,进入测试考核界面,考评测试分为排序题(回顾TACE手术过程)、选择题(依据手术步骤设置,加深知识点学习)、选择题(综合知识测评)。

6.讨论区

通过问答及开放式的交流方式进行答疑。师生围绕项目知识点沟通交流,既有利于增进师生的感情,又有利于学生线下的继续教育。如图2之⑥,通过点击"讨论区"模块按钮,进入互动讨论环节。

图2 TACE虚拟仿真软件使用流程

三、案例成效

(一)点石成金,将临床操作环境可视化、可操作化

基于课题组所在单位的实践基础和人才培养与储备,以单位现有的介入培训基地及教学资源为基础,以介入放射学最为重要的知识点——原发性肝癌选择性肝动脉化疗栓塞术(TACE)构建出包含知识回顾、病史资料、操作准备、TACE手术、测试及讨论区六大模块的网站虚拟仿真项目,解决了现阶段教学资源匮乏、教学人手不够、临床实践体验扁平无力、考核方式单一和理论与实践割离等问题,将为介入放射学实践教学以及后续的理论教学研究提供有力的理论实践支撑,有效避免传统"填鸭式"教学模式很难调动学生学习的主动性积极性的问题。

(二)直击痛点,解决传统教学中难操作和学习兴趣低的问题

传统的LBL、PBL及CBL教学模式存在一些局限。第一,受制于目前医疗环境,不允许在临床病人身上进行现场教学操作。第二,动物实验受制于建模的时限性和复杂性,不适于广泛开展。第三,专业的介入操作模拟系统因价格昂贵普及程度有限等因素而无法达到好的教学效果。

在介入教学中开展虚拟仿真教学,直击痛点,提升了"四性"。第一,真实性:模拟手术操作过程及环境均来源于真实手术案例。第二,可重复性:无实验耗材损耗,可多次重复操作。第三,互动性:开放式平台,师生可不受空间、时间限制进行互动。第四,多样性:实验项目允许成功和失败的多元性操作,有效地对传统教学进行了延伸与扩展。

(三)课堂创新,提升课程高阶性和创新性

立体、逼真的三维表现形式可以将抽象的手术过程直观地演示出来,教师可以结合教学要求最大程度还原手术过程,讲解知识点,提升教学效果。高度虚拟现实仿真的教学环境,使学习者体验置身其中的感觉,能够实现师生互动教学,激发学生自主学习兴趣,有助于培养学生的介入思维,寓教于乐。

在项目设计中下设知识点回顾、操作准备、测试等模块,让学生全方位了解该技术并掌握相关知识点,借助该平台,师生互动交流能落到实处,有的放矢。同时该项目作为"桥梁"能将项目所涉及的相关基础及临床知识点有机结合在一起,开展以"器官系统为中心"的教学改革,提升课程的高阶性。

为方便学生使用,项目充分利用互联网+便捷、智能优势,从多个方面进行建设,将项

目以微信小程序或APP等形式展示，充分发挥其便携性，利用碎片化时间学习，提高学习效率。

(四)取得的主要成果

经过课程组不懈努力，教学改革初见成效。团队成员获批校、市级教改课题，获得院级创新比赛二等奖、校级创新比赛三等奖，荣获"优秀指导老师""宽仁好教师""优秀兼职班主任"等多项荣誉称号。构建出新的虚拟仿真教学项目，不断完善教学知识点，充实教学内容。(图3)

图3 课题组团队成员所获荣誉及通过的教学项目

四、未来计划或启示

(一)构建完整的介入放射学虚拟仿真教学项目体系

项目组拟从临床实际及教学大纲要求出发，以最常见的"灌注/栓塞术、穿刺引流术、成形术"三种介入放射学基本手术类型为基点构建较为完善的放射介入学虚拟仿真实验项目体系，同时广泛吸收同学们在使用过程中提出的建议，进一步优化升级虚拟项目。项目组完成了"胆道成形术虚拟仿真实验"(图4),增加了3D建模、自由漫游、情境交互等功能,更加注重贴近临床实际和学生体验。在两者的应用基础上拟开发"冠状动脉成形术虚拟仿真项目",实现介入放射学基本手术类型全建设,达到教学大纲的要求。

(二)重视分析学情、以需定实,进一步深化内容及模式改革

课程组将继续采取问卷调查、圆桌座谈等方式对医学影像本科学生的学习需求及学习模式进行认真

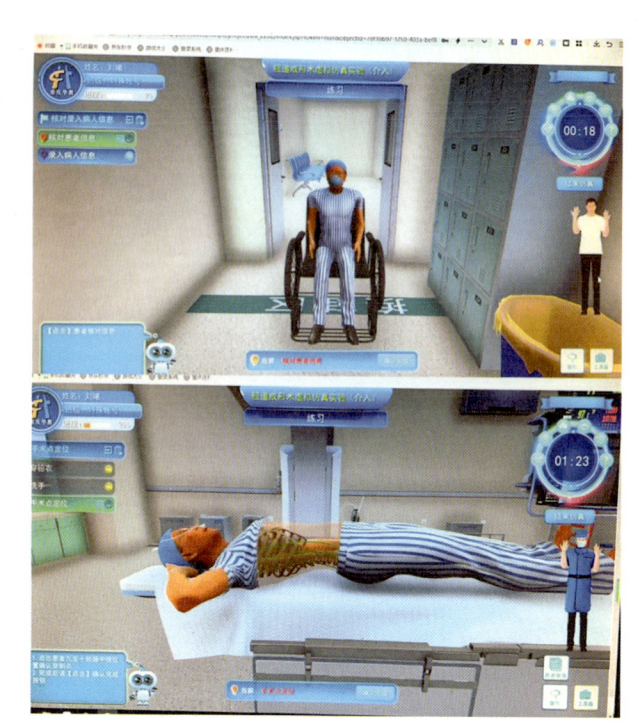

图4 "胆道成形术虚拟仿真实验"图片

调查和研究,深入了解学生的思想动态和学习习惯,在建立项目及组织教学内容的时候做到理论和实践、实操和思政、知识和趣味真正有机结合,以虚拟仿真技术为切入点,构建更加接近真实临床环境的教学情境,融合各种教学方法,提高教学效果,实现教改目标。

(三)校企联合共建虚拟仿真项目,搭建虚拟仿真实验中心

目前,高水平的教学条件及教学设施是提高教学质量的重要内容,具有资质和开发虚拟仿真项目经验的企业至关重要,前期与学校合作企业成功建立的虚拟仿真项目得到了重庆市教委的认定,积累了相当丰富的建设经验,课题组将继续密切与各个企业合作,打造出更多的虚拟仿真项目,争取得到国家级虚拟仿真项目的认定,建立虚拟仿真实验中心。同时,积极进行增强虚拟现实技术的探索和应用,将可穿戴设备运用到教学中,增强操作体感,让模拟教育更加逼真。

初心如炬·追梦人
——习近平新时代中国特色社会主义思想虚拟仿真实验课程案例[①]

孟东方　邵二辉　侯玲　张晓庆　兰桂萍

重庆师范大学

一、案例介绍

为深入聚焦"四新"建设,突出"两性一度",实现"思政课程"和"课程思政"深度融合,充分体现"以学生为中心"理念,本案例"以习近平新时代中国特色社会主义思想"课程为依托,充分挖掘课程资源及与之相关的本土教学资源,深入探索交互式、生成式"虚拟仿真实验+深度学习"模式,形成了"1234"教学体系。(图1)

图1 "1234"教学体系

[①] 本案例为教育部首批新文科研究与改革实践项目"新文科建设中习近平新时代中国特色社会主义思想'三进'创新研究"(项目编号:2021010025)、重庆市研究生教育教学改革研究项目"新时代高校研究生'课程思政金课'建设路径研究"(项目编号:yjg212020)、重庆市高等教育教学改革研究项目"数字化转型背景下的思想政治教育专业'2335'人才培养模式研究"(项目编号:234047)阶段性成果。

二、案例详述

(一)项目团队建设成效突出

团队主持与"习近平新时代中国特色社会主义思想"相关的教育部新文科项目、重庆市重点教改项目为本案例持续探索提供内容和方案支持。成果获2021年重庆市教学成果奖一等奖,课程入选市一流课程,被国家高等教育智慧教育平台选用。30多份独立和第一作者的咨政报告获中央领导和省部级领导肯定性批示和中央、省部级部门的应用,其中,"高校校友虚拟实践教学资源开发运用"研究报告被共青团中央采纳应用。

团队成员年龄结构合理、教学科研成效突出。成员分别获全国高校思政课教学展示活动特等奖、二等奖,全国高校思政课教学标兵,全国高校思政课年度影响力人物提名人选等国家级奖励。获重庆市高校思想政治理论课教师教学技能竞赛一等奖、二等奖共5次,3人入选重庆市高校优秀辅导员和优秀中青年思想政治理论课教师择优资助计划,成员获评校最受毕业生欢迎的教师等校级奖励30余次。

团队研究能力突出。近年主持国家社科基金8项,其中2项重点项目;主持省部级课题80余项;在《光明日报》《马克思主义研究》等报纸杂志上发表数百篇有影响力的论文;获评教育部第八届高等学校科学研究优秀成果奖,重庆市社会科学优秀成果奖一等奖、二等奖、三等奖共28次。

(二)教学设计的合理性

采取虚实结合的形式,将整个实验任务放在"一个主题""四个故事"的大背景下,通过虚拟现实技术开发的沉浸体验式教学,以中国故事、红岩故事、重师故事、成长故事为载体,传播中国话语、中国精神、中国价值,开创全新的交互式、情景式、沉浸式、有温度的智慧课堂新模式。

同时,基于"以学生为中心"的教学理念,充分利用理论与实践相结合、虚实结合的"两个融合"平台,将教学分"课前、课中、课后"三阶,学生"探、学、思、悟、行、拓"六环,教师"导、创、析、引、督、展"六段,形成"三阶六环六段"深度教学和深度学习模式,探讨生成式虚拟仿真实验内容体系,帮助学生立大志、明大德、成大才、担大任。

1."一个主题""四个故事"为载体凸显课程主题

(1)"一个主题":"初心如炬·追梦人"。将理论教学内容通过不同时期追梦人的故事历史再现,把教学内容与习近平新时代中国特色社会主义思想课程中内蕴的主线主题鲜明地体现出来。

(2)"四个故事":形成特色鲜明的史论结合的内容体系。通过"四个故事",把课程的知识点与历史事实结合,实现史论结合,形成本土特色鲜明的内容体系。(图2)

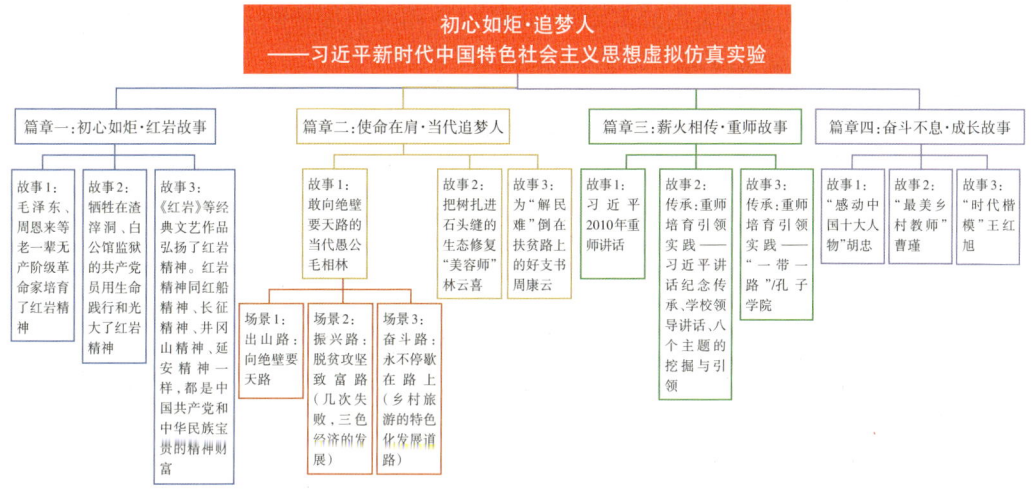

图2 "四个故事"

2."两个融合"的交互教学平台

通过理论与实践结合、虚实结合融合教学平台,"四个故事"的整体呈现既有虚拟实验的交互体验,也有现场实践基地的研修探索,推动现代信息技术与传统教学方式和本土实践教学资源的深度融合,调动学生积极性和主动性,有效提升了学习效果。

3."三阶六环六段"深度教学和深度学习模式

将教学分"课前、课中、课后"三阶,学生"探、学、思、悟、行、拓"六环,教师"导、创、析、引、督、展"六段,形成"三阶六环六段"深度教学和深度学习模式。(图3)

图3 "三阶六环六段"深度教学和深度学习模式

4. 生成式互动教学模式实现"三个目标"

在教师指导下,通过任务菜单,鼓励学生不断探索形成学生自主生成式的虚拟仿真实验教学内容体系,以此强化课程价值引领、认知提升和能力提升的三维目标,使学生真正立大志、明大德、成大才、担大任。

(三)实验原理及核心要素仿真设计

1. 实验原理

充分挖掘、利用重庆地区极为丰富的红色文化资源,同时充分考虑重庆特点和重师特色,将"一个主题""四个故事"的历史场景通过情景模拟、场景再现、角色体验等方式实现对相关概念的"体验式""可视化"教学效果。(图4)

故事	知识点
红岩故事	坚持以人民为中心,实现中华民族伟大复兴的中国梦;推动社会主义文化繁荣兴盛
中国故事	习近平新时代中国特色社会主义思想及其本质;坚持以人民为中心,实现中华民族伟大复兴的中国梦;带领人民创造更加幸福美好的生活;建设美丽中国
重师故事	用习近平新时代中国特色社会主义思想武装起来,夺取新时代中国特色社会主义伟大胜利,实现中华民族伟大复兴
成长故事	掌握马克思主义思想方法和工作方法;用习近平新时代中国特色社会主义思想武装起来,夺取新时代中国特色社会主义伟大胜利,实现中华民族伟大复兴

图4 "四个故事"的知识点对应情况

2. 核心要素仿真设计

本虚仿实验凝练出四个篇章,设计了十二个典型场景,充分将虚拟实验与实体实践平台融合。

虚拟仿真实验设计核心要素为中国故事的历史(红岩故事)与当代(时代先锋)事实,通过人物角色、历史环境、现实场景生动再现。考虑到虚实结合的要素,人物及场景均根据重庆地区极为丰富的红色文化资源、重庆师范大学相关资料(重师故事、成长故事)、亲历者访谈、新闻报道、影视素材等还原再现真实的人物角色、历史事件和历史环境。(图5)

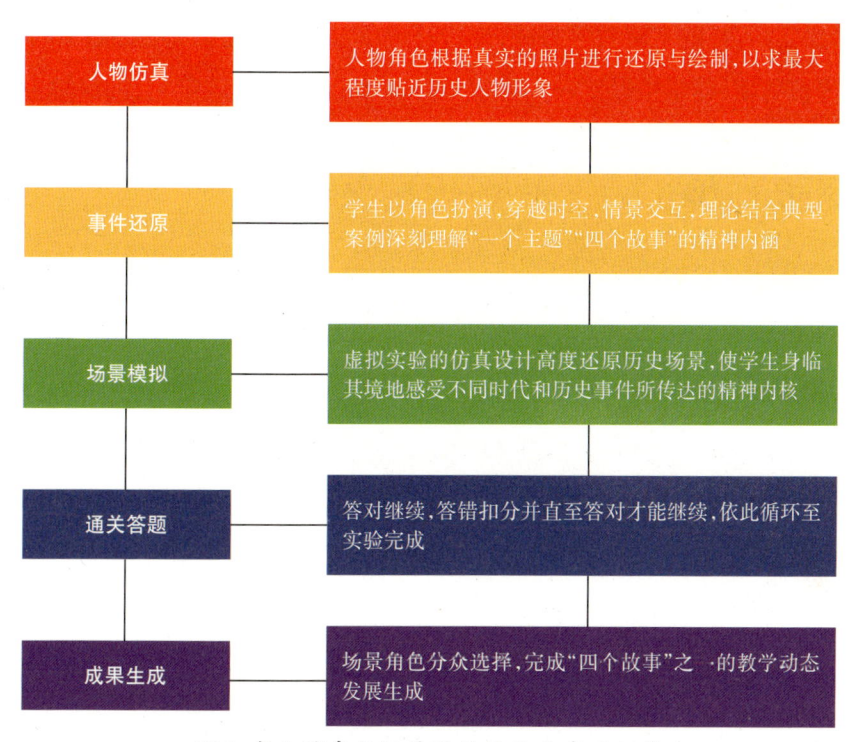

人物仿真	人物角色根据真实的照片进行还原与绘制,以求最大程度贴近历史人物形象
事件还原	学生以角色扮演、穿越时空、情景交互、理论结合典型案例深刻理解"一个主题""四个故事"的精神内涵
场景模拟	虚拟实验的仿真设计高度还原历史场景,使学生身临其境地感受不同时代和历史事件所传达的精神内核
通关答题	答对继续,答错扣分并直至答对才能继续,依此循环至实验完成
成果生成	场景角色分众选择,完成"四个故事"之一的教学动态发展生成

图5 每个篇章或场景设计重要元素及环节

(四)实验教学过程、实验方法

采用"理论—实践—探讨—再实践"的实验教学过程,具体如图6所示。

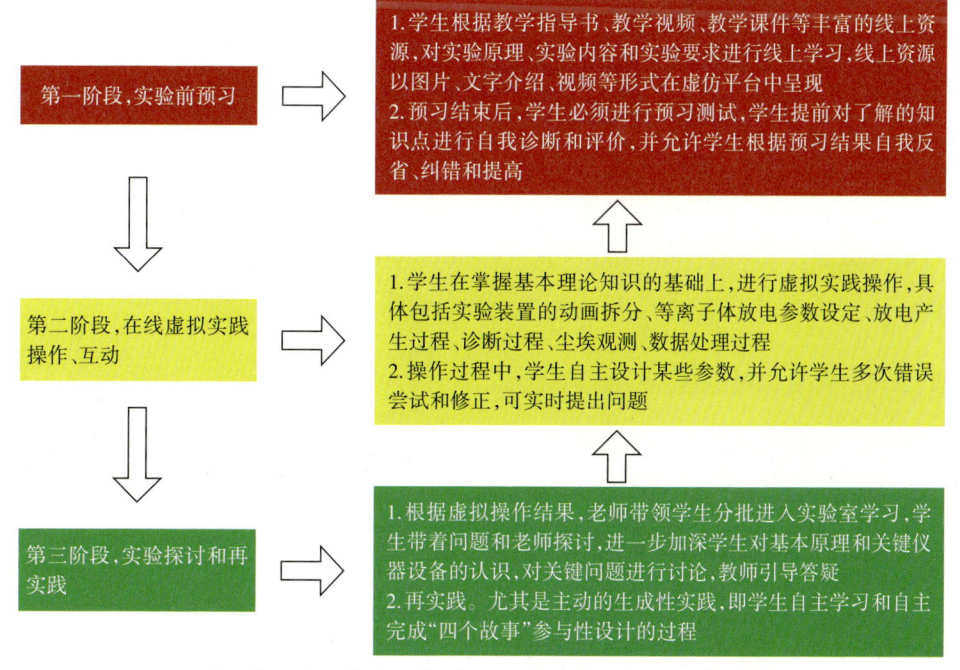

第一阶段,实验前预习	⇒	1. 学生根据教学指导书、教学视频、教学课件等丰富的线上资源,对实验原理、实验内容和实验要求进行线上学习,线上资源以图片、文字介绍、视频等形式在虚仿平台中呈现 2. 预习结束后,学生必须进行预习测试,学生提前对了解的知识点进行自我诊断和评价,并允许学生根据预习结果自我反省、纠错和提高
第二阶段,在线虚拟实践操作、互动	⇒	1. 学生在掌握基本理论知识的基础上,进行虚拟实践操作,具体包括实验装置的动画拆分、等离子体放电参数设定、放电产生过程、诊断过程、尘埃观测、数据处理过程 2. 操作过程中,学生自主设计某些参数,并允许学生多次错误尝试和修正,可实时提出问题
第三阶段,实验探讨和再实践	⇒	1. 根据虚拟操作结果,老师带领学生分批进入实验室学习,学生带着问题和老师探讨,进一步加深学生对基本原理和关键仪器设备的认识,对关键问题进行讨论,教师引导答疑 2. 再实践。尤其是主动的生成性实践,即学生自主学习和自主完成"四个故事"参与性设计的过程

图6 "理论—实践—探讨—再实践"的实验教学过程

坚持"虚实结合"的实验教学方法,通过开展虚拟仿真实验教学,围绕四个篇章、十二个故事的虚拟情境,使学生以第一人称视角开展体验式、沉浸式学习,加深学生对习近平新时代中国特色社会主义思想精神内涵的认识和对所肩负时代责任的感知,切实提高了思政课的亲和力和感染力,提升了思政课教学的实效性。

三、案例成效

(一)案例特色与创新点

1. 以"一个主题""四个故事"实现了教学的三个转化

课程以学生为中心,坚持问题导向,坚持以"小切口呈现大主题"构建了"1234"生成式深度学习教学体系,实现了三个转化,即实现了从教材体系到教学体系、从教学体系到价值体系、从价值体系到行动体系的转化。

2. 形成"三阶六环六段"交互式生成式深度学习模式

教学分"课前、课中、课后"三阶,学生"探、学、思、悟、行、拓"六环,教师"导、创、析、引、督、展"六段,形成"三阶六环六段"教学模式。

3. 注重理论实践交融、情理互融,充分发挥智慧课堂、沉浸式教学的作用

注重将虚拟实验与实体实践、线上线下教学、理论与实践交融,强化虚拟仿真教学设计,实现"立体式""大思政"教学。

4. 采用动态多元考核提升评价效度

采用"线上+线下""结果+过程""理论+实践"等动态多元多主体考评方式,注重对学生的发展度评价和综合考量。

5. 注重虚拟仿真教学平台的开放式设计

一是注重学生主动参与生成式教学内容的形成和植入;二是平台与实体平台充分结合互补;三是平台资源兼容性好,可适用于多端口使用。

(二)教学改革解决的重难点问题

课程改革要解决的重点问题即教学中的主要矛盾问题,集中在以下三个方面:

第一,解决"系统教"的问题——优化了教学内容和教学形式供给,实现三个转化。以优质团队和优化的课程内容与形式供给将教材体系系统化为教学体系,实现知识体系、价值体系、行为体系系统化转化,促进学生真学、真懂、真信、真行。

第二,解决"主动学"的问题——打造了高质量师资团队,形成了交互生成式深度学习

模式。团队劳动评价科学合理，教学奖励力度大，获得荣誉多，教师教学积极性高，真心热爱教学，形成了良好的教学示范效应。

第三，解决"有效评"的问题——提升了教学的"三性一力"。通过多步骤互动式生成式交互，有效评价学生学习成果。

（三）取得的主要成果、成效

基于立德树人是教育教学的中心，课程建设提升了学生的收获感、获得感，这也是课程建设最大的成效。

第一，课程态度从"修学分"到"有收获感""有获得感"，认可度和认同度提升。通过优化教学内容和立体式交互式教学形式供给，提升学生获得感。

第二，理论学习从"碎片化"到"系统化"，从"被动式"到"主动生成式"。学生可通过系统化的理论实践课程体系和交互平台，实现主动的深度学习，从课前测试、课中随堂检测、课后学习分享等情况来看，93.5%的学生对知识理论的掌握较为牢固。成果同时被兄弟院校采纳应用，评价好。

第三，学生知识、能力和情感认知认同力有效提升。学生能够运用马克思主义的立场、观点和方法认识、分析、解决问题，看问题不偏激，行动不盲从。学生高度认同"强国有我""复兴有我"，主动服务并奉献社会，涌现出了"感动中国十大人物"胡忠、"时代楷模"王红旭、"最美乡村教师"曹瑾、"感动中国十大小人物"李露等优秀学子。

四、未来计划或启示

持续深化习近平新时代中国特色社会主义思想"三进"，助力高校"四新"建设，加强价值引领。

持续优化课程内容供给体系，进一步提升课程的高阶性。深化学生主动参与的虚拟实验教学生成式教学内容生成体系，使教学内容体系更加科学和完善。

优化教学形式供给体系，建设集成式虚拟仿真实验教学系统。加强虚拟实践与实体实践教学基地的共建共融，形成实践品牌特色，加强示范效应。

进一步加强课程辐射范围和程度。强化课程体系之间的横向贯通，强化共享平台、共建内容、共创活动。

进一步加强优质团队建设。加大对教师的培训，使教学交流主动化，加强虚拟教研室建设；加强与兄弟单位交流合作，进一步打造优质教学团队，形成"名师""名生"系列成果。

"空天地多尺度三峡库区土地覆被遥感监测"虚拟仿真实验建设

冀琴　刘睿　肖作林　姜亮亮　王洪

重庆师范大学

一、案例介绍

"空天地多尺度三峡库区土地覆被遥感监测"虚拟仿真实验依托于重庆师范大学国家一流专业"地理科学"主干基础课程——"遥感概论"。本课程是一门理论联系实际的应用型课程,现势性强、发展性强,着眼于培养学生的动手能力和解决实际问题的综合能力。随着"遥感概论"课程知识内容不断丰富,基于遥感的土地覆被监测可有效检测学生对遥感技术的掌握程度,对学生综合利用图像处理、数据反演等方法分析与解决实际地学问题的能力提出新要求。

自2010年三峡工程首次蓄水达到175米以来,库区土地覆被发生了极大变化,鉴于常规航天卫星遥感在地形破碎、生态脆弱、自然本底复杂的三峡库区存在先验知识获取难、反演可靠性低等问题,迫切需要展开地面、航空、航天一体化的土地覆被遥感监测综合实验。然而在三峡库区开展空天地多尺度遥感监测综合实验存在野外光谱观测展示度不足、无人机飞行实验具有危险性、过程难以观测以及野外实验成本高且不可逆的问题。综上,通过建设虚拟仿真实验,降低成本,避免环境约束,提升大规模授课效果,强化多维地学体验,将信息化的遥感实验融入一流课程教学环节中。

二、案例详述

早在2005年左右,基于虚拟仿真助力应用型创新人才培养需求,重庆师范大学地理与旅游学院完成了"遨游新三峡"虚拟现实工作(图1),是重庆市最早开展的虚拟仿真实验之一。本实验融入15个知识点,采用虚实结合、线上线下混合式教学模式,有效解决了无

图1 "遨游新三峡"虚拟仿真

图2 "空天地多尺度三峡库区土地覆被遥感监测"虚拟仿真实验网页

人机设备数量不足而又需频繁进行野外测量的问题，为利用空天地多尺度技术开展土地覆被遥感监测实验提供了有效的教学方案。此外，课程团队致力于信息化技术与专业课程的融合交叉应用研究，"空天地多尺度三峡库区土地覆被遥感监测"虚拟仿真实验服务于"遥感概论""数字遥感图像处理"等课程，使学生全面、系统、科学地理解和掌握空天地多尺度土地覆被遥感监测相关的原理与方法。(图2)

(一)内涵建设激发"虚拟仿真课程"内生动力

"空天地多尺度三峡库区土地覆被遥感监测"实验已经开设十余年，积累了三峡库区大量的遥感地表监测相关研究数据。结合实验团队建设的"国家地球系统科学数据中心西南山地分中心"数据，为虚拟仿真实验提供了科学数据支撑。课程团队讲授本课程近十年，经验丰富，擅长信息化建设。此外，团队所在的"地理信息系统应用研究重庆市高校重点实验室"是重庆市首批高水平科研创新平台，也是西南地区重要的信息地理学交叉应用研发基地与人才培养基地，实力雄厚，为本实验建设的重要支撑。

(二)传统实验课程与高成本、高消耗、不可逆操作的矛盾

"空天地多尺度三峡库区土地覆被遥感监测"是综合运用卫星遥感监测、航空遥感和地面监测等手段，基于数据挖掘、数据融合、数据协同和数据同化等关键技术，自主完成与

分析区域土地覆被演化过程及现状,有助于学生更加充分地认识与了解三峡库区生态本底与自然资源状况,同时有助于学生开展科技创新实践。然而在三峡库区实地开展多尺度遥感监测综合实验仍然存在以下问题:

1. 操作难度大,展示度不足

在三峡库区腹地开展地面遥感地物光谱测量以及航空无人机遥感野外实地操作难度较大,仪器设备维修费用以及差旅费、住宿费等成本较高,无法满足多人实操的学生培养综合实训需求。

2. 实验观测周期受限制

三峡库区土地覆被格局存在两种时间尺度演变:一是年内反自然周期的涨落水过程(夏季清库容、冬季蓄水发电),二是年际间土地覆被变化。学生实地观测的时间周期与时间力度均受到极大限制。

3. 实验不可逆

土地覆被演变受到气候变化、人类活动、地形地貌特征、土壤条件等诸多因素影响,其过程具有不可逆性。

通过虚拟仿真技术与手段,可以有效突破上述物理现实的限制,解决"空天地多尺度三峡库区土地覆被遥感监测"实验教学过程中"不能做""不敢做""不好做"的问题。同时将地物光谱仪和无人机技术特征与精准航空领域科研成果渗透到本科实践教学环节,拓展了实验教学的广度和深度,突出了人才培养特色,提高了人才培养质量。

一方面,其实现了课程内容与实践内容的交叉融合再呈现。实现了地物光谱仪、无人机及遥感影像在土地覆被应用领域的主要知识点和相关实验内容,涵盖了"遥感概论"课程第一到第六章的综合遥感应用过程,将地物光谱仪使用、无人机起飞和降落、无人机航线规划等操作过程与结果,以图像、动画等形式直观呈现,实现了课程内容与实践内容的交叉融合再呈现。

另一方面,其实现了第二课堂的创新培养再提升。本着"服务教学、培养学生"的原则,以"虚实结合、以虚补实、以虚代实"为抓手,从"综合性、创新性"角度出发,在设计实验过程中将已有的关于三峡库区土地覆被研究的相关科研成果转化到实验教学中,通过让学生自主学习地物光谱仪、无人机相关理论知识,自主设置实验参数与作业环境,实现地物光谱仪和无人机在不同作业环境下的应用,满足学生对科技创新实验的需要,在实验中获得新发现。

(三)优化教学设计,打造高效课堂

结合本实验的综合设计特征,实验教学设计思路主要包括五个模块,分别是导入、讲授、实验练习、结果分析、教学反思。(图3)

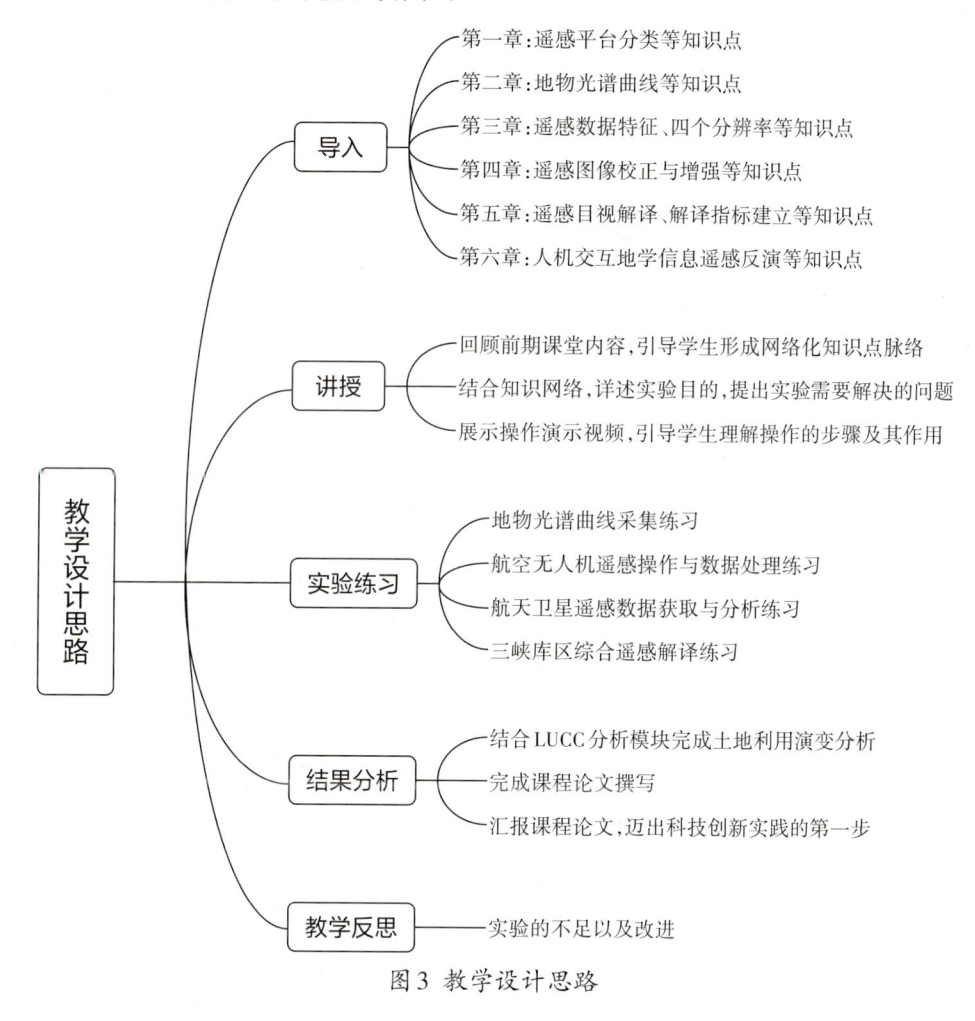

```
教学设计思路
├── 导入
│   ├── 第一章:遥感平台分类等知识点
│   ├── 第二章:地物光谱曲线等知识点
│   ├── 第三章:遥感数据特征、四个分辨率等知识点
│   ├── 第四章:遥感图像校正与增强等知识点
│   ├── 第五章:遥感目视解译、解译指标建立等知识点
│   └── 第六章:人机交互地学信息遥感反演等知识点
├── 讲授
│   ├── 回顾前期课堂内容,引导学生形成网络化知识点脉络
│   ├── 结合知识网络,详述实验目的,提出实验需要解决的问题
│   └── 展示操作演示视频,引导学生理解操作的步骤及其作用
├── 实验练习
│   ├── 地物光谱曲线采集练习
│   ├── 航空无人机遥感操作与数据处理练习
│   ├── 航天卫星遥感数据获取与分析练习
│   └── 三峡库区综合遥感解译练习
├── 结果分析
│   ├── 结合LUCC分析模块完成土地利用演变分析
│   ├── 完成课程论文撰写
│   └── 汇报课程论文,迈出科技创新实践的第一步
└── 教学反思 —— 实验的不足以及改进
```

图3 教学设计思路

(四)沉浸式虚拟仿真交互性操作设计

基于"虚实结合、以虚补实"的原则,涵盖水文学、生态学、环境科学等相关学科知识和内容体系,创建以真实三峡库区环境为参照的虚拟场景,运用3D建模、动画、人机交互等技术手段,模拟了"地物光谱数据处理""地物光谱曲线库建设""无人机航空高光谱影像获取"和"航空影像数据分析"等过程,使实验场景和实验对象更加逼真形象。学生通过在虚拟场景中进行操作,形象直观系统地学习了"空天地"多尺度,即地物光谱仪、无人机以及卫星影像在三峡库区土地覆被演化监测的全过程。将实验与理论课程有机结合,有助于

锻炼学生的独立思维和自主学习能力,实现学生对遥感影像监测技能的掌握,达到野外实习教学的实践能力培养需要。(表1)

表1 学生交互性操作步骤

序号	目标要求	用时	目标达成度赋分	步骤满分	成绩类型
1	鸟瞰三峡库区	5分钟	阅读相关文献、观看纪录片视频	2分	☑操作成绩 ☐实验报告 ☐预习成绩 ☐教师评价报告
2	三峡库区地表过程野外观测研究站概览	10分钟	点击"完成所有"按钮,阅读完文字	2分	☑操作成绩 ☐实验报告 ☐预习成绩 ☐教师评价报告
3	地物光谱仪解析	10分钟	认识FieldSpec 4 Hi-Res地物光谱仪	2分	☐操作成绩 ☐实验报告 ☑预习成绩 ☐教师评价报告
4	地物光谱仪操作	15分钟	学生操作虚拟人物,与实验员一起学习地物光谱仪操作,并完成指示动作	2分	☑操作成绩 ☐实验报告 ☐预习成绩 ☐教师评价报告
5	三峡库区典型地物光谱测量	20分钟	学生操纵虚拟人物,探测三峡库区地物光谱	10分	☑操作成绩 ☐实验报告 ☐预习成绩 ☐教师评价报告
6	地物光谱数据处理	20分钟	学生通过操作,认识不同地物的反射光谱曲线特征	6分	☑操作成绩 ☐实验报告 ☑预习成绩 ☐教师评价报告
7	地物光谱曲线库建设	10分钟	学生学会将所测的地物光谱曲线导入光谱曲线库中	8分	☑操作成绩 ☐实验报告 ☐预习成绩 ☐教师评价报告
8	3分钟认识无人机	3分钟	认识和了解无人机基本构造,并完成课后习题	6分	☐操作成绩 ☐实验报告 ☑预习成绩 ☐教师评价报告

续表

序号	目标要求	用时	目标达成度赋分	步骤满分	成绩类型
9	无人机操作	15分钟	观看无人机首次飞行视频,虚拟操作无人机起飞、降落	10分	☑操作成绩 ☐实验报告 ☑预习成绩 ☐教师评价报告
10	收集准确的无人机拍摄区域信息,了解拍摄区域实际情况	10分钟	正确描述测试区的天气情况、地形特征等,给出合理飞行高度	6分	☑操作成绩 ☐实验报告 ☐预习成绩 ☐教师评价报告
11	制订航拍地图,规划无人机航线	20分钟	规划出合理的无人机航线	5分	☑操作成绩 ☐实验报告 ☐预习成绩 ☐教师评价报告
12	利用GPS技术精准定位,合理布控控制点	20分钟	合理选取控制点	5分	☑操作成绩 ☐实验报告 ☐预习成绩 ☐教师评价报告
13	用无人机获取高光谱影像	20分钟	成功做好无人机起飞前的准备工作并成功起飞,再通过无人机获取高光谱影像	3分	☑操作成绩 ☐实验报告 ☐预习成绩 ☐教师评价报告
14	航空影像数据分析	10分钟	通过多幅航空影像的数据,掌握三峡库区的地理位置、地理环境以及其变化等情况,通过点击浏览得分	1分	☑操作成绩 ☐实验报告 ☐预习成绩 ☐教师评价报告
15	陆地卫星影像获取	20分钟	成功在软件中下载陆地卫星影像;成功完成预处理;投影变化	3分	☑操作成绩 ☐实验报告 ☐预习成绩 ☐教师评价报告
16	NDVI、水体指数反演	10分钟	理解NDVI、水体指数反演原理与步骤,通过虚拟实验完成NDVI、水体指数反演计算	4分	☑操作成绩 ☐实验报告 ☐预习成绩 ☐教师评价报告
17	监督分类与非监督分类	20分钟	理解监督分类与非监督分类的原理、特点,完成监督分类与非监督分类操作	10分	☑操作成绩 ☐实验报告 ☐预习成绩 ☐教师评价报告

续表

序号	目标要求	用时	目标达成度赋分	步骤满分	成绩类型
18	决策树分类与面向对象分类	10分钟	理解决策树分类与面向对象分类的原理、特点，完成决策树分类与面向对象分类操作实验	5分	☑操作成绩 □实验报告 □预习成绩 □教师评价报告
19	空天地多尺度土地覆被变化分类精度验证	15分钟	了解分类精度验证方法，选择最合适的方法完成分类精度验证	4分	☑操作成绩 □实验报告 □预习成绩 □教师评价报告
20	消落带专题分析	10分钟	了解消落带的概念、三峡库区消落带现状与形成的原因，掌握目前三峡库区消落带治理方法	6分	☑操作成绩 □实验报告 □预习成绩 □教师评价报告

（五）深化科教融合，推进协同育人新模式

在虚拟仿真实验教学内容之外，推进实施基于科技创新实践的实践教学人才培养计划。结合视频操作展示开展实验练习，由团队教师牵头，指导本科生完成课程论文撰写，突破本科生囿于课堂对科技创新缺乏了解的现状，注重学生专业素养的提升，培养学生科技创新和解决问题的思维能力，激发学生创新潜力。

为有效解决学生科技创新需求与相对不足的教师指导支持的供给矛盾，构建"本硕联动"科技创新实践协同育人新模式，满足高质量人才培养需求。研究生为本科生的方法理论、数据获取与分析、文章结构脉络把握等方面提供相应指导。由本科生自行组建科技创新团队（一般为两人一组），形成每两周一次的团队"进展—问题—计划"汇报交流机制。

三、案例成效

（一）有效地实现了学科交叉与实验的综合设计

本虚拟仿真实验内容是地学实验综合设计的重要案例，建设内容同时涵盖水文学、生态学、环境科学等相关学科，能够用于不同专业学生跨学科跨专业学习，突破专业思维局限，实现优势互补，强化学生的复合专业知识与综合专业能力培养。同时，依照虚拟仿真与现实存在相结合的原则，将空天地多尺度技术和土地覆被遥感监测相结合，实现教学资源多元化和教学情景多样化。按照地理科学类专业的教学要求和特点开发的虚拟仿真实验，对三峡库区地表覆被进行三维仿真模拟，使学生身临其境地进行鸟瞰、步行、飞行等全

方位的任意交互漫游。这种新颖、互动的新型教学模式,改善了传统教学模式的弊端,丰富了遥感与地理信息系统实验教学资源,提升了学生的学习兴趣,增加了学生的实践操作机会。通过改善教学模式,有效实现了第二课堂的延伸与拓展。

(二)打造支撑"遥感概论"金课体系的重要一环

"遥感概论"课程获评重庆市精品视频公开课(2014年)、重庆市线上线下混合式一流课程(2021年),课程思政建设获评重庆师范大学课程思政优秀案例一等奖,部分课程内容被重庆市教委推荐至教育部"双碳"目标课程资源库。团队成员刘睿教授担任副主编的课程教材是科学出版社"十三五"规划教材。本虚拟仿真课程的建设是打造重庆师范大学"遥感概论"金课体系的重要一环。

四、未来计划或启示

(一)课程建设计划

1. 课程产学研建设计划

以校企合作的方式开展建设,在校内初步推广应用;实现所有虚拟仿真模块的线上运行,先在市内各高校进行推广,再进一步向省外兄弟院校推介并进行资源共享;强化与企事业单位的联系,逐步向行业推广;同时尝试将无人机操作等内容向中小学推广,拓宽科普渠道,充分发挥遥感科普阵地作用。

2. 课程教学内容建设计划

增加新技术、新方法的应用,新设备的安装技术,提升人机交互功能,同时实现创新型实验教学建设和青年教师培养的需求。

3. 课程未来建设计划

探索实验教学的新模式、新方法,全力打造市级和国家级虚拟仿真课程,并建设课程案例,形成示范与可推广的经验。

(二)可供借鉴的经验与做法

1. 提升师资能力,构建完善的课程教学评价体系

建立质量检查和教学测评相结合的评价体系,院级实验教学督导人员定期检查实验教学质量,每学期进行小结。教务处等部门组织对虚拟仿真实验过程、学生实验报告等抽样检查。定期对老师对虚拟仿真实验室各项仪器以及教学方法的掌握进行培训以及后续

跟进,确保每位老师都能精通虚拟仿真实验室上课技巧,并真正应用到具体的教学实践中。

2.加强思想认识,推进教学模式不断重构

线上的虚拟仿真实验教学项目、在线的慕课视频和线下的实体教学相结合,线上教学融入土地覆被遥感监测过程学习模块,线上线下互相补充,逐步构建"线下实体教学+在线慕课+线上虚拟仿真实验"教学模式,打造"目标—资源"适配的专业实验教学体系。

"分布式光纤传感器在大型工程设施中的健康监测虚拟仿真系统"教学案例分析

吴建伟　张丁可　胡建明　蒋茂华　皮明雨

重庆师范大学

一、案例介绍

围绕教育部推进的"四新"建设过程,自主培养各学科深度融合的卓越拔尖人才是国家的重大战略方针,而"光电信息科学与工程"本科专业属于"四新"建设中的新工科专业。目前在全国有条件的高校已逐步开设该专业,为国家培养具有物理、数学、电子、光学、材料等学科交叉融合背景的高质量人才,加速突破目前面临的各种"卡脖子"技术难题。光纤传感技术作为该专业的核心教学内容,一直受限于实际的工程技术应用环境条件,在一定程度上阻碍了学生从理论到实际的跨越,相应的虚拟仿真实验将最大可能地满足锻炼学生把理论知识应用到实际工程技术的目的,学生通过重庆渝中半岛附近桥梁等大型工程设施进行实时健康监测的实验仿真训练。在党的领导下,渝中半岛近几十年发展迅猛,高楼林立,交通便捷,经济繁荣,学生从3D显示的虚拟场景中感受渝中半岛的现代城市风貌,感受科技的飞速发展,感受党正确的方针政策,树立为人民为祖国服务的目标,把自己培养成有责任、有担当、为实现中国梦而努力的建设者。光纤传感技术是发展人工智能、建设智慧地球的核心技术,在现代应用科学技术中具有较强的高阶性、创新性和挑战度,因此,本课程案例无疑突显了"两性一度、课程思政"的深度融合和较高的教学价值。

二、案例详述

(一)项目团队建设

团队负责人及主要成员一直从事"工程光学""传感技术""激光技术""信号与系统"

"光电检测"等专业理论课程的教学。其中,"工程光学"和"信号与系统"课程属重庆市一流建设课程,"传感技术"也在积极推进一流课程的建设。而仿真光纤传感技术是这些理论课程的进一步升华和综合应用。通过多年的教学实践,团队积累了丰富的理论和实验教学经验,为该虚拟仿真平台的建设和运行提供了可行性和保障。

团队成员全部具有博士学位,多人具有海外留学经历,一直耕耘在教学第一线,培养了很多优秀本科生,多人次获得全国、重庆市和学校讲课比赛重要奖项,承担学校和重庆市教改项目,获全校优秀教师、优秀本科生导师、优秀本科生毕业论文指导教师等称号,指导的本科生在国内外重要期刊发表学术论文、参加学术会议,获得重庆市大学生物理创新大赛奖项以及学校非师范生技能竞赛奖项等。毋庸置疑,教学和科研总是相辅相成、协调发展,团队教师在自己的科学研究领域也取得了挑战性突破。近年来,在中国科学院一区等类期刊发表学术论文,研究成果得到同行好评和正面引用,主持多项省部级科学研究项目,申请多项国家专利。通过本虚拟仿真平台,学生能进一步身临其境地探索、设计和应用分布式光纤传感器在现代大型工程设施建设中的健康监测。

(二)实验项目的必要性及实用性

分布式光纤传感器在大型工程设施中的健康监测实验存在高成本、高消耗、实验综合性强、实验效果不理想等问题。而大型工程周期长,生产流程复杂,学生难以参与实际工程搭建以及优化系统以体验到真实的光纤传感器应用。

本实验系统呈现了分布式光纤传感器在大型工程设施(桥梁)中的设备搭建、光纤布线、故障事件设定、故障点定位、实验纠错、传感机制选择等。学习者身临其境进行自行设计和探究式学习,评分系统可实时评定成绩,提高了实验教学效率与效果。

(三)教学设计的合理性

将光纤传感器在工程中应用的先进技术与3D虚拟仿真技术深度融合,进行综合性实验设计,实验操作具有可逆性,其教学内容具有高阶性、创新性和挑战度。

本实验设计真实还原了线下实验的教学要求、教学目标、实验原理、参数优化、设备搭建,并将知识传授、能力培养、素质提高协同实施,体现了以虚补实、虚实结合的原则。

(四)实验系统的先进性

采用智能软件模式进行大型工程设施漫游、分布式光纤传感器交互操作以及智能化考核,同时可实现课程资源的开放与共享。

弥补线下实验缺乏,实现线上仿真实验,克服实际实验难以完成的问题,提高实验室信息化水平。

(五)实验原理

光纤传感是当外界信号在一定事件下发生变化导致其光纤中传输光波的光学特性也随之改变,通过变化的光学特征如光强、频率、相位和偏振等来感知外界信号变化,从而判定事件发生。连续分布式光纤传感技术利用光纤中的光散射效应实现被测信息的传感,在入射光激发下,三种散射光的波长分布如图1所示。从图中可看出,瑞利散射波长和入射信号波长相同,是一种弹性散射,其散射光强度较大,另外,布里渊散射和拉曼散射光波长和入射波长相比发生了频移,因此是非弹性散射,其散射光强度较低。

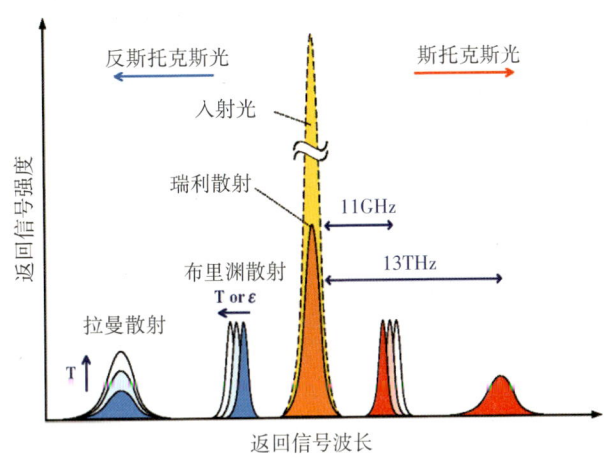

图1 瑞利散射、布里渊散射和拉曼散射波长分布示意图

经典的三种分布式光纤传感技术。(1)基于瑞利散射的光纤传感技术主要对振动参量比较敏感。由于机械振动在介质中的传播距离很远,其传感距离可高达百公里以上,工作原理如图2所示。(2)基于拉曼散射的光纤传感技术主要对温度变化比较敏感。随温度升高,反斯托克斯拉曼信号强度变化明显。(3)基于布里渊散射的传感技术主要敏感的参量是应力和温度。通过检测布里渊散射光的频移,可求得光纤所受的应变或温度,如图3所示。

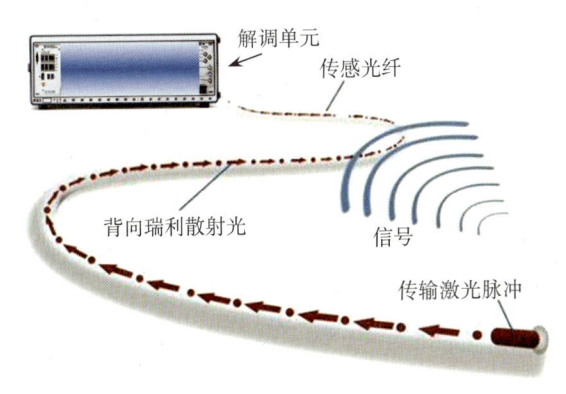

图2 基于后向瑞利散射的分布式光纤传感简图

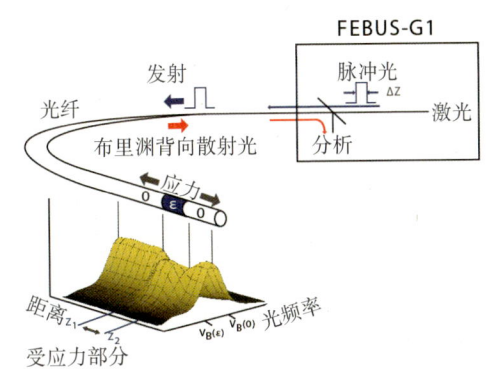

图3 在应力和温度改变后布里渊频散射频移示意图

如图4所示,应用分布式光纤传感技术对桥梁进行健康监测,图中光纤分布在桥梁的钢绳、桥墩等部位进行监测。

(六)核心要素仿真设计

本实验的核心要素包括:重庆市渝中半岛实验场景、千厮门嘉陵江大桥、分布式光纤传感监测仪、光纤、连接设备、显示设备、分布式光纤传感器在线监测系统等。

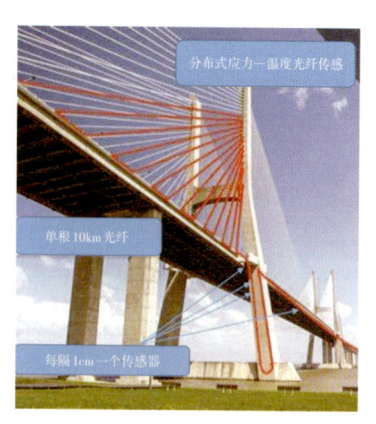

图4 光纤传感实际应用场

实验选取重庆市核心区域——渝中半岛作为实验的整体场景(图5),主体受监测建筑物为千厮门嘉陵江大桥,学生可在三维场景中自由漫游,同时学习实验背景、实验原理以及实验技术等内容,通过三维旋转认知实验的各主要实验设备结构,学习设备参数及使用方式,包含分布式光纤传感监测仪、光纤、连接设备以及显示设备等,让学生亲历大型工程监测实践过程,实现"以虚代实"。实验还原现场勘查、光纤铺设、传感测试、数据采集、故障演练以及完整的数据分析过程,可供学习者随时、随地进行专业实践体验。

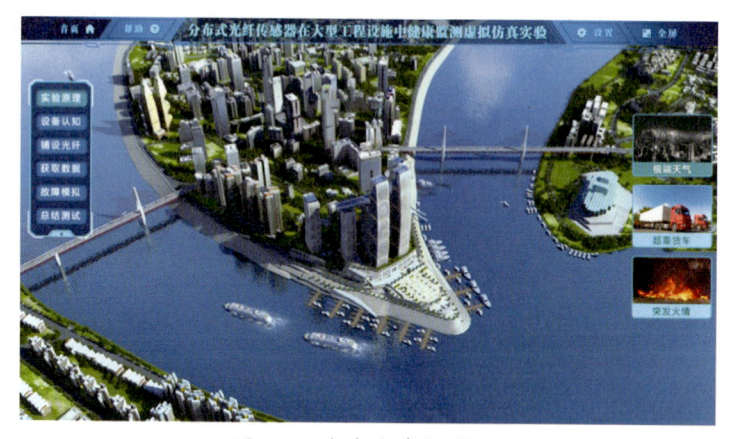

图5 3D渝中半岛场景图

(七)实验教学过程与实验方法

第一步,学生到仿真实验室进行实验系统平台的搭建。
第二步,教师首先从物理模型、搭建平台、数据采集等方面进行演示。
第三步,学生根据自己需要,设计物理模型并搭建仿真平台进行仿真。
第四步,采集数据,变换故障类型和故障点,反复实验,从而熟悉整个传感实验过程。
第五步,整理实验步骤、分析实验数据并完成实验报告。

(八)学生交互性操作步骤及说明

1. 账号登录

打开平台登录界面,输入账号、密码登录平台,新用户先注册再登录,专家可点击下方的【专家入口】按钮登录平台。

2. 项目信息介绍

登录后进入项目申报平台首页,可看到该项目的所有信息,选择【仿真资源】,能看到项目模块列表,选择对应操作单元点击【开始学习】。

3. 培训项目学习

按照提示点击、下载平台,完成后刷新浏览器;根据提示下载软件,并刷新浏览器。平台和软件都下载完毕后,点击下方的【启动】按钮,即可进入软件。

4. 进入实验场景,系统学习知识点

界面左侧设有操作指引,在学习模式中配合操作步骤弹出,右下角设有知识点及相关设置,都可以打开学习。

(1)物理模型建立:学生根据实际工程技术需求建立传感物理模型。

(2)模型原理分析:根据所建立的物理模型,应用基础理论知识进行传感模型原理的探索与分析。

(3)关键参数设定:根据传感需求,选取合适的系统参数进行观测,如光信号的功率、频率等。

(4)实物仿真模块选取:根据实际工程设计需求,选取需要的实物模块,如光纤等。

(5)仿真平台搭建:在选取模块后,根据设计原理简图,进行仿真实验平台的搭建。

(6)故障类型设定:在实际工程技术中,路基塌陷、扭曲或钢绳断裂等故障都会带来安全隐患,在具体仿真实验中可以根据需要假定合适的故障进行实验。

(7)数据采集:对仿真过程中的各项数据进行记录,并重点观测由于故障所导致的参数数量变更。

(8)更换仿真模块:实验中,可以更换仿真模块,进行不同需求、不同场景的应用仿真,达到灵活使用传感技术进行工程技术健康监测的目的。

(9)多场景数据采集:在不同的设计环境中,进行数据采集、分析,进一步分析传感技术的灵敏度和精确度。

(10)分析比较数据:根据实验记录数据,分析传感技术在不同的应用场景所带来的安全保障,说明传感技术在现代工程技术中所扮演的重要角色。

(11)得出实验结论:根据数据分析,得出实验结果。

(12)完成实验报告:根据实验课程需求,按照格式完成本次仿真实验训练,并统一提交给任课老师批阅。

(九)实验项目对知识、能力、水平的提升

让大型工程设施在电脑上重现,通过仿真手段来验证光纤传感技术在各种大型工程中的安全健康监测,尽可能地训练学生将理论知识应用到实际技术的能力。

仿真系统采用可视性极强的三维模型显示,学生实训中有身临其境的感觉,可提高学生的学习兴趣。

本仿真系统理论精度极高,能非常准确地对故障点进行定位和预判,对实际工程技术应用有重要的指导意义。

实训中,学生可以灵活多变地设置各项参数来进行传感,实现多参数传感的功能,让学生构建更加完整的光纤传感知识体系。

(十)实验项目应用及推广的亮点与特色

1. 应用推广

(1)本实验课程可作为我校光电信息科学与工程、电子科学技术等本科专业学生的必修实训课程。此外,本实验课程也可作为我校电子信息和光学工程硕士研究生的选修课程。

(2)免费向全国相关专业本科生、研究生提供在线实验课程服务,带动并鼓励学生开展自主学习。

(3)继续完善并全部上线,面向社会专业设计研发生产一线人员等免费开放。

2. 亮点特色

(1)构建了"内容先进+操作可逆+自主探究"的实验教学设计。

(2)形成了"虚拟练习+实践讨论+虚拟复习"的实验教学方法。

(3)完善了"实验过程+实验结果+实验效果"形成性评价体系。

三、案例成效

(一)案例特色及创新点

本案例集中了瑞利散射、拉曼散射和布里渊散射三种光学机制来进行对大型工程的

分布式传感监测,学生可以根据事件故障灵活选择其中一种机制进行学习,并对故障点进行精准定位。案例结合重庆地形建筑特色仿真实训教学,展现了一定的特色和技术创新。实验进入界面如图6所示。

图6 实验进入界面

(二)成效、成果和解决的重难点问题

打造成在校内具有一定影响力的仿真技术平台,起到了重要作用。

根据实际技术需求和发展,对仿真系统性能逐渐更新、提高和完善,增加更多的工程设施模块,建设成渝地区双城经济圈中具备引领性的仿真实训基地。

成为拥有自主知识产权的先进仿真系统,服务于高校人才培养和企业单位工作人员的培训。

解决学生培养过程中实验训练不足的教学难题。

四、未来计划或启示

随着人工智能、物联网技术的飞速发展,分布式光纤传感技术无疑在这些前沿领域扮演着不可替代的角色。目前,分布式光纤传感技术仿真实训在大桥健康监测中逐渐成熟完善,后续的实训扩展中,计划进一步结合重庆本地地形和城市建设特色,逐步开发分布式光纤传感在隧道、摩天大楼、山体滑坡、石刻艺术保护等领域的应用模块,让学生能在实训中得到更多空间领域的锻炼和学习,也为重庆本地的工程设施健康监测技术起到理论基础的作用,同时为这些领域的安全监测人员进行技术培训,促进光纤传感对各项大型基建设施的健康监测。

流量波动下邮政弹性网络优化设计虚拟仿真实验

田帅辉　付德强　刘进　牛义锋　李诗杨

重庆邮电大学

一、案例介绍

为深入融入"人民邮政"的红色基因和学校"通信报国"的红色基因,针对邮政快递包裹量波动性大、爆发性高等特点,借助虚拟仿真技术开发了流量波动下邮政弹性网络优化设计实验,真实模拟邮政快递网络的运行场景。本课程坚持立德树人根本任务,以学生为中心,聚焦"两性一度",坚持按照"金课"标准进行设计,遵循"两模块三层次"设计思路,通过设计全链条、多层次的实验教学内容,探究式、协作式的教学实验方案以及高仿真、全场景的实验过程,为邮政工程、物流管理、物流工程等专业的学生提供一个仿真度高、交互性好、趣味性强、科学性足的邮政网络设计实验平台,提升学生邮政快递网络规划、设计、优化能力,助力学生科研、科创训练,提升学生创新创业能力。本课程在南京邮电大学、西安邮电大学、浙江邮电职业技术学院等20余所高校以及邮政、顺丰、中通等企业推广,实现优质资源共享,助力企业问题高效解决。同时,本课程被纳入重庆市人民政府外国留学生市长奖学金丝路项目"中欧班列(渝新欧)国家邮政快递业合作高级研修班"课程体系,为"一带一路"沿线20个国家培养了120余名邮政快递领域中高级管理人才,提升了本课程的国际影响力。

二、案例详述

近年来,我国邮政快递业高速发展,已经成为国家重要的社会公用事业,是服务生产、促进消费、畅通循环的现代化先导性产业,是国家战略性基础设施和社会组织系统。特别是在新冠肺炎疫情期间,邮政快递业为保民生、促生产、畅循环做出了重大贡献。但是,邮政快递业务具有波动性大、爆发性高等显著特点,使得邮政快递网络系统承受着巨大的运行压力,面临着爆仓、网络瘫痪等风险。因此,迫切需要对邮政快递网络进行优化设计,保证整个网络的稳定、可靠。邮政、物流类专业人才培养的核心目标是使学生在掌握网络设计模型与求解方法等理论知识的基础上,具备邮政快递网络设计的实际应用能力。由于邮政快递网络占地面积大、涉及范围广、业务流程复杂、实时数据要求高、实体实验成本高、实验周期长等系列因素,邮政快递网络设计实验必须依托虚拟仿真技术开展。

(一)实验原理设计

本实验依据邮政快递企业真实运营环境中的脱敏数据,通过全链条、多层次的邮政网络优化设计,满足在成本约束下的高峰 OD(Origin-Destination,始点—终点)流量运营能力要求。实验首先采取从宏观到微观的顺序进行常态 OD 流量下的邮政网络设计;其次引入波动下的 OD 流量测试邮政网络弹性运营能力;最后当网络弹性运营能力不足时,采取从微观到宏观的顺序优化邮政网络设计。学生在实验中应用网络拓扑结构知识,采用数学建模方法在宏观层面上设计邮政网络拓扑结构;在中观层面上采用系统设备布置方法进行分拨中心设计;在微观层面上熟悉主要设备功能,调整设备运行参数。(图1)

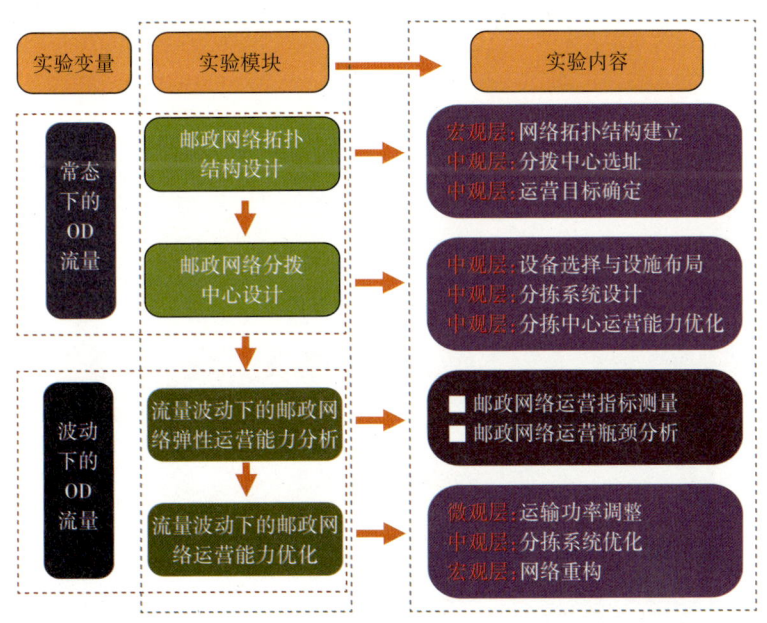

图 1 实验原理图

(二)实验核心要素仿真设计

实验系统构建的场景包括分拨中心、分拣系统及设备等核心要素,实验中所构建的虚拟邮政作业场景以真实的邮政快递作业流程为蓝本,使得仿真系统的设置既能真实反映实物教具的特点,又有利于学生通过全方位观察、交互式操作理解邮政网络的构成与功能。

1.邮政网络设计仿真

实验设计了邮政网络OD流量、运输成本、建设成本、分拨中心数量等变量,能够让学生在虚拟仿真场景中,理解OD流量以及其他变量对邮政网络的影响,从而提高学生的邮政网络设计能力。(图2)

图2 邮政网络设计仿真

2.邮政分拨中心设计仿真

实验虚拟了典型的分拨中心场地、相关设备,设计了不同设备价值、运行效率等属性值,使得学生能够在OD流量要求和成本约束下,在虚拟仿真场景中进行设备选型,开展设备布置,搭建分拣系统,实现分拣目标要求,从而提高学生的邮政自动化设计能力、分拣系统设计能力。(图3)

图3 邮政分拨中心设计仿真

3. 设备功能仿真

实验仿真设计了邮政分拨中心各类各型设备价值、运行参数、物理尺寸等属性值,能够让学生在OD流量波动等情景下,通过虚拟仿真技术熟悉设备功能,调整设备参数,掌握设备工作状态,具备设备组合应用能力。(图4)

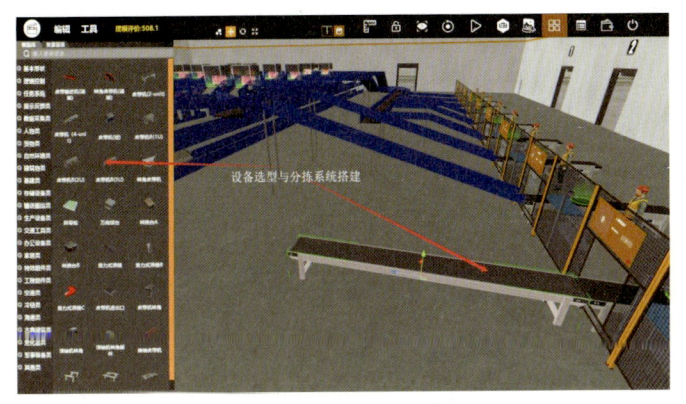

图4 设备功能仿真

(三)实验教学过程与实验方法

本实验将情景教学、体验教学和探究式教学方法综合运用于基础认知、能力提升和探索创新三个层面,循序渐进地促进学生从基本原理学习到综合能力训练,再到创新能力培养的全过程。(图5)

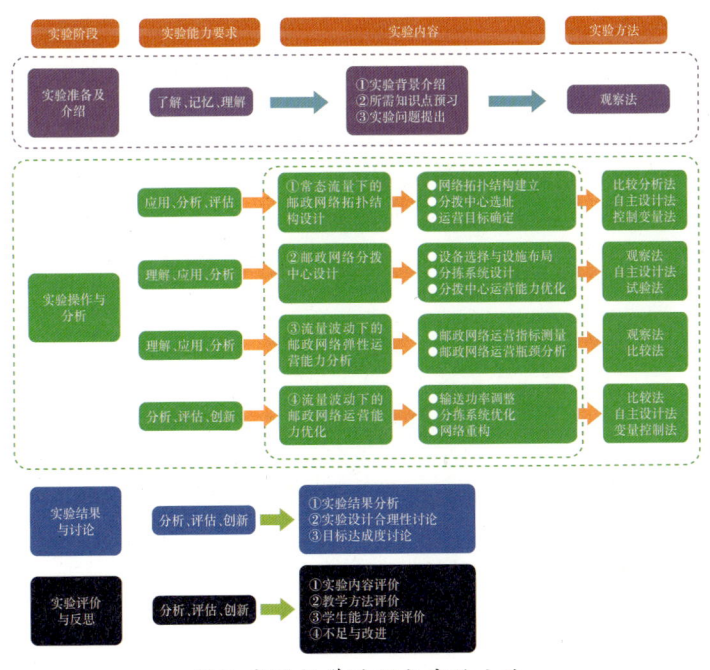

图5 实验教学过程与实验方法

1. 情景教学与基础认知相结合的实验环节

模拟真实的作业设备、作业环境和作业流程,让学生以第一视角体验与交互,着眼于提高学生的理论基础与实际事物相结合的能力。然后,设置情景教学的知识自测系统进入体验式实验环节。

2. 体验教学与实践能力提升的实验环节

首先,在特定的流量参数环境下,让学生"亲身"参与仓库布局规划、邮政分拨中心设计、分拣路径优化等每个模块设计的全过程。然后,学生将分模块进行组合和优化,体验分模块设计与邮政弹性网络全流程设计的差异。

3. 探索式教学与创新能力培养的实验环节

流量波动下的邮政弹性网络优化设计是本项目的探索创新性实验环节,该环节不再强调唯一正确的实验控制参数和结果,而是采用个性化、一人一情景的方式,根据流量波动的现实背景和成本(时间)控制目标,探索邮政网络弹性设计优化方案。

4. 多层次、多角度实验考核与评价

虚拟仿真实验平台会自动记录、跟踪学生参与实训的过程。评价标准不以最后的考试结果为依据,而是根据学生在平台的操作痕迹、操作步骤、操作结果,以及学生实验中的思路、思想进行实验考核与评价。

三、案例成效

(一)案例特色与创新点

1. 全链条、多层次的实验教学内容优化

实验教学内容紧扣学生综合能力培养的具体要求,从顶层设计到精准落地构成一条完整的链条,形成了三个层面的实验教学内容,具体包括宏观层面的网络拓扑结构设计、中观层面的分拨中心设计以及微观层面的设备参数调整。

2. 探究式、协作式的教学方式改革

以学生为中心,采用个性化实验任务分配方式和一人一场景的实验模式,更加突出学生自主分析、自主解决问题的能力。鼓励学生设计不同结构的邮政网络,逐步探索更优的设计方案,避免实验探究性不强的问题。同时,注重学生的团体协作,提升学生团队合作能力。

3. 高仿真、全场景的教学场景设计

按照教学活动的逻辑顺序设计教学过程,并依据"实物实验"对实验过程进行真实还原,构建高仿真、全场景式的实验过程,设置不同的应用场景,具有很强的趣味性。

4. 润物无声的课程思政融入

实验过程中融入"人民邮政"的红色基因和学校"通信报国"的红色基因,通过展示近年来我国邮政快递业取得的举世瞩目的成就夯实学生的爱国报国情怀,提高对邮政快递行业的认可度。

(二)取得的主要成效与成果

本实验课程积极向同类高校和同行业企业进行推广应用,取得了显著的成果。

1. 高校广泛推广,实现优质资源共享

本实验课程先后在南京邮电大学、西安邮电大学、浙江邮电职业技术学院等邮电类院校和重庆理工大学、重庆工商大学、重庆交通大学等20余所院校进行推广应用,实现了优质课程资源共享,获得了广泛好评。

2. 学生高度认可,学习效果显著提升

自2019年本课程实验在国家虚拟仿真实验教学课程共享平台开发建设以来,"流量波动下邮政弹性网络优化设计虚拟仿真实验项目"浏览用户20343人次,实验人次4895人次,实验人数3787人,平均实验时长80分钟,平均实验成绩约75分。2020年优化后的"流量波动下邮政弹性网络优化设计虚拟仿真实验"浏览用户26969人次,实验人次5995人次,实验人数4760人,平均实验时长88分钟,平均实验成绩约80分。本实验课程对促进学生学习、提升学生学习成绩、增强学生实践能力具有显著的作用。

3. 企业推广应用,助力企业问题高效解决

联合邮政、顺丰、中通等邮政、物流、快递行业积极推广应用,应用超过200人次。通过对企业生产经营过程进行仿真,帮助企业解决生产运行中的实际问题8项,大大提高了企业邮政、快递网络运行效率,提升了企业经济效益。

4. 学生科研科创训练,提升学生创新创业能力

学生依托本实验平台,积极开展邮政、快递、物流等内容的科技竞赛、创新创业训练计划,先后参加中国国际"互联网+"大学生创新创业大赛、全国"互联网+"快递业创新创业大赛、全国大学生电子商务"创新、创意及创业"挑战赛等比赛,获得省部级及以上奖励10项,获得重庆市大学生创新创业训练计划项目支持2项,支持物流管理、邮政工程本科生毕业设计等10余项。

5.支撑"一带一路"研修班,提升国际影响力

自2020年以来,本实验课程连续3期被纳入重庆市人民政府外国留学生市长奖学金丝路项目"中欧班列(渝新欧)国家邮政快递业合作高级研修班"课程体系,为"一带一路"沿线20个国家培养了120余名邮政快递领域中高级管理人才,得到了国外同行的一致认可和高度评价,提升了本实验课程的国际影响力。

基于"自治、自愈"的馈线自动化虚拟仿真实验

熊飞　罗萍　段盼　田大川　吕霞付

重庆邮电大学

一、案例介绍

项目以重庆南坪地区实际配网系统及自动化学院实验中心现有配电自动化实验系统为原型，建立多种典型拓扑结构的馈线自动化虚拟仿真系统，有效解决了馈线自动化系统高危、高成本及复杂性对现阶段实验教学的限制。虚拟仿真实验包括馈线自动化系统认知、系统运行数据分析、故障注入、故障定位隔离及系统重构等内容，形象地展示了馈线自动化过程，让学生身临其境地参与馈线自动化实验。

二、案例详述

（一）实验项目的必要性及实用性

1. 馈线自动化虚拟仿真实验必要性显著

首先，实际配电系统为10kV及以上的高压环境，实验风险极高；其次，配电系统的运行控制、短路故障等实验操作具有不可逆性、高消耗性等特点；最后，配电系统为大型装备，实验环境构建非常复杂，难以实现多人多套同时开展实验。为此，有必要建立馈线自动化虚拟仿真实验，利用全数字化的模拟和仿真，保障学生的实验安全，且不受时间、地点和设备数量等因素的限制，让学生实现对课堂知识的灵活运用和创新思考，有效提升学生的综合能力。

2. 馈线自动化虚拟仿真实验具有重要的实用性

馈线自动化技术能够实现对线路故障的定位与隔离，并恢复正常线路的供电。这对

于减少配电网故障停电时间、提高供电可靠性具有重要的意义,是现代电力系统发展的必要趋势。相应地,发展配电网的馈线自动化技术相关虚拟仿真实验具有非常重要的教学和实用价值。(图1)

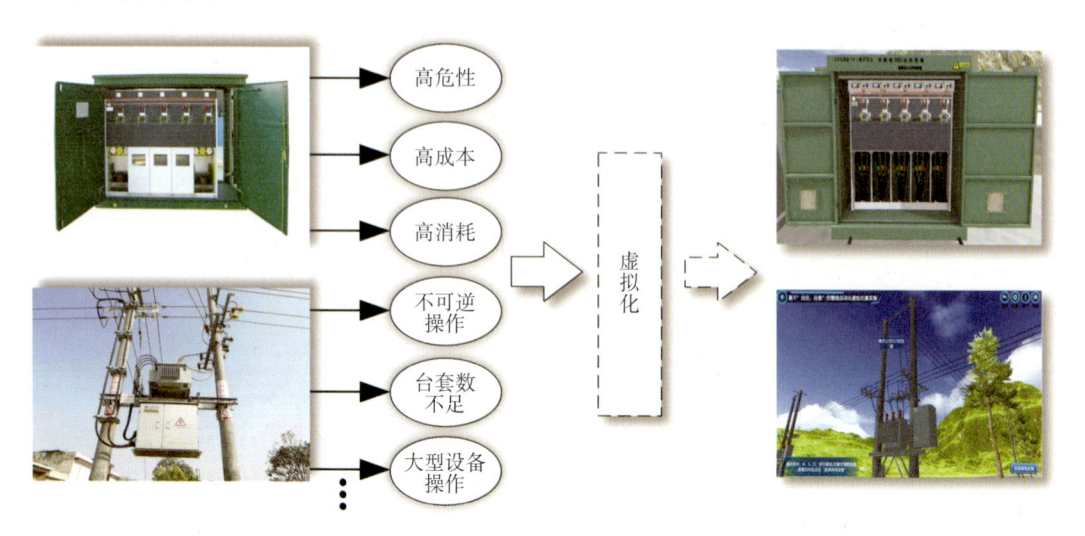

图1 虚拟仿真实验开发原则

(二)教学设计的合理性

1.建立"认知学习—系统构建—综合设计"递进式教学体系

本虚拟仿真实验由简到繁、由易到难,由单一配电自动化设备认知到配电自动化系统构建及优化控制,逐层递进。实验设计既满足课程要求,也符合学生认知学习规律。首先,从认知学习出发,使学生掌握配电自动化设备的基本结构、工作原理和安全操作规程;其次,基于配电自动化设备和电路元件搭建实际配电自动化系统,设定关键参数,实现配电自动化系统的正常运行;最后,针对配电系统中发生的短路故障,通过自主分析关键节点电压电流波形等数据实现故障定位和故障隔离操作,并充分思考和设计最优负荷转移及故障恢复方案,使学生深刻体会并掌握馈线自动化全流程技术。

2.形成"场景引导—问题驱动—主动学习—过程化评价"实验教学新模式

本虚拟仿真实验设计了形象生动的实验场景,基于场景引导学生进行自主实验。其以配电系统中短路故障发生以后如何定位故障、如何隔离故障、如何恢复供电等问题为牵引,引导学生利用所学知识,主动拓展学习新知识,思考实际工程问题的解决方案。全程采取过程化的定量评价模式,支持学生实验试错,鼓励学生不断探索。本实验教学模式代替传统实验课程固定式、被动式学习,将学习自主权交给学生,激发学生的探索与创新意识。

3. 培养学生"运用理论知识—分析工程现象—设计解决方案"复杂问题解决能力

本实验以配电网的馈线自动化系统为对象进行虚拟仿真实验。首先,针对配电自动化设备及系统理论知识进行体系化认知学习;其次,针对短路故障发生以后的关键数据和现象进行深刻分析并实现故障定位;最后,为学生实验提供足够的自由度,学生可自主设计多套负荷转移及故障重构的方案,并提出最优解决方案,全面提高学生创新能力与综合素质。

(三)实验系统的先进性

1. 应用多种技术手段,构建沉浸式场景导引,实现比真实场景更优越的学习体验

本虚拟仿真实验项目运用三维/二维建模、动画等技术手段,一方面实现可拖动、可旋转和可拆解的操作,易于观察和理解装备内部构造和机理;另一方面允许三维场景的自由漫游和认知,使学生增强实际体验感,极大激发学生的积极性。

2. 实验设计模块化,实验操作自由度高,开放性、可试错性强

在实验过程中,沉浸式教学方式将原理学习、装备认知、参数整定、系统构建、故障注入、故障定位、故障恢复等实验模块整合与贯穿,完全展现了馈线自动化技术的全流程。允许学生在三维场景中自由漫游和学习,借助虚拟仿真实验数据结果的反馈,学生通过自主分析并综合考虑各种因素,自主判断故障区域及设计不同故障恢复方案并进行调整与优化,实验自由度较高,允许多次试错,提高了实验的挑战度。

3. 渗透学科前沿需求,落实立德树人根本任务

本虚拟仿真实验,基于现代电力系统中的先进馈线自动化技术,实现基于实践教学的馈线自动化虚拟仿真实训场景浮现。在该实验中,高深的学科前沿内容以通俗易懂的方式展示。叠加课程思政的相关内容,让学生更加认真学习,突破"卡脖子"技术,厚植学生爱岗敬业精神与家国情怀,提升学生的民族自信心和自豪感,落实立德树人根本任务。

(四)实验原理

本虚拟仿真实验"自治、自愈"是指基于馈线自动化应用,通过配电自动化终端"遥信、遥控、遥测"功能,在10kV馈线发生故障时通过"遥测"判断各节点故障电流大小、方向,"遥信"判断当前运行方式与网络拓扑结构,从而实现判断其故障范围(自治),并使用"遥控"计算最小停电范围,自动将故障区域进行隔离,恢复正常区域供电(自愈)的一种技术方法。主要包括在线监测、运行数据分析、故障区域判断、故障隔离、自动重合闸、基于优化策略的网络重构等几个部分。实验的原理见图2,核心实验步骤见表1。

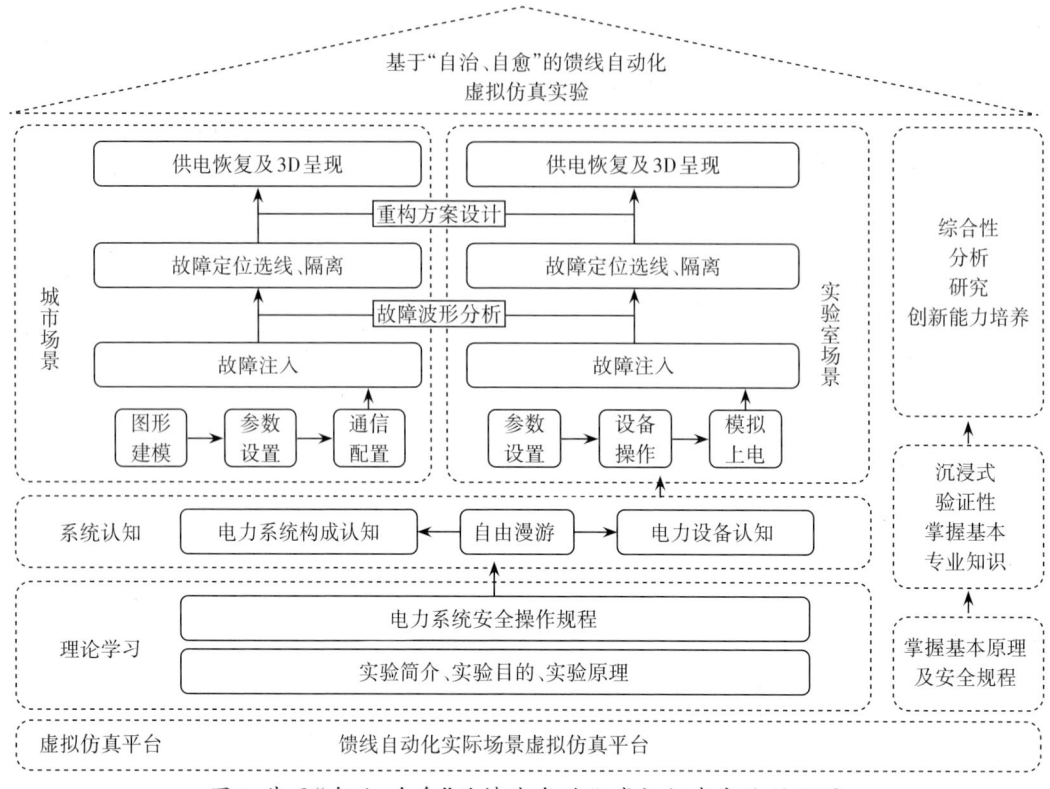

图2 基于"自治、自愈"的馈线自动化虚拟仿真实验原理图

表1 基于"自治、自愈"的馈线自动化虚拟仿真实验核心实验步骤

序号	核心步骤	步骤要求	知识点
1	理论学习	学习电力安全规程完成安全规程测试	安全规程和实验原理
2	城市环境系统认知	通过3D沉浸式漫游场景学习电力系统馈线自动化关键设备外形功能和原理	变电站、变压器、线路、环网柜等设施的沉浸式学习
3	图形建模参数设置	拖拽元件搭建配电系统模型计算电路等效参数	电力系统仿真建模等效参数计算方法以及系统图模建立方法
4	通信配置	馈线自动化终端设备通信配置	馈线自动化设备通信组网一般方式
5	故障注入定位选线	查看关键节点波形数据分析故障发生位置并进行故障隔离	电力系统故障定位与故障隔离原理
6	系统重构供电恢复	根据不同目标要求设计多种负荷转移和供电恢复的方案	配电网重构与负荷转移原理和方法
7	实验室系统认知	通过3D沉浸式漫游场景学习馈线自动化实验室设备外形功能和原理	油浸式变压器、柱上开关、FTU/DTU、配变检测单元、故障指示器、负荷模拟装置、故障模拟注入装置等的沉浸式学习

续表

序号	核心步骤	步骤要求	知识点
8	馈线自动化设备模拟操作	通过3D沉浸式场景根据安全规范模拟操作馈线自动化设备	馈线终端FTU和环网柜DTU等设备的安全操作规范及配电系统上电启动操作
9	故障注入供电恢复	根据故障发生位置进行故障隔离并基于不同目标设计重构方案	配电网重构与负荷转移方法
10	完成实验报告提交成绩	分析总结实验现象和规律撰写实验报告	
工程教育能力培养	①工程知识：步骤2、7和8 ②问题分析：步骤5 ③设计/开发解决方案：步骤0、9和10 ④研究：步骤6和9 ⑤使用现代工具：步骤3和4 ⑥职业规范：步骤1		

（五）核心要素仿真设计

（1）可在虚拟场景中漫游,对馈线自动化的多种设备进行认知学习和模拟操作。

（2）通过拖拽元件搭建一次设备和二次设备的图形模型,对重要设备和元件的参数进行计算和设置。构建配电网系统的野外全局3D场景,主要元件均可动画展现其特定行为。在中央监控室,还可通过虚拟的电脑屏幕操作来观察波形、控制刀闸动作等。

（3）在通信方面,对重要设备IP地址、通信方式等进行配置。

（4）可读取馈线自动化系统各馈线终端信号,包括电压、电流波形等；系统可进行故障注入,学生可通过故障前后波形等,进行故障定位、故障隔离和故障恢复等实验。

（5）对学生已搭建拓扑及故障定位和隔离等实验结果,可以用仿真软件在虚拟场景中进行3D呈现。(图3)

图3 基于"自治、自愈"的馈线自动化虚拟仿真实验场景

三、实验项目应用及推广成效

(一)积极开展馈线自动化实验教学资源建设及教学方法改革,教学效果显著提升

学生对虚拟仿真实验兴趣浓厚,能够在虚拟环境中自由探索并验证实现自己的设计方案,既不必担心实验过程中的设备损坏和人身安全问题,又不受时间和空间的限制。虚拟仿真实验最大限度地训练了学生的实践能力和创新能力。

(二)教学模式设计具有科学合理性,实践教学效果良好

新的教学模式以学生为中心,提升了教师实践教学能力和课堂教学效果,受到学校督导及教师的广泛好评。虚拟仿真实验采用过程化考评方法,系统自动按步骤评判学生实验操作并给出评分,建立了实验教学考核中的客观标准与教学质量的客观评估方法。

(三)本虚拟仿真实验在国家虚拟仿真实验教学课程共享平台上线运行,面向全社会开放

本案例不仅满足本学校学生专业能力培养,同时为其他学校相关专业提供跨时间和空间的实验教学支持。近年来已支持重庆邮电大学、湖北工业大学、华北科技学院、北京邮电大学、重庆文理学院等10所院校学生完成实验4000多人次,得到了学生们的一致认可。(图4、图5)

图4 虚拟仿真实验授课现场

图5 国家虚拟仿真实验教学课程共享平台上线本课程

虚拟技术增强实践教学活力
——桥梁结构动力性能测试虚拟仿真实训系统

曹晓川　何小兵　谷建义　彭毅　王静

重庆交通大学

近年来，重庆交通大学积极落实党中央关于教育事业发展的相关政策，为提升人才培养质量，开展了系列教育质量提升专项行动，其中为促进新工科实践教学，大力推进了虚拟仿真实验教学的课程建设，在教学实践中取得了显著成效。

一、案例介绍

结构振动测试与分析是桥梁工程、结构工程、工程力学等专业学生必备的理论知识和实验技能，也是了解结构内在特性和运行状况最为常用、有效的试验手段之一。

但针对桥梁、房屋等大型工程结构开展振动测试与分析实践教学，存在以下困难。

（一）试验对象特殊

桥梁、高层建筑等大型复杂结构物的振动分析有其特殊性，如多阶振型耦合、信号受环境干扰大等，包含较复杂、抽象的理论背景，现场测试流程较复杂、周期长，仅依靠理论讲解，学生难以理解和掌握，脱离工程结构的室内模型实验教学又很难让学生获得系统、直观的体验和认知。

（二）高危险、高成本

大型工程结构的振动测试往往涉及高空作业，组织学生到工程现场开展实践教学的安全风险较高，测试所需的测试硬件、激振设备相对昂贵，并且现场的交通管制、组织协调等工作导致实践教学成本极高。

(三)实验对象匮乏

基于安全考虑,大型工程结构的责任单位一般不愿提供场地接纳大批量学生开展实践教学,即使学校联系到少量的实训场地,也存在实验对象类型单一的问题,无法满足针对多种类型结构进行振动测试与分析的学习需求。

为此,我校自主开发了"桥梁结构动力性能测试虚拟仿真实训系统"用于实践教学,实现多桥型、全环节的工程场景复现,很大程度解决了实践教学中面临的上述困难。引入虚拟仿真技术给传统的工科实践教学模式注入新的活力,在知识点覆盖程度、学习深度、学生参与感、安全性、经济性等方面均有很大提升。

二、案例详述

本系统紧密围绕桥梁工程、结构工程、工程力学等专业人才培养体系中实践环节的要求,以振动测试与分析的任务为驱动,以梁、拱、斜拉和悬索四类典型桥梁结构为原型,以实际桥梁动载试验的实测数据为支撑,构建了开放的物理仿真模型系统,融入虚拟仪器技术开发完成,提供多桥型、全环节的仿真实践案例,并可结合自制模型、测试仪器以虚实结合的方式开展实践教学。

(一)主要功能模块

本系统主要包括辅助学习、创建测试任务、组建测试系统、振动信号测试和动力性能分析等功能模块。(图1)

图1 系统主界面

1. "辅助学习"模块

本模块可供学生预习相关理论知识点,并在线自测学习情况,涵盖了结构动力学的相关基础知识点、桥梁结构动力性能测试的实验方法、测试仪器设备介绍以及信号分析基本原理,并用虚拟实例生动直观地仿真了信号采样与滤波等基础入门内容。(图2)

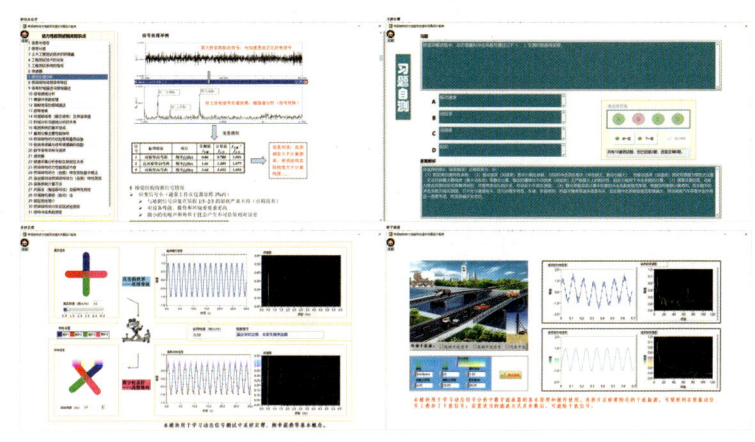

图2 辅助学习

2. "创建测试任务"模块

本系统提供4类桥型(梁、拱、斜拉和悬索)作为测试对象,每种桥型又设定9种动力测试参数,可由教师指定或学生自由选择桥梁及测试参数,在本模块中创建测试任务。通过不同任务组合的实践操作,学生能够直观了解各种桥型动力性能的特点和差异,掌握动力响应(动应变、动挠度、加速度和冲击系数)和动力特性(频率、阻尼比和振型)两类参数的测试过程、激励方式(跑车、跳车、刹车和脉动等)以及信号分析方法(时域和频域等)。(图3)

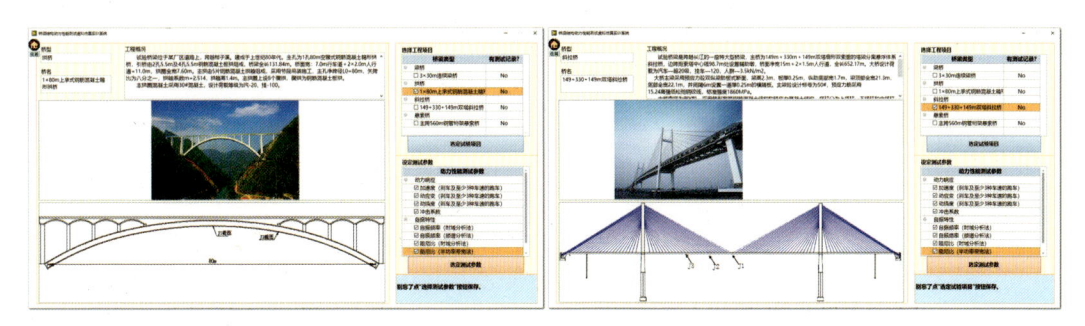

图3 创建测试任务

3. "组建测试系统"模块

本模块利用虚拟仪器技术创建虚拟动态测试系统,具备采集、显示及存储实验数据等功能。学生根据各自测试任务的桥型特点和参数要求,结合动力测试系统的组成、基本原理和传感器特性等知识点,参考行业规范相关要求,在本模块中合理选择任务所需的传感器、动态采集仪及信号适配器,并布设到正确的测试部位,组建动力性能测试虚拟系统,经调试验证并正常后,进入下一步测试环节。

4."振动信号测试"模块

本模块基于振动理论创建动力学仿真模型,当外部激励(输入)作用于模型时,进行各阶模态响应的叠加运算,在结构指定部位的传感器输出一系列动力响应数据。学生根据各自测试任务的桥型特点和参数要求,选择适当的方式对桥梁进行有效激励(跑车、跳车、刹车和脉动等),利用虚拟测试系统采集不同工况下的振动信号。学生可通过数据对比充分理解各类传感器的振动信号特征,明晰不同激励方式的优缺点和适用性,了解动力性能测试的现场工作流程。(图4)

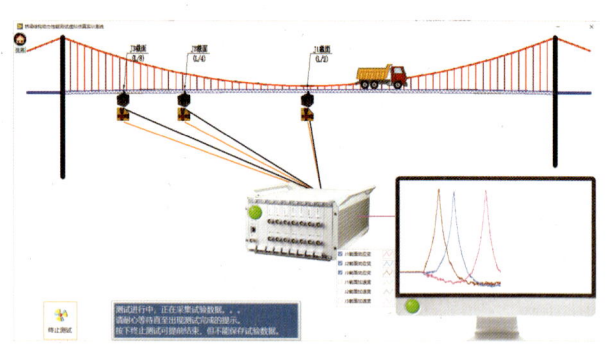

图4 振动信号测试

5."动力性能分析"模块

本模块利用虚拟仪器技术创建虚拟的数据分析仪,具备信号回放、数字滤波、时域分析、频谱分析、保存分析结果及截图等基本功能。根据设定的测试任务,学生在采集得到的多组实验数据中,正确选择对应工况及通道的振动

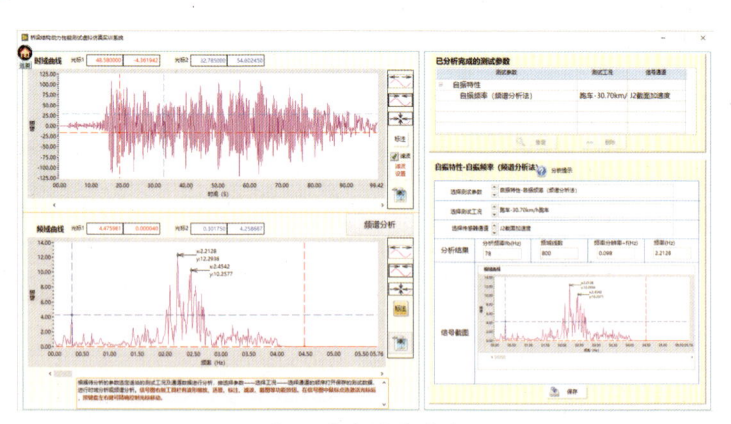

图5 动力性能分析

信号,利用所学的数据处理和分析方法,计算各测试参数,保存重要信号截图,生成测试报告。通过反复练习使学生建立动力参数—试验工况—测试数据—分析方法之间的关联概念。(图5)

6. "虚实结合"功能

本系统除上述纯软件仿真功能外，还可以与自制教学模型、测试硬件相结合，虚实结合开展实践教学，学生全程参与模型拼装、结构分析、测试方案编制、传感器布设、信号测试、数据处理分析等工作，引导培养学生的动手能力、创新能力及团队协作精神。(图6)

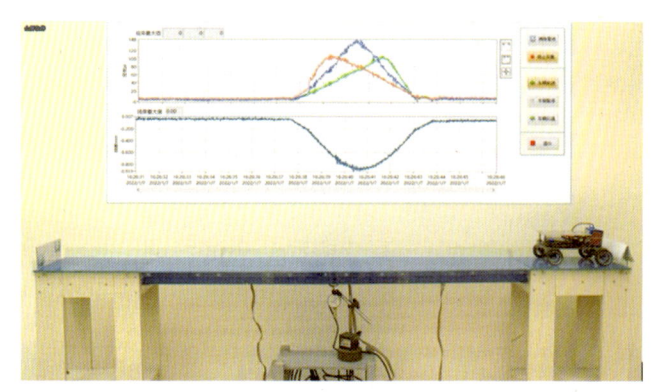

图6 虚实结合开展实践教学

7. 课程思政内容

本系统以动画、视频的形式有机融入课程思政的内容，结合工程中典型的正面、反面案例，总结结构动力性能指标对工程结构安全性、耐久性等方面的影响，分析动力测试在工程建设中的重要性，使学生在学习专业知识的同时，树立社会责任感，强化责任担当意识。

（二）系统特色

1. 模型仿真

系统中的实验对象为基于振动理论创建的有限元动力学仿真模型，以实际桥梁结构为原型，并经实桥动载试验的实测数据验证，从而保证系统中实验对象受到外部激励时输出响应的正确性，并通过叠加噪声、变异等技术手段模拟环境干扰、结构病害、随机误差等原因造成的数据波动，使学生采集获取的振动信号更贴近工程实际，提升学生对工程结构振动特性的直观认知。每次实验数据不重复且在一定范围内波动，增加了异常数据处理、参数识别的挑战性，激发了学生反复演练、自主探究学习的热情，避免了分组实验、重复实验时数据雷同的枯燥。

2. 分析算法透明

本系统内嵌的数字滤波、频谱分析、相干函数和传递率等关键算法，参考前沿理论研究，结合教学及工程需求自主开发，与商业软件对比验证，具有较高精度和可靠性。学生对虚拟仪器采集得到的振动信号进行分析、参数识别时，系统将上述算法的中间计算过程以图、表、动画的形式显示，尽量体现算法透明化，避免了以往的教学演示中采用商业（专业）软件进行数据分析，学生不知结果从何而来的黑箱效应，极大地帮助了学生理解动态信号测试与分析的原理、计算过程和要点。

3. 虚拟仪器仿真

系统利用虚拟仪器技术，创建了传感器、动态采集仪等虚拟仪器，其工作原理及操作方式、步骤、外形等与实物一致，及时响应交互操作，对结构的动力响应数据进行实时测量，同时做出同步显示等动作，使实验场景、体验尽量仿真。

4. 实验过程仿真

高度仿真实际工程结构振动测试、分析的全过程，学生可自由选择实验对象，独立组建测试系统、进行数据分析完成实验，再现了测试系统组配、设备操作、信号采集、数据处理、参数计算、编写报告等完整流程。实验过程灵活性高、操作交互丰富且容错性强，更具科学性。

5. 扩展性强

系统提供开放接口，可不断丰富桥梁模型数据库。

三、案例成效

（一）应用及推广

本系统于2016年10月上线投入实践教学，至今已服务本校的土木工程（桥梁、道路、建工）、工程力学、理论与应用力学、道桥渡等专业的学生2997人。教学反馈情况良好，学生普遍反映形式新颖。本系统使复杂抽象的学习难点形象化、流程化、趣味化，学生的学习主动性强、兴趣浓厚，教学目标达成情况较传统方式明显提高。本案例在工科实践教学中进行了有益的探索，引入虚拟仿真技术，给传统实践教学模式注入了新的活力。

系统投入使用以来，课程团队持续更新改进，在重庆市高等教育学会高校课程资源建设专业委员会组织的专家评测中获得好评，于2019年获批为重庆高校虚拟仿真实验（实训）教学项目。本系统被浙江理工大学、武汉理工大学等兄弟院校采纳用于本科教学，同时也被相关企业用于职业人员培训，累计培训540人次。

（二）取得成果

本系统获第四届全国高等学校自制实验教学仪器设备评选活动三等奖，相关软件取得软件著作权2项；课程团队成员获2021年重庆市教学成果奖特等奖、2017年重庆市高等教育教学成果奖一等奖、重庆市高校教师教学创新大赛二等奖等奖项。

"多态协同、三学三导"学教模式设计及应用[①]

刘四青　詹川　解婷　胡森森　袁俊

重庆工商大学

一、案例介绍

学习党的二十大精神,培养新时代政治坚定、作风过硬、业务精通的网络人才是高等教育服务国家网络强国战略的关键,而电子商务卓越人才的标准就是具备扎实原理、高超技能,以及服务于国家战略、社会需求和产业发展的知识素养。团队依托本校国家级一流本科专业电子商务和国家级虚拟仿真实验教学中心,针对电商实践性课程的四个痛点,成立云课程发展委员会,政产学研用等多种形态力量协同,强化"知心滴灌";跨学科进阶重构教学内容;数据把控"三学三导"学教模式,遵循学生团队学习认知规律;采用标准与个性考核并举,学生自我设定目标、自主出卷,交叉考核动态修正成绩。这种学教范式不仅能有效解决电商教学中存在的痛点问题,而且符合党的二十大背景下对电商运营复合型人才的培养要求,同时兼具普适性和推广性。

二、案例详述

(一)学教模式设计的合理性

培养复合型人才,开展复合型教学,针对教学痛点,课程团队数据把脉"三学三导"学

[①] 本案例为重庆市高等教育教学改革研究一般项目"学习投入视阈下'多态协同、三学三导'学教模式设计及应用研究"(项目编号:223219)阶段性成果。

图1 模式

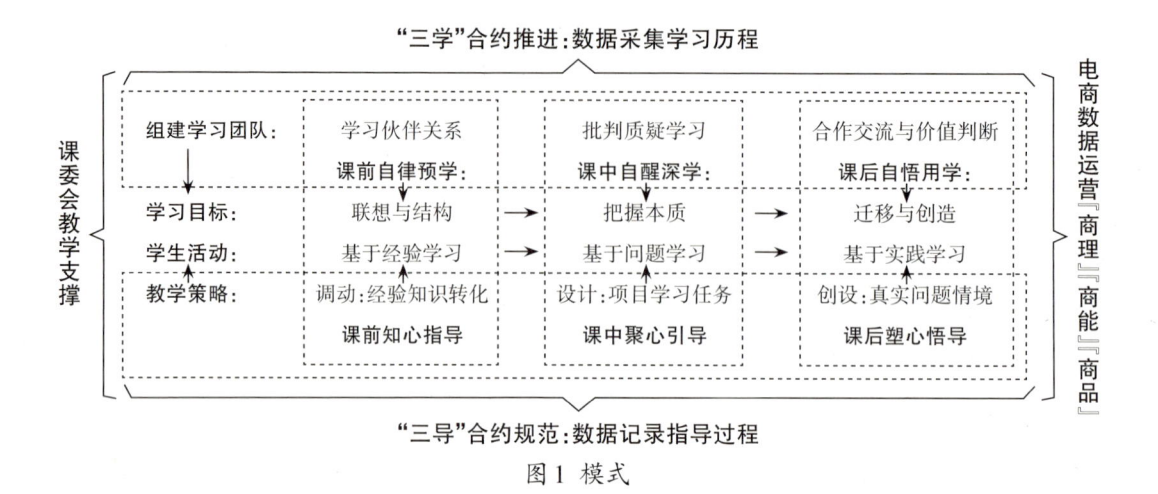

教过程。成立云课程发展委员会,多态力量协同,优化复合型教学,强化"商""工"融合,培育"三商"目标。聚合教学资源,重构跨学科知识,开展进阶项目式教学,贯通理论与实践,遵循学生团队学习认知规律。教学过程贯穿课前、课中、课后,由学生课前自律预学、课中自醒深学、课后自悟用学三个学习历程,老师课前知心指导、课中聚心引导、课后塑心悟导三个教师使命,构成"三学三导"学教范式。从学生课前经验旧知识转化,完成课前任务;到项目学习任务课中新知学习,纳入学生认知结构;再到社会真实问题情境,实现知识迁移应用。以此对旧知识进行重构,循环形成完整学教穿插融合闭环模式。(图1)

(二)学教模式设计的探索

1.强化"商""工"融合,培育"三商"目标

培养电子商务运营复合型人才,课委会依托国家大格局、社会大视野,着力企业岗位,培养学生具备扎实原理、高超技能,以及服务于国家战略、社会需求和产业发展的知识素养,确定本课程"三商"育人的学习目标——电商运营原理"商理",电商运营创新创业能力"商能",电商运营创新创业品质"商品"(图2),建成"技术+管理"融合的一流课程,助力学生从电商"校园人"到运营"准职业人",成为卓越的电商创新型运营人才。

2.重构跨学科知识,贯通理论与实践

基于项目进阶融合跨学科知识,进行"工科+商科"跨学科思维与创新能力培养,通过项目式团队,将思辨与表达能力、团队协作与项目管理能力、团队创新与领导能力的培养贯穿全课程,实现跨界创新创业实践和数据运营实证研究。对标CDIO理念,设计六个项目、两个选择,逐级通关、进阶挑战,保障项目教学的高阶性与挑战度,激发学生学习活力和积极性(图3)。

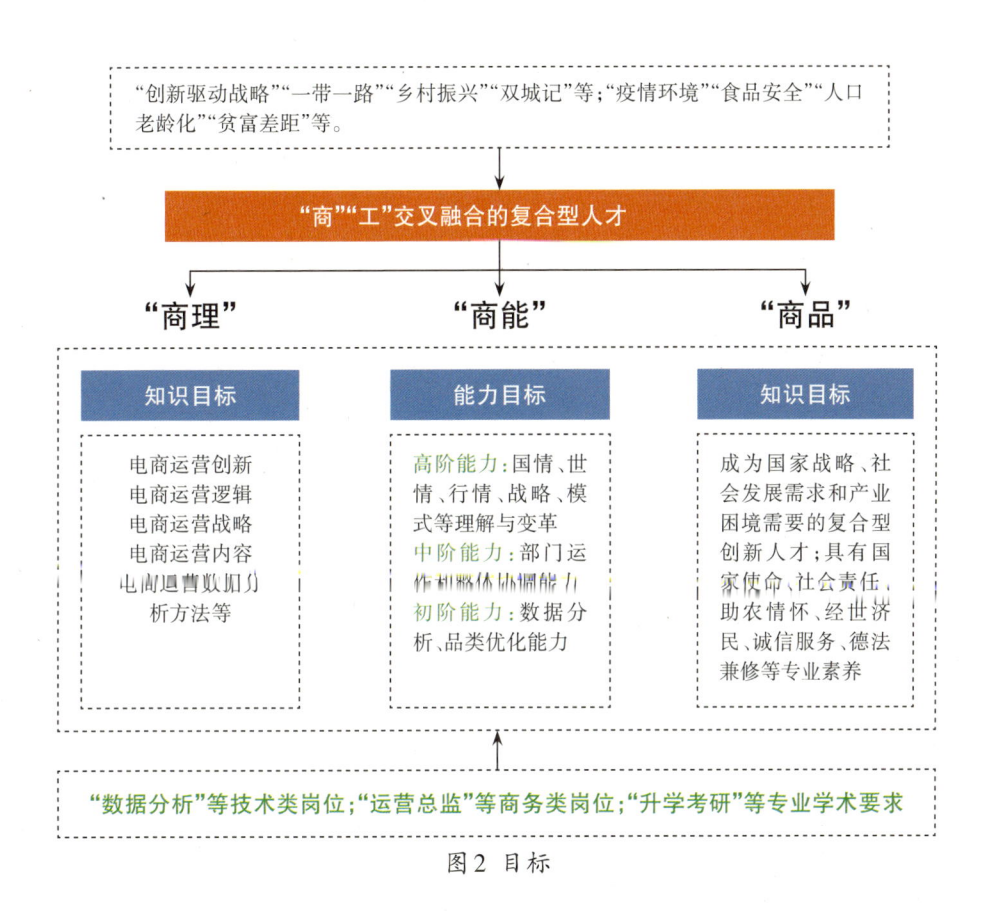

第二章 虚拟仿真一流本科课程示范案例

```
"创新驱动战略""一带一路""乡村振兴""双城记"等;"疫情环境""食品安全""人口
老龄化""贫富差距"等。
                              ↓
              "商""工"交叉融合的复合型人才
           ↙            ↓             ↘
        "商理"        "商能"          "商品"
```

知识目标	能力目标	知识目标
电商运营创新、电商运营逻辑、电商运营战略、电商运营内容、电商运营数据分析方法等	高阶能力:国情、世情、行情、战略、模式等理解与变革 中阶能力:部门运作和整体协调能力 初阶能力:数据分析、品类优化能力	成为国家战略、社会发展需求和产业困境需要的复合型创新人才;具有国家使命、社会责任、助农情怀、经世济民、诚信服务、德法兼修等专业素养

"数据分析"等技术类岗位;"运营总监"等商务类岗位;"升学考研"等专业学术要求

图2 目标

O 数据运营研究高阶项目
计量经济学、社会学研究方法等

I 数据运营研究初阶项目
文献检索、专业前沿、学术研究与论文写作等

D 电商运营数据分析高阶项目
经管类专业知识:物流管理、网络营销、客户关系、市场营销等
技术类专业知识:Python、大数据分析、人工智能等
数学知识:运筹学、概率论、数理统计等

中心词:乡村振兴、"一带一路"、创新驱动、人口老龄、疫情无常、新零售等

O 商业运营高阶项目
电子商务创业、战略管理、项目投资与融资、文案写作、人力资源管理、产业政策等

I 网络运营初阶项目
电子商务案例分析、电子商务系统分析与设计、ERP、供应链管理、消费者心理学、国际贸易等

C 电商运营数据分析初阶项目
数学基础:微积分、线性代数、统计学等
经管类专业知识:管理学、经济学、会计学、电子商务原理、财务等
技术类专业知识:Python程序设计、数据库、数据采集、数据处理等

图3 跨学科

3.数据把脉"三学三导"学教过程,课委会知心教导

成立电子商务数据运营云课程发展委员会,政产学研用等社会力量协同,为课程全过程优化提供保障。教学过程遵循学生认知规律,由学生课前自律预学、课中自醒深学和课后自悟用学三个学习历程,老师课前知心引导、课中聚心指导、课后塑心悟导三个教学使命,构成"三学三导"数据化学教范式。通过在线学习平台和辅助表格,全程数据把控"三学三导",把脉学生课前自律预学行为、课中深学启发式互动行为,以及课后自悟内化拓展行为,课委会定时查阅,实时跟踪,通过课前的知心引导,课中的聚心指导,课后的塑心悟导,使得学生收心凝心入心,在一定程度上实现个人价值。(图4)

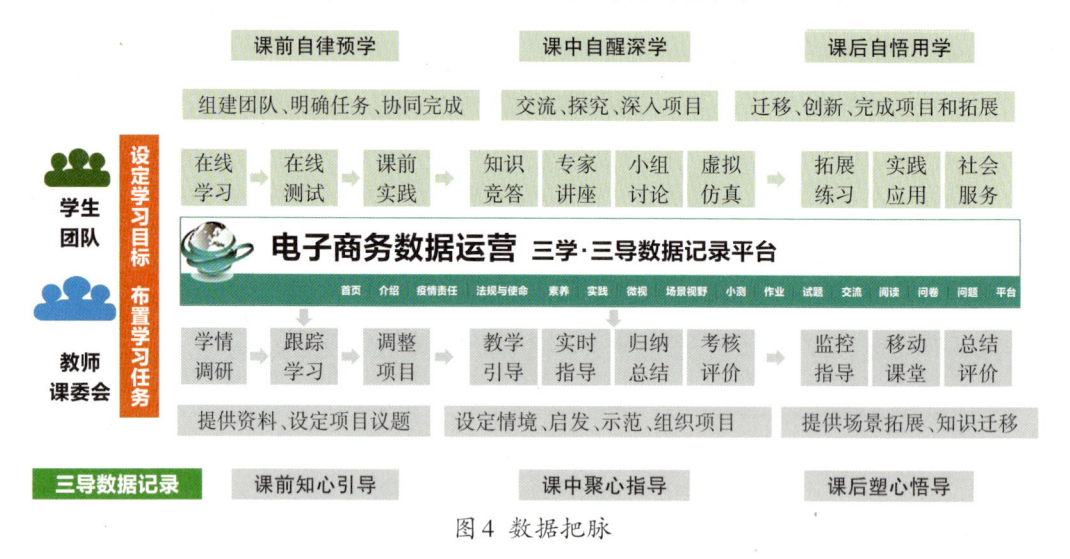

图4 数据把脉

(1)课前自律预学和知心引导

课前,教师提供资料,设定议题,明确任务,指导学生分组并独立思考提出问题,开展任务驱动式学习。以乡村振兴直播电商运营为例,课前从强调直播在乡村振兴中的价值和作用、梳理直播电商法规、调查体验直播违法违规现象、分析直播电商运营架构和要素、准备材料试播助农等方面,要求学生根据议题和任务完成自学,指导学生思考,进入学习状态。

(2)课中自醒深学和聚心指导

课中,教师通过启迪、演示,组织学生开展深度学习。教师设定教学情景,项目推进,开展新知深度学习指导,明确新知应用任务,要求学生分组完成专业应用,学生会交流、会探究、善合作,推进深度学习成效。乡村振兴直播电商运营课堂教学中,引导学生思考直播电商模式中的利益分配方式和合法合规性,组织学生讨论直播四种模式利益分割的公允性,提高学生直播法律风险意识,增强法律防控高阶能力。

(3)课后自悟用学和塑心悟导

课委会从学科竞赛、企业岗位实践、移动课堂等方面给学生更多灵活迁移空间,使学生学会旧知识迁移与创新发展,鼓励学生灵活运用所学知识,培养学生知识迁移和创新精神。乡村振兴直播电商运营课堂教学中,引导学生完成助农直播利益链设计和风险防控机制制定;完成真实直播带货的要素设计,形成直播方案,推进农产品实地直播,同时给学生提供真实情景向导和辅导视频链接。

4. 心有大爱,价值引领,知心滴灌

课委会通过腾讯会议开展"爱党爱国、爱专业爱课程、爱岗敬业"系列主题活动,增强专业认同,提升专业自信,强化课程价值,使学生能肩负社会使命,坚守岗位职责,心有大爱,行有大德,成为新时代电子商务复合型人才。策划与完成进阶项目,学生须以有力促进中国社会、经济、文化、生活、生态发展为目标,以是否有力支撑国家稳增长、促消费、保就业、惠民生、疫情保供为评判准则。明确新商业业态、新商业模式是否能够驱动电子商务的持续增长;明确新消费与新品牌是否能够助力线上消费的提质扩容;新平台是否能够助力抗疫保供、民生保障和就业稳定;是否赋能产业链、助力供应链数字化;是否能够引领农村电商的持续高质量发展;是否能够促进"一带一路"丝路电商的快速推进等。

以电商助力乡村振兴示范项目为例,学生团队课前调研忠县石宝寨等地电商助农背景:政策文件查询、文献研究整理、产业调研、课委会家长、公务员与当地农户线上采访等。课中,教师解析新政村、两河村、兴合村电商助农的困境、机遇和突破口,展示往届学生在当地的落地实干成绩。课后启发激励学生,总结精神感悟,在课委会的支持下,团队落地自己的项目,找路径,创新模式,探索电商助力的中国式农业现代样板。

5. 聚能课程"研—教—训—赛—创"学教进阶

依托国家级虚拟仿真实验教学中心、经管类国家级实验教学示范中心、电子商务及供应链系统重庆市重点实验室、重庆市现代商贸物流与供应链协同创新中心、国家一流专业等,聚合课委会多种资源协同,聚能课程"研—教—训—赛—创"教学过程。该过程以教改研究为引领,教师课堂教学范式为导向,企业课堂训练为提升,学科竞赛为创新,社会创业为实战,服务于国家疫情应急、"一带一路"倡议和乡村振兴。目前,已建成948个资源,开发了拥有自主知识产权的虚拟仿真平台和真实电商交易平台。

6. 多元交叉评价,动态修正成绩

通过教学标准化,完成每年课程考核的标准,考核标准会在项目推进协议中明确规定。评价由线上线下、队内自评、队间互评、教师评价组成,同时,团队依据当前优化情况

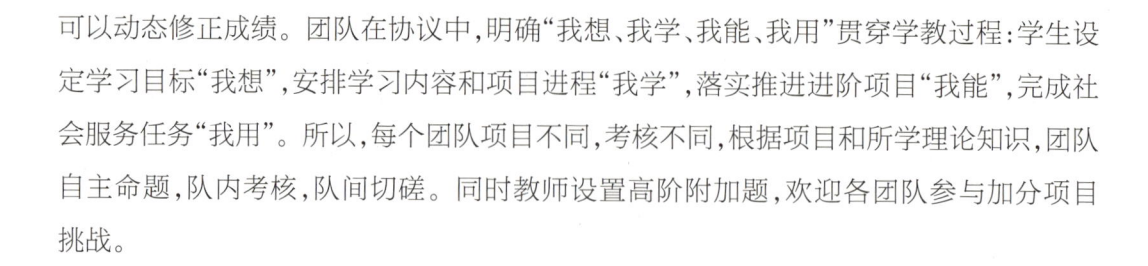

可以动态修正成绩。团队在协议中,明确"我想、我学、我能、我用"贯穿学教过程:学生设定学习目标"我想",安排学习内容和项目进程"我学",落实推进进阶项目"我能",完成社会服务任务"我用"。所以,每个团队项目不同,考核不同,根据项目和所学理论知识,团队自主命题,队内考核,队间切磋。同时教师设置高阶附加题,欢迎各团队参与加分项目挑战。

三、案例成效

(一)虚仿学习资源建设情况

虚仿平台积累资源总数为948个,其中视频资源126个;课程发文数2382个;试卷40张;试题134道;专利2个。服务虚仿任务完成学生达1000人次,完成电商交易订单数245个。

(二)教学目标达成度和学生学习效果显著提升

开展教学改革与创新,从传统教师讲、学生听,到现在"多态协同、三学三导"学教一体,学生的主动性、积极性提升了,敢做敢表达,数据分析应用能力明显提升。图5和图6分别是电商"三学三导"项目团队考核评价以及教学前与教学后的知识点对比调研。

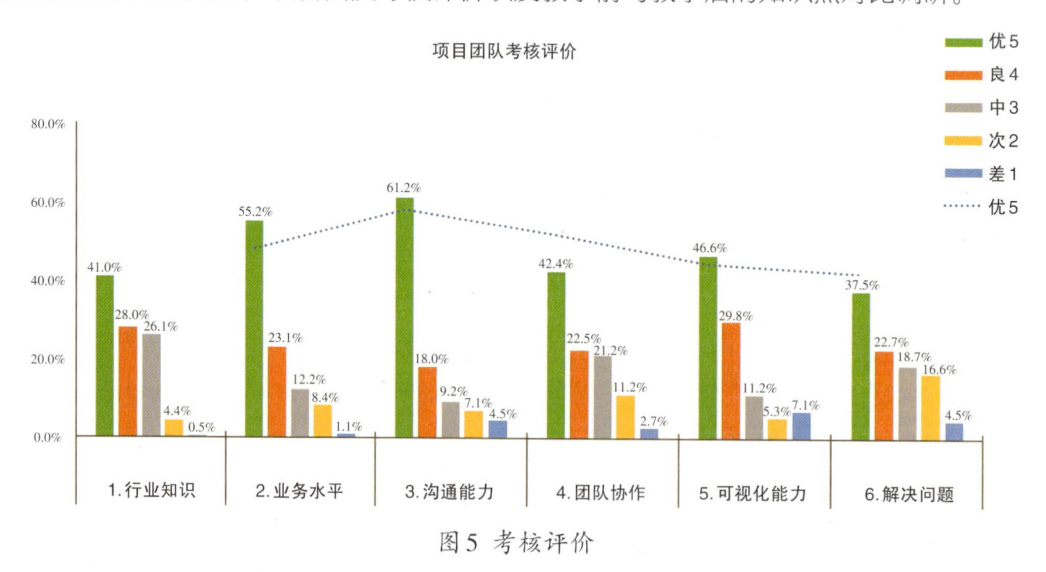

图5 考核评价

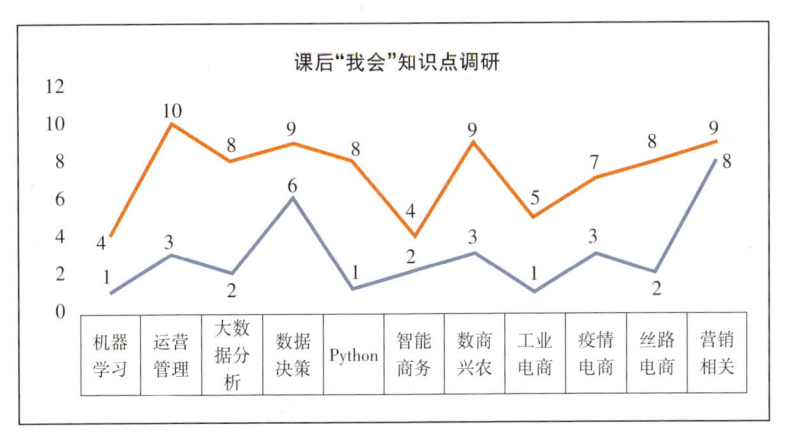

图6 知识点调研

（三）学生实践能力提升，课程思政成果丰硕

依托课程，主讲教师近年来获评课程思政精彩案例2项，指导学生获省部级及以上创新创业竞赛奖项20多项，指导学生课题2项，指导学生参加"小云雀"电商助农，指导学生完成毕业论文，有8名学生的毕业论文获评校优秀毕业论文，等等。课程成效显著。

小微企业运营仿真决策实训
——新儒商之道虚拟仿真实验项目

尹元福　张永智

重庆工商大学

一、案例介绍

本项目是重庆工商大学经济管理国家级实验教学示范中心暨国家级虚拟仿真实验教学中心的"创业综合模拟实训"课程中的项目,由尹元福博士、张永智高级实验师携团队研发,获国家软件著作权登记。通过虚拟市场环境,仿真企业流程,将传统文化融入企业经营管理决策中,帮助学员了解企业经营管理全过程,提升学员的综合实践能力。项目解决了学员"不可知、不可做、不可达"的企业经营管理中的复杂问题。

二、案例详述

(一)必要性及实用性

对于中小企业经营管理中的财务、战略、动态成本、企业成本、目标市场等多维互动和决策问题,学生难以在静态中获得很好训练,同时,目前高校经管实验中心缺少该类仿真项目。基于以上原因,本系统着力解决"外围工作、核心业务、经营全貌、市场风险、突发应急事件冲击"等无法在传统实验中受训的问题,同时解决了学生团队训练缺乏运营实体、"高成本"问题。不仅如此,实验系统的"人机对抗"和"团队对抗"设计模块,增强了个性化实训和团队协同实训效果。

(二)教学设计的合理性

1.融入实验经济学理论的企业经营环境仿真

新儒商之道虚拟仿真实验项目包含企业经营完整供应链的各个环节,以及相关服务业、行政管理机构等多种形态的仿真组织和经营环境,要求学员虚拟实现经营中的政策分析、市场预测、产品生产、销售、售后服务、企业内部管理等环节。该系统多次模拟场景中的仿真实验对决策模型进行修正,实现了完整的虚拟商业社会环境的构筑。

2. 融入产业链思维的流程仿真

新儒商之道虚拟仿真实验项目上下游产业链组织均对应国内一流企业的业务流程,利于培养学生产业链思维。同时,针对实习岗位提炼的多项关键任务和日常工作任务均有近似组织经营现实的设计,实现了流程仿真。

3. 融入经济学博弈论的博弈仿真

学生团队分成若干个企业化运作的经营体,学生扮演企业中的不同角色,包括总经理、营销经理、财务经理。在制定自己的政策和做出决策前,密切关注市场动态,同时充分考虑竞争对手的决策和策略,进行博弈,综合评定每个的季度绩效,且每个季度的市场需求是变化多端的,竞争者有更多的思考和决策空间。

(三)实验原理

实验项目基于虚拟企业经营的市场环境,通过虚拟仿真的形式,模拟企业的各种管理决策,能帮助学生了解中小企业经营管理全过程,提升学生的市场认知能力和综合实践能力。

(四)实验平台的先进性

传统仿真平台仅专注于线上或者线下,缺少将两者有机结合起来的形式。本项目借助互联网、实验平台、在线教学平台、智能终端构建了以"线上+线下+智能+虚拟仿真"为特征的"四位一体"教学环境,让学生在理论和实践中反复论证,不断深化认知,提高实操水平。

(五)核心要素仿真设计

1. 虚拟企业经营市场环境

有N(根据参与的小组数确定)家企业进入这个行业,并展开了激烈的市场竞争。仿真每个公司在经营之初,都将拥有一笔来自股东(系统)的900000元的企业资金,用以展开各自的经营。企业在决定这笔钱的用途时要充分考虑各个支出的维度和总体战略的规划。

2. 公司的管理团队,以新儒商的智慧、诚信、团队、重义轻利和"三十六计"之胜战计为基础,推演小微企业经营全过程

公司将经历N季度的经营,每个季度公司都有机会进行新产品设计,新产品研发,产品原料采购,生产厂房变更,生产设备变更,生产工人招聘、调整、培训,产品生产,产品广告宣传,新市场开发,销售人员招聘、调整、培训,产品订单报价等经营活动。每个团队都需要仔细分析讨论每一步决策任务,最后形成一致的决策意见输入计算机。

3. 虚拟仿真实验进入下季经营

进入下一季度,同上个季度步骤一样,但市场环境发生了巨大变化。竞争者能力提升,企业规模扩大,市场与产品种类增多,盈利和亏损水平同等增加,这一切带来新的机遇与挑战,为决策者提供提升能力新境界。以新儒商精神为源泉,时刻谨记商场如战场,加强"三十六计"中的实践应用,重视对手,了解自己,从而提升自己的综合能力。

(六)实验过程

第一步,瞒天过海——定战略;

第二步,以逸待劳——忙设计;

第三步,无中生有——置厂房;

第四步,暗度陈仓——招人员;

第五步,抛砖引玉——生产;

第六步,声东击西——拓市场;

第七步,树上开花——提质量;

第八步,连环计——乱对手;

第九步,釜底抽薪——投融资;

第十步,竞技博弈综合评定;

第十一步,走为上——忙学习;

第十二步,反客为主——分析对手,制定下季任务;

第十三步,完成第二季度经营,虚拟仿真实验进入下一季经营。

(七)实验方法

实验分为单人模拟和团队竞技两种方式。

1. 单人模拟

可以由系统自动完成所有操作步骤,并点击"下季度"进行下一季度操作。可以操作到第八季度。

2. 团队竞技

(1)教师新建批次,班级,新增老师。

(2)学生注册,选择进入的班级。

(3)学生进入第一季度操作,包括产品设计、产品研发、招聘销售、开发市场、订单报价、贷款。

(4)教师在所有学生完成订单报价后,分配订单。

(5)学生根据获得的订单安排生产,购买厂房,配备生产线、设备,招聘工人,购买原材料,发货。

(6)所有学生完成发货后,教师进入下一季度,集中结算,此时可以看到上一季度的学生排行。

(7)务必在所有学生提交订单后才能分配订单。

(8)务必在所有学生完成发货后才能进入下一季度,触发本季度的结算。

三、案例成效

(一)彰显课程思政,落实立德树人

本课程贯彻"三十六计"和"儒商"文化精神和内容,让学生在训练中体验中国文化的博大精深。运用到商业实战中时,更多在于培养出利国利民的商海精英而非唯利是图的黑心商人。德在技之前,此彰显了课程思政的理念,落实了立德树人的目标。

(二)训练财商能力,凸显财经特色

本实验围绕综合能力培养核心指标,理论与实践结合,将中国传统文化"儒商"精神和市场规律相结合,在实践中不断加深学生对市场和经济社会的认知;古为今用,将中国优秀古代文化——"三十六计"中部分计策融入决策中,提升财商能力。在弘扬"新儒商"精神的同时,又与我院的财经定位深度契合,彰显财经特色。

(三)内容分层递进,突出综合能力训练

以学生掌握的经济管理学科理论教学为基础,通过"模拟实验训练—虚拟仿真实验训练—实践训练"三个层次,着重训练集逻辑思维、系统思维、推理能力、操作技能和协调沟通能力为一体的综合实践能力,培养既了解市场规律又懂得企业经营管理的综合型复合型人才。

(四)体现交叉融合,对抗教学,赛训结合

开放式模型构建设计,发散学生的认知维度;训练实验者探究模型动态变化,可以在过程中调整优化方案;而人机对抗和团队对抗很好模拟出实战的氛围和节奏,课堂变对抗赛现场,实战效果显著。(图1、图2)

图1 经管实验平台培养更多综合性复合型人才

图2 学生参加创新创业大赛

四、未来启示

(一)逐步适应开放共享的课程建设发展

经过建设,实现互联网技术、AI技术和3D技术应用到实验教学中,将极大提升课程的开放程度。规划能满足开设开放实验项目可能带来的选课生人数激增的开课需求,也为课程走出我校服务更多院校创造了条件。

(二)能够满足经管类学员对企业经营管理仿真模拟训练的需要

能体现我校财经特色,满足全校学员对小微企业运营仿真模拟实训决策实验的需要;能为有志于创业的同学提供经营管理知识的学习,实现小微企业经营管理能力提升;也能为社会上有志于创业的学员提供经营管理企业的仿真训练,服务社会。

(三)依托新儒商之道虚拟仿真项目的培训与实践

很多学生可以提前体会到接近真实的商业感受,也为学生参加企业经营管理大赛做好训练服务,使其表现更加突出。

虚拟仿真技术赋能新商科实验教学的创新与实践

靳景玉　许晓静　唐平　朱沙　庞楷

重庆工商大学

一、案例介绍

"财商训练互联网征信虚拟仿真实验"于2019年获评重庆市一流本科虚拟仿真实验课程。课程团队以"两性一度"和"虚实结合"为原则，搭建了理论知识转向商业实践的纽带和传统金融转向数字金融的桥梁。项目运用数字技术、智能技术，弥补了征信活动具有不可逆操作和信息有限公开的短板，对征信业务的应用和国家信用体系的升级建设，都具有很强的适应性和时代性。本项目产教融合优势突出，既培养了学生的诚信意识、科学的信用管理观念，又为小微企业提升信用水平和融资效率提供了技术便利，推动了普惠金融发展。借助国家实验空间，立足高校，辐射社会，面向多学科与多层次学生，全面开放共享，在国家虚拟仿真实验教学课程共享平台访问量达84861人次，线上实验为10828人次，累计完成实验报告11475份。

二、案例详述

一流本科虚拟仿真实验项目的建设工作是高等教育信息化的组成部分，对提高学生实践能力、创新能力发挥了重要的作用。本案例以重庆工商大学"财商训练互联网征信虚拟仿真实验"为例，以"新教学、新实验、新未来"为建设指引，探索新文科背景下的实验教学与面向未来的新时代人才培养的连接点；推进以虚拟仿真技术为支撑的高等教育数字化发展的教学创新实践；通过线上线下、虚实结合的方式打造沉浸式教学环境，尝试现代信息技术与未来教育的创新融合。

(一)项目团队建设

团队领衔人靳景玉博士,二级教授,重庆市名师,教育部高等学校教学指导委员会金融类专业教学指导委员会委员、国家首批一流专业建设项目金融学专业负责人,国家社科基金评审专家。主持主研国家课题10项,主持省部级课题12项,出版专著10部,获得重庆市社科优秀成果奖三等奖2次,发表学术论文60多篇。团队成员获全国实验教学优秀教师奖,获校级教师教学创新大赛三等奖,获"智享杯"全国高校经管类实验教学案例大赛三等奖。指导学生参加教育部A类学科竞赛获全国二等奖。教学团队获国家版权局计算机软件著作权3项。

(二)实验项目的必要性及实用性

满足行业技术发展对实验教学变革的需要。本实验课程对互联网征信平台运作中的数据挖掘、整理、分析等过程进行虚拟仿真,克服传统实验无法解决的超大数据互联、剖析、关联隐蔽等高成本、复杂性问题。

适应征信行业特殊要求的需要。本实验课程用虚拟仿真的模式将企业征信活动、贷款活动进行预演,有利于企业和实验者在申请贷款前预知企业或个人的征信状况,并适度采取信用修复的措施,以增加获得贷款的可能性并适度降低贷款成本。

满足社会信用体系建设不断升级的需要,同时培养学生的诚信意识。本实验所运用的技术和互联网信息对企业开展征信具有很好的适应性和时代性,同时也能培养学生正确的诚信意识、全面科学合理的信用建设观。

满足金融服务实体经济,助力小微企业提升信用水平和融资效率的需要。本实验借助互联网征信平台,为中小企业诊断信用水平,为授信机构提供信用信息,推动普惠金融发展,解决融资难题,协助企业发展壮大。

可以有效提高学生利用大数据、互联网开展企业征信的能力。本实验结合了小微企业征信过程的热点问题,内容丰富。

(三)教学设计的合理性

项目构建以新技术赋能学生创新能力发展的教学体系,基于"金融+新技术"的互联网征信过程,仿真互联网征信平台系统构架,构建了知识情境化、知识实践化、知识个体化、知识组合化的创新能力发展机制。(图1)

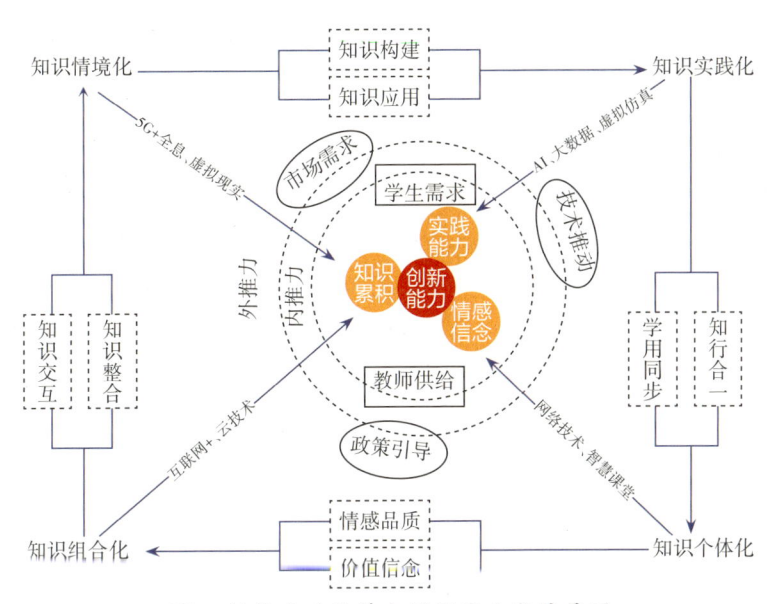

图1 新技术赋能学生创新能力发展导图

其教学设计的合理性体现在如下四个方面:

第一,设计思路的合理性。商业企业往往基于贷款需求而产生征信报告的需求,因而本实验从贷款需求发端,展开互联网数据挖掘和基本信息与财务数据分析,最后得出的征信报告设计思路符合当前大多数征信活动发生的背景和现实过程,具有设计的合理性。

第二,实验内容的合理性。本实验基于"金融+新一代信息技术"的虚拟仿真征信过程需要广泛且有针对性的数据来源和数据分析。通过该实验能达到课程设置最初的教学目的,该内容设计具有合理性。

第三,步骤安排的合理性。本实验设计了十七个具体步骤,包括贷款申请和征信调查两大板块。这些步骤还体现了实验参与者角色从企业经营者到征信业务操作员的转换,同时体现了不同类型企业的差异,还能训练实验者开展信用修复工作。

第四,技术手段的合理性。本实验采用虚拟仿真的总体架构,互联网征信抽象的数据整合,分析技术情景化、角色化,开展线上线下相结合的个性化实验教学新模式。

(四)实验系统的先进性

第一,VR+互联网技术的先进性。本实验运用虚拟现实技术展现互联网征信场景。通过虚拟征信要素和企业融资需求,仿真互联网征信过程,将复杂、抽象的互联网金融技术场景化、动态化。

第二,系统设计理念的先进性。本实验运用贷款需求引发征信要求,从而导入征信调查环节的系统设计思路具有很强的现实工作背景支撑。在征信评级模型的构建上既使用了人民银行征信评价指标体系,又使用了互联网企业行为大数据征信指标体系,从而确保了征信的水平更接近企业的真实信用情况。

第三,实验教学管理的先进性。本实验具有人机交互功能,同时大量嵌入计分模型,与实验步骤一一对应,在动态仿真实验中融入教学管理和教学评价,自动评分与生成实验报告,能让学生每做一次实验都得到新的提高。

(五)实验原理

本项目仿真互联网征信平台的运营过程,将征信与信贷业务对接,通过数据源展示细化的信用评价指标。通过虚拟要素、虚拟空间,将互联网征信的数据源引入项目教学,使学生更好地理解征信要素;通过情景仿真、过程仿真,使学生更有效地掌握征信流程、评价方法;通过角色扮演,让学生体验不同企业面临的不同信贷要求;通过虚拟现实,使学生体会信用修复,了解提升信用管理水平的途径。

(六)核心要素仿真设计

1.实验主体角色设计

实验步骤2到步骤9,主体角色是有融资需求的企业经营者,将实验角色定位于小微企业,仿真小微企业经营背景、财务数据、融资需求。

2.虚实结合的征信场景设计

将企业与互联网征信平台的业务活动设计为业务情景,仿真企业经营交易行为和数据,虚拟征信要素,构建征信评价模型,将互联网征信平台运营作可视化展示。

3.征信与业务应用场景交互设计

虚拟征信要素和企业融资需求,将企业与银行的信贷业务场景与企业融资实物场景对标,真实还原企业融资过程。

(七)学生实验操作说明

(1)登录国家虚拟仿真实验教学课程共享平台,选择"财商训练互联网征信虚拟仿真实验"。

(2)学习实验原理和实验方法。

(3)实验步骤解析。

首先,实验者自行选择角色、贷款类型、贷款年限,系统自动生成贷款利率。其次,对实验者录入的信用数据源进行智能计算,给出信用评价分值,出具征信报告。最后,系统后台记录实验过程,给出纠错提示,自动生成实验报告。

(八)实验项目应用及推广的亮点与特点

依托优势实验平台,示范辐射效益显著。已有上海对外经贸大学、长春工业大学、青岛大学、华侨大学、福建师范大学、北京工商大学、湖北工业大学、山西财经大学、重庆财经学院、安徽大学、成都大学等35所高校运用此项目开展教学。

推进多学科、多层次的教学应用,开放共享更多元化。参与实验的学生不仅有金融学、经济学、管理学等文科专业学生,还有大数据管理与应用、数据计算及应用、化工与制药等工科专业学生;学历层次有本科学生、研究生、中学生。

开展多领域推广,产教融合深度发展,获得重庆三峡银行等单位好评。

三、案例成效

(一)案例特色与创新点

1.实验设计特色

(1)彰显课程思政,落实立德树人。诚信是社会主义核心价值观的重要内容,是中国国家信用体系建设的基础。本实验以诚信教育为主旨,培养大学生践行诚信为人、诚信经营的精神品质。

(2)训练财商能力,凸显财经特色。财商训练是重庆工商大学2010年面向全校学生开设的实训课程,将逐步建设,构成财商训练的虚拟仿真课程体系。

(3)体现交叉融合,实现可视交互。信用评价体系将人民银行征信评价指标体系与互联网企业行为大数据征信指标体系相结合,利用AR技术、三维动画技术实现可视化多情景再现。

2.教学方法创新

(1)将PBL教学法、试错复盘等合作互动型教学方法引入实验项目。教学中,让学生带着问题做实验,允许学生在实验中犯错,在错误纠正过程中巩固技能。(图2)

图2 实验教学实施导图

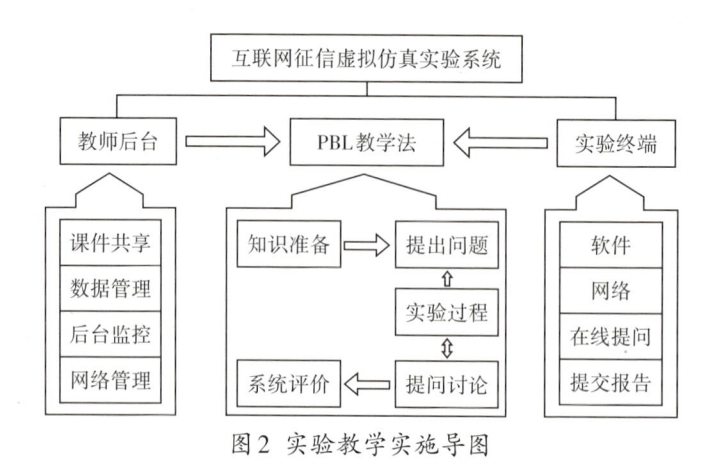

(2)虚实结合的沉浸式、探究式教学方法。通过实验者角色扮演及转换、情景虚拟再现和真实大数据的虚实结合,在系统的引导下,让实验者通过实验和测试提高信用管理能力,克服不可逆性。

(二)解决的重难点问题及教学改革成效

1. 拟解决的重难点问题

从本项目的设计开发到推广应用都十分关注以学习者为中心的个性化教育服务。本项目将互联网+、大数据、虚拟现实技术融合应用,培养学生形成风险防范的思维能力,掌握提升信用管理水平的方法,增强学生数据处理与信息运用能力。

2. 教学改革成效

以虚拟仿真实验的技术特点,构建"知识+情境+实践+个体"的四位一体虚拟仿真实验教学体系。(图3)

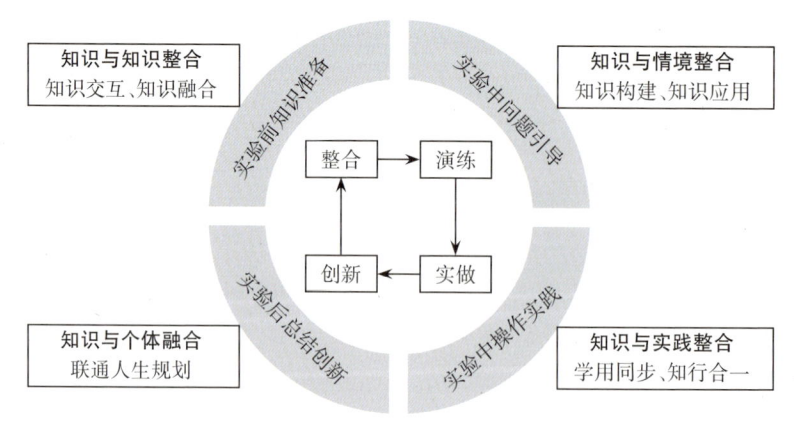

图3 虚拟仿真实验教学体系

数字广告伦理法规虚仿实验教学课程建设案例

黄蜜　张幼斌　陈若溪　宋瑾

四川外国语大学

一、案例介绍

"数字广告伦理与法规虚拟仿真实验"是四川外国语大学独立开发的实验教学系统，服务于新闻传播学科课程教学。系统的实验应用课时为2课时。

实验参照数字广告伦理与法规相关文本、行业典型案例，以及不同数字媒介广告发布中的常见伦理法规问题，利用虚拟仿真技术将广告作业团队在数字广告伦理与法规学习及应用过程必须掌握的知识、文件、流程等进行拆解。其中一部分知识点通过情景体验的方式让学生完成学习；另外一部分知识点通过虚拟实验中的交互操作手段以及相关考核完成学习。整个实验基于真实的数字广告创作场景与管理流程得出，并且虚拟构建了一个较为完整的伦理与法规学习应用场景，在伦理与法规文本学习，广告内容创作、媒介审核、设计中的应用，消费权益维护等方面都具有较高的仿真度。

二、案例详述

（一）项目团队建设

项目整合学校广告学专业、网络信息中心、校电视台师资共10人组成团队，分别承担课程主讲、实验内容设计、技术研发、实验教学、实验管理、实验视频摄制等任务。

（二）项目的必要性、实用性、合理性和先进性

1.必要性

数字广告的伦理与法规是从事数字传播业务中最根本最基础的学习内容，是"立德树

人"的重要环节。业界数字广告产品监管尚存局限,业务执行中违理违法则不可逆,因此需要在专业教育和培训中利用虚仿系统,强化伦理与法规意识,降低试错成本。同时,枯燥的伦理与法规教育需要紧跟教学信息化转型的步伐。

2. 实用性

一是运用现实生活和工作场景激励学生不断尝试探索内化伦理与法规知识,帮助学生以最小的代价认识到遵纪守法的重要性,提高对相关伦理与法规知识点的关注度。二是基于"以学生为中心,成果为导向"的指导思想,充分利用虚拟仿真技术,将伦理与法规知识、违法违规问题的处理融入仿真实践场景,实验实用度高,寓教于用。三是强适应度,服务多专业。实验呈现的数字广告伦理与法规专业知识适用于法学、戏剧与影视学、外语语言文学、工商管理学等多个学科专业的课程。

3. 合理性

一是强化场景逻辑层次,将伦理与法规知识在实际应用中逐渐推进,并帮助学生直观认识到伦理与法规意识必须贯穿广告活动全流程。二是重视实验效用与产出,实验设计兼顾综合性、应用性、产出性。例如,实验综合广告作业全流程设置具体场景,增强实验的代入感;实验各场景均要求学生以第一人称角色参与实际工作,在实务中熟悉、应用伦理与法规知识点;实验要求学生基于伦理与法规知识应用产出合格的数字广告作品,以及对现有数字广告伦理与法规问题的理解与看法。

4. 先进性

一是课程思政性强,以"立德树人"为课程教学根本任务,以树立学生"知法、懂法、守法、用法"意识为目标,强调课程思政的中心地位。二是"学生为中心"指导思想突出,突破之前教学受限于文本阅读、案例分析等传统教学形式,通过角色扮演让学生参与式学习、沉浸式体验,在实验操作中充分调动主观能动性进行自主学习、高阶思维。三是知识拓展空间大,挑战度高,置顶伦理与法规文本内容,让学生在实验过程中随时能查阅相关内容。同时,实验通过主观知识考核加大学生学习投入,强化创新性、挑战度。四是智能化程度高,学习效率高。实验系统操作流畅、响应快;数字广告文案撰写、页面设计等业务操作交互性强;伦理与法规文本学习和业务流程操作之间可随时切换,充分保障学生知识点学习与应用的融合性,提升学习效率。

(三)实验原理与核心要素仿真设计

1. 实验原理

实验参照数字广告伦理与法规相关文本、行业典型案件,以及不同数字媒介类型中的常见问题,虚拟地对广告作业团队在数字广告伦理与法规学习及应用过程必须掌握的知识、文件、流程等进行拆解,并通过情景体验、交互操作、知识考核等方式构建了一个较为完整的伦理与法规学习应用场景。

2. 核心要素仿真设计

实验所有场景中的交互操作主要为四种结构类型,分别为:任务激活操作类、知识点提示交互操作类、考核型任务交互操作类、输入内容型交互操作类。(图1)同时,在交互操作结构的支撑下,设计五个虚拟仿真实验场景,融合真实工作和生活情景,分别服务于任务获取、基础学习、内容创作等环节。(图2)

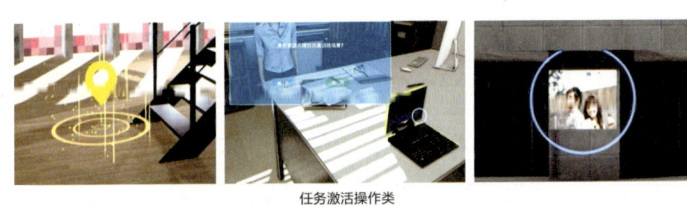

任务激活操作类
(点击相应场景内的闪烁元素,例如笔记本、广告牌,等激活任务提示)

知识点提示交互操作类
(通过点击行为触发或收起相关知识点提示)

考核型任务交互操作类
(通过任务提示点选相关图标,完成考核)

输入内容型交互操作类
(通过键盘输入,完成相应主观内容作答)

图1 四种交互操作类型

1. 广告公司前台及大厅场景
实验中获取任务的基本场景,服务于广告项目流程对接与团队协作训练环节

2. 线上培训与考核场景
服务于基础学习环节

3. 公司电梯及户外街道场景
服务于数字媒介接触与考察环节以及媒介受众获取广告信息环节、消费者权益维护环节

4. 公司工位场景
服务于传播内容审核、文案创作与审核、视觉要素设计与审核在内的内容创作环节

5. 项目团队创作讨论室

图2 五大场景及其功能

（四）实验教学过程与实验方法

1.实验教学过程

本实验教学分实验背景及介绍、实验操作及分析、实验报告及讨论三个阶段。(图3)

```
阶段一：实验背景及介绍
回顾前续章节的伦理与法规知识，
介绍实验背景、实验目的、实验流程、操作方式、考核方式等。
            ↓
阶段二：实验操作及分析
指导学生完成五大实验场景的操作与知识应用，
对学生实验操作过程中提出的疑问做出及时反馈，
并引导学生对实验中发现的知识点应用问题做出深入思考，
为后续讨论做准备。
            ↓
阶段三：实验报告及讨论
针对学生实验报告中呈现的问题，教师组织学生讨论，
引导学生将知识点的应用拓展到更多领域，
深化和引发新的思考，并适当对个别突出典型的问题进行点评。
```

图3 实验教学过程

2.实验方法

实验强调教学过程中的沉浸感和挑战度，采用四种方法开展教学。

（1）案例研习法

实验虚拟实际工作和生活场景中的案例研习、案例实践，让学生在实际体验中感受伦理与法规运用的差别和影响，进而受到启发。

（2）角色扮演法

学生以"客户执行实习生"和"消费者"的双重虚拟身份，完成广告伦理与法规学习、团队内任务对接、媒介考察与维权、相关项目创作等任务。

（3）任务驱动法

实验根据剧情实时提示知识点（共13个），并很快给出考核任务，便于学生及时巩固知识点学习。现学现用的任务驱动方式，让实验学习的效率性增强。

（4）问题探究法

实验注重实验结束后学生运用发现探究法对实验过程、实验任务练习进行反思与总结。这是学生将知识内化为专业能力和素养的重要学习方法。

(五)学生交互性操作步骤及说明(图4、图5)

操作准备	
步骤1	登录adxfsy.sisu.edu.cn网址,下载并安装客户端,打开实验
步骤2	阅读实验简介,查看课前自主学习的相关法律法规文本
步骤3	阅读操作提示,完成操作训练

场景一:广告公司前台转场至大厅	
步骤1	定位前台,阅读前台人员提示,确认后完成转场
步骤2—3	进入公司大厅,定位项目负责人,阅读小组长项目背景与任务提示,并确认
步骤4—6	线上培训前的任务获取流程与转场:A.定位工作台电脑,确认进入文本学习页面;B.点击电脑进入文本学习页面,查看已学习的法律法规文本,关闭并确认状态;C.返回项目负责人处对接任务,再次定位工作台电脑,进入线上培训与考核场景

场景二:线上培训与考核	
步骤7—15	完成案例解析考查(共9个),考查方式是阅读案例背景,点击"考考你"进入考查题目页面,勾选选项后确认进入下一题
步骤16—21	提交后再进行拓展案例学习(共6个),学习方式是阅读案例背景并查看案例解析,最终确认完成学习
步骤22—23	转场环节:A.确认转场并移动至楼梯口;B.上楼并确认接收户外媒介研究任务

图4 实验场景与步骤说明一

场景三：公司电梯及户外街道	
步骤24	查看电梯内数字广告内容，完成考查题目，确认转场
步骤25—30	查看街道中不同形式的户外数字广告(共6则)，阅读其内容，完成考查题目。6则广告无固定的阅读先后顺序
步骤31—32	电商信息接收任务：A.提示收到一封智能购物邮件，进行微信界面信息选择；B.完成针对智能推荐广告的精准投放问题并进行主观题解答
步骤33	进入手机购物页面，阅读8个电商广告信息，根据相关知识点筛选出合情合法的广告信息，完成产品购买，确认任务完成
场景四：公司工位	
步骤34	移动至工作台点击手机获取新的数字广告信息，完成关于APP上赚钱广告的伦理问题并进行主观题解答，提交后退回到公司大厅场景
步骤35	定位工位，点击包裹，查收已购买到的产品，通过验货流程发现包裹问题，并与同事沟通
步骤36	进一步学习消费维权相关文本，确定后通过连线方式完成维权流程的考查题目，确认后回到公司大厅场景
场景三：公司电梯及户外街道	
步骤37	移动至项目文案讨论区域，点击按钮确认接收专题页面设计工作任务，点击桌面文件进入具体设计界面
步骤38—39	按顺序完成以下文案设计任务：A.阅读不同行业类型的宣传文案，判断并删除存在伦理与法规问题的文案；B.个人创作文案
步骤40—41	文案任务到设计任务转场：A.回到项目文案讨论区域确认任务完成；B.移动至设计电脑前，确认专题页面设计任务
步骤42—45	按顺序完成以下视觉设计任务：A.在6张广告图片中，有3张图片存在违法问题，找到并去除有违法问题的广告；B.根据互联网广告发布相关规定，通过素材拖拽组合拼接正确的设计图稿；C.筛选4张APP弹出广告中正确的设计图稿；D.根据相关法规要求点击放大或缩小按钮选择moving logo广告的正确尺寸，确认后点击完成
结束实验，输出实验成绩，生成实验报告	

图5 实验场景与步骤说明二

(六)实验项目对知识、能力、水平的提升

实验帮助学生构建了相对完整的数字广告伦理与法规知识体系，掌握了涉及国家安全、国家形象、消费隐私、未成年人保护、虚假不良信息等方面的伦理与法规要点。同时强化了学生数字广告业务操作中的伦理与法规意识，提升了学生伦理与法规知识在数字广

告活动中的应用、问题解决的能力和水平,为培养"德""法"意识健全、综合素养高的复合型数字广告人才提供了支持。

(七)实验项目应用及推广的亮点与特色

本团队在各类教学科研专业会议上,在访学访问等各类互动交流平台上,积极向兄弟高校宣传推广本项目,开放系统,共享资源,让更多的师生加入教学实验环节,交流教学思路和教学实践成果。同时,实验秉承产教融合的理念,将实验无偿提供给行业公司作为会员或员工培训资源,填补了行业广告人才培训在伦理与法规虚拟仿真资源方面的空白,获得了实验者的好评。

二、案例成效

(一)案例特色与创新点

1.实验内容坚持课程思政为根本

实验始终以培养学生国家意识、法律意识、正确价值观和道德观为核心教学目标,并从内容设置和交互操作上落实课程思政内容。

2.实验设计紧跟数字前沿

实验允许学生在任意时空进行学习,具有灵活性和便利性,同时提供给学生接近多种数字资源包括其他实验者的机会,通过在线学习促进社会关系。

3.教学方法突出应用性和个性化学习

学生以第一人称角色扮演形式参与实验,沉浸式完成实验任务、主导实验情节铺展。教学方法强调学生学习的主体性、能动性,以及知识的实际应用性,同时利用思考题引导学生进行探究式与个性化学习。

4.评价体系突出挑战度

实验评价体系将伦理与法规知识、能力、素质有机融合,以选择题、连线题、排版题、判断分析题层层递阶,突出思考的深度和挑战度,培养学生解决复杂问题的综合能力和高阶思维。

5.实验教学社会服务属性突出

实验教学打破校际界限、学界业界界限,强调实验对兄弟院校相关教学的服务支持,也为广告营销与传播行业机构提供继续培训,充分发挥实验的人才培养效能和社会服务能力。

(二)教学改革成效及解决的重难点问题

实验让枯燥的伦理与法规知识活化,解决了以下教学中的重难点问题。

1.转变了学生不重视伦理与法规学习的观念

以往学生重技能类课程学习,认为伦理与法规是可有可无的学习内容,再加之伦理与法规内容本身较为枯燥,学生的学习积极性较弱。实验活化了伦理与法规知识内容,并将其应用化,极大提升了学生的学习积极性和主动性。

2.解决了伦理与法规知识缺乏应用性的问题

以往伦理与法规教学多以知识讲授、案例分析为主,教学内容与行业实务场景脱节。实验将伦理与法规知识融入行业实务的多场景,让学生的伦理与法规学习实务化。

(三)取得的主要成效、成果

本实验课程获批2022年重庆市虚拟仿真实验教学一流课程;依托本实验,团队获批2022年虚拟仿真实验教学创新联盟的"基于虚拟仿真技术的慕课建设与应用研究"项目;团队教师获2022年重庆市教学成果奖一等奖、2021年重庆市教委高校课程思政示范建设项目,并获评重庆市2021年高校课程思政教学名师和团队。

本实验课程建设以来,学生参加大广赛、公关策划大赛、创新创业大赛等赛事10余次,获国家级二等奖和三等奖各1项、省部级奖项50余项。

四、未来计划

未来本课程将持续进行管理、维护、研发和升级,做成多元教学、多学科应用、多项目开发的教学资源集群,进一步夯实专业特色。项目将在现有基础上依照横纵两个维度进行延展,横向拓宽广告策划运营的实践场景,纵向拓展广告实践流程,真正打通线上线下、校企联动、创新创业,发挥高校产学研一体化的智力优势,满足教学需求、行业需求和市场需求。

装饰材料介入环境设计
与空间体验虚拟仿真实验教学

余毅　赵娟　黄红春　黄洪波　李仙

四川美术学院

一、案例介绍

在"材料学基础"课程的实验教学中,材料的实物观摩受时空限制,材料的构造技术抽象难理解,材料的空间运用不可感知、不可达,这使得课程教学长期停留在"是什么"的学习中,难以深入"怎么用"的实践环节里。

我校环境设计专业的教学团队一直致力于"材料学基础"课程实验教学的有序开展与研究,建设了"装饰材料介入环境设计与空间体验虚拟仿真实验教学项目"。该项目改变了以往理论教学的抽象感,采用数字化技术再现材料实物,实现了学生自主操作的虚拟仿真教学模式。项目教学涵盖了材料基础知识、材料构造、材料运用、虚拟漫游和考核等多个环节,为学生提供了身临其境感受材料和空间的实验场景。

二、案例详述

(一)项目目的

从"材料学基础"教学内容来看,课程兼具了理论与实践双重特性,在教学中转变学生的学习能动性,把"材料是什么"的知识层面,深入到"材料怎么用"的实验操作中。

1.实物教学易受时空限制且更新困难,做不全

对材料基本知识的教学,以往采用文字、图片、动画视频的方式进行课堂讲解,存在一定局限性:一是仅仅停留在对材料的认识阶段,学生缺乏对后期使用的深层理解;二是受学时分配和实验室开放的影响,学生在对材料的认识和学习过程中受到时间和空间的限

制;三是材料迭代更新,但材料展示难以做到及时更新,教学内容与实际运用脱节。

2. 材料构造采用抽象制图和现场观摩,难理解

从认识材料到材料如何运用这一环节,以往采用材料施工构造的抽象制图和施工现场观摩的方式进行教学,存在抽象难理解、被动观看、无法短时间内了解施工工艺全过程、施工现场危险性较大、耗时较长的弊端:一是抽象制图的学习方式,缺乏立体构造的空间思维,更无法按步骤进行动手操作的训练,难以达到深层次的学习和理解;二是施工现场的不确定性,在外出教学过程中难以保证每个学生的绝对安全;三是施工现场无法观察到工艺的全过程,只能展现材料施工的某一阶段;四是外出现场教学环节中时间和财力的消耗限制了实践教学的开展。

3. 设计中材料运用的直观感知困难、建构成本高,做不到

将空间设计呈现与材料运用对接练习,以往教学中是采用图片欣赏、方案展示等间接形式来感知分析材料在空间设计中的效果呈现和情感表达,这存在很大的局限性:一是学生通过二维的角度看三维的空间,缺乏空间结构、尺度、距离、形态、色彩、质感等沉浸式体验;二是材料在空间中呈现出的感观效果较为直观,而传统教学较为抽象,学生只能靠想象去感知,限制了对材料使用的想象能力和设计的情感表达;三是装饰材料在实体空间建设使用中的成本较高且存在不可逆性,难以构建真实空间环境进行替换效果的体验。

针对上述课程实验教学开展的难点问题,我校与企业共同研发了"装饰材料介入环境设计与空间体验虚拟仿真实验教学项目"(图1),该项目包含材料的基本知识学习,构造技术与工艺的拆装交互,材料在空间设计中的实施呈现、场景漫游、课程考核等功能,通过自主式、问题式、任务式、研讨式等多元化的教学形式,为学生提供不受时空限制、身临其境感受材料材质及其空间应用的实验环境。

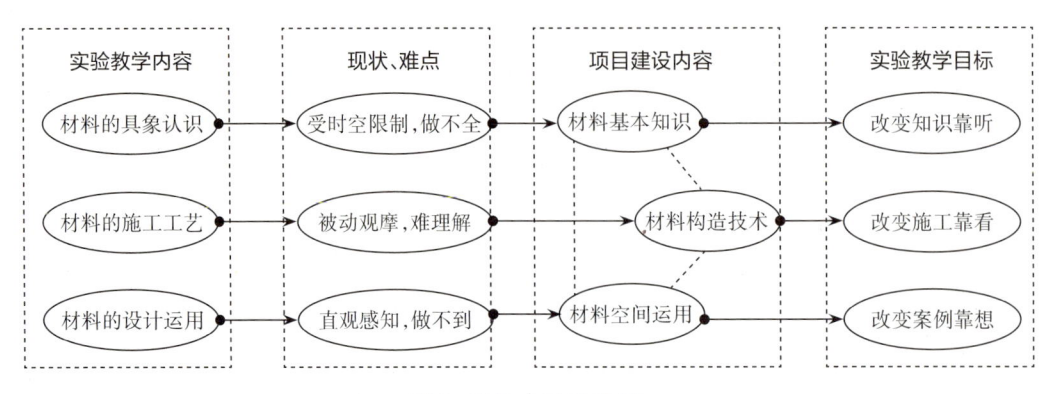

实验教学内容	现状、难点	项目建设内容	实验教学目标
材料的具象认识	受时空限制,做不全	材料基本知识	改变知识靠听
材料的施工工艺	被动观摩,难理解	材料构造技术	改变施工靠看
材料的设计运用	直观感知,做不到	材料空间运用	改变案例靠想

图1 项目建设思路图

(二)项目内容

1.实验教学功能

"材料基本知识"模块,是对装饰材料进行三维建模,在虚拟场景中实现材料特性、色彩、肌理等方面的真实呈现,与真实材料展示室的教学环境虚实互补,为材料性质的学习提供脱离时空限制、更新及时的实验环境。

"材料构造技术"模块,是对材料施工的展开虚拟再现,学生对建筑构件进行拆分和组装,完成材料在不同施工环境中的交互作业,实现在学校完成工地实践,理论与实操同步。对于难点构造可反复实践操作,提高学生对材料施工工艺的掌握度。

"材料空间运用"模块,是构建一些经典的或不易达的环境空间,学生在虚拟空间中进行装饰材料的组合搭配,并利用沉浸式设备,实现真实空间的多维体验,使得学生由被动地想象材料应用效果,转为主动地感知材料在空间中的呈现。

2.实验方法步骤

(1)实验方法描述。

本项目实验方法就是提供材料及其构件的虚拟再现,在完成知识记忆和技能训练的基础上,通过VR提供沉浸式体验环境,让学生能够身临其境般进入一些经典的、不存在的、不易达的环境空间中,灵活地感受材料应用变换对空间设计产生的具象效果,充分调动学生的全身感官去体验设计方案传达给观众的感觉与氛围。

(2)交互操作步骤。

"材料基本知识"模块,构建"材料长廊"虚拟展示空间,呈现200多种不同类别材料。(图2)

"材料构造技术"模块,提供约50种材料构造技术与工艺的实施模型(简称"构件"),学生可对构件进行拆分、拼装和爆炸,并反复操作训练。(图3)

图2 "材料长廊"虚拟展示空间

图3 材料构件学习操作步骤

"材料空间运用"模块,学生进行室内装饰设计与实时感知,自由更换墙面、天花板、门、窗等部件材料,并实时获得真实的多维互动式体验。(图4)

图4 材质设计操作步骤

"考核"模块,单击【开始考试】,进入【习题考核】;【习题考核】完毕,开始进入【拆装考核】;【拆装考核】完毕单击【提交】,完成考核,显示考试成绩。

三、案例成效

空间设计与材料运用是环境设计专业的主要教学内容,而材料运用是否合理对空间设计的效果呈现至关重要。空间和材料是互为共生的关系,空间因材料而存在,材料因空间而变得有价值和有意义。因此,本课程也成为后续各环境空间设计课程的教学基础,重点培养学生对材料的形象感知和灵活运用的能力,是一门知识性和实践性紧密结合的课程。

在VR的实验教学环境中,突破传统教学中"知识靠讲""施工靠看""案例靠想"的局限:一是针对知识型的内容,设计问题式和游戏式的教学方法,鼓励学生"自主学习",促使学生积极主动思考;二是针对技能型的内容,采用以练代看、以赛促练的教学方法,实现

"操作中学",降低学习材料构造与工艺的抽象性,帮助学生迅速而正确地理解教学内容;三是针对应用型的内容,采取案例式、任务式教学方法,实现"体验中学",激发学生的实践热情和创造力。在课程实施过程中,充分做到"理论与实践、虚拟与实际、教学与创作"相结合。

在虚拟仿真实验教学环境中,学生能更广泛地应用材料,并及时体验材料在空间中的感受,通过大量的空间案例,培养材料运用的空间创造力。此外,以项目实现了从设计图纸到三维空间的及时呈现,通过数字化技术手段实现了"所想即所见",大大激发了学生的学习和创作热情。

自2018年以来,本项目已用于建筑设计、环境设计、公共艺术等多个专业的课程教学中,帮助学生在虚拟空间中进行材料的学习与运用,激发学生的学习和创作热情。2019年10月,作为申报项目,已在国家虚拟仿真实验教学课程共享平台上线并面向全国开放,借助公共平台在校内外进行了一定程度的教学应用与推广。2020年11月,获评国家级虚拟仿真实验教学一流课程。近几年已承担了校内外100余学时的教学任务;对河北科技工程职业技术大学等高校免费共享开放,用于他校环境艺术设计专业、建筑装饰工程技术专业的"装饰材料与施工工艺"课程。(图5、图6)

图5 课程总结与汇报活动

图6 课程共享平台推广情况

四、未来计划或启示

在项目的持续建设方面,将围绕材料3D模型库、构造工艺模型库、空间场景库、模型自建导入、异地协同等方面进行持续建设,完善项目运行维护、教学改革创新、教学团队培养等工作;依托市级虚拟教研室的建设,积极推广该项目在相关兄弟院校的使用;建立一支线上线下、涵盖多个单位的教学团队。

在教学形式和改革方面,积极拓展成果运用的广度和深度,在不同层次和不同范围开展教学改革研究与探索。继续做好2021年获批的重庆市研究生教育教学改革研究项目"虚拟仿真教学在研究生'材料学基础'实践课程的改革探索与应用";2021年获批的重庆市虚拟教研室试点建设项目"环境设计与材料运用虚拟教研室";2022年获批的虚拟仿真实验教学创新联盟首批实验教学虚拟教研室建设试点项目"环境设计专业实验教学虚拟教研室"。在虚拟教研室平台下,与各高校积极探索线上线下教学新形式和新方法。

地下水水质分析与健康风险评价虚拟仿真实验教学示范案例

冉谷　张六一　饶通德　郝海燕

重庆三峡学院

一、案例介绍

随着工农业的发展和人类生产生活的影响,地下水污染问题日益凸显。在践行"绿水青山就是金山银山"生态保护理念的社会背景下,通过虚拟仿真技术,开展地下水水质分析与健康风险评价虚拟仿真实验,以逼真的3D实验场景和实验环节,满足学生对仪器的认知操作和水质分析评价的需求,具有极强的专业特色。该虚拟仿真实验有利于提高学生对仪器的认知和操作能力,加深学生对地下水水质状况的了解;同时融入思政元素,让学生树立珍惜水资源和保护水环境的观念,促进环保事业的发展,推动环境保护文化的建设。通过虚拟仿真实验,丰富实验教学手段,延伸实验空间和时间,节约实验成本,降低实验风险,践行环保理念,克服传统实验教学缺陷,让学生从虚拟仿真实验中学习积累,进一步培养实践应用和探索创新能力。

二、案例详述

(一)项目团队建设

近5年来,团队成员承担了环境科学和化学(师范)专业的"仪器分析实验"课程。利用虚拟仿真技术,开发设计了多个虚拟仿真类实验项目,满足了不同专业的需求,获得了较好的教学效果和评价。同时,依托实验课程,项目团队获批校级一流本科课程立项,指导学生参加各类实验竞赛并获批市级、校级大学生创新创业项目。

(二)实验介绍

1. 实验项目的必要性

针对地下水资源的短缺和污染现状,需了解水质状况及其对健康的影响。但是,传统实验所需大型仪器设备昂贵且使用成本较高,水样野外采集过程烦琐且风险大等因素限制了实验开展和教学需求。通过虚拟仿真实验,可以最大限度降低实验成本,确保学生实验安全,满足实验要求。虚拟仿真实验项目突破了传统实验教学的局限性,显著提高了实验教学效果。

2. 实验项目的实用性

该实验发挥"虚实结合"的优势,注重学生能力培养的全面性、全程性和长期性。利用虚拟仿真平台,调动学生积极性、主动性,促进学生从"要我学"到"我要学"的转变,让学生的实践能力得到充分锻炼,从而实现对仪器认知、仪器操作和数据处理整个实验流程的掌握。

3. 教学设计的合理性

借助虚拟仿真实验,以知识传授和应用实践创新能力培养为出发点,根据学生的认知特点和体验式教学基本原理,针对虚拟仿真实验教学构建了"理论学习—仿真实训—考核总结"的闭环式教学设计,实现自主性、探究性的学习模式。采用线上线下相互结合,课前、课中、课后相互贯穿的混合式教学模式。虚拟仿真实验教学的重点是在接近真实的沉浸式教学体验中,将各个知识点有机融合为一体,实现对学生知识获取和创新实践能力的培养。

4. 实验系统的先进性

实验项目利用虚拟仿真技术,构建高度仿真的虚拟实验环境和实验对象;实验项目含有丰富的自主学习内容和操作界面;实验数据能自由记录和处理;具有智能的操作指导和评分系统。该实验系统实用性强,具有较大的可推广价值和应用前景。

(三)实验原理

离子色谱法以阴离子或阳离子交换树脂为固定相、电解质溶液为流动相(淋洗液)。在分离阴离子时,常用 Na_2CO_3 溶液或者 $NaHCO_3$-Na_2CO_3 混合液作淋洗液;在分离阳离子时,则常用稀盐酸作淋洗液。利用待测离子对离子交换树脂亲和力的不同,使它们在分离柱内具有不同的保留时间而得到分离。此法常使用电导检测器进行检测,为消除洗脱液中强电解质电导对检测的干扰,于分离柱和检测器之间串联一个抑制器而成为抑制型离子色谱。由于离子色谱法具有高效、高速、高灵敏和选择性好等特点,因此广泛地应用于环境监测、化工、生化、食品、能源等各领域中的无机阴离子、阳离子和有机化合物的分析。

(四)实验教学过程与实验方法

1. 实验教学过程

本项目以虚拟仿真技术为媒介,通过全三维沉浸式立体交互模式,将高成本、耗时长的实验项目虚拟化。采用自主式、探究式和讨论式的混合式教学方法,使学生学习掌握仪器操作和数据处理。同时,以知识传授与应用、实践创新能力培养为出发点,构建了"仪器认知—仿真交互—考核评判"三层次的实验教学内容。采用线上线下相互结合,课前、课中、课后相互贯穿的混合式教学模式。课前发布课件资料,引导学生学习理论知识;课中进行虚拟仿真操作,熟悉整个实验流程,锻炼学生的应用操作能力;课后提交实验报告和总结,了解学生从知识到能力的达成情况。通过人机交互式的自主性、探究性的学习模式,将实际的仪器设备和实验流程真实展现,同时,通过与真实实验室相结合,起到互补互促的效果。(图1)

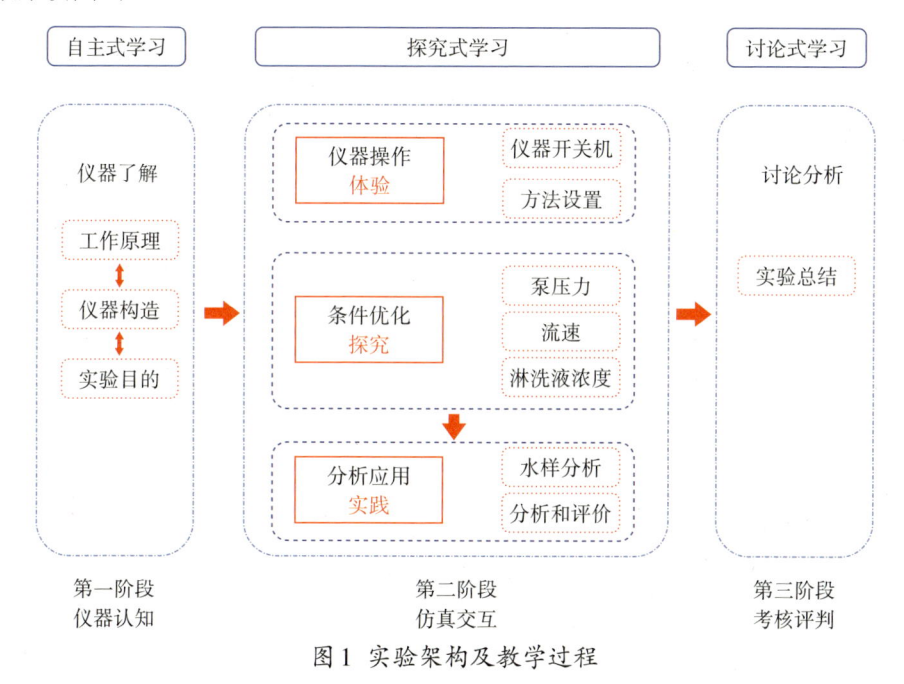

图 1 实验架构及教学过程

2. 实验方法

本虚拟仿真实验以学生为中心,通过全三维沉浸式立体交互模式,在实验过程中采用观察法、控制变量法、比较法等多种实验方法。学生通过逼真的实验操作内容和人机交互环节,不断思考和探究,调动起主观能动性,增强了学习的主动性;教师与学生即时互动,解答学生的问题,掌握学生学习动态,有效提高学生分析问题、解决问题的能力,为学生应用实践和创新探索能力的培养打下良好的基础。(图2)

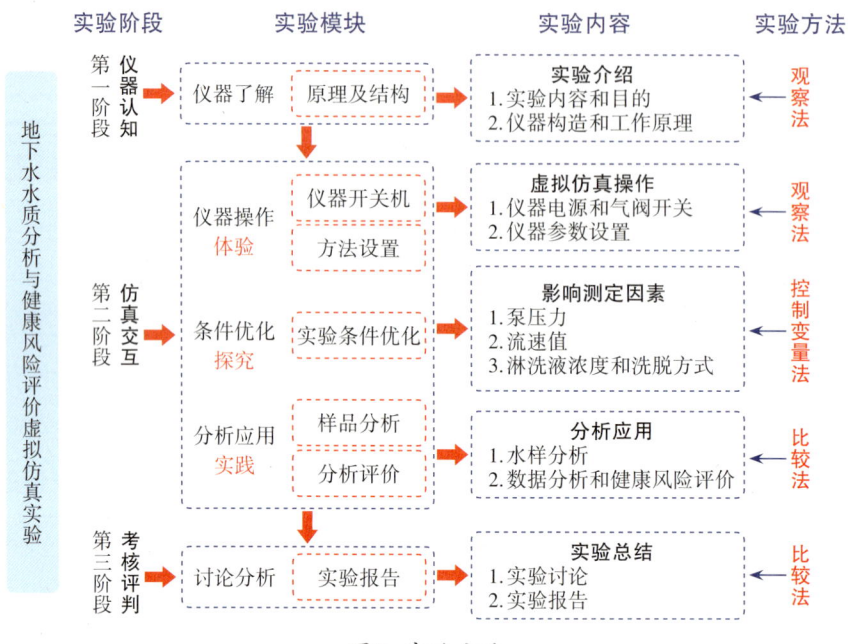

实验阶段		实验模块		实验内容	实验方法
第一阶段	仪器认知	仪器了解	原理及结构	实验介绍 1.实验内容和目的 2.仪器构造和工作原理	观察法
第二阶段	仿真交互	仪器操作 体验	仪器开关机 方法设置	虚拟仿真操作 1.仪器电源和气阀开关 2.仪器参数设置	观察法
		条件优化 探究	实验条件优化	影响测定因素 1.泵压力 2.流速值 3.淋洗液浓度和洗脱方式	控制变量法
		分析应用 实践	样品分析 分析评价	分析应用 1.水样分析 2.数据分析和健康风险评价	比较法
第三阶段	考核评判	讨论分析	实验报告	实验总结 1.实验讨论 2.实验报告	比较法

(左侧纵向标注:地下水水质分析与健康风险评价虚拟仿真实验)

图2 实验方法

(五)实验项目对知识、能力水平和情感的提升

知识提升:学生通过本虚拟仿真实验项目的学习,了解仪器工作原理、基本构造和运行特点,学会独立使用仪器分析地下水水质状况,能完成实验数据分析处理,并通过数据对健康风险做出评价。

能力水平提升:通过本实验项目的训练,学生的自主学习能力、综合实验能力和解决问题能力得到提高。

情感提升:增强学生的环保意识、家国情怀和大健康理念。

(六)实验项目应用及推广的亮点与特色

本虚拟仿真实验已经连续三届在环境科学和化学(师范)专业开设,解决了仪器操作学时不够、实验成本高、采样有风险等问题,满足了学生对仪器操作和水样分析评价的需求。同时,该虚拟仿真实验提供在线开放平台,满足未开设本实验课程的其他专业学生的学习,促进学生的学习兴趣和探索能力提升。

三、案例成效

（一）案例特色与创新点

本案例实验选题直击教学痛点，针对学生培养端需求与教学资源供给端不足的矛盾，开展虚拟仿真实验，有助于学生构建"理论知识—仪器认知—实验操作—数据处理"完整知识体系。案例发挥"虚实结合"的优势，注重学生能力培养的全面性、全程性和长期性。本案例选用虚拟仿真平台仿真度高，三维沉浸式的体验极大提高了真实感，学生可以获得更好的学习效果。本案例采用自主法、探究法、讨论法等混合式教学方法，充分调动学生学习的主动性，培养学生自主、合作、探究地完成实验内容，促进学生从"要我学"到"我要学"的转变，让学生的实践应用和创新探索能力得到充分锻炼。

（二）教学改革成效及解决的重难点问题

课程利用虚拟仿真平台，将实验资料在平台开放共享，使学生能在课前自主预习。通过虚拟仿真平台，对实验原理、仪器的构造和操作使用、数据分析等内容进行针对性、探索性学习，激发学生学习兴趣，并能够对理论知识进行有效补充，提高教学效果。采取"多结合"教学方式，即与线下真实实验结合、与行业社会需求结合、与实践创新结合，提高了学生的创新和实践操作能力，满足应用发展需求。本虚拟仿真实验解决了仪器操作学时不够、实验成本高、采样有风险等问题，满足了学生对仪器操作和水样分析评价的需求。

（三）取得的主要成效、成果

通过本实验的实施，实验教学团队获得虚拟仿真实验教学的经验，掌握先进的教学方法和技术；学生了解仪器操作和数据处理的方法，提高了应用实践和探索创新能力。同时，依托本实验，团队申报立项校级教改项目1项，发表教改文章4篇，获批校级一流本科课程1门；指导学生参加第三届"北控水务杯"全国大学生市政环境类创新实践能力大赛，分别获化验赛和虚拟仿真赛西部赛区二等奖；指导学生获批2021年重庆市大学生创新创业训练计划项目。

四、未来计划或启示

本虚拟仿真实验将在现有基础上进一步优化人机交互界面，细化操作流程，丰富实验内容，更加贴近真实状况的操作流程，满足对环境分析的需求。在服务计划方面，向所有高校开放本虚拟仿真项目，让更多的师生加入教学实验环节中来，学习优秀的教学思路，取长补短,共享实验教学资源,分享教学实践成果,增强对优质反馈意见的吸收和采纳。同时,积极进行行业推广和社会宣传,促进校企合作、社会参与和平台开放,提供优质高效的接入和反馈服务,并定点进行教学延展的线下培训,开展双方互融式交流,提升项目的社会应用程度,体现高校产学研一体化,满足教学需求、行业需求和市场需求。

中欧班列
——疫情下的中国担当

冯利朋　范晓　赵晓飞　傅世均　苏燕

重庆文理学院

一、案例介绍

2011年1月28日,首趟中欧班列(重庆)从重庆出发,经过10余年的发展,中欧班列(重庆)形成"一干多支"20条运行线路,连接亚欧12个国家30多个城市。新冠肺炎疫情时期,常态化开行的中欧班列已经成为各国疫情防控的"补给线",有效降低了疫情对中欧产业链、供应链合作带来的冲击和影响。2022年7月13日,京东物流重庆巴南"亚洲一号"智能物流园区(以下简称重庆'亚一')获重庆市商务委授予的重庆市"中心城区应急物资中转站"称号。本案例以中欧班列的防疫专列为研究对象,以重庆"亚一"的无人仓为切入点,仿真模拟防疫物资在重庆"亚一"无人仓的运作流程,及将防疫物资从重庆团结村站始发,由阿拉山口(霍尔果斯)出境,通过通关、转轨等流程运往哈萨克斯坦、俄罗斯、白俄罗斯、波兰、德国等的全过程。此案例把重庆市"中心城区应急物资中转站"、无人仓、"一带一路"、中欧班列等社会应用结合起来,符合现代教学理念。

通过本案例,让学生感受重庆精神、中国精神、大国担当精神、家国天下的情怀以及对全社会的责任感。让学生体验信息化课堂带来的寓教于学,并学有所得。

---

① 本案例为重庆市高等教育教学改革研究项目"产业链协同视阈下成渝地区双城经济圈'大流通'体系对地方高校物流类专业创新发展的实践研究"阶段性成果。

二、案例详述

(一)项目团队

本项目组由5名教师构成,均是重庆文理学院国家级一流专业——物流工程专业的骨干教师。团队成员长期承担"物流信息技术与应用""物流系统建模与仿真""智慧物流"等相关课程的教学任务。团队在对知识点进行研磨的同时,明确了此实验项目须确立价值塑造、能力培养、知识传授"三位一体"的教学目标。

(二)实验的必要性及实用性

重庆文理学院物流工程专业是国家级一流专业,为结合该专业的"双智"人才培养方案,针对目前的宏观经济环境和该专业的岗位需求,项目团队以中欧班列的防疫物资为仿真实验对象,以智能仓储中的无人仓为切入点,内容涵盖物流规划、网络、调度、应用等多项技术。该实验项目可以让学生快速认知无人仓的整体运营流程,解决了传统无人仓实验需要较大场地(大于500平方米)、学生观测不方便、操作存在较大危险的问题。

(三)教学设计的合理性

此实验从学生主体认知特点出发,吸纳了相关领域理论知识与实践成果,从以往积累的大量物流案例中凝练案例,凸显了前沿性、交叉性与综合性,弘扬了中国精神、大国担当精神、家国天下情怀。此教学设计主要从以下几方面入手:

第一,探索新的教学手段和模式,将仿真技术融入课堂内容与实验之中。

第二,抓住热点问题。通过智能仓储技术构建的智能物流无人仓仿真实验平台,将获得重庆市商务委授予的重庆市"中心城区应急物资中转站"牌匾的京东物流重庆"亚一"仓进行实战模拟,升级了学生对智能物流系统的认知。

(四)实验系统的先进性

为深入推进智能物流技术与教育教学的深度融合,构建适应新文科人才培养的模块化课程体系,项目组根据新文科人才培养理念和要求以及我校特色,坚持"虚实结合、优势互补"的原则,利用人工智能、云计算、物联网、虚拟仿真等技术解决学生在"智慧物流""物流信息技术与应用"等课程中所学的知识点无法在具体生产实践中应用的问题。此实验系统在物流工程、机械制造、物联网工程等专业的教学中均可使用。

(五)实验原理、核心要素仿真设计

本实验采用C/S和B/S架构混合使用,仿真模拟中欧班列防疫物资的无人仓系统。(图1)

1. 无人仓仓储管理仿真

该要素模拟无人仓管理系统中的仓库管理、入库单管理、入库上架、在库管理、出库单管理、拣选、二次拣选、任务管理、分拣等作业,仿真实验采用完整的无人仓工作流程模拟真实环境中无人仓的运行情况。

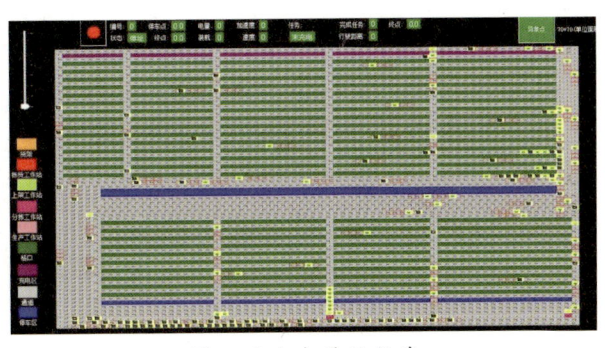

图1 无人仓系统仿真

2. 无人仓调度控制

该要素模拟无人仓系统中货物上架以及货物拣选作业,通过对无人仓中货架、拣选/上架工作站、AGV充电站以及路网进行布局,以无人仓库中的整体布局视角来对上架和拣选工作进行调度。

3. 无人仓仿真系统

该要素模拟无人仓真实环境中的包裹分拣作业。调度平台中的一个格口代表一个地区,如北京、上海等,调度平台将现实环境中的无人仓转化为平台上地图可视化的调度规划,通过调度平台仿真,能更清楚地对AGV路线、格口进行合理规划。

(六)实验教学过程与实验方法

实验仿真课程坚持"学生中心、问题导向、学科融合、创新实践"的实验教学理念,依据新的实验教学体系,采用"多元化教学方法",利用"多样化实验形式",开展"多层次教学活动",进行"多形式考核",实现对学生"多重专业技能培养"。采用"多元"将实验教学课前、实验教学课中、实验教学课后和实验考核以学生为中心完成整个实验教学过程。

(七)学生交互性操作步骤及说明

交互步骤1:防疫物资管理。点击软件,利用用户管理员账户登录基于机器人的无人仓仓储管理实训系统。

交互步骤2:仓库布局。在无人仓仓储管理实训系统,选择"仓库管理"模块里的进入仓库。(图2)

交互步骤3:分拣区的地图设置、工作站绑定。(图3)

交互步骤4:仓储区的地图设置、工作站绑定。(图4)

交互步骤5:入库单管理。

交互步骤6:货物上架。

交互步骤7:入库上架仿真。(图5)

交互步骤8:一次拣选作业。

交互步骤9:二次拣选作业。

交互步骤10:打包复核作业。(图6)

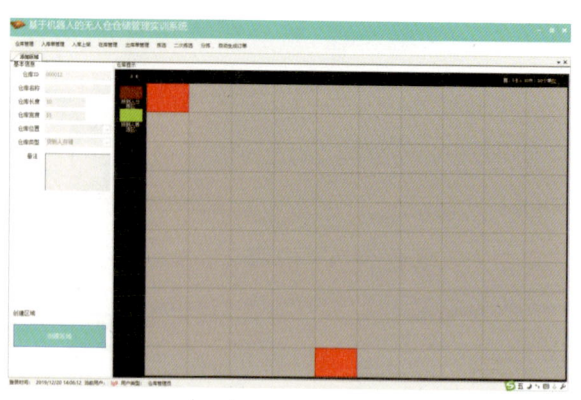

图2 选择起始结束单元格

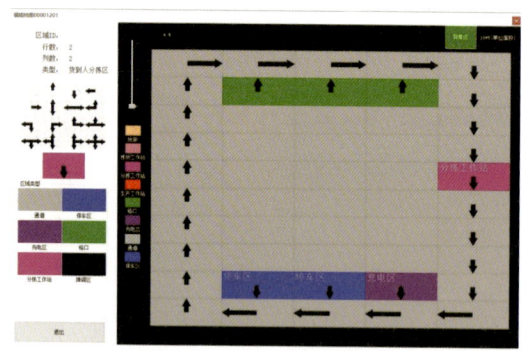

图3 地图设置界面

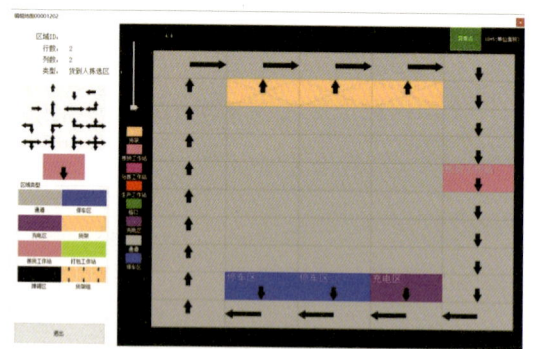

图4 地图规划

图5 货品上架

图6 机器人执行任务

(八)实验项目对知识水平、能力水平的提升

1.知识水平

本实验立足地方高水平应用型人才培养目标,坚持"理论够用,学会应用,动手能用"的原则,突出智慧物流系统的前沿性及应用性。通过本实验的学习使学生了解物流机器人技术和无人仓技术;理解物流机器人在无人仓中的作用;熟练掌握基于物流机器人的无

人仓仿真系统以及VR仿真原理。

2. 能力水平

通过本实验的学习,学生将具备智慧物流背景下的无人仓的优化调度和协同决策能力;具备较强的物联网技术综合运用能力;具备独立获取智慧物流相关知识的学习能力,以及运用所学知识解决物流智慧化相关实际问题的能力;最终达到具备以创新思维开展智慧物流科学研究和就业创业实践的创新能力。

(九)实验项目应用及推广的亮点与特色

本项目依托北京市智能物流重点实验室以及我校国家级一流专业——物流工程,从新文科人才培养理念以及我校特色出发,以"学生为中心、产出导向、科教互补、培养创新拔尖一流人才"为教学理念,坚持"虚实结合、优势互补"的原则,通过"前沿性、交叉性、综合性"的案例内容,持续探索提升创新能力的多元化教学方法和评价体系,培养一流拔尖创新实践型人才。主要特色如下:

1. 实验设计

本项目以中欧班列的防疫专列为研究对象,以重庆"亚一"的无人仓为切入点,仿真模拟防疫物资在重庆"亚一"无人仓的运作流程,融入物流机器人、无人仓等前沿技术,通过仿真技术,以"全视角展示、工作视角布置任务"的方式再现大型智能物流仓储无人仓的真实场景,还原了货物从入库、上架、分拣到存储与拣选的整个过程。对入库上架、货到分拣区、订单分拣等重点环节设置任务。本项目全流程注重"前沿性、交叉性、综合性",细节处凸显"沉浸与互动"。学生通过该项目,不仅对智能物流的过程进行全面了解和掌握,而且还能熟练掌握、操作无人仓中所需的各种设备。

2. 教学方法

本项目对接物流领域的人才需求,"以学生为中心",围绕"理论—实践—再理论—再实践"这一核心,遵循"应用导向、理实交融、一专多能"教学理念,采用"多样化、多层次、多重性"的"多元"教学方法,理论与实践相融合的迭代教学方式,以任务驱动实验,分为基础实验、进阶实验、综合实验三个层次,操作错误时系统会自动提示,鼓励学生自己动手、自己动脑、协同合作,与传统以演示为主的仿真平台相比,更能体现出以学生为主体,充分激发学生主动参与、自主探究。

三、案例成效

（一）案例特色与创新点

中欧班列是共建"一带一路"倡议中的重要载体，开辟了欧亚大陆共建"一带一路"国家新的陆路运输和国际贸易通道。疫情下，隆隆的"钢铁驼队"同时肩负起"生命通道"的神圣使命，中欧班列防疫物资专列向世界展示着中国担当。

（二）教学改革成效及解决的重难点问题

在教学设计和教学过程中，始终按照"热点问题—专业知识—思政素材—思政元素"的逻辑思路，将思政元素与现代热点结合，潜移默化地影响学生，教学效果与反馈良好。

（1）主线清晰，形成纲举目张的整体设计；
（2）特色鲜明，立足专业建设要求和人才培养目标；
（3）保质保量，将课程思政教育由一堂课拓展到一门课；
（4）基础扎实，将知识、情感、能力目标落实在教案当中；
（5）成效显著，通过学生评教体现实际成效。

（三）取得的主要成效、成果等

物流工程专业成功立项为国家级一流专业建设点。相关成果在2022年获得重庆市第十一次社会科学优秀成果奖三等奖。团队负责的"物流系统建模与仿真""基于机器人的无人仓仿真实验项目"获评重庆市高校一流本科课程。《智慧物流技术与应用》成功立项为校本教材。"物流成本管理"课程被评为课程思政示范课程。团队指导学生获国家级学科竞赛奖6项；省部级学科竞赛一等奖6项、二等奖7项、三等奖30余项；行业、企业主办的学科竞赛奖40余项。团队教师获市级教学比赛一等奖3项，市级教改论文一等奖1项。

四、未来计划或启示

通过设计多样的教学方式方法来激发学生的学习动力，包括紧抓热点、视频、分组案例讨论等，用学生能够理解的语言和身边的事例来分析专业内容及其与思政的联系。

结合具体的案例，将思政内容润物细无声地渗透到课程的知识体系中，尤其是将章节主要内容揭示出来。实事求是地展开分析，避免过于主观化的评论，增强中国特色社会主义道路自信、理论自信、制度自信、文化自信。

面向创新实践能力培养,可以尝试"可灵活配置、全过程记录、多维度考评"的评价方式。尝试对实验全过程中的操作次数、操作时间、交互操作要点等进行多维度考核,对每一步操作、参数设置等设置相应的评价权重,结合实验分析作业,全方位地展示学生的创新实践能力。

中华民族的抗日战争虚拟仿真实验教学案例[①]

曾昂[1] 祝国超[1] 焦存超[1] 刘旭东[1] 李宏伟[2]

1. 长江师范学院
2. 上海卓越睿新数码科技股份有限公司

一、案例介绍

"请抗战英模检阅青春虚拟仿真实验"是以长江师范学院"千年和"师生团队的获奖项目"千年和——中国抗战记忆引领者"为基础（图1），由该团队师生共同开发而成的。该实验为3个学时，以虚拟仿真技术将大学师生抗战主题"双创"大型实践成果和"中国近现代史纲要"课程关于中华民族抗日战争的教学内容巧妙连接起来。该实验充分利用学生既有知识储备又有听、唱、写、看、思多重感知能力，开展通关挑战，强化过程考核，从而提升学习者多维度联想整合问题要点、创造性解决问题的高阶思维。2020年以来，该实验在智慧树平台平稳运行4期，已推广至贵州师范大学等16所高校，累计14500人学习近20万次。曾昂博士提出英模教育"远视症"这一难题，进而有针对性地搭建了"一理二维三通四性一原则"英模教育理论体系，本案例从个案角度验证了该理论体系的实践有效性。

图1 获奖证书

[①] 本案例为重庆市教育科学"十四五"规划2021年度一般课题"大中小幼英模教育一体化及课程体系建构研究"（课题批准号：2021-GX-382）阶段性成果。

二、案例详述

(一)项目团队建设

项目团队由学校思想政治理论课实践教学中心(英模教育基地)负责人、"千年和"大学生"双创"团队第一导师曾昂博士领衔。团队成员包括高校思政课教师、英模教育研究员、技术公司工程师及"双创"团队大学生。他们将软件开发运行融入团队师生"双创"大赛实战,以赛促建,成员间视野融合、精诚协作、教学相长。

(二)实验项目的必要性及实用性

1.必要性

绝大多数大学生没有条件走近抗战英模来真切体验伟大的抗战精神,使得抗战精神教学触动学生心灵的效果较差,学生对党在抗战中的"中流砥柱"作用认知不足,因为无知而踩踏抗战记忆红线的社会事件时有发生。

2.实用性

实验始于"中流砥柱"相关抗战记忆档案文献速览,重点突出抗战英模角色体验、文创致敬抗战英模等内容,立体调动学生的读、写、听、唱、创等多重能力,引导学生沉浸式交互学习、自由探究式学习,强化铸魂育人效果,对口解决抗战英模"远视症"这一教学难题。

(三)教学设计的合理性

为突破抗战英模"远视症"教学难题,教师引领学生全程参与软件四大模块的素材收集、框架设计、体验反馈,贯彻"英模载体,学生主体,建用一体"的理念,建构"双创"教学与思政实践教学的共生机制,提升教学效果。

"文献导学—角色体验—文创致敬—馆室漫游"的闯关探究学习模式,张弛有度分解知识点,分梯次多维度加强实验的创新性、高阶性和挑战度,启发学生身体力行传承抗战精神,触类旁通知晓致敬英模人物、传承伟大精神的要旨。

(四)实验系统的先进性

实验系统依托英模数据库和虚拟仿真技术,学习者可自主体验百岁抗战英模不同人生阶段的故事等内容并感受震撼效果。

人机交互学习,过程化智能考核,主观题批阅自动化、客观化,提升了抗日战争思政教学的信息化水平。

(五)实验原理

本实验以中国共产党引领抗战、主导抗战的文献信息为铺垫,构建系列虚拟仿真场景,导引学生沉浸式体验八路军抗战英雄等抗战英模人生百年故事,学习设计致敬抗战英模文创,学唱抗战歌曲,尝试撰写致敬英模的致敬词,漫游抗战主题馆室并撰写馆室介绍。所有环节都予以自动量化,在互动区,学生可于实验前、实验中和实验后的不同时段与老师互动,最终自动计算总成绩并出示实验报告。

(六)核心要素仿真设计

将百岁抗战英模人生分为英模成长史、英模人物高光时段史、身体力行传承英模精神史三段,以虚拟仿真技术加以时空转换,并在不同时段设计敌人入村扫荡抢劫残害村民等场景,设置自主选择应对策略,云端对体验过程自动记录并记入成绩。

基于团队师生"双创"成果、师生再创作画作等元素,以虚拟仿真技术设计英模心语及致敬词、英模手模、致敬英模书法等环节,为每项设计提供可选画作等素材与工具框,导引学生自主设计,系统自动记录设计过程并予以量化。

(七)实验教学过程与实验方法

1.实验教学过程

按照文献导学等四步闯关探究学习,设置虚实结合的教学内容与教学环节,开展教学活动。

(1)小组协作预习。本实验提供实验指南。实验前,鼓励学生自行研读指南并开展线上线下小组合作预习导引视频,关注实验要点,查阅相关知识。

(2)师生互动学习。课堂上,教师重点融合"双创"实践成果讲解中国共产党引领中华民族抗日战争的过程事实及抗战胜利的意义与价值,并与学生互动研讨。

(3)实验总结交流。教师及时了解学生实验进度,通过查阅实验报告等方式了解实验效果、待解问题,导引学生分组交流、登录实验互动论坛碰撞新观点、寻找问题答案。

2.实验方法

本实验以多角色交叉代入式交互体验学习方法为主,学习者在不同环节分别扮演抗战英雄、抗战支前模范、文创设计师、歌者、纪念馆讲解员等,以完成不同任务。

(八)学生交互性操作步骤及说明

本实验的学生交互性操作设计共计18处,拟选择4处作为例证稍作阐述。

步骤示例1：计时速览中国共产党领导抗日战争相关文献。了解中国共产党抗战中流砥柱史实证据、党在抗战记忆伟大工程中的持续努力、抗战英雄名录和相关纪念设施，以及触碰抗战记忆底线的反面教材等信息。（图2）

图2 中国共产党领导抗日战争相关文献目录

步骤示例2：在抗战英模人物虚拟体验过程中，默默计算被抢物资总量。通过该情节，引导学生感受日本兵扫荡掠夺的残酷性。（图3）

图3 数数日本兵抢走的物资

步骤示例3：在致敬抗战英模文创工作坊板块，设计英模手模采集版式。掌握英模手模采集版式设计思路，学会创新形式致敬英模。（图4）

图4 英模手模版式设计

步骤示例4：学唱抗战歌曲。学唱抗战歌曲以感受当年抗战歌曲中的中国心与民族情。(图5)

图5 学唱抗战歌曲

(九)实验项目对知识、能力、水平的提升

该实验可促进学生更为全面、系统地了解"中国共产党是抗日战争的中流砥柱"，党也是强化全民抗战记忆、弘扬抗战精神的中流砥柱。

该实验可使学生对"抗战英模天下兴亡、匹夫有责的爱国情怀""不畏强暴、血战到底的英雄气概"等抗战精神内涵有更真切的理解与认知。

该实验通过创制英模心语版式等文创操练，引导学生在实践中掌握致敬中国共产党先锋和中华英模人物、传承中国共产党人精神谱系的创新模式与要诀。

(十)实验项目应用及推广的亮点与特色

本案例以致敬抗战英模的"双创"一手资料为基础,师生共创,建设素材与灵感独树一帜。

以文献档案为载体的"中流砥柱"抗战背景知识、文创致敬抗战英模虚拟工作坊等四大模块搭配合理、虚实结合、内容丰富,充分体现"两性一度"。

教学环节呈现梯度分布,先易后难,启发学生知行合一传承抗战精神。并且适用对象除了大学生,还可用于党政企事业单位党建学习活动。

三、案例成效

(一)案例特色与创新点

教学理念先进。实验以"心系家国,敢闯会创"英模教育理念等被《人民日报》等媒体报道的英模教育创新理论体系为指导,"三段式"塑造虚拟英模人物。

教学模块新颖。实验构建"文献导学"等四大模块,每个模块单独计分,学生可自主决定分模块体验或一次完成全部实验。

考核方式科学。人机交互、师生互动、生生互动,虚实结合沉浸式体验流程,过程化记录考核,主观考题客观化批阅。

(二)教学改革成效及解决的重难点问题

解决了抗日战争教学中抗战英模"远视症"铸魂育人难题。以一手采集的致敬抗战英模文创为基础设计实验,分别侧重调动学生的听、唱、写、看、思不同感知能力,新颖有趣又对"症"下药。

依托"双创"又支撑"双创",并实现创新性教学资源的全网共享。该实验既拓展了前期抗战主题学生"双创"成果,又支持新的"双创"实践,突破了思政教育与"双创"教育难融合的问题。

(三)取得的主要成效、成果

第一,本实验校内外累计学习人次达20万人次,大学生和社会民众为主要受益人群,2022年被重庆市教委认定为重庆高校一流本科课程。

第二,2021年,在西北甘青宁三省一流课程建设经验交流大会及吉林省一流课程建设经验交流会上,本实验负责人做了该虚拟仿真实验建设经验推广主场发言并获得广泛好评。(图6)

图6 曾昂博士在西北甘青宁三省一流课程建设经验交流大会做主题发言

第三，本实验支撑大学生"双创"项目"千年和——中国共产党人的精神谱系传承引领者"获得"互联网+"大赛重庆市赛区金奖，支撑英模教育重大教改项目"英模教育'六协同'促进高校课程思政与思政课程同向同行的探索与实践"2022年省级立项。

四、未来计划或启示

最重要的启示是，无论是虚拟实验还是面对面交流，指导大学生以用心用情创作的文创作品致敬英模人物，都能够超越传统教学只讲述英模人物丰功伟绩的教学效果，"请英模检阅青春""青少年与英模同框"不仅能打开英模人物的心扉，还可以更好地发挥英模对青少年的价值引领与铸魂育人作用。

金属材料透射电子显微镜成像及衍射分析

董季玲　丁皓　蔡苇　邵斌　栗克建

重庆科技大学

一、案例介绍

"金属材料透射电子显微镜成像及衍射分析"是由重庆科技大学冶金与材料工程学院开发建设的虚拟仿真实验课程。本课程采用虚拟现实技术,对仪器结构、操作界面、实验全流程以及实验室环境进行仿真建模,并以此为基础建立新型虚拟仿真实验教学模式。自2019年上线以来,已在本校金属材料工程、化学等专业开课。2021年上线国家虚拟仿真实验教学课程共享平台,总实验人次为5616人次,覆盖18个省、4个自治区、2个直辖市的52所高校,已被15门课程引用开展在线实验教学。2021年获评重庆市虚拟仿真实验教学一流课程,2023年获评第二批国家级虚拟仿真实验教学一流课程。

二、案例详述

(一)课程的必要性及实用性

在新一轮科技革命与产业变革背景下,作为制造业发展基础的新材料产业对创新型人才的培养提出了更高的要求。开设大型综合材料测试技术实验有利于提升学生综合素质,是材料相关学科专业教学中的重要环节。

作为典型材料结构分析手段,透射电子显微镜(以下简称"透射电镜"),因为存在价格昂贵、使用及维护费用高、测试周期长等特点,是一种高成本、高消耗的大型综合仪器。

透射电镜实践教学的痛点就是学生培养端的强烈需求和教学资源供给端的严重不足的矛盾。本虚拟仿真实验按照"虚实结合、能实不虚"的原则,将透射电镜形貌观察、电子衍射、能谱分析、图像拍摄及数据处理等全程融入,材料类、化学类等相关专业均可将其用于本科生、研究生的理论和实践教学中,培养学生的实践能力和科技创新能力,提高应用型人才培养质量和教师教学科研水平。同时,本实验还可支持材料分析测试中心开展考证培训或对有需求的企业进行操作培训,增强服务社会的能力。

(二)教学设计的合理性

本团队借助虚拟仿真实验平台,针对仿真实验教学构建了"理论学习—模型认知学习—仿真实训—总结反馈"的闭环式设计,实现了自主性、探究性的学习模式。采用线上线下相互结合,课前、课中、课后相互贯穿的混合式教学模式,通过课前发布课件、视频、动画等,引导学生学习透射电镜的理论知识、进行实验预习,完成理论测试;课中学生进行仪器操作,探究整个实验流程,从中发现问题、解决问题,锻炼学生的动手操作能力等;课后学生提交实验报告总结操作过程中遇到的问题,教师发布问卷,了解学生从知识到能力的达成情况,并据此持续改进实验项目。

(三)实验系统的先进性

本课程运用Unity3D等虚拟现实技术,对学校现有透射电镜实体、操作软件及相关样品制备设备进行仿真建模,还原了该仪器进行形貌观察、电子衍射、能谱分析、图像拍摄及数据处理的全过程。采用面向用户的设计理念,在交互体验上作了充分优化,学生为第一人称视角,易于上手并掌握。此外,本实验有半开放式脚本编辑系统,可由"教师反馈+管理员编辑"对实验项目实现持续改进。同时,本系统在建模时对仪器的物理按键及软件按键均预留了功能接口,后期可根据培养目标、用户群体的不同开发不同类型实验项目。

(四)核心要素仿真设计

本课程主要涉及透射电镜基本原理、基本结构、样品制备、衬度原理、电子衍射基本原理及花样标定、能谱分析原理等。团队取得仪器厂家及配套软件开发者授权对核心要素进行仿真建模。

1. 金属材料样品制备

模拟制备用于透射电镜观察的金属材料样品的设备及实验过程。实验过程包含切割、机械减薄、冲孔、电解双喷减薄四步操作,采用2D动画演示实验过程要素。

2. 透射电镜基本结构

模拟透射电镜的基本结构,包含电子光学系统、电源系统、真空系统、成像及记录系统等。采用3D建模,实现实验设备和实验场景的外观仿真和功能仿真。

3.透射电镜样品观察、图像拍摄及数据分析

模拟运用透射电镜进行样品分析的主要过程,包含升高压、进样、电子束校准、形貌观察及拍摄、电子衍射、能谱分析等主要步骤的过程仿真。

(五)实验教学过程与实验方法

本课程以虚拟仿真为媒介,将高成本、高危环境、耗时长的实验项目常规化,采用混合式教学方法(图1)使学生学习、了解、掌握透射电镜实验全流程,以知识传授与应用、实践创新能力培养为出发点,构建了"理论学习—动画演示—仿真交互"三层次的实验教学内容以及"认知—实验—考查"三个模块,实现人机交互式的自主性、探究性的学习模式。(图2)

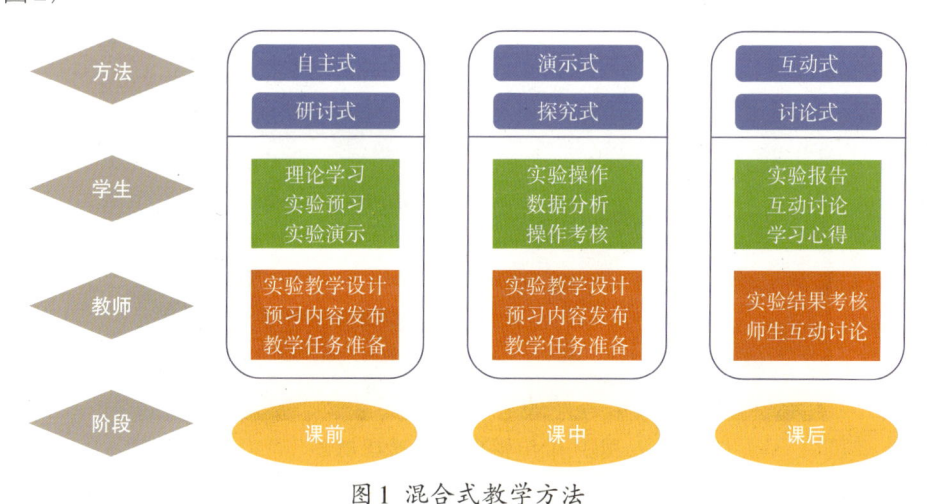

图1 混合式教学方法

图2 虚拟仿真实验流程图

1.认知模块

本模块包含透射电镜简史、相关科学家简介、实验介绍、实验原理等,学生可自行点击菜单相关内容观看学习,完成学习后通过习题考核方式检验学习成效。(图3)

2.实验模块

本模块从仪器结构、软件界面、实验流程、实验室环境四个方面对实验进行仿真还原(图4—图6),并根据课程学时进行了适度简化,让学生在实验教学期间可以对透射电镜的结构、功能和实验研究方法有比较系统的了解。

交互实验模块部分含24个交互步骤、100个逻辑操作。可自由操作各个功能按键,满足操作逻辑即可收到进行下一步操作的提示。实验中涉及的操作较大程度还原了真实的操作步骤,具有一定的复杂程度,学生完成实验具有较高的挑战度。

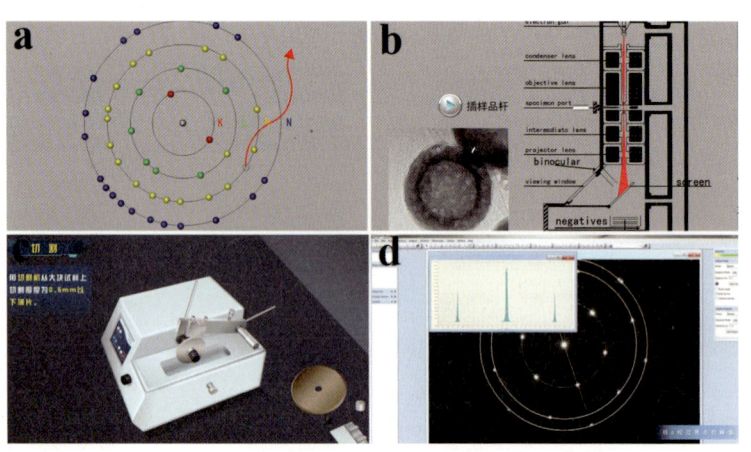

图3 认知模块实验原理动画
(a.特征X射线;b.成像原理;c.切割制样;d.衍射花样标定)

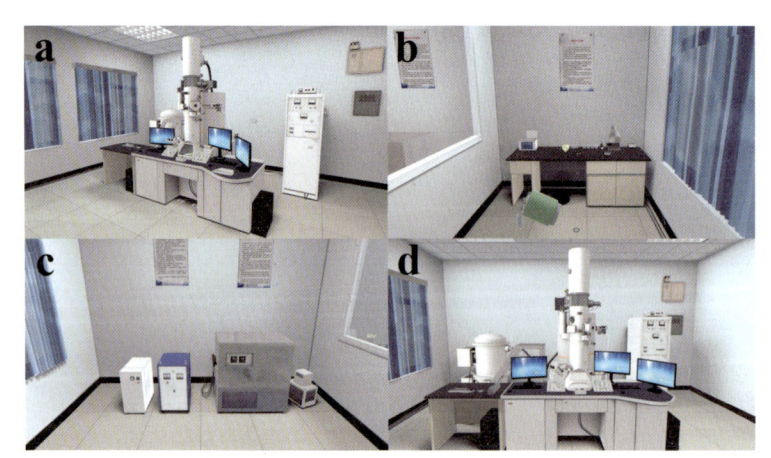

图4 实验环境及仪器结构仿真
(a.主实验室;b.制样间;c.配电间;d.主仪器)

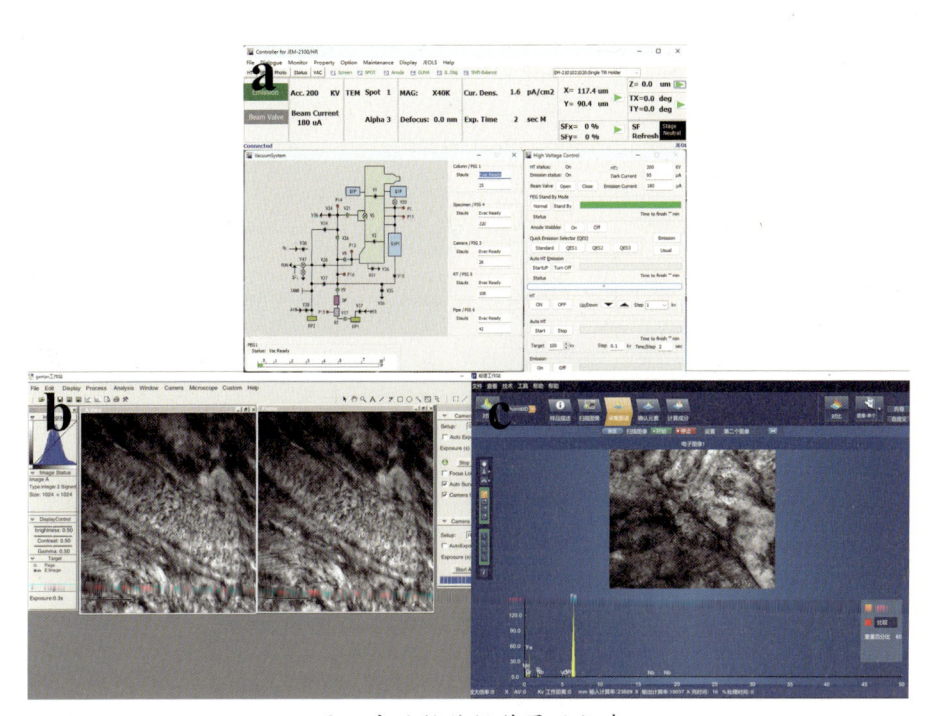

图5 实验软件操作界面仿真
（a.主程序；b.gantan工作站；c.能谱工作站）

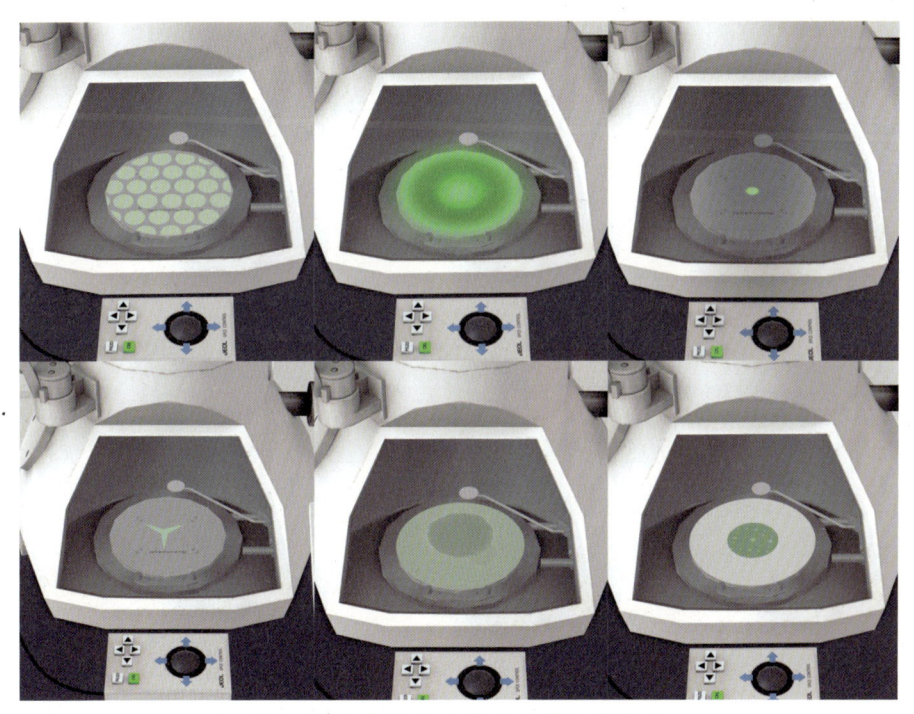

图6 电子束校准及样品观察细节仿真

3. 考查模块

在网页端界面点击题库练习,可进入基础知识练习,学习记录界面可查看得分明细和提交实验报告。

(六)实验项目对知识、能力、价值的提升

本课程要求学生能够通过实验,熟悉透射电镜结构、操作基本原理和主要步骤,并能正确评价实验数据与结果。通过学习本课程要达到的教学目标如下:

1. 知识目标

掌握透射电镜成像原理、试样制备原理、电子衍射花样的形成原理、能谱仪的结构及工作原理等基础知识。

2. 能力目标

熟悉透射电镜的基本结构与操作,能够合理选择正确制样方法,开展材料结构表征、微观组织表征、成分分析等研究,并依据结果实施材料综合评价,培养学生的动手能力、解决实际工程问题的能力和高级思维。

3. 价值目标

培养严谨的科学思维、精益求精的态度,强化工程伦理、大国工匠精神。

三、案例成效

(一)特色与创新点

1. 直击教学痛点、科研反哺教学

针对透射电镜实践教学中学生学习需求和教学资源供给不足的矛盾,开展仿真实验项目,创建接近真实的学习场景,有利于学生构建"理论知识—仪器知识—实验方法—数据处理"这一完整知识体系。

发挥本校优势学科,实验中的数据、图片来自本校教师科研成果,测试对象NbV复合高强度马氏体钢、FeNi合金纳米粒子分别对应"高强度汽车结构用钢"和"高性能磁性纳米材料"研发项目,紧密对接国家和地方产业。

2. 实验系统的高仿真度、开放式与冗余式设计

本实验以本校材料分析测试中心的真实仪器为基础,对仪器结构、操作软件、实验环境、实验流程进行仿真还原,学生以第一人称视角在虚拟实验室中完成仿真实验的全过程,3D沉浸式的体验提高了真实感,学生可以获得更好的学习体验。

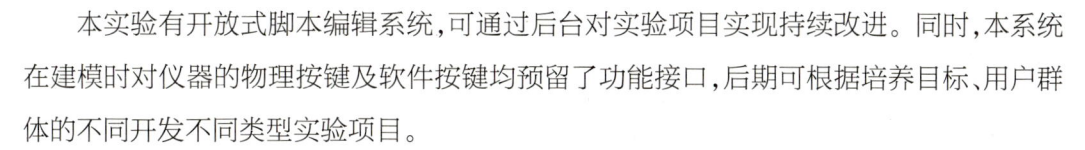

本实验有开放式脚本编辑系统,可通过后台对实验项目实现持续改进。同时,本系统在建模时对仪器的物理按键及软件按键均预留了功能接口,后期可根据培养目标、用户群体的不同开发不同类型实验项目。

3.分层次教学方法与全过程评价体系

本实验开展过程中学生参与原理认知、样品制备、设备操作、图像拍摄、数据分析处理全流程。按照基础认知、实训提高和综合分析逐步深入开展理论教学和实验操作培训。采用演示法、任务驱动法、探究法、案例法、讨论法等教学方法,充分调动学生学习的主动性,培养学生自主、合作、探究地完成实验项目。

(二)取得的主要成效和成果

2021年获评重庆市虚拟仿真实验教学一流课程,2023年获评第二批国家级虚拟仿真实验教学一流课程。已取得国家软件著作权登记证书,通过国家信息安全等级保护测评。本项目自2021年在国家虚拟仿真实验教学课程共享平台上线以来,课程总实验人次为5616人次,覆盖18个省、4个自治区、2个直辖市的52所高校,已被15门课程引用开展在线实验教学。

四、持续建设

在今后的持续建设中,课程团队将进一步广泛听取师生意见,结合科研项目,优化并拓展实验内容,扩大透射电镜观察样品的种类,在现有粉体和块体韧性材料两个模块的基础上,增加块体脆性材料模块,持续改进原有模块,开展建设扫描电子显微镜、X射线衍射仪等实验项目,并进一步完善线上线下虚拟仿真教学内容。

继续加强向高校和社会开放,并与国内外科研院所、企业等建设和完善面向社会的具有扩展性、兼容性、前瞻性的虚拟仿真实验教学管理和共享平台,形成可复制可推广的经验做法。

迈克耳孙干涉仪虚拟仿真实验

陈学文　张家伟　方旺　孙宝光

重庆科技大学

一、案例介绍

迈克耳孙干涉仪的调整与使用是大学物理实验中十分重要的光学实验,也是高校理工科专业学生必修的物理实验。然而,受实验条件的限制,学生在实际动手实验过程中面临诸多困难,而虚拟仿真实验具有很多优势。本虚拟仿真实验契合教育部虚实结合、能实不虚的虚拟仿真项目建设理念,以虚拟仿真为媒介,在传统实验室实验的基础上,拓展了迈克耳孙干涉仪的应用范围,使学生学习、了解、掌握迈克耳孙干涉仪的调整方法以及利用迈克耳孙干涉仪测量激光波长、钠黄光波长、钠黄光双线波长差、介质折射率等物理量,并以知识传授与应用、实践创新能力培养为出发点,构建了"理论学习—实践操作—仿真实验"三层次的实验教学内容,实现人机交互式的自主性、探究性的学习模式,同时,与现有的教学实验室相结合,起到互补互促的效果。

二、案例详述

(一)实验项目的必要性及实用性

迈克耳孙干涉仪在近代物理学的发展中起到过重要作用。迈克耳孙干涉仪设计精巧,结构简单,它的基本结构是许多现代干涉仪的基础。迈克耳孙干涉仪的调整与使用是大学物理实验中十分重要的光学实验,也是高校理工科专业学生必修的物理实验。然而,

---

① 本案例为教育部产学合作协同育人项目"基于数码光学实验仪器的培训"(项目编号:202102538032)阶段性成果。

受实验条件的限制,学生在实际动手实验过程中面临诸多困难。

虚拟仿真实验相对于传统实验的优点如表1所示。

表1 传统实验与虚拟仿真实验的对比

传统实验	虚拟仿真实验
需要专业光学平台,部分学校实验条件不具备,容易在测量过程中出错	通过虚拟实验环境在线运行实验,突破传统实验室条件限制
只能测量激光波长,可扩展性差	可以测量激光波长、钠黄光波长、钠黄光双线波长差和相干长度,观察白光干涉条纹,测定透明薄片的折射率等,后期可继续扩展
测量时间长,激光对眼睛伤害很大	眼睛不受激光直射伤害
实验中存在"观察(黑暗环境)"与"读数(明亮环境)"的矛盾	不存在实验环境矛盾

(二)教学设计的合理性

利用现代化信息技术,借助虚拟仿真实验平台,以知识传授与应用、实践创新能力培养为出发点,根据学生的认知特点和体验式教学基本原理,针对课程构建了"理论学习—实践操作—仿真实验"三层次的理论—实验教学体系,针对仿真实验教学构建了"理论学习—实践操作—仿真实训—总结反馈"的闭环式设计,实现自主性、探究性的学习模式。采用线上线下相互结合,课前、课中、课后相互贯穿的混合式教学模式,通过网站提供的在线预习资源,引导学生学习实验涉及的理论知识、进行实验预习;课中学生进行仪器操作,探究整个实验流程,从中发现问题、解决问题,锻炼学生的动手操作能力等,实验内容层层递进;课后学生提交实验报告总结操作过程中遇到的问题,教师发布问卷,了解学生从知识到能力的达成情况,并将其应用于实验项目的持续改进。

(三)实验系统的先进性

(1)采用B/S和C/S混合架构建设学生网络自主学习的实验平台,通过虚拟实验环境在线运行实验,有效降低服务器负载,轻松支持1000人同时在线学习。

(2)实验操作和现象从基本原理出发,建立相关仪器、算法数学物理模型,用户操作的结果可以实时反映出来,实验操作灵活、真实。

(3)采用人工智能技术对实验过程建模,系统自动记录学生操作,对学生操作过程自动评判,实验结束后自动提交学生操作得分。

(4)对实验中的关键原理和操作,提供配套的动画展示工作机制,让学生直观理解实际实验难以讲解和展示的原理。

(5)基于插件技术实现开放架构,支持用户自行扩充实验库。

(6)支持教师查看学生实验操作情况。

(7)支持师生在线实时互动讨论。

(8)提供在线预习,包含实验简介、实验原理、实验内容、实验仪器、实验指导、在线演示视频等功能。

本虚拟仿真实验系统构架示意图如图1所示。

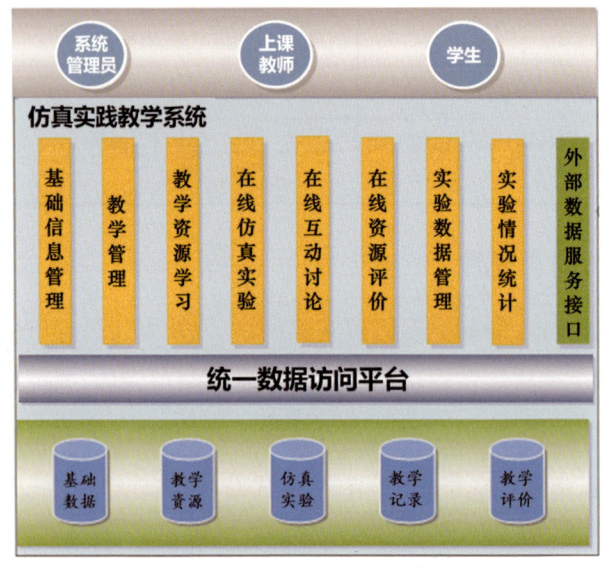

图1 迈克耳孙干涉仪虚拟仿真实验系统构架示意图

(四)实验原理

实验共涉及5个知识点:迈克耳孙干涉仪的结构和原理,点光源产生的非定域干涉,条纹的可见度,时间相干性问题,透明薄片折射率(或厚度)的测量。

(五)核心要素仿真设计

本实验的核心要素包括:还原真实实验场景,基于真实设计资料及测试数据的数值仿真,面向实际方案设计和组织实施流程。本系统的实验设备、软件界面、实验场景均按照真实模型1:1还原,呈现出的实验现象与真实的实验现象一致,仿真度高,沉浸式体验,实验真实感强。设备各个旋钮、按键、软件图标等均可操作,同时后台预留各功能接口,在提供高仿真度的同时,保证本系统再开发新实验的冗余度。

（六）实验教学过程与实验方法

1.实验教学过程

项目契合教育部虚实结合、能实不虚的虚拟仿真项目建设理念，以虚拟仿真为媒介，通过立体交互模式，采用混合式教学方法（图2），使学生学习、了解、掌握迈克耳孙干涉仪的调整以及利用迈克耳孙干涉仪测量激光波长、钠黄光波长、钠黄光双线波长差、介质折射率等物理量，并以知识传授与应用、实践创新能力培养为出发点，构建了"理论学习—实践操作—仿真实验"三层次的实验教学内容，实现人机交互式的自主性、探究性的学习模式，真实展现实际的实验操作过程、实验设备，同时，通过与现有的教学实验室相结合，起到互补互促的效果。

实验分为课前预习、课中仿真操作、课后报告撰写和互动讨论三个过程。

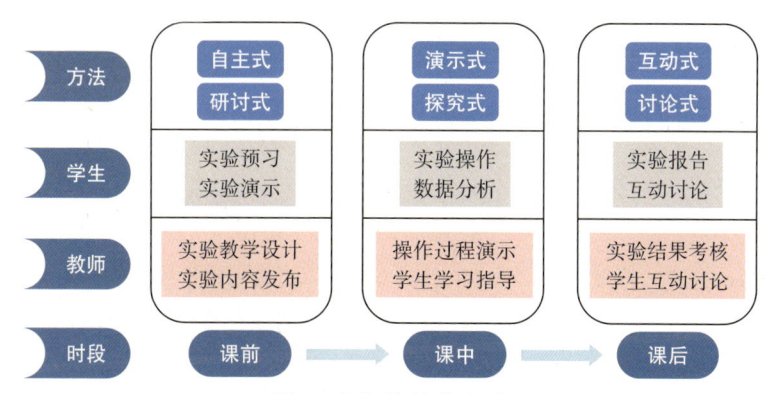

方法	自主式 研讨式	演示式 探究式	互动式 讨论式
学生	实验预习 实验演示	实验操作 数据分析	实验报告 互动讨论
教师	实验教学设计 实验内容发布	操作过程演示 学生学习指导	实验结果考核 学生互动讨论
时段	课前	课中	课后

图2 混合式教学方法

2.实验方法

通过全三维沉浸式立体交互模式，让学生学习并掌握迈克耳孙干涉仪的调整及使用。虚拟仿真实验过程中每位学生一台计算机，分别进行迈克耳孙干涉仪仪器调整、He-Ne激光波长测量、钠黄光波长测量、钠黄光双线波长差测量、介质折射率测量等操作，最终对实验数据进行综合分析。本虚拟仿真实验实施过程包括学生预习、教师在线指导、虚拟仿真实验操作、结果分析等。

（七）实验项目对知识、能力、水平的提升

该虚拟仿真实验拓展了传统实验的测量范围，学生需要在原有知识基础上，新增学习条纹的可见度、时间相干性问题、透明薄片折射率（厚度）的测量涉及的物理知识，并掌握测量钠黄光双线波长差、透明薄片折射率（厚度）的方法。该虚拟仿真实验项目使学生对等倾干涉、迈克耳孙干涉仪的调整和应用的相关知识、能力、水平均有较大提升。

三、案例成效

该虚拟仿真实验注重拓展实验教学广度和深度,延伸实验教学时间和空间,全面提升实验教学质量和水平。其突出以人为本、创新教学、技术融合和开放运行的实验原理,实验系统可以达到和真实实验相同的实验现象与结论,拓展了传统实验的深度和广度。

(一)虚拟仿真实验设计思路

实验操作和现象从基本原理出发,建立相关仪器、算法数学物理模型,实时反映用户操作的结果,实现正确操作得到正确的现象、错误操作得到与实际相符的错误现象。实验操作灵活、真实。

(二)虚拟仿真实验教学方法创新

侧重培养学生的动手能力,使学生有真切的现场感,充分调动学生进行实验的积极性和主动性,激发学生的求知欲。此外,通过独立思考和自主归纳,增强学生自主学习的能力。

虚拟仿真实验项目以学生为中心,由学生主导实验过程、操作实验设施、独立思考和安排实验进度。指导教师讲解实验方法和实验步骤,并对实验前、实验中、实验后的全过程加以指导和引导,调动学生的积极性,启发学生不断进行思考和总结,培养学生发现问题和自主解决问题的能力。实验中通过提问、质疑等方式激发学生的创造和思辨潜能,提升学生解决实际问题的综合能力。

(三)虚拟仿真实验评价体系创新

课程评价主要包括学生实验前的预习时间、参与模拟实验的时间及各个互动环节的点击次数和正确率、回看次数,线上考核的成绩及错误发生的知识点,以及实验报告质量等。

基于平台系统能够对虚拟仿真实验全过程进行实时记录,并能够随时进行实验指导,且具备完善的实验步骤和实验成绩评价标准,确保了评价的公正性。虚拟仿真实验平台还具有完善的反馈机制,能够将实验学生给出的建议、评价与反馈信息进行全面系统的统计分析,为指导教师改进和完善实验提供数据参考,进而不断提高教学效果。

四、未来计划或启示

(一)课程持续建设

拓展项目内容,开发测量空气折射率。持续改进原有模块。完善用户评价体系,建立用户论坛,加强互动,为进一步改进做准备。完善线上线下虚拟仿真体系,适时拓展实验项目,计划新增"单缝衍射"虚拟仿真实验项目,积极开发思政元素。广泛听取师生意见,持续改进,不断提升软件功能,增强沉浸感和交互性,提升教学效果,探讨开发移动端的实验仿真软件的可行性。加大项目对外连通和服务情况的持续监管,加强在线教育服务人员和技术支持人员队伍建设和培训,增强教学服务和技术支持能力,确保网上教学随时连通,免费开放,服务内容达标。

(二)面向高校推广教学应用

逐年提高高校推广数和学生人数。今后将进一步加强平台的计算能力和存储能力,面向社会开放共享,服务社会。